개혁주의생명신학에
기초한
대학채플의 이해

개혁주의생명신학에 기초한 **대학채플의 이해**

발행일 2023년 3월 24일

지은이 이동찬
펴낸이 손형국
펴낸곳 (주)북랩
편집인 선일영
디자인 이현수, 김민하, 김영주, 안유경
마케팅 김회란, 박진관
출판등록 2004. 12. 1(제2012-000051호)
편집 정두철, 배진용, 윤용민, 김부경, 김다빈
제작 박기성, 황동현, 구성우, 배상진
주소 서울특별시 금천구 가산디지털 1로 168, 우림라이온스밸리 B동 B113~114호, C동 B101호
홈페이지 www.book.co.kr
전화번호 (02)2026-5777
팩스 (02)3159-9637

ISBN 979-11-6836-796-8 03230 (종이책) 979-11-6836-797-5 05230 (전자책)

성경적 삶의 교육을 통한 학원선교의 핵심을 파헤친다

개혁주의생명신학에 기초한 대학채플의 이해

University Chapel

이동찬 지음

기독교 사학이 직면한 대학채플, 그 위기의 시기
대학채플을 통한 학원선교가 나아갈 방향성을 제시하다!

북랩

추천사

백석학원 설립자·백석대학교 총장,
대한예수교장로회(백석) 총회장 장종현 목사

할렐루야!

우리 백석대학교 디자인영상학부 담임 이동찬 목사님의 책 “개혁주의생명신학에 기초한 대학채플의 이해” 출간을 축하합니다. 제가 목사로서 백석학원을 설립한 이유는 하나님 말씀인 성경을 가르쳐서 생명을 살리기 위함입니다. 영적 생명이 살아나야 사람다운 사람이 될 수 있다는 것이 우리 대학의 설립목적입니다. 채플은 백석학원의 모든 교과목 중에서 설립목적 구현을 위해 가장 중요한 시간입니다. 염려되는 것은 사회적으로 탈종교화와 탈기독교화 현상이 생기면서 대학채플을 배척하는 경향이 생기고 있다는 사실입니다. 또한 채플을 담당하는 목사님들이 영적 생명을 살리려는 목표에서 벗어나 단지 윤리적인 삶만을 가르치려 하는 것은 더 큰 문제입니다.

이동찬 목사님의 이 책은 대학채플을 둘러싼 어려움과 위험을 잘 분석하고, 어떻게 영적 생명을 살리는 채플이 될 수 있을 지에 대한 고민과 그 결과가 잘 담긴 책입니다. 이 책은 대학채플이 개혁주의생명신학을 기초로 해서 반드시 영적 생명을 살리는 실천운동이 되어야 한다는 주장을 담고 있습니다. 개혁주의생명신학은 성경의 가르침과 개혁주의신학을 계승하여, 사변화된 신학을 반성하고, 회개와 용서로 하나 되며, 예수 그리스도께서 주신 영적 생명을 회복하고자 하는 신앙운동이라고 정의할 수 있습니다.

이 책은 이동찬 목사님이 지난 15년 동안 실제로 채플을 운영하면서 겪은 경험을 담은 실용적인 책이기도 합니다. 채플에서 순수한 복음이 전파되어야 함은 물론이고, 학생들의 눈높이에 맞게 전해져야 효과를 얻을 수 있습니다. 이동찬 목사님은 채플을 기획 운영하면서 실행했었던 채플의 다양한 프로그램과 프로젝트들을 전(前) 전도과정, 전도과정, 후(後) 전도과정과 같은 3단계로 나누어 체계적으로 정리하였습니다.

저는 대학채플을 통해 매 학기 복음이 선포되고, 젊은 학생들이 예수님의 십자가 복음을 믿고, 세례를 받는다는 소식을 들을 때마다 희열을 느낍니다. 잘했다고 칭찬하는 우리 주님의 음성이 들리는 것 같습니다. 이동찬 목사님의 이 책을 시작으로 많은 학원복음화를 위한 실천서들이 나오고, 더 많은 영혼이 우리 백석학원의 울타리 안에서 주께로 돌아오는 역사가 있기를 위해 기도합니다.

추천사

백석대학교 교수, 교목부총장 장동민 교수

채플은 선교사 시대부터 오늘날까지 기독교 교육의 중심축입니다. 교육을 통한 복음 전도가 비교적 자유롭던 시절, 예배 형식을 띤 채플을 통하여 복음이 설명되고 전파되었습니다. 그러나 1974년 대다수 사립학교가 공교육으로 편입된 후 50년 동안 채플은 도전받고 있습니다. 외부적으로는 채플이 학생의 종교자유를 침해한다고 하여 많은 제약이 있습니다. 내부적으로는 학생들이 채플을 좋아하지 않습니다. 이런 도전에 대하여 채플도 나름대로 변화를 모색해 왔습니다. 한때 비기독교인이 다수를 차지하는 현실을 고려하면서 채플을 '예배' 형식으로 드려야 하는가 하는 논쟁이 있었습니다. 많은 학교와 대학에서 채플을 유명 인사의 교양 강연이나 문화행사로 대체하기도 하였습니다. 더 이상 개종과 세례를 목표로 삼지 않는 학교들이 많습니다.

이제 채플이 하나의 장르로 세워져야 할 때가 되었습니다. 저간의 변화를 인정하고 대담한 한 발을 내디뎌야 합니다. 기독교가 대중의 신뢰와 사회적 영향을 잃은 현실을 받아들이는 데서 시작해야 합니다. 10대와 20대 젊은이들 사이에서 기독교가 소수 종교가 되었으며, 가속화되어 가는 대한민국의 탈(脫)종교화 현상이 기정사실이 되었습니다. 중·고등학교의 공영화에 더하여 이제는 대학에서도 전도의 자유가 제약받는 것을 염두에 두어야 합니다.

이런 현실을 인정하면서 이런 환경에서 어떻게 복음을 전할 수 있을지를 연구해야 합니다. 역사적으로 이보다 더 악한 환경도 많았습니다. 채플이라는 장르를 규정해 나가야 합니다. 채플이 예배는 아니지만 그렇다고 교양 수업의 하나도 아닙니다. 기독교 복음이 전파되어야 하는 것은 맞지만, 전통적인 언어와 문법이 아닌 비신자의 눈높이에 맞아야 합니다. 하나님의 영이 일하시는 새로운 장(場)이 되어야 하는데, 그 방식은 학생들에게 친숙한 문화와 미디어가 사용되어야 합니다. 저는 이것이 불가능하다고 생각하지 않습니다. 아니 이런 방식으로라야 복음이 전달되고, 이런 방식으로만 복음이 전달된다고 믿습니다. 복음을 수호한다는 명분으로 전통적 방식을 고집하는 것은, 전통을 복음으로 착각하는 오류에 불과합니다. 변화하는 현실에서 과거의 방식에 의문을 품는 것이 진정한 개혁의 시작입니다.

『대학채플의 이해』라는 제목으로 책을 쓴다는 자체가 바로 이러한 변화를 받아들인다는 뜻입니다. 이 책은 채플의 위기라 할만한 현실을 직시하며, 그 현실에서 채플의 목표와 성격을 규정하는 일부터 시작합니다. 오래전부터 간직해 온 목표는 변함이 없으나 그 목표에 이르는 방법을 새롭게 제시합니다. (제1부) 백석학원 교목사역의 틀인 '학부담임목사' 제도를 소개하고, 그 장점을 살리는 전략을 정리하였습니다. (제2부)

이 책의 백미는 신앙과 학문의 통합 연구를 구체적으로 채플에 적용하려는 노력을 담은 8장과 9장입니다. 학부에서 가르쳐지는 각 전공의 기초를 성경에서 찾고, 그 구체적인 내용을 채플에서 풀어 가르치는 것입니다. 예컨대 관광학부 채플에서는 서비스의 개념, 인간으로 고객을 대하는 법, 여행의 의미 등을 다양한 활동을 통하여 녹여냅니다. 또한 디자인영상학부 채플에서는 글로벌 트렌드를 주제로 삼아 그 성경적 기초를 논하고 디자인학(學)과의 대화를 시도합니다.

복음의 적용을 가르치는 것은 곧 복음을 변증하는 것이며, 복음을 변증하는 것은 곧 전도하는 것입니다. 한 학기 채플을 전(前) 전도과정-전도과정-후(後) 전도과정으로 분류합니다. 전(前) 전도과정은 학생들의 수요에 맞는 강연과 공연, 활동 등으로 복음에 대한 장벽을 제거하는 과정입니다. 전도과정은 전도설교나 신앙 간증, 세족식과 세례식을 통하여 학생들에게 직접 복음을 전하고 초청하는 과정입니다. 후(後) 전도과정은 그리스도인의 삶을 가르치고, 구체적인 직업 현장에서의 윤리를 가르칩니다. 이 모든 채플의 내용과 프로그램은 이론에 불과한 것이 아니라, 실제 학부담임목사 사역에서 구현하였던 것들이기에 큰 가치가 있습니다.

이 책을 저술한 이동찬 목사님은 우리 대학에서 15년 동안 학부담임목사 사역을 감당한 귀한 주의 종입니다. 복음을 전해야 한다는 사명감이 탁월하고, 성경과 세상을 보는 넓은 안목을 가지고 있으며, 무엇보다도 학생들을 뜨겁게 사랑하는 분입니다. 저를 비롯한 모든 교목 목사님들이 이동찬목사님의 사역을 부러워하고 열정을 따라가고 싶어 합니다. 이번에 귀한 책을 내신 것 감사와 축하를 드립니다. 이 책으로부터 시작하여 채플에 관한 연구가 더욱 깊어지고, 과감한 창의적 시도가 많아졌으면 좋겠습니다.

희망을 노래하기에는 어두운 현실입니다. 캄캄하여 길이 보이지 않습니다. 주님이 저 앞에서 비춰주시는 작은 빛을 바라보며, 함께 손잡고 더듬거리며 나아갑시다.

추천사

백석대학교, 백석문화대학교 교목본부장 양종래

이동찬 교수님께서 집필하신 '대학채플의 이해'가 갖은 노고 끝에 결실을 맺어 출판된 것을 무척 기쁘게 생각합니다.

백석학원은 기독교 종합대학으로 설립 당시부터 기독교 정체성 교육을 매우 깊이 있고 활발하게 진행해 왔습니다. 개혁주의생명신학을 기반으로 한 '기독교교양교육'(기독교이해 8학기, 대학채플 8학기)을 시행하고 각 학부 별로 '학부담임목사'를 두어 이들로 하여금 학부 학생들에 대한 '목회적 돌봄'과 선교부 중심의 '학부 목회'를 담당케 한 것은 설립자 장종현 박사의 믿음이 빚어낸 백석대학교의 독특한 브랜드라 하겠습니다. 하지만, 이렇게 활발한 기독교정체성 교육과 대학생 선교에 대한 학부 담임목사님들의 '실천지식'(know-how)의 축적에도 불구하고 이에 대한 연구 결과물은 그리 많이 생산되지 못했던 아쉬움이 있었습니다. 이런 중에 이동찬 목사님께서 그동안의 대학생 선교 역량과 연구를 기반으로 하여 '대학채플의 이해'라는 책을 발간하신 것은 이런 아쉬움을 조금이나마 해소시켜 주신 것이어서 감사한 마음 이를 데 없습니다.

대학채플에 대한 종합 개론서라고 할 수 있는 이 책 '대학채플의 이해'는 대학공동체의 영적 생활의 길잡이로서 대학채플의 활용과 인식, 향후 방향에 대한 상세한 분석을 제공하고 있습니다. 우선, 현재 기독교 사학이 직면하고 있는 대학채플과 관련된 위기를 서술하고 대학채플이 견지해야 할 방향성을 '전도와 성경적 삶의 교육을 통해 생명살리기'로 잡았습니다. 이런 방향성 아래서 필자는 대학채플이 예배로서 정체성 회복과 비기독교인을 품는 전도집회의 장으로 나가기 위해 기본 개념과 목적, 목표, 그리고 개혁주의 생명신학에 기초한 대학채플의 경영, 그리고 대학채플에서 다루어야 할 다양한 교육 내용을 소개하고 있습니다.

무엇보다 필자는 대학채플의 교육 목적을 '학생들에게 복음을 증거해서 생명을 살리고 성경과 기독교 세계관을 가르쳐서 영성, 인성, 그리고 교양을 갖춘 성숙한 사회인이 되게 하여 하나님이 사랑과 섬김으로 하나님 나라와 지구촌에 기여하는 데 있다'고 봅니다. 그리고 이를 수행하기 위해 '예배와 전도, 그리고 훈련과 문화'라는 세부적인 교육목표를 설정하였고, 복음증거라는 선교에 대한 전략 모델로 '수용자와의 관계중심이라는 모델'을 제시하는데 이 전략 모델의 핵심 개념을 구도자화, 신자화, 제자화로 잡고 그 실천 도구로 인적 관리 시스템의 형성, 그 실천 방안으로 '학부담임목사 제도'와 선교부를 중심한 채플도우미, 다채로운 프로그램과 함께 대학채플의 교육 내용을 서술하고 있습니다.

부디 이 저서를 통해서 기독교 대학의 채플이 선교의 도구로 쓰임 받기를 희망하며 죽어가는 영적 생명을 살리기를 기대합니다. 그리고 많은 대학생 선교 동역자들의 사역에 큰 도움이 되기를 바랍니다.

추천사

백석대학교 백석정신아카데미 부총재,
조직신학 박찬호 교수

지난 10월 중순 서울 시내의 모 대학에 강연을 와 달라는 요청을 받아 100여 명의 학생들에게 설교가 아닌 강연을 할 기회가 있었다. 그때 놀란 것은 한 학년 4,000명의 학교이니 재학생이 만여 명을 훌쩍 넘어가는 대학에서 이루어지는 채플이 일주일에 딱 하나뿐이라는 사실과 그것이 선택과목이라는 것이었다. 그나마 학기 초에는 2, 300명의 수강생이 있다가 10월 들어서면서 수강생들이 급감하여 내 순서가 되었을 때는 100명 남짓한 학생들만이 생존해 있었다. 선택과목으로 이루어지는 채플은 그나마 형식을 바꾸어 예배가 아닌 외부 인사들의 강연을 듣는 시간으로 진행되고 있었다. 기독교 정신으로 세워진 학교이기에 설립 정신을 지키기 위해 채플을 운용하고는 있었지만 채플이라고 하기에는 너무나 부족한 모습이 아닐 수 없었다. 그리고 그 학교는 교직원을 뽑을 때 기독교인이 아니라고 해서 불이익을 주지 않는다고 한다. 다만 한 가지 학기 중에 주 일회 한 시간 정도씩 교직원 예배에 해당하는 시간은 의무적으로 참석할 것을 요구하고 있다고 한다. 그 시간에는 주로 신학교에서 한 학기 한 과목 수업을 진행하듯이 15주에 걸친 강의가 외부의 신학 교수를 초빙하여 이루어지고 있다고 한다. 기독교 정신으로 세워진 학교이기에 그 정도는 해야 하지 않느냐는 것이 학교 운영자의 입장이라고 한다.

한 시간 그것도 강연을 한 번 한 것에 불과하기에 그때 들은 이야기로 그 대학을 함부로 판단하기에는 무리가 있을 것 같다. 하지만 오늘 기독교 대학의 채플이 처해 있는 현실을 다소 적나라하게 보여주는 실례로 삼을 수는 있을 것 같다. 이미 절대다수의 기독교 대학은 학생들의 채플을 4년이 아니라 1년으로 제한하고 있으며 불신자 학생들의 거부감이나 반감을 고려하여 예배 형식을 띤 설교가 아니라 강연 형식으로 바꾸고 있으며 다양한 문화적인 활동으로 대체하고 있는 것이 현실이라고 할 수 있다.

이런 차제에 백석대학교 교목으로 10여 년 이상을 수고하신 이동찬 목사님의 대학채플과 관련된 책이 출판된 것은 여러모로 시의적절하다고 할 수 있다. 백석학원(백석대학과 백석문화대학 그리고 백석예술대학)은 학원복음화를 위하여 전력을 다하고 있으며 학교의 신학적 정체성이라고 할 수 있는 개혁주의생명신학으로 민족과 세계를 살리려고 하는 목적으로 설립되었다. 채플과 기독교 이해 이 두 가지는 백석대학 학생이라면 누구나 4년 8학기를 빠짐없이 이수해야 하는 필수과목이다(문화대와 예술대 학생들은 2년 4학기). 많은 타협이 있는 이 시대 가운데 백석학원은 모범적으로 이 부분을 고수하고 있다고 할 수 있다.

이 책에서 이동찬 목사님은 기독교 대학들의 미숙한 판단으로 인권위원회에 속수무책 당하고만 있는 현실을 개탄해 하면서 용기 있게 타협을 거부하고 있다. 정면돌파를 제안하고 있는 것이다. 결국 채플의 바른 방향은 복음으로 생명을 살리는 것이 되어야 한다는 것이다. 대학채플에 대한 종합 개론서라고 할 수 있는 이 책 '대학채플의 이해'는 대학공동체의 영적 생활의 길잡이로서 대학채플의 활용과 인식, 향후 방향에 대한 상세한 분석을 제공하고 있다. 위기 속 기독교 대학의 채플이 나아가야 할 방향과 구체적인 지침을 알기 원하는 사람들에게 일독을 권하며 기쁨으로 이 책을 추천하는 바이다.

감사의 글

백석대학교의 학부담임목사로 부름받은 지 이제 15년이 흘렀습니다. 부족한 저를 불러 은혜의 사역을 하게 하신 하나님께 감사와 찬송을 드립니다. 늘 변함없는 사랑과 기도로 제 곁을 지켜준 사랑하는 내 아내 안맹원님에게 감사를 드립니다.

백석대학교 장종현 설립자님께 대학채플을 통한 학원선교의 영광을 누릴 수 있도록 해주셔서 감사를 드립니다. 학부담임목사제를 통한 대학채플의 기초를 놓아주신 허광재 목사님께 감사를 드립니다. 함께 대학채플을 위해 기도하고, 고민하고 몸부림쳤고, 또 지금도 그러한 믿음의 동지들, 장동민 교목부총장님을 비롯한 교목실 동역 목사님들(강인한, 공규석, 김남일, 김대인, 김덕만, 김홍진, 문유미, 백성엽, 성종현, 양종래, 엄영권, 윤석주, 이기흔, 이동수, 임유진, 정성하, 정종성, 주만성, 최광렬, 최규명, 최유석, 한만오, 홍진철)께 감사의 말씀을 드립니다. 대학채플의 사회과학적 연구의 중요성을 알려주시고, 측정도구 개발을 함께해주신 최현정 교수님께 감사를 드립니다. 제 삶의 멘토가 되어주신 송병현 교수님과 이기영 목사님께 감사드립니다.

그리고 교목실 행정팀의 장혜숙 팀장님, 이정란 선생님, 장미정

선생님과 조교님들께도 감사드립니다. 제가 지금 섬기고 있는 디자인영상학부 강화선 학부장님과 교수님들, 학부 사무실의 남윤희 과장님과 조교님들께 감사드립니다.

머리말

이 글은 백석대학교 관광학부(8년)와 디자인영상학부(7년) 대학채플에 대한 저의 고민과 공부의 내용을 담은 것입니다. 대학채플이 무엇인지, 어떻게 하는 것이 대학채플을 채플답게 하는 것인지에 대해 묻고 배우면서 정리한 것이 이 책입니다. 제가 이해하기로 대학채플은 참여 학생들에게 성경적인 풍성한 삶을 가르치면서 예수 그리스도의 복음을 믿게하여 영생을 얻도록 하는 학원선교의 마당입니다. 이 책은 이런 대학채플에 대한 저의 기본 이해를 풀어서 쓴 것입니다.

채플의 위기를 말하는 이 시기에 저는 이 책이 저처럼 채플사역을 하는 모든 분들에게 참고와 함께 도전이 되었으면 좋겠습니다. 그래서 부족한 이 책이 그분들이 가지고 있는 대학채플에 대한 다양한 경험들과 암묵지를 끌어내도록 하여 그것이 또 다른 풍성한 대학채플 개론들로 나타나서, 우리 주님이 기뻐하시는 학원복음화의 밑거름이 되면 좋겠습니다. 저는 이 책이 대학채플을 담당하게 될 후배들에게 참고가 되고, 채플을 위해 기도할 수 있는 분들에게 구체적인 기도의 내용이 되면 좋겠습니다.

이 책은 비록 학부담임목사제도에 기반한 백석대학교의 대학채플에 초점을 맞춘 연구이지만, 다른 기독교 대학의 채플과 초중고등학교 채플, 병원과 군대 등에 있는 다양한 채플들의 현상과 원리 연구에 대한 작은 참고가 되면 좋겠다는 바람이 있습니다.

차 례

제3부
대학채플의 교육내용

제4부
대학채플의 프로그램

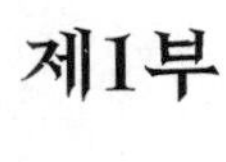

제1부

대학채플의 기본방향

1장

대학채플: 가중되는 위기?

1.
대학채플에 가중되는 위기

대학채플은 젊은 대학생들을 대상으로 영혼을 살리는 복음과 성경적 삶을 가르치는 통전적인 생명살리기의 장이다. 전도와 성경적인 삶을 통한 생명살리기 교육이 가능하려면 대학채플이 대학생활의 중심이 되어야 한다. 그런데 그것을 어렵게 하는 요인들이 많이 존재한다. 비기독교인 비율이 훨씬 더 많은 대학채플, 한국사회의 탈종교화와 탈기독교화 흐름, 대학채플에 대한 사회적 도전, 대학채플의 판단 착오와 미숙한 대응, 채플 담당자들의 오해와 잘못된 대응전략 등이 오늘날 채플의 위기를 가져왔다고 말할 수 있다.[1] 우리는 이러한 사실들을 직시하고 올바로 인지해야 대학채플의 올바른 방향을 찾을 수 있을 것이다.

1) 비기독교인 비율이 훨씬 더 많은 대학채플

대학채플에서 비기독교인 학생의 비율을 보면 그 채플의 교육 분위기가 어떠할지, 채플의 교육목적 달성이 얼마나 쉽지 않을지 충분히 짐작할 수 있다. '기독교 대학의 글로벌 리더'를 표방하고

1) 이동찬, "개혁주의생명신학과 대학채플의 위기타파", 「생명과 말씀」 34권 (2022), 12-22.

'기독교 대학'임을 공개적으로 광고하는 백석대학교도 '기독교인 신입생 비율'이 계속해서 낮아지고 있다. 다음의 표는 백석대학교 교목실 자료로서 2011년 이래 신입생의 기독교인 비율을 표시한 것이다.

연도	11	12	13	14	15	16	17	18	19	20	21	22
비율	56.3	52.0	51.5	49.5	47.8	48.0	40.5	42.2	40.3	36.5	33.5	35.3

표에 의하면 2011년 56.3% 최고점을 찍은 이래로 기독교인 신입생의 비율이 계속 하락하고 있다. 이 비율은 거의 전 학생이 기독교인으로 구성된 기독교 학부의 비율을 포함하고 있다. 아마도 기독교 대학이 아닌 타 대학의 상황은 더 열악하리라고 본다. 참고로 필자가 담당는 디자인영상학부의 2022년도 신입생 기독교인 비율은 20.7%이다. 이와 같이 기독교인 학생이 적고, 비기독교인 학생의 비율이 지나치게 높은 대학채플에서 성경적 삶을 말하고, 더욱이 복음 메시지를 선포하는 것은 쉽지 않다고 말할 수 있다.

2) 한국사회의 탈종교화, 탈기독교화 흐름

이 시대가 종교적인 차원에서 이미 '탈(脫)종교적'이라는 사실은 한국갤럽에서 조사한 1984-2021년 대한민국의 종교현황과 종교에 대한 인식조사를 살펴보면 잘 알 수 있다.[2)] 조사에 따르면, 한국 성인 중 종교인 비율이 지속적으로 줄어들고 있다. 2004년에 54%

2) 한국갤럽은 1984년, 1989년, 1997년, 2004년, 2021년 총 6차에 걸쳐서 '한국인의 종교와 종교의식'에 관한 설문조사를 했고, 그 보고서를 만들었다. 이는 1984년 이래 거의 10년 단위로 약 40년에 걸쳐 한국의 종교현황에 대해 행한 횡단연구라는 면에서 그 의의가 있다. 한국갤럽, '한국인의 종교 1984~2021 (1) 종교현황' https://url.kr/4w7suc, 2022년 10월 14일 접속.

였던 종교인이 2014년에는 50%로, 2021년에는 40%로 떨어졌다. 탈종교 현상은 특별히 20·30대 청년층에서 두드러지고 나타나고 있다.[3)]

탈종교화 현상뿐만 아니라, 탈기독교 현상도 두드러지게 나타났다. 여러 가지 이유로 기독교를 떠나는 사람들이 많이 생겼다는 의미이다. 비종교인의 호감 종교 항목에서 불교는 20%, 천주교는 13%인 반면에, 기독교는 호감 비율이 6%에 그쳤다.[4)] 그리고 기독교에 대한 신뢰도는 2020년 32%에서 2021년 21%, 그리고 2022년에는 18%로 계속 추락하는 모습을 보여주고 있다.[5)] 비종교인이 더 많아지고 기독교인 수가 줄어드는 추세 속에서 종립학교의 대학채플에 대한 호감도 역시 떨어졌음을 유추해 볼 수 있다.

3) 대학채플에 대한 사회적 도전

"기독교 대학의 대학채플은 종파교육이며 비종교인 학생에게 종교자유를 침해하는 강요이므로, 채플거부권 부여나 대체 과목 혹은 대체 과제를 개설하라"[6)]

공개적으로 대학채플에 대한 도전이 시작되었다. 2021년과 2022년 국가인권위원회는 각각 광주보건대 채플과 전주대 채플에

3) 2000년대 이후 종교인 감소의 가장 큰 원인은 청년층에 있다. 2004년의 20대 중에서는 45%가 종교를 믿었지만, 2014년 20대는 31%, 2021년 20대에서는 그 비율이 22%에 불과하다. 위의 사이트.

4) 한국갤럽에 의하면, 2021년 현재 한국의 종교 분포는 기독교 17%, 불교 16%, 천주교 6%로 기독교는 한국의 최대 종교이다. 그런데 기독교에 대한 비종교인 호감도가 겨우 7%라는 것은 기독교 이미지가 상대적으로 '매우 좋지 않음'을 보여주고 있다.

5) 국민일보 2022. 4. 27, "교회를 신뢰하나요? 32% → 21 → 18% … 추락하는 교회" https://url.kr/riu3dk, 2022년 8월 14일 접속.

6) 국가인권위원회 결정(사건 20진정0211800), 국가인권위원회 아동권리위원회 결정(사건 22진정0211700)

대하여 위와 같은 판결을 하고 권고문을 내렸다. 이 권고는 비단 광주보건대만의 문제가 아니라 대학채플을 운영하는 모든 기독교 대학들에게 대학채플의 존폐를 결정하는 심각한 문제가 된다. 우리는 먼저 국가인권위원회의 채플권고가 어떤 것이었는지를 살피고 그것에 대해 대학채플이 어떤 대응을 했는지를 살펴보아야 할 것이다. 그리고 대학채플에 대해서 우리 사회와 인권위가 왜 그렇게 비우호적 태도를 취하게 되었는지를 알아보아야 한다. 그 후에 당면한 대학채플의 문제를 해결책들을 마련해야 할 것이다.

광주보건대학 채플에 대한 인권위 결정내용은 '종파교육인 대학채플은 강요이며 종교자유를 침해하고 있으므로, 대체 과목 개설 등을 마련하라'로 요약할 수 있다. 인권위는 설립 취지가 종교전파인 사립학교는 법적으로 종교교육 내지 종교선전을 할 수 있는 권리가 있음을 인정했다. 동시에 인권위는 '인권'의 맥락에서 비종교 혹은 타 종교 학생의 대학채플 거부권을 인정했다. 두 가지 모두 법률상 기본권에 해당한다는 것이다. 그러나 결론적으로 인권위는 학생의 종교자유를 우선했다. 그 이유는 종립학교의 종교교육은 그것이 공교육 체계에 편입된 이상, 원칙적으로 학생의 종교의 자유와 교육을 받을 권리를 고려한 대책을 마련하는 등의 조치를 취해야 한다는 것이다. 이러한 대학채플에 대한 인권위의 판결은 '인권'이라는 시대적인 요청에 근거하여 설득력을 보여주고 있다고 볼 수 있으나, 그 자체로 시비의 여지를 많이 가지고 있다. 미성년이 아닌 성년이 대학교를 선택했는데, 그 선택에는 타의적 요소가 포함되었기 때문에 선택의 책임에는 자유롭다는 식의 논리나, 종립대학의 종교교육권보다 학생의 종교자유를 우선하는 것 등은 법정 다툼의 여지가 많이 있다는 주장이다.[7] 그러므로 대학채플은 이 부분과 관련하여 지혜롭게 다양한 방식으로 대응을 해야 할 것이다.[8]

4) 대학채플의 판단착오와 미숙한 대응

인권위의 권고는 '대학채플이 종파교육이기 때문에 강요이며, 학생의 종교자유를 침해한다'로 이해되었다. 이것을 도식으로 나타내면, '대학채플 = 종파교육 ⇒ 강요 = 종교자유침해'와 같은 프레임이 된다. 그런데 '대학채플 = 종파교육'이라는 이해는 옳지만, '종파교육 ⇒ 강요'라는 이해는 옳지 못하다. 인권위의 판결내용은 '대체 과목과 대체 과제 등 선택권이 없는'[9] 대학채플이 강요이며 종교자유의 침해라는 것이다. 결코 종립학교의 종파교육 자체가 문제라는 것은 아니다. 그런데 대학채플은 '종파교육 ⇒ 강요'라는 잘못된 프레임에 갇혀서, 대학채플의 대응방향을 '대학채플은 종파교육이 아니다'는 새로운 프레임에서 찾으려는 노력을 해왔다는 사실이다.

광주보건대는 최초 해명자료에서 대학채플이 종교전파에 대한

7) 인권위의 판단에 대한 비판으로는 다음을 참조하라. 이동찬, "국가인권위원회의 권고에 의한 대학채플의 위기와 대응전략", 「대학과선교」 제50집 (2021), 40-45; 오사랑·정대경, "국가인권 위원회의 대학채플 결정문에 대한 비판적 고찰 및 대안적 제안", 「대학과선교」 제51집 (2022), 112-27; 천사무엘, "기독교 대학채플에 대한 국가인권위원회의 결정 고찰", 「대학과선교」 제51집 (2022), 12-24.

8) 대학채플은 다른 대학채플들과 연대하여 학술활동을 통한 대응논리 개발, 정보교환, 기독교인 법조인을 통한 대학채플 정당성 법리확충, 그리고 전 교단적인 협의와 대응 등을 위한 노력을 아끼지 말아야 한다. 이 부분에 대해서 백석대학교는 선제적으로 대응했다. 2021년 6월 9일(수) 교목본부장의 제안과 지시로 대학채플문제 대응 TF팀이 구성되었다. 2021년 9월 10일(금) TF팀은 대학채플 문제에 대한 방향을 정치적-법적연구와 내부적 채플대안연구로 이분화했다. 그 후 2022년 3월 3천만 원의 기금을 마련하고 한국의 대학채플의 실태와 대응방안 모색을 위한 외부위탁연구를 시작했다.

9) 물론 이 항목에 대해 우리는 결코 동의할 수 없다.

강제성을 갖고 있지 않다고 주장했다.[10] 즉 '대학채플은 종파교육이 아니다'는 프레임을 가지고서, 광주보건대 채플은 인권위의 권고에 대해서 "예배 형식으로만 이루어지던 경건회(채플) 수업 10회 중에서 예배 형식 3회와 여러 주제의 강의 형식 7회로 다양화하고, 해당 과목 이수를 위한 출석 인정 횟수를 6회에서 5회로 개정하였다"고 회신하였다.[11] 이것은 채플에 참여하는 비기독교인 학생이 과목 이수를 위한 최소 출석일 5일을 예배형식이 아닌 강의 형식만으로 들을 수 있도록 배려한 개선안이라고 볼 수 있다. 그리고 이것은 대학채플이 종파교육을 '강요'하는 것이 아님을 어느 소극적으로나마 표현한 것이라고 할 수 있다. 그러나 그것은 판단 착오였다. 이에 대하여 인권위는 '광주보건대가 권고를 사실상 수용하지 않았다'라고 공표하였다.[12] 광주보건대는 인권위가 채플이 가지고 있는 종파교육의 틀을 문제 삼는다고 잘못 이해하고, 그 틀을 벗음으로 채플의 문제를 해결하려고 했던 것이다.

5) 채플 담당자들의 오해와 잘못된 대응전략

인권위의 권고문에 대해서 필자를 비롯한 채플 담당자들도 큰 틀에서는 '대학채플은 종파교육이 아니다'라는 프레임에 갇혀서, 채플에서 예배와 전도의 색깔을 제거하여 교양과목화 함으로써 채플의 문제를 해결하려고 하는 오류를 범했다.[13] 필자도 '대학채플

10) 국가인권위원회 결정 (사건 20진정0211800), 7.

11) 국가인권위원회, "학생의 종교의 자유 보장 관련 권고에 대한 광주보건대학교의 이행사항 공표" 보도자료 2021.10.19. https://url.kr/etwnpd, 2022년 10월 15일 접속.

12) 위의 자료.

13) 사실 광주보건대채플에 대한 인권위의 권고문에는 그러한 오해를 일으킬만한 내용이 있었다. 인권위는 "대학채플의 수업 내용을 보면 설교, 기도, 찬송, 성경 봉독 등으로 구성되어 사실상 특정 기독교 교회의 예배행위와 다를 바 없어, 기독교 전파를 목적으로 하는 종파교육으로 보기에 부족함이 없다"고 논증했던 것이다. 국가인권위원회 결정 (사건 20진정

은 종교전파만을 위한 종파교육일 수 없으며, 더욱 세련되고 수준 높은 종교교양교육이어야 한다'고 주장했으며, 그 대안으로 '트렌드채플과 헌신채플'을 제안했다.[14] 오사랑과 정대경은 인권위가 종교인과 비종교인 모두가 수긍할 수 있는 교양교육 차원의 종교교육을 주문했다고 이해하고, 대학채플이 종파교육이 아닌 '종교교육'일 것과 '교양교육'의 전문화를 주장했다. 그리고 종립학교와 학생개인의 기본권의 조화를 위한 수단이 될 수 있는 '대체 과목 개설'을 제안했다.[15] 이정철은 인권위 권고로 인해 생겨난 대학채플의 위기를 '인성교육으로서의 채플'에서 그 대안을 찾고, 기독교 대학이 최대한 비기독교적 언어와 형식을 사용하되, 정밀한 신학화 작업을 통하여 '영성형성(spiritual formation)'을 할 수 있다면, 기독교적 교육이념의 실천하고, '종파교육'이라는 채플의 현재 한계를 넘어설 수 있다(57)고 주장한다.[16] 천사무엘은 채플이 종교전파를 목적으로 하는 것이 아니라, 학생들의 가치관 형성에 기여하는 인성교육이라고 하며, 헌법과 교육법에 보장된 기독교 대학의 설립정신과 교육목적에 부합한다. 그리고 채플을 운영하는 주체는 종교의 자유나 인권침해가 발생하지 않도록 그 운영과 표현에 유의해야 함을 주장했다.[17]

필자의 연구를 포함한 이상의 연구들은 채플운영에 직간접적으로 책임을 지는 이들이 인권위 판결에 대해 깊이 숙고한 후에 내놓

0211800), 7.

14) 이동찬, "국가인권위원회의 권고에 의한 대학채플의 위기와 대응전략", 「대학과선교」 제50집 (2021): 37-67.

15) 오사랑·정대경, "국가 인권 위원회의 대학채플 결정문에 대한 비판적 고찰 및 대안적 제안", 「대학과선교」 제51집 (2022): 105-40.

16) 이정철, "'인성교육으로서의 채플'에 대한 기독교 종교교육적 성찰", 「대학과선교」 제51집 (2022): 35-65.

17) 천사무엘, "기독교 대학채플에 대한 국가인권위원회의 결정 고찰", 「대학과선교」 제51집 (2022): 9-33.

은 대안들이다. 그런데 위 연구들이 붙잡은 공통된 대학채플의 방향은 '종파교육의 포기'였다.[18] 그러나 그것이 심각한 오해였으며, 스스로 자기 발등을 찍는 자충수였음은 곧이어 나타난 전주대 채플에 대한 인권위의 판결에서 드러났다.

6) 전주대 채플에 대한 인권위의 판결

〈광주보건대 채플판결과 전주대 채플판결의 비교와 그 내용〉

	채플형식	판결요지	판결이유
K대 채플 (2021) 인권위 판결	교회형 예배: 설교, 기도, 찬송,성경봉독 2학기, 각 5회	K대 채플은 종파교육, 강요이며, 종교자유 침해 거부권/ 대체 과목을 허용하라.	1) 학생 선택권× 동의× 2) 교회예배형식 - 종파교육 3) 채플거부권×, 대체 과목×
J대 채플 (2022) 인권위 판결	예배형식탈피, 인성/문화공연 2학점 4학기 입학시 채플강조	J대 채플은 종파교육, 강요이며, 종교자유 침해 거부권/ 대체 과목/대체 과제를 허용하라.	1) 학생선택권× 동의× 2) 채플의 내용은 종파 교육임 3) 채플거부권/대체 과목/과제×

전주대 채플은 광주보건대나 기타 타 대학채플과 비교해 볼 때, '그 형식과 내용'에서 '교회예배' 형식을 완전히 벗어났다. 채플순서에 기도나 성경봉독, 찬양이 없으며, 심지어 '설교'나 '축도'도 없이

18) 대학채플의 '예배와 전도'에 대한 포기현상은 사실 그전부터 나타났다. 박용우는 숭실대 채플판결을 보면서 대학채플의 목표는 '개종'이 아니라, '기독교적 인간 형성'이다. 채플의 선교는 복음의 수직적 차원과 수평적 차원을 동시에 지향하면서 기독교적 가치관, 인간관, 세계관, 역사관을 지니도록 만드는 '복음적 인간화'에 초점을 맞추어야 한다. 채플이 신앙을 전제로 하지 않는 하나의 기독교 과목으로서 요구된다면, 기독교 대학의 필수 교양과목의 하나로서 요구될 수 있다라고 주장했다. 박용우, "기독교 채플을 통한 선교", 「대학과선교」 제1집 (2000): 64-66.

강의로만 구성된다. 채플은 소위 인성교육 혹은 문화공연을 지향하고 있고, 네 가지 유형으로 세분하여 학생들이 선택할 수 있도록 했다. 이것은 채플에 대한 '종파교육' 시비의 여지를 없애고, 강요나 종교자유의 문제를 피해 갈 수 있는 좋은 채플전략이며, 대학채플이 지향해야 할 모범으로 보였다.

그러나 결과적으로 이 모든 모습에도 불구하고, 인권위는 전주대 채플을 '종파교육'으로 규정했고, 강요이며 종교자유의 침해가 있다고 보았다. 이것은 대학채플에서 기독교적 용어를 빼고, 그 형식과 내용을 비종교적으로 바꾼다고 해도, 종교전파를 위해 세워진 사립학교인 기독교 대학이 그 설립 취지로 운영하는 대학채플은 종교 전파적일 수밖에 없다는 것이 인권위의 판단이다.[19] 이로써 '대학채플은 종파교육이 아니다'라는 논리로 당면 위기를 모면하려던 대학채플의 시도는 무력화된 것으로 보인다. 그렇다면 이제 정면돌파 뿐이다. 어차피 채플은 선교목적(종교전파를 위한 목적)으로 시작되었고 운영되고 있는 예배라는 것은 기독교가 알고, 세상이 모두 알고 있다.[20] 인권위는 그 단순한 진실을 새삼 일깨워 준 것뿐이다. 이제 대학채플은 '예배'로서의 정체성을 회복하고, 비기독교인을 품는 '전도집회'의 장으로 나가야 할 것이다.

19) 국가인권위원회 아동권리위원회 결정(사건 22진정0211700), 8.

20) 채플은 "기독교 계통의 학교에서 행하는 '예배'"라고 국립국어원 표준국어사전은 분명히 밝히고 있다. 국립국어원편, 『표준국어사전』, "채플" 항목, https://url.kr/1leyca, 2022년 10월 16일 접속.

2.
대학채플의 바람직한 방향

지금 대학채플은 자기에 대한 사회적 인식과 그것을 반영한 국가인권위원회의 판결 등을 고려해서 종교교양적 측면을 강조하고, 전도 혹은 종파교육의 흔적을 지우려는 노력을 기울이는 경향이 많은 것 같다. 그러나 **'대학채플의 바람직한 방향은 성경적 삶의 교육을 통한 영적 생명살리기(전도)'이다.** 왜냐하면, 첫째로 그것이 합법적이며 정당하기 때문이다. 물론 종교적인 이유로 채플을 희망하지 않는 학생들을 위한 대체 과제는 마련되어 있어야 한다. 둘째로, 대학채플의 원래 목적과 정체성이 '성경적 삶의 교육을 통한 영적 생명살리기(전도)'에 있기 때문이다. 셋째는 대학채플에서의 '성경적 삶의 교육을 통한 영적 생명살리기(전도)가 충분히 현실적이고 또 가능하기 때문이다.

1) 합법적이고 정당한 대학채플 고수

개혁주의생명신학적 대학채플이 고수하는 '생명을 살리는 예배와 전도'는 외부적 표현으로 말하면, 종교전파를 위한 '종파교육'이다. 이 교육은 대학채플을 향한 개혁주의생명신학의 요청으로서 정당하고 당연한 것일뿐 아니라, 법원이나 인권위와 같은 국가기관들의 판결과 권고에서도 그 합법성을 인정하고 있다.

['종파교육'에 대한 '법원'의 판단]

"사립학교는 독자적인 건학이념을 실현하기 위하여 설립되는 것이고 종립학교의 건학이념은 특정한 종교의 교리를 전파하는 것이라고 할 수 있으며, 선교의 자유의 일종인 종교교육의 자유는 종립학교와 다른 종교를 가진 학생들이나 신앙을 가지지 아니한 학생들을 상대로 특정 종교를 선전하고 전파하는 자유를 당연히 포함하고 있다."[21)]

['종파교육'에 대한 '국가인권위원회'의 판단]

"헌법 제31조 제4항은 대학의 자율성이 법률이 정하는 바에 의하여 보장됨을 명시하고 있다. 나아가 「교육기본법」 제25조는 국가와 지방자치단체는 사립학교를 지원·육성하여야 하며, 사립학교의 다양하고 특성 있는 설립목적이 존중되어야 한다고 규정하고 있다. 따라서 종교적 이념을 바탕으로 설립된 학교법인이 운영하는 대학(이른바 사립종립대학)은 종교교육을 통한 종교행사의 자유를 가지고, 특히 헌법과 법률이 보장하는 '대학 자치의 원리'와 사립학교의 다양성 존중에 비추어 종교적 건학이념을 교육과정을 통해

21) 대법원 2010.4.22. 선고 2008다38288 전원합의체판결, 11. 위의 대광고 채플에 대한 대법원 판결은 종립학교의 종파교육 자체가 위법하거나, 어떤 문제가 있어서가 아님을 분명히 하고 있다. 종립학교의 종교교육의 자유에 대한 대법원의 이러한 결정은 숭실대 채플에 대한 대법원 선고에서도 이미 천명된 바 있다. 대법원 1998. 11. 10. 선고 96다 37268 판결, 3.

실현할 폭넓은 권리가 있다고 할 수 있다."[22]

대학채플은 기본적으로 종교전파를 위한 교육이고 또한 그것을 지향해야 한다. 그래야 그 정체성이 유지되고 그것을 통해서 생명이 살아난다.[23] 단, 종교적인 이유로 힘들어하는 비기독교인 학생들에 대한 배려는 대체 과목이든 대체 과제이든 간에 반드시 있어야 한다.

2) 복음으로 생명을 살리는 대학채플의 정체성 회복

대학채플의 바람직한 방향은 성경적이고 현실적인 삶을 교육하여 '전도의 성과'가 일어나는 것이다. 성경적이고 현실적인 삶을 교육하는 것은 기독교 교양과목들에서도 얼마든지 시도하고 잘할 수 있는 내용이다. 대학채플이 그것들과 근본적으로 차별화되는 점은 '전도와 그 성과인 세례'에 있다. 이것은 또한 대학채플의 존재 이유이기도 하다. 대학채플의 위기를 말해주는 많은 사인들이 있음에도 불구하고 여전히 많은 기독교 대학이 심지어 코로나의 와중에서도 채플에서 공식적으로 세례를 주고 있다. 우리는 진정성이 있고 잘 준비된 대학채플의 세례가 받는 사람은 물론 그것을 지켜보는 비기독교인들에게도 가슴 찡한 메시지로서 복음을 선

22) 국가인권위원회 결정 (사건 20진정0211800), 5. 이 결정에서 인권위는 종립학교의 종교교육권과 학생의 종교자유권은 둘 다 법이 정한 '기본권'이고 이것이 상충될 때 조화를 꾀한 해석이 필요하다고 한다.

23) 이제 우리는 박용우가 먼저 제시하고 많은 대학채플의 운영에 혼동을 주었던 '종파교육을 포기하는 대학채플'이라는 전략을 내려놓아야 한다. 그는 "대학채플이 대학이라는 공적인 교육 구조 속에서는 '개종'을 요구할 수가 없고 '기독교적인 인간형성' 그 이상의 것을 요구할 수 없다. 채플이 신앙을 전제로 하지 않는 하나의 기독교 과목으로서 요구된다면, 기독교 대학의 필수 교양과목의 하나로서 요구될 수 있다"라고 주장했다. 박용우, "기독교 채플을 통한 선교", 66.

포하는 방편이 된다고 믿어야 하고, 실제로 그런 일이 일어나고 있다.[24] 우리는 세례라는 복음선포의 방편이 대학채플에서 보다 적극적으로 적용되고 표현될 때, 기독교에 대한 이해와 채플의 만족도가 높아지고, 자기 신앙고백이 있는 기독교 신자들과 그들의 영향력을 통해서 복음화율이 높아질 수 있다고 우리의 경험을 통해서 자신 있게 말할 수 있다.[25]

3) 성경적이며 현실적인 삶을 교육하는 대학채플의 가능성

대학채플의 바람직한 방향은 성경을 가르치되 학생들의 현실적인 삶을 지도하는 교육을 하여야 한다. 비기독교인이 대다수를 구성하는 대학채플이 성경적이며 동시에 현실적인 학생들의 삶을 반영한 교육을 하려면, 적어도 세 가지 고려할 내용이 있다. 먼저, 대학채플 기획과 운영은 기초적인 채플전략 차원에서 그들이 '성경과 기독교에 호감을 느끼도록 하는 수준'으로 운영하는 것이 필요하다. 그렇게 하려면, 우선적으로 학생들의 전공을 고려하고, 지구촌과 사회의 이슈와 트렌드를 반영하고, 동시에 채플에 대한 이해를 예배이기도 하지만 동시에 마당으로 그 개념을 확대할 필요가 있을 것이다.

둘째로, 대학채플의 메시지는 '성경에서 삶으로(top down 방식)'가 아니라, '삶(의 문제, 현상)에서 성경(해답)(bottom up 방식)'으로 이루어

24) 이동찬·최현정, "대학채플의 만족도와 복음화율을 높이는 세례식에 관한 연구", 「대학과 선교」 24집(2013), 43-72. 이 글은 필자가 사회과학자인 최현정 교수와 함께 대학채플의 세례식에 대해 실시한 통계적 연구이다. 여기서 입증한 최대의 성과는 '진정성과 성의를 담보한 대학채플의 세례식은 비기독교인들에게도 유의미하며 감동을 줄 수 있다'는 사실이었다. 채플에 참여하는 '비기독교인 학생들'의 채플의 만족도에 영향을 미치는 프로그램과 그 정도에 대해 알아보기 위해 '다중회귀분석'을 실시하였고, 그 결과 가장 높은 반응을 보인 것이 바로 '세례식'이었다. 이 책 13장을 참고하라.

25) 위의 글, 65.

질 필요가 있다. 예배에서의 메시지는 '선포'라는 개념에서 '성경에서 삶'으로 이어지는 것이 옳겠지만, 아주 특별한 '예배'인 채플에서의 메시지는 비기독교인 학생들을 먼저 고려한다는 차원에서 그들의 대학 생활을 비롯한 다양한 삶의 현상과 문제로부터 시작하여 성경이 그것에 대해 어떤 의미가 있는지를 변증법적으로 접근하는 것이 좋을 것이다.

셋째로 성경을 통한 학생들의 삶에 대한 교육을 하려고 할 때, 그것을 효과적으로 진행하려면 반드시 학생들이 다차원적으로 참여할 수 있도록 해야 한다. 어떤 교육이든지 간에 '피교육자의 참여에 의한 교육'은 가장 바람직한 교육의 형태라고 할 수 있을 것이다.

2장

대학채플이란?

1.
채플의 역사와 그 의미와 변화

원래 채플(Chapel)이라는 말은 기독교의 예배당을 말하면서 동시에 그곳에서 드려지는 예배를 지칭했다.[26] 채플의 어원은 투르의 주교 마르티노가 착용하였던 〈카파(cappa, 장의)〉로, 성유물인 그 옷의 안치소를 cappella라고 하였다. 후에 교회, 수도원, 학교, 병원 등의 주 건물의 일부로서, 또는 독립적으로 만들어진 예배의 '**장소**' 전반을 가리키게 되었다.[27] 그리고 시간이 지나면서 채플은 교회가 아닌 대학, 병원, 군대와 같은 기관에서 기독교인들의 예배를 위한 특별 목적으로 마련된 '**건물**' 또는 그런 곳에서 진행되는 '**예배**'를 의미하게 되었다.[28]

교회의 예배당이 아니라 특별한 장소에서 채플이라는 이름으로 예배가 드려질 때, 일반적으로 그것은 '선교'를 목적으로 이루어졌다. 그런 맥락에서 학교채플의 원래 목적은 '선교적 예배'였다. 대부분 미국 선교사들의 열정으로 시작된 한국 초기 기독교 대학들

26) 종교학사전 편찬위원회, "채플",『종교학대사전』(서울: 한국사전연구사. 1998), 1247.
27) 위의 책.
28) J. G. Davies, ed., The New Westminster Dictionary of Liturgy and Worship(Philadelphia: The Westminster Press, 1986), 161.

은 학생들에게 복음을 전파하기 위하여 채플을 시행하였다.[29] 아펜젤러가 세우고 고종황제가 이름을 지어준 배재학당은 1887년 건물을 처음 지을 때부터 예배당을 따로 지었고, 거기서 채플을 실시했다.[30] 처음 채플의 형식은 일반예배였으며 채플 참여는 선택이었으나,[31] 1991년 배재학당의 커리큘럼에 한문성경 등 기독교 관련 과목이 강화되면서 채플 참여도 필수가 되었다.[32] 그 후에 이화학당과 경신학당 등 선교사들과 한국교회가 세운 모든 학교들도 학원선교의 전략이라는 면에서 채플을 통한 학원선교를 추구했다. 한국의 채플은 교육 현장에서 실시되는 공인된 선교이며, 학생들을 그리스도와 접촉하게 만드는 전도집회의 성격을 가지는 것이다.[33]

1960년대 경제개발과 더불어 정부의 지원으로 많은 대학이 생겨났고, 기독교가 급성장함에 따라 기독교 대학들의 수도 증가했다. 대부분의 기독교 대학들은 대학채플을 중심으로 기독교 대학으로서의 자기 정체성을 표현했다. 그리고 그 형태는 전통예배를 기반으로 하여 그 대상을 고려하여 각종 문화의 형식을 차용한 문화예배에로 발전하게 되었다.

새로운 밀레니엄이 다가오면서 기독교의 양적 성장이 멈추고 사회적 영향력이 약화되어 가면서, 대학채플에 대한 인식에도 많은

29) 김문영 “한국 기독교 대학채플에 대한 비평적 연구 - 이머징 채플(Emerging Chapel)로서의 대학채플”(계명대학교 박사학위논문, 2011), 21.
30) 백낙준, 『한국개신교사』(서울: 연세대학교 출판부, 1991), 136.
31) 백낙준, 『한국개신교사』(서울: 연세대학교 출판부, 1973), 136-37.
32) 위의 책, 240.
33) 한미라, “기로에 선 기독교 대학의 채플: 문제점과 개선방향”, 「기독교교육정보」, 제18집(2007), 79. 강인한도 같은 입장이다. 강인한, “효과적인 캠퍼스 채플을 위한 전략모색”, 「대학과 복음」 8(2003), 5.

변화가 생겨났다. 1998년 숭실대 채플에 대한 대법원 판결[34] 이후로 많은 한국의 기독교 대학들이 대학채플에서 학원선교 즉, 학원 '복음화'[35]를 포기하고, 대신에 대학채플의 목적과 관련하여 '인간화'를 말하기 시작했다.[36] 그와 동시에 채플의 형태는 더욱 세분화, 다양화되었다. 전통예배, 영화채플, 토크(대화)채플, 특강/간증채플, 세족식채플, 세례식채플, 연극/뮤지컬채플 등.

최근에 들어 채플에 대한 부정적인 사회인식이 표면화되기 시작했다. 대법원과 국가인권위원회는 채플이 '교회의 예배'와 그 '내용상 동일'하기 때문에 '채플'을 종교전파를 원래 목적으로 하는 편협한 '종파교육'이라고 규정했다. 물론 대학채플의 주된 형식과 내용은 교회예배와 유사하다. 그러나 다음과 같은 내용들 때문에 채플은 교회예배와는 다른 '어떤 것'이라고 말할 수 있다.

우선, 대학채플은 그 본질상 교회의 예배와 다르다. '예배'는 '하나님의 구원행위에 대한 그 백성(신자)의 신앙고백 행위'이다.[37] 그런데 신앙고백, 함께 찬양, 그리고 헌금과 같은 핵심 신앙고백 행위가 채플에는 없으며, 비신자가 더 많이 참여하는 대학채플은 엄

34) '대학채플 참석을 졸업요건으로 정한 학칙을 헌법상 종교의 자유에 반하지 않는다'고 대법원이 판결한 사건. 대법원 1998. 11. 10. 선고 96다37268 판결 [학위수여이행] [공1998.12.15.(72), 2830] 그러나 이 판결이 '신앙을 가지지 않을 자유를 침해하지 않는 범위 내에서'라는 단서조항을 덧붙임으로써, 채플에서 직접적인 전도를 지양해야 한다는 목소리가 표면화하기 시작했다.

35) 복음화는 채플에서 복음을 직접적으로 선포하고 최종적으로는 세례식을 시행하는 것을 의미한다. 한국에는 채플을 시행하는 기독교 대학교가 총 46개가 있는데, 그중 11개 대학이 '채플에서의 복음화'를 추구하면서 채플에서 세례식을 정기적으로 시행하고 있다. 이동찬·최현정, "대학채플의 만족도와 복음화율을 높이는 세례식에 관한 연구", 「대학과 선교」 제24집 (2013), 49.

36) 박용우는 "개종과 복음전도를 목표로 대학채플을 인도하는 일은 오늘 대부분 대학에서 사라졌다"고 선언하면서 채플의 방향은 "선교적 깨달음" 혹은 "기독교적 인간형성"으로 나아가야 한다고 주장했다. 박용우, "기독교채플을 통한 선교" 「대학과 선교」 제1집 (2000), 53.

37) 장자끄 폰 알멘, 박근원역, 『구원의 축제: 그리스도교 예배의 신학과 실천』(서울: 진흥출판사, 1993), 48. 여기서 중요한 것은 주권을 지니신 '하나님의 부르심'이고, 그에 대한 신자의 '순종과 복종'이다. 김세광, "예배본질의 탐구", 「신학과 실천」 28(2011), 41.

밀한 의미에서 예배라고 볼 수 없다.[38] 둘째, 참여자의 참석만을 이수의 요건으로 할 뿐 그 태도나 성과 등을 평가하지는 않는다는 사실은 대학채플이 신앙교육을 강요하는 교회의 예배와는 다르다는 사실을 말해 준다. 셋째, 대학채플은 예배의 일부 형식만을 차용하고 있지 실제로 그 내용과 운영에 있어서는 대학생과 관련된 다양한 형식의 프로그램들로 구성된다.[39] 물론 대학채플은 그 축소된 형식에도 불구하고 기독교인들에게는 '예배'이다. 예배를 돕는 도우미들과 기독교인들에게는 예배인 채플을 위해 기도하고, 본인들도 그 예배에서 하나님을 만나고 경배할 수 있도록 교육하는 것이 마땅하다. 대학채플은 '예배'를 포함하고 있지만, 그것을 넘어선 '독특한 형태의 대학종교교양'이라고 말해야 할 것이다.

대학채플은 합법적이고 정당한 대학교양교육이다. 채플이 학생의 종교자유를 침해함으로써 '불법행위'가 된다는 판결은 '대광고등학교 채플의 운영'과 관련한 특정 판단이지, 채플 자체는 결코 위법하지 않다. 대법원과 심지어 국가인권위도 채플의 합법성을 인정했다. 대학채플은 기독교 대학이 법률의 허용범위 내에서 시행하는 정당하고 합법적인 '종교교육'과 '교양교육(Liberal arts)'[40] 즉, '종교교양교육'이다. 학생들이 채플에 참석하는 것은 교양필수 과목에 대한 '의무'인 것이지, 종교의 자유를 침해하는 '강요'라고 말

38) 안성근, 대학채플의 모형갱신과 재형성, 393. 실제로 대부분 대학채플은 비기독교인의 수가 훨씬 많다. 2021학년 1학기 B대학교 디자인영상학부 채플의 경우, 기독교인 비율은 24.4%, 비기독교인은 75.6%나 된다. 백석대학교 교목실, "2021년도 1학기 대학채플 설문조사 결과 분석표"

39) 본 논문 III. 2. 2) '종교교양교육인 대학채플의 프로그램'을 참조하라.

40) '교양교육'(자유교육, Liberal arts)은 유용성을 목적으로 하는 '직업교육'과 달리, 인간의 본질로서 주어진 이성의 '자유로운' 활동, 즉 진리를 추구하고 최고선의 실체를 받아들이며 순수한 아름다움을 창조하는 교육을 말한다. [유명복, "기독교 대학의 교양교육과정 개발을 위한 제언", 「기독교교육정보」 22(2009), 34.] 이런 맥락에서 채플교육은 '직업교육'으로 치닫는 대학교육의 보완역할을 할 수 있다.

할 수는 없다.

그러므로 대학채플이란 예배의 형식을 가진 대학의 종교교양교육 과목이다. 대학채플은 학생들에게 성경적인 종교지식(知)을 가르치는 동시에, 기독교적 섬김과 봉사의 노력과 내용으로 정서적(情) 감동을 주고, 의지적(意) 결단을 촉구하는 영성과 인성의 성숙을 추구하는 전인격적인 종교교양교육이다.

2.
사회적 도전에 대한 대학채플의 대응

우리 사회에서 '인권의식'이 고양됨에 따라 대학채플에 대한 사회적인 압력이 점점 더 증가하고 있다. 이와 관련한 대학채플의 대응은 크게 세 가지 유형으로 나누어 볼 수 있다. 첫째는 '선포 중심유형'이다. 이 유형은 채플이 그 정당성을 기반으로 사회가 뭐라든 간에 텍스트인 성경 혹은 기독교적인 내용만을 직접적으로 선포하는 것이다. 이것은 사회에서 '종파교육'이라고 간주하며 직접적인 비판의 대상이 된다. 둘째는 '일반교양 중심유형'이다. 이것은 채플교육을 인간과 사회에 초점을 둔 일반교양으로만 운영하는 것으로서 사회적 비판의 여지는 적다. 그러나 이것은 채플의 목적을 무색하게 하는 동시에 여타 다른 기독교 이해 과목과 구별되지 않는 것이다. 셋째는 '성경과의 삶의 통합유형'이다. 이것은 성경과 학생들의 전공과 삶 혹은 사회적 맥락 사이의 통합을 시도하는 것이다. 이것은 성경의 내용과 주장을 일방적으로 선포하지 않고, 학생들의 삶의 모습과의 대화를 통하여 그 의미와 가치와 방향을 잡아주려는 시도이다.

대학채플이 '대학에서 있을 수 없는 종파교육'으로 폄훼를 받지 않으려면, '성경과 삶의 통합유형'을 기반으로 객관성과 학문성을 가진 '종교지식교육'의 틀을 추구해야 한다.[41] 동시에 종교적 건학 이념인 복음전도와 회심이라고 하는 학원선교의 열매를 결코 포기해서는 안 될 것이다.

41) "교양과목으로서의 '종교지식교육'은 공·사립을 불문하고 그 교육이 가능하고, 경우에 따라서는 필수과목으로 운영한다고 해도 기본권 침해 여부는 일어나지 않는다." [국가인권위원회 결정, 6.] 인권위가 말하는 종교지식교육은 종교학적 지식교육에 가깝겠지만, 기독교 학교에서 채플을 통해서 하는 종교교육은 신앙교육과 인격교육을 포함한다. [박상진, "기독교학교의 정체성에 근거한 종교학 교육과정 문제점", 「기독교교육논총」 36(2013), 51.]

3.
대학채플의 정의

대학채플을 정의하려면, 대학채플과 관련된 핵심개념을 먼저 꼽아 보고 그 필수 개념들을 소속 학교 공동체의 신앙과 신학과의 융합과정을 통해서 하나로 묶어서 이해하기 쉽게 정리하는 과정이 필요하다. 먼저 대학채플하면 떠오르는 말은 생명, 학원선교, 전도, 대학교과과정, 교양교육, 종교, 성경, 기독교, 문화공연, 대형강의, 종파교육, 종교자유, 복음, 세례 등 여러 가지가 있을 것이다. 개혁주의생명신학에 기초한 백석대학교 대학채플의 정의는 담당자들이 함께 모여서 이러한 여러 개념들에 대한 개혁주의 생명신학적인 이해와 정리를 통해서 만드는 것이 필요할 것이다. 이러한 과정을 통해 필자가 임의로 만들어 본 정의는 다음과 같다.

대학채플은 생명을 살리는 학원복음화를 위한 종교교양교육이다. 대학채플은 지(知)적으로 학생들에게 성경을 중심으로 종교와 세상을 가르치고, 정서적(情)으로 홀로를 넘어 더불어 함께하는 공동체적 감성을 키우며, 의지적(意)으로 영성과 인성의 성숙을 통해 통전적인 생명을 지니고, 하나님 나라와 지구촌에 기여하도록 하는 전인격적, 전생명적 종교교양교육이다.

4.
종교교양교육인 대학채플의 목적과 목표

대학채플의 목적에 대해서는 '학원복음화'[42]에서부터 '기독교적 인간형성'[43], 그리고 '불신자의 전도와 신자의 제자화'[44] '기독교적 양육[45], '전인교육을 위한 인성수업'[46] 등에 이르기까지 다양한 견해들이 존재한다. 그러나 그 내용을 자세히 들여다보면, 정도의 차이는 있지만 대체로 복음전도와 신앙인격교육, 그리고 성숙한 교양인 등의 내용을 어느 정도는 포괄하고 있음을 알 수 있다. 우리도 그 맥락을 따라 종교교양과목인 대학채플의 목적을 다음과 같이 정리한다.

대학채플은 학생들에게 복음을 증거해서 생명을 살리고, 성경과 기독교 세계관을 가르쳐서 영성과 인성, 그리고 교양을 갖춘 성숙한 사회인이 되게 하여, 사랑과 배려로 하나님 나라와 지구촌에 기

42) 안치범, "대학 세례식을 통해서 본 학원복음화",「신학과 실천」57(2017), 35.
43) 박용우. "기독교 채플을 통한 선교",「대학과 선교」1(2000), 64.
44) 강인한, "효과적인 캠퍼스 채플을 위한 전략모색",「대학과 복음」8(2003), 5.
45) 이정관, "기독교 신앙교육을 위한 교육과정으로서의 대학채플",「신학과 실천」28(2011), 743.
46) 구제홍, "포스트모던 시대의 전인교육 수업으로서 채플 대안모색",「대학과 선교」34(2017), 16.

여하게 하는 데 그 목적이 있다.[47)]

백석대학교에서 종교교양교육인 대학채플은 이상과 같은 교육목적 아래 '예배와 전도, 그리고 훈련과 문화'라는 세부적인 교육목표들을 가지고 있다.[48)] 먼저, 채플은 '예배'라는 형식과 내용을 통해서 학생들에게 '기독교적인 영성'을 가르친다. '영성'은 인간으로 하여금 자신, 타인 및 보다 상위 존재와의 의미 있는 관계를 유지시키며 신체, 영혼, 마음을 통합하는 에너지 등을 의미한다.[49)] 기독교적 영성은 학생들에게 이웃과 세상, 그리고 하나님 사랑을 가르쳐서 자기실현을 넘어서 타인과 세계를 품는 마음과 통찰력을 깨닫게 하는 교육이다. 둘째로, 대학채플의 '전도'는 예수 그리스도의 복음을 전하는 것이다. 복음(福音)은 '행복의 소리'이다. 대학채플은 진정한 행복이 '사랑과 배려의 십자가 복음'을 믿어 자기를 사랑하고, 이웃을 사랑하고, 온 피조물을 사랑하는 것임을 가르친다. 셋째로, 대학채플은 '전인격'적인 '훈련'이다. 채플교육은 지정의 차원에서 종교적 지식(知)뿐만 아니라, 정서적인 감동(情)과 신앙적인 결단(意)을 하게 하는 훈련이다.[50)] 넷째로 대학채플은 '기독교적 공동체 문화'를 교육하는 것이다. 코로나 이후로 세계는 극단적인 개별주의 개인주의가 지배적이다. 개인주의 자체가 나쁜 것은 아니지만, 인간은 더불어 살아가는 존재이며 결코 온전히 홀로 살 수

47) 백석대학교 채플의 목적은 백석학원의 설립정신을 기반으로 한다. 그 요지는 '성경을 가르쳐서 인간다운 인간을 양성' 하는 것이다. [장종현, 『백석대학의 설립정신』(서울: 기독교연합신문사, 2014), 13.]

48) 백석대학교는 채플 건물인 백석홀을 짓고, 그 정문의 돌비에 다음과 같이 새겼다. "백석홀 - 예배의 처소, 전도의 산실, 훈련의 도장, 문화의 전당" 이것은 건물인 백석홀의 용도이며 동시에 이곳에서 행해지는 채플이 지향할 목표이기도 하다.

49) "영성(spirituality, 靈性)" [김춘경외, 상담학 사전(서울: 학지사, 2016)]

50) 채플에서 하는 세족식과 세례식은 대표적인 종교적 정서와 신앙적 의지를 잘 표현하는 행사이다.

있는 존재는 아니다. 그러므로 개인주의적 성향을 강하게 띠는 대학생들에게 대학채플은 공동체 문화를 형성하고 교육하기에 적절한 장이 될 수 있다.

이상과 같은 대학채플의 목표들은 그 목적과 아울러 모든 교육내용의 토대가 되고 그 실행 과정에서 강조되고 표현되어야 한다.

5.
'마당'으로서의 대학채플의 성격

비기독교인 학생이 대다수를 구성하는 대학채플이 생명을 살리는 선교와 교육이라는 그 목적을 효과적으로 이루려면 그 품을 더 크게 넓게 펼칠 필요가 있다. 그래서 대학채플이 전통적인 '마당'이 될 수 있다면, 모든 학생들을 품고 훨씬 유연하고 다채로운 채플이 될 수 있을 것이다. 마당은 종교적 제의와 놀이, 그리고 각종 만남과 축제 등 공동체를 기반으로 한 다양한 문화가 형성되고 계승되던 장소이다. 가족들뿐만 아니라 온 동네 사람들이 더불어 기쁨과 슬픔을 나누는 장소이다.

우선 종교적 제의가 마당에서 이루어졌다. 유교적 배경에서 각종 제사나 무속적인 차원에서 굿이 행해지던 곳이 바로 마당이다. 대학채플은 예배가 이루어지는 곳이다. 모든 대학의 구성원들이 함께 모여서 하나님을 찬양하고 경배하며, 더불어 교제할 수 있는 공간이어야 한다. 그곳에서는 '교제'만 있어서는 안 되고 '경배'가 함께 있어야 한다.

마당은 축제의 자리이다. 결혼식과 회갑 잔치, 사물놀이가 마당에서 벌어진다. 구성원들이 모여서 함께 즐거워서 노래하고 춤추는 흥겨운 자리이기도 하다. 대학채플도 그렇다. 새내기 환영, 성년 축하, 스승의 날 축하, 과제전 축하, 각종 입상 축하, 졸업전시전 축하, 졸업축하 등 대학채플은 구성원들의 성장과 행복을 북돋아 주는 각종 축제가 열리는 자리여야 한다.

마당은 놀이터이며 만남의 장소이다. 윷놀이, 딱지치기, 자치기, 연날리기, 숨바꼭질 등 재미난 놀이와 만남이 이루어지는 곳이 바로 마당이다. 대학채플도 마당과 같아야 한다. 대학채플이 너무 거룩하여서 일반사람의 접근이 금지되거나, 정해진 형식과 틀이 확고하여서 하면 안 되는 규정들이 많아서도 안된다. 구성원들이 자연스럽게 놀고, 만나고 교제할 수 있는 곳이어야 한다. 대학채플도 믿는 학생들과 교수들의 예배장소이지만, 동시에 믿지 않는 학생들을 위한 자연스러운 놀이터이며 만남의 자리여야 한다. 물론 그렇다고 아무나 어떠한 행동을 해도 좋다는 것은 아니지만 종교적인 형식이나 규정으로 믿지 않는 학생들을 규제하려고 해서는 안된다는 것이다.

마당은 공동체 의식과 그것을 묶어주는 다양한 문화가 만들어지고 이어지는 장소이다. 대학채플도 그렇다. 가능하면 대학채플은 그 기본 구성을 같은 전공이나 학부 단위로 하는 것이 필요하다. 그래야 그 구성원들의 구체적인 동질성을 기반으로 공동체 의식을 형성하고 교육하기 쉽기 때문이다. 복음의 적용이라는 측면에서도 쉽고 적절하게 그들의 전공지식에 맞추어 할 수 있다.

제2부

개혁주의생명신학에 기초한 대학채플의 경영

3장

대학채플의 성경적 기초[51)]

51) 이글은 다음의 논문을 수정 보완한 것이다. 이동찬, "어휘 의미론적으로 본 구약성경의 '생명' 개념", 「생명과 말씀」 9권 (2014), 35-66.

1.
대학채플의 '생명'에 대한 성경적 이해

대학채플은 학생들에게 복음을 가르쳐서 '생명'을 얻게 하고, 성경을 중심으로 하는 종교지식(知)을 가르쳐서, 홀로를 넘어 더불어 함께하는 공동체 의식을 통한 정서적(情) 감동과 의지적(意)으로 영성과 인성의 성숙을 통해 하나님 나라와 세상에 기여하도록 하는 전인격적인 종교교양교육이다. 그러므로 대학채플의 중심에는 복음과 성경의 가르침이 자리하고 있어야 한다. 그 성경의 여러 가르침 중에서 채플이 고수해야 할 핵심은 예수 그리스도의 십자가 구원으로 말미암는 '생명'이라고 할 수 있다. 하나님의 창조사역의 절정은 생명의 창조와 축복이며, 하나님의 구원사역의 목표는 타락한 생명, 죽어가는 생명의 구원이었다. 그러므로 대학채플은 하나님의 많은 가르침 중에서 '생명'에 그 기초를 두는 것이 마땅하다. 이것은 대학채플의 일반적인 목적인 '학원복음화'의 내용과 일치하는 것이다. 대학채플의 지향점은 생명에 관한 하나님의 말씀을 선포하여 학생들의 영적생명을 살리고, 지구촌에 죽어가는 뭍 생명살리기에 헌신하도록 하는 것이다.

이 글은 구약성경의 '생명'개념을 어휘의미론과 메타네러티브로 밝히고, 그 개념으로 대학채플이 지향해야 할 내용을 밝히는데 그 목적이 있다. 자연환경파괴와 그것이 가져온 지구촌 생명에 대한 위협은 '생명'에 대한 급증하는 관심을 가져왔고 여러 가지 '생명운동들'과 '생명신학들'이 일어나도록 했다. 대부분의 생명신학들은 그 신학적 근거를 성경에서 가져오고 있는데, 아쉬운 점은 그 근거들이 성경본문에 대한 포괄적이고 자세한 읽기에서 비롯된 것이라고 보기가 어렵다는 것이다. 그것들은 기존의 신학어휘사전들에 나타나는 '생명'의 의미에 기초하여, '지구환경파괴와 인간생명 위협'이라는 주어진 문제에 대해서 '자연보호와 인간의 책임강조'라는 이미 주어진 답을 반복하는, 교리문답적인 성경본문의 제시와 같은 느낌을 준다.[52] 그렇다면 대학채플은 지구촌 최대의 이슈인 "생명"문제에 대해서 어떻게 답할 것인가? 대학채플은 하나님의 말씀인 성경만이 생명과 인간의 구원과 삶의 모든 문제에 대한 유일하고 완전한 답이라고 믿는다.[53] 그러므로 대학채플은 하나님의 말씀인 성경에 대한 자세한 읽기와 포괄적인 읽기를 통하여 성경이 천명하는 폭넓은 생명개념과 그것을 중심으로 표현되는 생명신학을 정립하고, 이 시대가 요구하는 생명문제 해결을 위한 대안들을 제시해야 할 것이다.

52) 구약성경을 근거로 생명신학들이 다룬 생명에 관한 주제들은 다음과 같다. 〈창조신앙과 인간의 책임〉 김도훈, 『생태신학과 생태영성』(서울: 장로회신학대학교출판부, 2009), 71-119; 〈관계성과 생명의 질서〉 고용수, "생명 공동체를 지향하는 교육목회", 「장신논단」 27집, (2006), 443-50; 〈관계중심의 생명이해〉 김은혜, "문명 전환운동을 위한 기독교의 생명이해와 여성 신학적 대안", 「장신논단」 23호 (2005), 277-78; 〈생명의 뿌리인 자연과 청지기인 인간〉 강사문, 『구약의 자연이해』(서울: 대한기독교서회, 2005), 24-66; 〈인간과 자연의 생명력인 하나님의 루아흐〉 이정배, "통합학문의 주제로서 '생명'과 생명신학연구", 「신학사상」 125집 (2004), 189-90; 〈전체와 관계로서의 생명〉 조용훈, "기독교 생명신학의 이론적 기초에 대한 연구", 「신학사상」 119집, (2002), 213-15; 〈생명의 근원이신 하나님〉 박재순, "생명살리기에 대한 신학적 고찰", 「기독교사상」 482호 (1999), 108-09; 〈구약성경의 중심인 생명〉 노희원, "구약성서의 중심으로서의 생명사상", 「신학논총」 4집, (1998), 181-201. 등

53) 백석대학교의 대학채플은 백석학원의 신학인 개혁주의생명신학을 기초위에 세워진다. 그 개혁주의생명신학은 성경의 기초위에 확고히 서 있다. 장종현, 『개혁주의생명신학 선언문』(서울: 기독교연합신문사, 2019), 41.

성경의 어휘에 대한 연구에 관하여 이제까지 규범이 되어온 두 가지 전제들이 있었다. 첫째 전제는 한 어휘 속에는 여러 의미들이 있을 수 있고, 서로 다른 의미들 가운데에는 핵심 의미라 할 수 있는 "참된 의미가 있다"는 것이다. 두 번째는 한 단어의 어원이 그 단어의 모든 의미들을 적절히 이해하는 열쇠가 된다는 것이었다.[54] 이 같은 전제 속에서 기존의 구약성경 어휘연구는 그 어휘의 어원을 먼저 추적하며, 고대 근동언어들과의 비교연구를 통하여 그 성경 어휘의 독특성을 규명하며, 종합적으로 구약성경 속에 그 어휘가 사용된 본문들 속에서 어떤 의미로 사용되었는지를 보면서 그 어휘의 신학적 개념을 정리하는 것이었다.[55]

그러나 이 같은 기존의 어휘연구는 여러 가지 한계들을 보여주었다. 그것을 요약하면, 어원에 대한 과장된 평가, 합당치 않은 전체적인 전가(Illegitimate totality transfer)[56], 의미장에 의한 개념의 포괄적 연구의 부재 등으로 말할 수 있다.[57] 한 어휘의 의미는 개별단어에서가 아니라, 어휘의 연결 혹은 문장과 문맥 내에서 이해되어

54) Eugene A. Nida, "Implications of Contemporary Linguistics and Biblical Scholarship", *Journal of Biblical Literature* 48, 84-85.

55) *TDOT*[G. Johannes Botterweck & Helmer Ringgren ed., *Theological Dictionary of Old Testament*, translated by David E. Green, (Grand Rapids: Eerdmans Publishing Company, 1980]가 그러한 기존 어휘 언어학적 배경에서 만들어진 대표적인 사전이다. *NIDOTTE*[Willem A. VanGemeren ed., *New International Dictionary of Old Testament Theology & Exegesis*(Grand Rapids: Zondervan Publishing House, 1997.]는 *TDOT*의 맹점을 벗어나려고 새롭게 시도한 사전이다. 그래서 어원에 대한 언급은 제외하고 해당 어휘의 동의어들을 첨가해서 어휘 연구의 폭을 넓혔다. 그러나 실제 내용에 있어서 그 한계를 넘어서지 못했다. 모세 실바, 『성경 어휘와 그 의미-어휘의미론 서론』, 김정우·차영규역 (서울: 성광문화사, 1990), 26.

56) 이것은 어떤 특정한 본문 속의 어휘의 의미를 밝힐 때, 그 어휘가 지닌 모든 가능한 의미를 다 집어넣어 해석하게 될 수 있다는 뜻이다.

57) 이 같은 어휘연구의 경향과 그 비판에 대해서는 다음을 참조하라. James Barr, *Semantics of Biblical Language* (Oxford: Oxford University Press, 1961), 21-45, 206-262; Peter Cotterell & Max Turner, *Linguistics & Biblical Interpretation* (Downers Grove: Inter Varsity Press, 1989), 106-28; Eugene A. Nida, "Implications of Contemporary Linguistics and Biblical Scholarship", 84-87; 모세 실바, op. cit., 21-41.

야 한다.[58] 그리고 그 의미는 그 어휘 하나에만 담겨있는 것이 아니라, 같은 의미장(Semantic Field)[59]에 속하는 다른 어휘들이 가지고 있는 유사한 의미로부터 더욱 풍성하게 이끌어낼 수 있으므로 의미장에 근거한 어휘연구가 이루어져야 한다.[60] 그리고 특정 어휘연구를 위한 의미장의 설정은 어휘구조의 계열관계(Paradigmatic Relation)[61]와 결합관계(Syntagmatic Relation)[62]의 차원을 고려해서 종합적으로 이루어져야 한다.[63]

58) James Barr, *Semantics of Biblical Language* (Oxford: Oxford University Press, 1961), 233-34; D. A. 크루즈, 『어휘 의미론』, 임지룡·윤희수 역(대구: 경북대학교출판부, 1989), 1.

59) "의미장(semantic field)"이란 의미적 단일체를 구성하는 단어들의 집단을 말한다. 이익환, 『의미론 개론』(고양: 한신문화사, 1995), 61. 의미장의 개념에 대한 논의는 다음을 참조하라. 이익환, Ibid., 61-74. 오예옥, 『형식의미론과 인지의미론에서 본 어휘의미론』(서울: 도서출판 역락, 2004), 37-39; Johannes P. Louw & Eugene A. Nida ed., *Greek-English Lexicon of the New Testament based on Semantic Domains*, Vol. 1, 2nd ed. (New York: United Bible Societies, 1989), vi-xi.

60) Johannes P. Louw & Eugene A. Nida ed., *Greek-English Lexicon of the New Testament based on Semantic Domains*, Vol. 1, x; 라이니어 드 블로이스, "의미 영역에 근거한 새로운 성서 히브리어 사전의 편찬", 『성경원문연구』 제8호 (2001): 236.

61) 계열관계(Paradigmatic Relation)는 서로 대체될 수 있는(substitutable) 상호관계를 말한다. (이익환, op. cit., 62) 우리는 어떤 어휘의 의미를 그 어휘가 가진 의미뿐만 아니라, 그것과 대체 가능한 다른 단어들 즉, 의미장 속의 단어들과의 관계 속에서도 알게 된다. 그래서 같은 의미장에 속하는 연관된 다른 단어들의 의미들도 탐구하게 되는데, 이런 과정을 계열관계에 근거한 연구라고 한다.

62) 결합관계(Syntagmatic Relation)는 한 표현을 이루고 있는 구성 단위들 간의 관계를 말한다. (이익환, op. cit., 62) 다중의미를 지니는 어떤 단어의 의미는 같은 문맥 속에서 함께 나타나는 다른 단어들(어휘 연쇄, Lexical chain)과의 의미 연관관계 속에서 분명히 구분된다. 이런 차원에서 어휘연쇄 속에 나타나는 다른 단어들과의 연관관계 속에서 한 어휘의 의미를 연구하는 것을 결합 관계에 근거한 연구라고 한다.

63) 어휘구조의 계열관계와 결합관계를 처음 제시한 사람은 소쉬르이다. 페르디낭 드 소쉬르, 『일반언어학 강의』, 최승언 역(서울: 민음사, 1990), 170-75. 어휘구조의 계열과 결합관계에 대한 더 많은 설명에 대해서는 다음을 참조하라. M. Lynne Murphy, 『의미관계와 어휘사전』, 임지룡 · 윤희수 역 (서울: 도서출판 박이정, 2008), 27-33; 앤소니 C. 씨슬턴, "의미론과 신약해석", 『신약해석학』, I. 하워드 마샬 편 (서울: 크리스챤다이제스트, 1999), 118-23; 모세 실바, 『성경 어휘와 그 의미-어휘의미론 서론』, 185-86. 이러한 어휘 의미론의 방법에 근거해서 성경 어휘 사전들도 다양하게 나오고 있다. 그 대표적인 성경 헬라어 사전이 J. P. Louw와 E. Nida가 편집한 *Greek-English Lexicon of the New Testament based on Semantic Domains* 이다. 히브리어 사전은 David J. A. Clines가 편집한 *The Dictionary of Classical Hebrew*이다. 어휘구조의 계열관계와 결합관계를 이용하여 구약어휘들에 대한 연구들도 점차로 나타나기 시작했다. 예를 들면 "헤세드"에 대한 Gordon R. Clark의 연구를 들 수 있다. Gordon R. Clark, *The Word Hesed in the Hebrew Bible* (Sheffield: JSOT Press, 1993)

우리의 “구약생명개념”에 대한 연구는 “생명”의 일차적인 히브리어 대응어인 “하이(חי)”64)를 중심으로 그것의 의미장에 대한 의미론적 분석을 통하여 이루어질 것이다.65) 그런데 일반적으로 구약성경에서 말하는 “생명”이라는 말은 주로 “인간의 수명” 혹은 죽음으로서 끝나게 되어 있는 “인간의 삶” 곧 “땅 위에서의 인간생명”을 의미한다.66) 그러므로 우리의 “구약생명개념” 연구는 우선 “인간생명”의 관점에서 시작될 것이다. 그리고 “생명”의 의미장67)을 구성함에 있어서 우리는 계열관계와 결합관계를 모두 고려한다.68) 우선 계열관계의 관점에서 구약성경의 “생명”의 의미장에 속하는 어휘인 רוח(루아흐), נפש<(네페쉬), בשר(바사르), לב(레브) 등이 “생명”이라는 뜻으로 사용될 때 어떠한 의미가 있는지를 알아볼 것이다.69) 그

64) Willem A. VanGemeren ed., “Index of Semantic Field”, *New International Dictionary of Old Testament Theology & Exegesis* vol. 5 (Grand Rapids: Zondervan Publishing House, 1997), 119.
* 본 논문에서 히브리어 어휘 표기는 그 어휘가 처음 나타날 때 외에는 우리말 음역과 눕힌 형태로 표기한다.

65) 김진섭도 의미장을 통한 어휘연구의 차원에서 구약성경의 생명개념연구가 “생명”과 관련된 모든 어의론적인 용어들(유사어, 반의어, 연계어)과 개념들(죽음, 구원, 샬롬, 복, 부활과 영생 등)에 대한 연구를 통해서 연구되어야 함을 주장했다. 김진섭, “구약성경이 말하는 개혁주의생명신학”, 『생명과 말씀』 제1권 (2010, 봄), 134.

66) Gerhard von Rad, “Life in the OT” in “zwh.”, Gerhard Kittel ed., *Theological Dictionary of the New Testament,* vol. II (Grand Rapids: Eerdmans Publishing Company, 1964), 843; H. Ringgren, “חי”, *TDOT* vol. IV, 332-37; Terry L. Brensinger, “חי”, *NIDOTTE* vol. 2. 108-12.

67) 의미장을 구성하는 단어들은 다양한 관점에서 선택될 수 있다. 이를테면 같은 어원의 단어이거나, 문장 내에서 같은 기능을 하는 단어이거나, 같은 개념장 속에서 사용되는 단어들이 의미장이 될 수 있다. [Gordon R. Clark, *The Word Hesed in the Hebrew Bible*, 26.] 그러나 구체적으로 의미장을 설정하는 문제는 객관적인 기준을 제시하기가 어려우며, 해당 언어의 지식에 근거해서 직관적으로 정할 수밖에 없다. [Ibid., 26.]

68) 계열관계에서 의미장을 정의한 대표적인 학자는 Trier(Jost Trier, “Das sprachliche Feld, Eine Auseinandersetzung”, *Neve Jahrbür Wissenschaft und Jugendbildung*, 10 : 428-49)이며, 결합관계에서 의미장을 정의한 사람은 Porzig(Wolfgang Porzig, “Wesenhafte Bedeutungs-besiehungen”, *Beiträge zur deutschen Sprache und Literatur*, 58, 70-79.)이다. [이익환, op. cit., 63에서 재인용]

69) 계열관계의 생명 의미장은 관점에 따라서 다르게 설정될 수 있다. 이를테면, NIDOTTE는 “삶”의 관점에서 חלד(*헤레드*, 일생) יקום(*예쿰*, 살아있는 것)을 생명 의미장으로 잡았고

다음은 결합관계의 관점에서 생명과 어휘 연쇄 단어인 구원, 언약, 말씀(율법), 지혜, 복 등과 같은 어휘들을 살펴볼 것이다.70) 그 후에 이런 생명 개념이 어떻게 구약성경의 주요 내러티브의 구성 주제가 되는지를 살펴보려고 한다.

(NIDOTTE vol. 2, 112), DCH는 보다 광범위한 "삶의 양태"라는 관점에서 שפנ<(*네페쉬*, 생명), הוקת(*티크바*, 희망), םולש(*샬롬*, 평화), בוט(*토브*, 선), הקדצ(*츠다카*, 의), ןח(*헨*, 은혜), דסח(*헤세드*, 자비), דובכ(*카보드*, 영광) 등을 생명 의미장으로 제시한다(DCH vol. III, 212). 한편 볼프는 생명 의미장을 인간의 본질적인 모습의 표현이라는 면에서 *루아흐*, *네페쉬*, *레브*, *바사르*로 제시했다. 한스 W. 볼프, 『구약성서의 인간학』, 문희석 역(왜관: 분도출판사, 1976), 28-116. 우리는 '생명'에 대한 개념적 유의어들보다 연상적 유의어들인 볼프의 의미장을 따른다. 왜냐하면 앞으로의 우리의 연구결과가 보여주듯이 볼프의 그것이 보다 포괄적이고 다양한 인간생명의 본질을 표현해 주고 있기 때문이다.

70) 결합관계의 의미장은 '생명, *하이*'이라는 어휘가 나타나는 동일 문장이나, 연관된 문장(예, 평행구조)에서 생명과 의미론적으로 동의관계에 있는 명사 어휘들로 한다. 이때 동의관계는 개념적인 유사성이나 동일성을 말하는 것이 아니라, 비개념적인 의미인 연상적 의미에 의해 발생하는 동의어를 말한다. 이성범, 『언어와 의미-현대의미론 이해』(서울: 태학사, 2003), 36.

2.
어휘의미론적인 구약 '생명' 이해

1) 계열관계(Paradigmatic Relation)에서 본 생명 의미장

계열관계에서 '생명, *하이*'와 의미장을 이루는 어휘는 *루아흐, 네페쉬, 레브, 바사르* 등이다. 이들 어휘가 같은 의미장에 속하며 서로 유사한 의미를 지니고 있다고 말할 때, 그것은 각 단어들이 동일하다는 것을 의미하지는 않는다. 오히려 각 어휘들의 의의들(senses) 중의 어느 하나가 '생명'이라는 어휘의 의의와 유사성을 지닌다는 것이다. 그러므로 계열관계의 생명 의미장에 속하는 모든 단어들은 개별적인 의미를 지니는 어휘들이지만, 특정한 문맥에서는 '생명'이라는 말로 번역될 수 있다.[71] 그러나 이 어휘들은 '생명'과는 구별되는 또 다른 측면의 '생명' 개념을 드러내 준다. 그러므로 '생명' 의미장의 어휘들이 나타내는 다양한 '생명'의 의미들은 구약성경이 말하고 있는 '생명'의 풍성한 의미의 폭을 보여주고 있는 것이다.

71) 어떤 어휘가 그것의 여러 가지 의의들 중에서 특정한 '그 의의'를 표현한다는 것을 알아내는 의미론적인 방법은 그 어휘가 사용된 문맥을 고려하여 그것의 결합 관계 속에서 파악하는 것이다.

(1) 루아흐

일반적 의미와 용례

*루아흐*는 움직이는 공기로서 숨과 바람, 그리고 생명을 창조하는 하나님의 성령[72] 등으로 사용된다.[73] *루아흐*는 구약성경에서 총 389회 사용되고 있는데, 그 중에 하나님(136회), 인간(116회), 자연적인 바람(113회 이상), 동물(10회)[74]과 우상들(3회)에게 사용되었다.

루아흐의 생명 의미장으로서의 의미

① 의지

"(귀환민들과) 그 마음(*루아흐*)이 하나님께 감동을 받고 예루살렘에 올라가서 여호와의 성전을 건축하고자 하는 자가 다 일어나니" (에스라 1:5)

본문에서 *루아흐*는 의지를 나타낸다. 하나님께 감동을 받은 사람들의 *루아흐*가 주도적인 의지를 가지고 예루살렘으로 올라가서 하나님 성전을 짓게 되었다는 것이다.[75] 인간의 *루아흐*는 인간의 의지적인 결단과 행위를 나타낸다.[76] 이때 올바른 인간의 의지는

72) 창 1:2; 사 32:15. 하나님의 *루아흐*는 창조하실 뿐 아니라, 유지하기도 하신다. "그가 만일 뜻을 정하시고 그의 영(*루아흐*)과 목숨(נשמה *느샤마*)을 거두실진대, 모든 육체(*바사르*)가 다 함께 죽으며, 사람은 흙으로 돌아가리라"(욥 34:14-15). 여기서 우리는 '숨'을 의미하는 루아흐와 *느샤마*가 같은 뜻으로 사용되고 있음을 알 수 있다.

73) Ludwig Koehler and Walter Baumgartner, *The Hebrew and Aramic Lexicon of the Old Testament*, trs. by M. E. J. Richardson, vol. 2. (Leiden: Brill, 2001), 1199. 이하 *HALOT*. *루아흐*는 하나님의 숨으로서 특정 문맥에서 *느샤마*와 동의어로 사용된다.

74) 창 6:17, 7:15, 22, 겔 1:(12), 20, 10:17, 전 3:19, 21, 삿 31:3. *루아흐*(숨)가 인간과 동물에게 같이 사용된다는 사실은 흥미롭다. 참고 전 3:19-20.

75) 참고. 시 51:12-14; 겔 11:19, 36:26.

76) 한스 W. 볼프, op. cit., 79.

인간 자체로부터 생겨나지 않고, 하나님으로부터 오는 것이다.[77]

② 정서

우선, 인간의 생명으로서의 *루아흐*는 일반적으로 인간의 감정과 생각, 그리고 정신을 나타낸다.[78] 이때 *루아흐*는 부정적인 뉘앙스도 가질 수 있다.

> "(어찌하여) 네(욥) 영(*루아흐*)으로 하나님을 반대하며, 네 입으로 말들을 내느냐?"(욥 15:13)

이 말은 엘리바스가 욥에게 하는 말이다. 엘리바스는 욥이 하나님을 대항해서 자기의 *루아흐*를 돌이켜 버린다(*슈브*, "반대하다")고 표현하고 있다. 여기서 인간의 *루아흐*는 곧 분노와 불순종의 정서를 나타낸다.[79] 즉, 인간의 *루아흐*에도 부정적인 면이 있다는 것이다.[80]

(2) *네페쉬*

일반적 의미와 용례

*네페쉬*는 일반적으로 목구멍과 숨을 의미한다. 그리고 그것은

77) 하나님으로부터 동기 부여된 *루아흐*는 시 32:2, 51: 12, 14; 에스겔 11:19, 36:26 등에서, 인간 자신의 의지를 나타내는 *루아흐*는 민 14:24, 겔 18:31 등에서 나타난다.

78) Ludwig Koehler and Walter Baumgartner, op. cit., 1199.

79) *루아흐*는 분노뿐만 아니라, 슬픔, 고통 등과 같은 인간의 정서를 표현하기도 한다. 창 26:35; 출 6:9; 삿 8:3, 19:14; 사 26:9; 욥 7:11; 왕상 21:5, 잠 14:29, 16:18, 18:14; 전 7:8 등.

80) 이 외에도 *루아흐*의 부정적 측면은 왜곡의 *루아흐* 사 19:14,; 높은 *루아흐*(교만) 전 7:8; 큰 *루아흐*(교만) 잠 16:18 등에서 나타난다.

생명 있는 것들과 사람의 인격을 나타낸다.[81] *네페쉬*는 구약성경에서 총 755회 사용이 되었다. 보통은 인간존재를 나타내는 말이지만, 특별한 경우는 하나님을 지칭하기도 했다.[82]

생명 의미장으로서의 의미

① 인간생명

"나(지혜)를 얻는 자는 생명(*하임*)을 얻고, 여호와께 은총을 얻을 것임이니라. 나를 잃는 자는 자기의 영혼(*네페쉬*)을 해하는 자라" (잠 8:35-36)

이것은 지혜가 하는 말인데, 여기서 생명(*하임*)과 *네페쉬*는 평행구조[83] 안에서 서로 동의어로 사용되고 있으며 인간생명을 의미한다.[84] *네페쉬*를 생명의 의미로 사용한 성경구절이 많지만, 성경은 *네페쉬*를 육체의 생명과 구별된 생명으로 보거나, 결코 파괴될 수 없는 존재의 핵심으로 보지도 않는다. 성경은 *네페쉬*를 생명이라고 그렇게 많이 말하면서도 한 번도 생명을 숭배하거나 죽음의 한계를 넘어선 "영혼"의 개념으로 말하는 법이 없다.[85]

사람의 '영혼'(*네페쉬*)은 자기 스스로를 의식하고 자신을 소유하며,

81) Ludwig Koehler and Walter Baumgartner, op. cit., 711-13.

82) "야웨의 *네페쉬*"라는 말은 구약성경에 21회 나타난다. 잠 6:16, 암 6:8 등.

83) 히브리시에 나타나는 '평행구조'는 연속되는 히브리 시행들 속에 있는 동일한 혹은 관련된 의미와 아울러 언어학적 구조의 반복이다. Adele Berlin, "parallelism" in *Anchor Bible Dictionary* (New York: Doubleday press, 1992), vol. 5. 155. 이 평행법이 가져오는 효과는 앞 뒤 콜론 사이에 의미의 '동등성'을 가져오거나 '대조'를 일으킨다. Adele Berlin, *The Dynamics of Biblical Parallelism* (Bloomington: Indiana University Press, 1985), 135.

84) *네페쉬*가 인간생명을 의미하는 경우는 출 4:19; 21:23; 레 24:17; 신 24:6; 삼상 20:1; 22:23; 삼하 4:8; 16:11; 왕상 1:12; 3:11; 19:10; 왕하 1:13; 욘 4:3; 렘 4:30; 11:21; 시 40:15 등 용례가 많다.

85) 한스 W. 볼프, op. cit., 46-47.

자신에게 책임을 지는 삶을 의식하므로 "그 사람 자체"이다. 그리하여 '내 영혼' 이라는 표현은 가장 내면적인 자아 곧 '나'를 뜻한다.[86]

② **동물의 생명과 구분되지 않는 일반생명**

'*네페쉬 하야*'는 살아있는 생명이라는 뜻이다. 이 말은 인간뿐만 아니라, 살아 있는 모든 생물을 가리키는 말이다.[87] 그러므로 '*네페쉬 하야*'는 인간과 다른 동물의 생명본질을 표현하는 말이므로 양자의 본질적 차이를 말하는 것은 아니다.[88]

③ **열정과 갈망**

> "하나님이여 사슴이 시냇물을 찾기에 갈급함같이 내 영혼(*네페쉬*)이 주를 찾기에 갈급하니이다"(시 42:1)

*네페쉬*는 인간의 열정과 욕구를 나타낸다.[89] 사람 안의 '*네페쉬*'는 생명을 유지하고 강화하기를 갈망하여, 주리고 목말라 하며,[90] 생명의 근원이시자 생명이 넘치시는 하나님을 간절히 바란다.[91] 한편, 욕구와 갈망의 인간 *네페쉬*는 죄의 영향을 받기도 한다.

86) 시 25:1; 34:2; 35:9; 62:1; 86:4; 130:5-6; 143:8.

87) 창 1:20, 24, 30; 2:19; 창 9:10, 12, 15, 16; 레 11:10, 46; 겔 47:9.

88) 여기서 우리는 인간이 동물에 대해서 존재론적 우월성을 말할 수 없음을 알 수 있다.

89) H. Seebass, "נפש", *TDOT* 505-08. *네페쉬*는 또한 열망, 사랑(신 6:5; 12:20; 14:26; 30:6; 삼하 3:21; 잠 13:19; 아 1:7; 3:1-4), 쓰라림과 괴로움(사 38:15, 17; 욥 27:2; 삼상 1:10; 22:2, 겔 27:31), 수고(사 53:11), 고통(시 88:3; 123:4), 낙심(시 107:26; 욘 2:7), 쇠약(시 107:5) 등의 모습도 가진다.

90) 민 11:6; 시 107:9; 사 32:6.

91) 시 23:3; 42:1-2; 63:1, 8; 119:20, 81; 143:6.

"그들(제사장들)이 내 백성의 속죄제물을 먹고, 그 마음(*네페쉬*)을 자기 죄악에 두는도다(*나사*, 쳐든다)" (호 4:8)

이 말은 호세아가 제사장들의 불의를 정죄하는 것인데, 직역하면, "백성들의 죄악(속죄제물)을 향하여 제사장들이 자기 *네페쉬*를 쳐든다"는 것이다. 이것은 탐욕에 빠져 목을 앞으로 내뽑는 모습을 그려내는 표현이다.[92)]

(3) 레브

일반적 의미와 용례

*레브*는 주로 인간의 심장과 마음을 나타낸다.[93)] 이 말은 구약성경에서 약 598회 나타나며, 파생어 *레바브*의 출현 횟수를 합치면 총 858회 나타난다. *레브*는 하나님과 동물에게 몇 번 사용되기도 했지만, 주로 인간 존재의 모든 차원에서 기능하며, 인간의 모든 양상을 나타내는 용어이다.[94)]

생명 의미장으로서의 의미

① 소원과 열망

"하나님께서 왕의 마음(*레브*)의 소원(열망)을 들어 주셨으며, 그의

92) 이같이 죄의 영향 아래 있는 악한 *네페쉬*의 모습은 다음에서도 나타난다. 창 34:2; 잠 13:2; 21:10; 23:2.

93) *HALOT*, 513-15.

94) H. J. Fabry, "לב" *TDOT* vol. VII. 412.

입술의 요구를 거절하지 아니하셨나이다"(시 21:2)

*레브*는 인간존재의 근본적인 감정이 있는 곳이다.[95] 그 감정은 열망, 분노, 애정, 미움, 감사 등을 포함한다.

② 이성

"깨닫는 마음(*레브*)과 보는 눈과 듣는 귀는 오늘까지 여호와께서 너희에게 주지 아니하셨느니라"(신 29:4)

*레브*는 이성으로서 이해하고, 기억하며, 혼돈스러워하며, 어리석은 모습도 가진다.[96]

③ 의지

"여호와께서 왕과 함께 계시니 마음(*레브*)에 있는 모든 것을 행하소서"(삼하 7:3)

"사람의 마음(*레브*)으로 생각하는 모든 계획이 항상 악할 뿐임을 보시고"(창 6:5)

사무엘하에서 나단의 이 말은 성전을 지으려는 다윗의 결단과 의지를 인정하는 말이다. 여기서 *레브*는 사람의 가장 깊은 내면, 곧 사람의 본질적인 중심을 말하는 것을 알 수 있다.[97] *레브*는 인

95) 잠 6:25, 8:5, 16:23, 18:15; 13:12; 욥 8:10, 31:7, 9; 민 15:39; 사 9:8, 렘 49:16, 시 90:12
96) 출 9:21, 신 8:5; 사 6:10; 호 7:2, 잠 15:14. 등.
97) "마음", [용어해설]『독일성서공회 해설 성경전서』, 18.

간의 결단과 의지를 실행하는 생명력이다.[98] 그런데 *레브* 자체도 죄로부터 자유롭지는 못한다. 창세기 6장 5절에서 *레브*의 의지는 악한 계교를 꾸미기도 하고 파괴하고 멸망시키려는 의지를 가리키며, 인간은 이 악한 *레브*의 영향력 아래 있다.[99]

(4) *바사르*

일반적 의미와 용례

*바사르*는 일반적으로 피부와 살, 그리고 몸을 의미한다.[100] 이 말은 구약성경에서 총 273회 사용되었는데, 그중 삼 할 이상인 104회가 동물과 관련하여 사용되었다. *네페쉬*가 부분적으로 하나님을 뜻하는 것으로 사용된 반면에, *바사르*는 단 한 번도 하나님께 사용되지 않았다.[101]

생명 의미장으로서의 의미

① 허약성

> "그들은 육체(*바사르*)이며 가고 다시 돌아오지 못하는 바람임을 기억하셨음이라"(시 78:39)

'*바사르*'는 *네페쉬*처럼 하나의 전체인 인간존재를 나타내며,

98) 잠 7:18, 16:9.
99) 출 4:21; 사 10:7. 그래서 잠 4:23에서는 "모든 지킬 만한 것 중에서 더욱 네 마음을 지키라"고 말한다.
100) *HALOT*, op. cit., 164.
101) 한스 W. 볼프, op. cit., 57.

지상의 영역, 인간의 영역, 덧없이 사라질 몸의 영역(사 40:6-7)이다.[102)]

② 죄성

"나의 영이 영원히 사람과 함께하지 아니하리니, 이는 그들이 육신(*바사르*)이 됨이라."(창 6:3)
"하나님이 보신즉 땅이 부패하였으니 이는 땅에서 모든 혈육 있는 자(*바사르*)의 행위가 부패함이었더라"(창 6:12)

*바사르*는 죄성을 지니고 있고, 그것 때문에 수명이 줄어들게 되었다. *바사르*인 인생은 자신을 오염시킬 뿐만 아니라, 온 땅의 자연만물, 생태환경을 부패시킨다. *바사르*는 보다 영적이며 부정적인 뜻으로 하나님의 뜻을 따르지 아니하며, 사람의 전 존재를 사로잡아 죽음 가운데로 이끄는 실체이다.[103)]

(5) 계열관계에서 본 생명의 의미

이상에서 우리는 계열관계에 근거한 생명 의미장인 *루아흐*, *네페쉬*, *레브*, *바사르*가 지닌 생명의 의미를 살펴보았다. 이들 용어는 인간생명의 본질적인 특성을 보여준다. 그것은 바로 하나님과 관련된 전인격적인 생명이다. 생명은 *바사르*의 허약성에도 불구하고, *레브*의 이성을 지니고 있어서 하나님의 말씀과 하나님의 마음

102) 하나님의 아들이 사람이 되셨을 때, 그분이 들어오신 영역이 바로 이것이다(요 1:14, 롬 8:3, *사르크스*).
103) "용어해설", 『독일성서공회 해설 성경전서』(서울: 대한성서공회, 2004), 48-49. 참조. 시 65:2-3, 쿰란문서 "범죄한 육체"(1QM 12:12), "불의한 육체"(1QS 11:9).

을 깨닫는다. 그리고 그는 *루아흐*의 정서와 *네페쉬*의 열정으로 하나님을 사모하고 간절히 찾으며, *레브*의 결단과 의지력으로 하나님이 기뻐하시는 일을 실행한다.

그러나 동시에 인간생명은 *바사르*의 허약성과 죄성 때문에 세상과 자기 파멸성을 지닌 존재이다. 그리고 우리의 연구에 의하면 *바사르*의 특징인 부정성은 *바사르* 뿐만 아니라, 비교적 긍정적인 생명의 모든 양상, 곧 *루아흐, 네페쉬, 레브*에도 동시에 존재한다. 이로써 인간을 인간되게 하며, 인간을 살리는 방향으로 사용되어야 할 인간생명의 전인격적인 실체들이 자신과 다른 인간과 주변 환경을 죽이는 데 사용되는 이유가 설명된다. 그것은 인간의 전인격성을 표현하는 인간의 *루아흐, 네페쉬, 레브, 바사르* 모두가 죄의 영향력 아래 있기 때문이다. 즉 구약성경이 말하는 인간생명은 하나님과 관련된 전인격적인 존재이며, 동시에 전적으로 타락한 존재라서[104] 자기 자신과 이웃, 그리고 주변 환경 곧 하나님의 창조질서를 파괴하는 존재이다.[105]

2) 결합관계(Syntagmatic Relation)에 근거한 생명의 의미장

결합관계의 의미장은 "생명, *하이*"이라는 어휘가 나타나는 동일 문장이나, 연관된 문장에서 생명과 의미론적으로 동의관계에 있는 명사 어휘들인데, 복, 언약, 지혜, 율법 등이 그것들이다.

104) 흥미로운 사실은 인간의 이기적이고 타락한 본성에 대해서 성경의 창조론을 반대하는 현대 진화론의 대표주자의 한 사람인 도킨스도 동의한다는 것이다. "사람을 비롯한 모든 동물(생명)은 유전자가 만들어 낸 기계이다… 유전자의 가장 중요한 성질은 '**비정한 이기주의**'이며 이러한 유전자의 이기주의는 생명체의 행동에 나타나는 이기성의 원인이 된다." 리처드 도킨스, 홍영남 이상임 역, 『이기적 유전자』(서울: 을유문화사, 2015), 40.

105) 생명파괴는 인간끼리의 살인과 전쟁으로 나타나기도 하고, 다른 생명에 대한 학살과 환경에 대한 남용과 파괴로 드러나기도 한다.

(1) 생명과 구원 - 위기에 처한 생명의 상태

"여호와는 나의 빛이요 나의 **구원**이시니 내가 누구를 두려워하리요 여호와는 내 **생명의 능력**이시니 내가 누구를 무서워하리요" (시 27:1)

여기서 구원과 생명력은 히브리시의 구조 안에서 어휘의 결합관계를 이룬다. 여기서 의미적으로 구원과 생명력은 같은 의미장을 형성한다. 구원은 생명을 살려내는 행위이다. 그리고 그 구원행위를 나타내는 동작 형태들은 생명이 처해있는 위기 상황을 나타내 준다. 구약성경에서 구원행위의 동작을 나타내는 계열관계의 어휘(동사)는 다음의 여섯 개로 말할 수 있다.[106] אצי, *야차*, '이끌어 내다' 지리적인 탈출(출 13:3; 12:41; 14:8; 신 16:3,6) לצנ, *나찰*, '구하다', 위험으로부터 끌어내기 위해 쥐거나 붙잡는 행동(출 3:8; 5:23; 6:6; 18:9). לאג, *가알*, '구속하다' 기업을 무르는 것(출 6:6; 15:13; 시 106:10). עשי, *야샤* '구출하다' 정치적 용어, 이스라엘의 행복을 방해하는 적대 세력들과 싸워서 구출하는 행위(출 14:30; 14:13; 15:2; 시 106:8). הדפ, *파다* '구속하다' 노예상황으로부터 값을 지불하고 자유롭게 함(출 13:15; 신 7:8; 15:5; 24:18; 시 78:42). הלע, *아라* '이끌어 올리다' 낮은 곳에서 보다 높은 곳으로 이끌어 올림(출 3:8, 17; 시 71:20). 이상의 구원행위를 나타내는 동작들을 통해 드러나는 생명의 상태는 깊은 구덩이에 빠져있고, 억압받고, 고통당하는 포로 혹은 노예상태이다.

106) 월터 브루그만, 류호준 류호영 역, 『구약신학』(서울: 기독교문서선교회, 2003), 294-297

(2) 생명과 언약

"레위와 세운 나의 **언약**은 **생명**과 평강의 **언약**이라 내가 이것을 그에게 준 것은 그로 경외하게 하려 함이라" (말 2:5)

여기서 생명과 언약은 같은 문맥 안에서 함께 배열되어서 의미론적인 관계를 가진다. 여기서 생명은 언약의 중요한 내용이 된다. 생명은 하나님 백성들이 하나님의 언약을 통해서 얻을 수 있는 가장 중요한 어떤 것이다. 이 같은 사실은 아브라함 언약에서 더욱 구체적으로 드러난다.

"내가 너로 **큰 민족을 이루고**(생명번성) 네게 복을 주어 네 이름을 창대하게 하리니 너는 복이 될지라"(창 12:1-2)

아브라함 언약[107]의 가장 우선되는 내용은 큰 민족을 이루는 것 즉, '생명번성'이다. 그리고 이 생명번성은 이름이 창대케 되는 복으로 이어진다.[108] 하나님의 언약의 내용은 생명과 그 번성을 그 핵심으로 하고 있다. 언약은 생명번성에 대한 약속이다.

(3) 생명과 지혜

"**지혜**는 그 얻은 자에게 **생명나무**라, 지혜를 가진 자는 복되도다" (잠 3:18)

107) 성경에 나타나는 대표적인 언약은 본문의 아브라함 언약(창 12:1-3) 외에도, 노아언약(창 9:1-17), 모세언약(신 5:1-33), 그리고 다윗언약(삼하 7:16)이다. 이 모든 언약들은 복과 관련되어 있으며, 그 복은 생명회복과 번성을 가리킨다.

108) 참조. 신명기 30장 15-20절의 본문도 같은 맥락에서 이해할 수 있다.

"대저 **나(지혜)를 얻은 자**는 **생명**을 얻고 여호와께 은총을 얻을 것임이니라" (잠 8:35)

지혜는 인간의 삶에 대한 이성적 탐구를 통하여 인생에서 성공하는 길, 곧 생명의 길을 제시하는 이성적 활동이다. 지혜가 생명의 길을 보여주며, 하나님을 아는 지혜 자체가 생명이다.[109] 이 같은 표현이 가능한 것은 지혜가 가르치는 궁극적인 것이 "하나님을 경외하는 것"이며, 하나님을 경외하는 것이 생명의 원천이 되기 때문이다.[110] 지혜는 복과 관련이 있다. 즉, 지혜를 얻은 자가 복이 있으며(3:13), 지혜의 도를 지키는 것이 복이 있으며(8:32), 지혜를 기다리는 자가 복이 있다(8:34).

(4) 생명과 율법

"이스라엘아, 이제 내가 너희에게 가르치는 **규례와 법도를 듣고 준행**하라 그리하면 너희가 **살 것이다**" (신 4:1)

하나님께서 모세를 통해서 가르쳐주시는 율법의 말씀은 사람들이 그것을 통해서 하나님을 알고, 순종하여 생명을 얻도록 하는 것이다. 즉 하나님께서 율법을 주신 이유는 생명을 얻는 것이다. 생명은 율법의 궁극적인 목적이다.[111] 우리가 하나님의 말씀을 알고 느끼며 의지적으로 복종할 때, 우리는 하나님으로부터 "생명"을 얻

109) 잠언 3:2, 18, 22; 4:10,13, 22; 6:23; 8:35; 9:11; 10:17; 13:14; 15:24; 16:22 등.
110) 이런 맥락에서 "하나님을 경외하는 것이 바로 '생명'이라는 표현들도 자연스럽게 나타난다. 잠 14:27; 19:23; 22:4.
111) 신 4:1; 5:30; 8:1, 3; 11:26-28; 30:15-19; 레 18:5; 느 9:29; 암 8:11. 참조. 요 3:16 예수 그리스도께서 이 세상에 오신 이유도 "믿는 자 마다 영원한 생명을 얻게 하기 위한 것"이다.

게 된다.112)

(5) **생명과 복**113)

> "형제가 연합하여 동거함이 어찌 그리 선하고 아름다운고...거기서 여호와께서 **복**을 명하셨나니 곧 **영생**이로다" (133:1, 3)

이 본문은 생명과 복이 같은 문장 안에서 의미론 적으로 동등한 관계에 있음을 보여준다. 생명은 하나님이 주시는 복의 구체적인 표현이며, 공동체의 화합과 이 땅에서 오래 사는 것과 풍요, 다산, 행복하게 사는 능력이다.

> "하나님이 그들(인간)에게 **복**을 주시며 이르시되, **생육하고 번성하여 땅에 충만하라.**" (창 1:28)

위 문맥에서 "하나님께서 주시는 복"의 내용은 "생육하고 번성하여 땅에 충만한 것" 즉, 생명이 회복되고 충만한 상태이다. 복은 다양한 면을 가지고 있지만 그중에서 가장 본질적이며 원초적인 것은 생명을 생산해낼 수 있는 풍요로운 다산의 능력인 것이다.114) 그러므로 인간생명의 사명은 하나님께서 주시는 복 곧 인간을 포함한 모든 생명의 번성을 이루게 하는 것이다.115)

112) H. Ringgren, "chayah", *TDOT* vol. IV, 334-35. 예를 들면, 출 20:12(신 5:16), 레 18:5, 신 4:1, 5:33, 8:1, 16:20, 30:16, 19, 겔 20:11, 13, 21, 잠 4:4, 7:2, 9:6 등.

113) 구약성경이 말하는 '복'의 개념은 '팽창과 확장'이다. 김진섭, "구약성경이 말하는 개혁주의생명신학", 「생명과 말씀」 제1권 (2010), 134.

114) Claus Westermann, *Genesis 1-11, A Continental Commentary* (Minneapolis: Fortress Press, 1994), 138-140.

115) Gordon J. Wenham, *Genesis 1-15, Word Biblical Commentary 1* (Waco: Word Books, 1987), 33.

(6) 결합관계에서 본 생명의 의미

이상에서 우리는 결합관계에 의한 생명의미장인 구원, 언약, 지혜, 율법, 복을 통해서 생명의 의미를 보다 폭넓게 살펴볼 수 있었다. 계열관계의 생명 의미장이 하나님과의 관계성을 지닌 전인격적 인간생명에 초점이 있었다면, 결합관계의 생명 의미장은 위기에 처한 생명(구원의 대상)의 상태로부터 그 생명을 회복시키는 방법(지혜와 계명)과 수단(언약), 그리고 그 생명이 온전히 회복된 상태(복)를 보여주었다. 생명의 타락은 생명 자체의 위기와 파멸을 가져왔다. 생명은 하나님의 위대하신 행위의 표현인 구원, 언약, 지혜, 율법을 통하여 회복되며, 마침내 충만한 복의 상태에 이르게 된다. '생명'이라는 개념은 구약신학의 중요한 주제들인 복, 언약, 지혜, 율법, 구원 등을 서로 연결하며, 구약성경의 계시를 포괄적으로 드러낸다.[116] 생명이 타락으로 말미암은 파멸로부터 회복과 번영으로 가는 유일한 길은 언약과 지혜, 그리고 계명의 말씀에 순종하여 구원받고 생명의 창조주이신 하나님께로 돌아가는 것이다.

116) 이제까지 구약성경의 어느 한 특정 중심주제로 구약의 신학을 설명하고 요약하려는 시도들은 그 소기의 성과를 거두지 못했다. 존 H. 세일해머, 『구약신학개론』, 김진섭 역(서울: 솔로몬, 2003.), 36-37; G. F. 하젤, 『현대구약신학의 동향』, 이군호역(서울: 대한기독교출판사, 1984.), 68. 그러나 어휘 의미론으로 본 생명 개념은 구약의 주요 주제들인 구원, 율법, 언약, 지혜, 복과 같은 것들과 아주 밀접한 관련을 가지고 있으며, 그 주제들을 하나로 묶을 수 있는 포괄적인 주제가 될 수 있음을 보여 준다. 그러므로 '생명'을 중심주제로 삼은 개혁주의생명신학은 구약성경신학적인 측면에서 충분한 정당성과 근거를 지닌 신학이라고 말할 수 있다.

3.
'생명'개념을 중심으로 하는 구약성경의 메타 내러티브

지금까지 우리는 생명의 의미를 어휘 구조의 계열관계와 결합 관계에 있는 생명 의미장들을 통해 살펴보았다. 이제는 그 생명 의미장들이 성경의 메타 네러티브의 발단-전개-절정-결말이라는 구조에서 어떻게 나타나며 그것이 주는 의미가 무엇인지를 알아볼 것이다.

1) 발단 - 생명의 창조와 보전

(1) 생명의 창조

"하나님의 **영**(*루아흐*)이 나를 지으셨고, 전능자의 기운(*느샤마*)이 나를 **살리시느니라**(*하야*)"(욥 33:4)

생명은 하나님의 *루아흐*에 의해 시작되었다. 이 *루아흐*는 인간과 동물을 살아있는 생명체로 지탱시켜주는 활력으로서, 하나님으로부터 부여된 "생명의 영/힘"을 의미한다. 하나님의 영(*루아흐*)이 생명의 근원이 된다는 성경의 천명은 생명이해의 핵심이 되는 중요한 것이다.[117] 이와 같은 하나님 중심적인 생명이해는 오늘날 지구 생명체를 위협하는 환경문제의 원인으로 지목되는 인간중심적인 생명이해를 정죄하며, 현 생태문제에 대한 대안으로 제기되고 있는 자연중심적 생명이해도 잘못임을 드러낸다.

(2) 인간생명의 창조목적

> "우리가 사람을 만들고 그들로 바다의 물고기와 하늘의 새와 가축과 **온 땅**과 **땅에 기는 모든 것**을 다스리게 하자" (창 1:26)

본문은 인간생명 창조에 대한 하나님의 의도를 드러낸다. 그것은 모든 생명을 다스리는 것이다. 여기서 라다, '다스리다'라는 말은 '왕의 통치행위'를 말한다. 그런데 구약성경에서 이상적인 왕의 통치는 폭군으로서 억압하고 착취하는 것이 아니라, '좋은 목자'로서 '먹이고 인도하는 것'을 말한다.[118] 여기서 주목할 것은 인간의 다스림의 대상이 모든 생물뿐만 아니라 '온 땅'도 해당한다는 사실이다. 인간이 좋은 목자로서 보살피며 보전해야 하는 것에는 모든 생물의 터전인 '주변 환경'도 포함한다.[119] 이 '다스림'의 내용은 개혁주의생명신학이 영혼구원만이 아니라 세상의 모든 분야에 있어서 그리스도의 주되심을 실현하려는 하나님 나라 운동을 추구하는

117) 하나님의 창조의 영인 루아흐는 인간에게뿐만 아니라 동물에게도 주어진다(각주 23 참조). 그러므로 인간만이 '영혼'을 가지고 있기에 동물이나 기타 생명보다 존재론적으로 우월하다는 말은 불가하다.

118) 구약성경이 말하는 왕의 대표적인 이미지는 '목자'이다. "내가 한 목자를 그들 위에 세워 먹이게 하리니 그는 내 종 다윗이라 그가 그들을 먹이고 그들의 목자가 될지라"(겔 34:23) 그 외에도 렘 6:3; 25:34-37; 슥 11:16-17; 시 23편; 삼상 17:34-35 등.

119) 우리는 이런 맥락에서 안식년에 '땅'도 쉬게 하라는 하나님의 명령을 이해하게 된다. "너희는 내가 너희에게 주는 땅에 들어간 후에 그 '땅'으로 여호와 앞에 '안식'하게 하라"(레 25:2) '땅'은 결코 착취나, 남용, 오염이나 파괴의 대상이 아니고 '배려와 보전'의 대상이다.

것과 같은 맥락이다.[120]

2) 전개 - 생명의 타락

(1) 인간생명의 타락

"여호와께서 사람의 죄악이 세상에 가득하고 그 **마음**(*레브*)으로 생각하는 모든 계획들이 항상 악할 뿐임을 보시고 땅 위에 사람 지으셨음을 한탄하사…" (창 6:5)

인간생명의 죄성은 노아 이후로부터 오늘에까지 그렇게 달라지지 않았다. 모든 인간은 죄성을 지닌 죄인인 것이다. 그렇기 때문에 인간들은 거룩하신 하나님을 직접 볼 수 없고, 인간생명이 하나님을 보면 생명을 잃는다는 표현이 많이 나타나는 것이다.[121]

(2) 모든 생명과 땅의 타락

"하나님이 보신즉 **땅이 부패**하였으니 이는 땅에서 모든 **혈육있는 자**(*바사르*)의 행위가 부패함이었더라" (창 6:12)

인간의 타락은 인간뿐만 아니라 모든 땅의 부패를 가져왔다. 땅 위에 있는 모든 생명체뿐만 아니라 땅 자체도 부패했다. 인간의 범죄 때문에 인간을 포함하여 모든 짐승과 피조물의 생명이 파괴되

120) 장종현, 『백석학원의 설립정신』 (서울: 기독교연합신문사, 2019), 74.
121) 출 33:20; 출 19:21-22(성결하지 못한 사람들을 하나님이 치심); 24:11, 창 32:30, 삿 6:22-23; 13:22-23; 사 6:5.

고 멸망할 위기에 처해 있다.[122)]

3) 절정 - 생명의 구원

(1) 생명을 살리는 하나님의 말씀

"보라 내가 오늘 **생명**과 **복**과 사망과 화를 네 앞에 두었나니… 그의 **명령과 규례와 법도를 지키라** 하는 것이라 그리하면 네가 **생존하며 번성**할 것이요" (신 30:15)

범죄하고 타락하여 위기에 처한 생명을 살리는 것은 종의 희생을 인정하고 받아들이는 것 외에 생명의 근원이신 하나님의 율법의 말씀을 믿고 순종하는 것이다. 그 말씀은 '하나님 사랑'과 '이웃 사랑'에 관한 말씀이다.[123)] 특별히 이웃사랑은 이웃 생명에 대한 사랑이다. 여기서 이웃 생명은 다른 인간과 동물뿐만 아니라 '온 땅'에 있는 피조물을 포함한다. 하나님과 더불어 이웃 생명들을 진정으로 사랑할 때, 그 생명들이 살아날 것이다.

122) 현대의 생명파괴의 모습은 살인과 전쟁과 같은 생명경시현상과 기후변화를 비롯한 다양한 환경오염과 파괴, 여러 가지 사회적 불평등(S)과 갑질(G)의 문제들로 나타나고 있다. 이런 면에서 "하나님이 만드신 온 피조세계가 썩어짐의 종노릇을 하면서 탄식하고 고통을 받고 있다"고 하는 바울의 말은 지금도 진정성을 가진다(롬 8:19-22).

123) 하나님의 말씀 그 자체이신 예수님은 성경에 나타난 가장 큰 하나님의 말씀이 "하나님 사랑과 이웃 사랑"이라고 규정하셨다(마 22:37-40). 이것은 율법서와 역사서의 중심 내용이면서 동시에 모든 예언서와 성문서, 그리고 신약성경의 핵심이 되는 말씀이다. 참조. 마 5:13-16; 빌 1:11, 딤후 3:14-17.

(2) 생명을 살리는 하나님의 종의 희생

"그가 찔림은 우리의 허물 때문이요 그가 상함은 우리의 죄악 때문이라 그가 징계를 받으므로 우리는 평화를 누리고 그가 채찍에 맞으므로 우리는 나음을 받았도다" (사 53:5)

범죄하여 타락한 생명을 살리는 것은 하나님의 종의 순종과 희생이다. 죄의 삯은 죽음이기에 그 종이 치루어야 할 희생은 마땅히 생명을 내어주는 죽음이다. 메시아 예수님의 십자가는 죄 범한 생명을 살리는 하나님의 종의 순종과 희생의 실현이다. 예수님을 따라 생명을 살리는 일을 하려는 자들도 마땅히 자기의 십자가를 지고 '희생'해야 한다.[124]

(3) 말씀을 순종할 힘을 주시는 성령을 받음

"내(하나님)가 그들의 속에 **새 영을 주어**… 내 **규례를 지켜 행하게** 하리니, 그들은 내 백성이 되고 나는 그들의 하나님이 되리라" (겔 11:19-20)

생명을 주시는 하나님의 부르심과 복의 약속은 그 자체로 완전한 것이다. 그렇지만 인간이 그 생명의 복을 얻으려면 하나님의 말씀에 대한 온전한 순종이 필요하다. 그런데 인간은 하나님에 대한 자신의 지식과 그 은혜에 대한 감격, 그리고 자신의 결단과 의지만으로는 하나님의 부르심에 응답할 수가 없다. 왜냐하면 인간생명

124) 개혁주의생명신학의 '나눔운동'은 바로 이러한 하나님의 종의 '희생'의 의미를 실천하는 운동이다. 장종현, 『백석학원의 설립정신』, 120-138.

은 그 본질에 있어 전 인격적으로 타락했기 때문이다. 하나님의 살리시는 영이 오셔서 타락한 그를 새롭게 하셔야 그는 하나님의 말씀에 순종할 수 있고, 자신과 다른 사람과 또 세상을 살릴 수 있다.

4) 결말 - 하나님이 이루실 생명완성과 인간이 순종할 생명말씀

(1) 하나님이 이루실 생명완성

"그 때에 이리가 어린 양과 함께 살며… 이는 물이 바다를 덮음같이 여호와를 아는 지식이 세상에 충만할 것임이니라"(사 11:6-9)
"내가 지을 새 하늘과 새 땅이 내 앞에 항상 있는 것같이 너희 자손과 너희 이름이 항상 있으리라"(사 66:22)

성경에 나타나는 생명완성의 모습은 생명의 창조주이신 하나님께서 마침내 이루실 생명의 나라인 하나님의 나라이다. 생명을 회복시키시고 생명으로 충만한 그 나라를 이루실 분은 오직 하나님이시다. 하나님은 구약과 신약성경 전체를 아우르는 거대한 성경의 이야기를 만드시는 분이시며, 새 하늘과 새 땅이라는 당신의 나라를 완성하시는 분이시다.

(2) 인간이 순종할 생명말씀

"너희는 **살려면** 선을 구하고 악을 구하지 말지어다. …너희는 악을 미워하고 선을 사랑하며 성문에서 정의를 세울지어다" (암 5:14-15)

위의 말씀은 최초의 문서예언자인 아모스를 통해 주어진 하나님의 말씀이다. 범죄한 이스라엘 백성이 하나님 앞에서 "살려면", '선'을 행하고 '정의'를 세워야 한다는 것이다. 이 말은 사람이 하나님 앞에서 생명을 얻기 원한다면 '이 땅'에서 '이웃사랑'을 실천해야 한다는 것이다.[125] 물론 이 말에는 '하나님 사랑'이 전제되어 있다. 하나님만이 생명을 회복하시며 완성하실 분이라는 사실은 분명하다. 그러나 동시에 성경은 하나님의 영의 인도를 받는 하나님의 종들이 '이 땅'의 생명회복을 위해 악과 싸우고, 선을 행하고 정의를 세우는 일을 하라고 말씀하신다.[126] 이 사역은 하나님들의 종들이 가진 것 중에서 일부를 나누는 것만이 아니라, 더 나아가 전 삶을 걸고 선과 정의를 위해 사는 것을 의미한다.

5) 구약의 생명 네러티브의 의미

성경 이야기는 하나님의 충만한 "생명"사역이 어떻게 시작되었으며(창조), 어떻게 왜곡되고 좌절을 겪게 되었는지(타락), 그리고 어떻게 그 생명이 회복되고(구속), 다시금 충만한 생명으로 되어가는지(완성)를 보여준다.[127]

125) 구약성경에서 하나님의 백성(종들)에게 요청되는 말씀은 고아와 과부 그리고 나그네와 같은 소외된 이웃을 돌아보고 사랑하라는 것이다. 출 22:21-27; 사 58:6-11; 61:1-2; 렘 7:5-7; 22:3; 겔 22:7 등. 신약성경에서도 동일하다. "너희는 세상의 소금이요 빛이다... 그들(세상 사람들)로 **너희 착한 행실**을 보고 하늘에 계신 너희 아버지께 영광을 돌리게 하라"(마 5:13-16). "모든 성경은 하나님의 감동으로 된 것으로 ... 이는 하나님의 사람으로 온전하게 하며 **모든 선한 일을 행할 능력**을 갖추게 하려 함이라"(딤후 3:16-17).

126) 이러한 맥락에서 개혁주의생명신학은 다음과 같이 천명한다. "인간이 타락한 이후에도 '세상'은 여전히 하나님의 관심의 대상이다. 개혁주의생명신학은 영혼구원만이 아니라 '이 세상'의 모든 분야에 있어서 그리스도의 주 되심을 실현하는 하나님 나라 운동이다." 장종현, 『백석학원의 설립정신』, 74-75.

127) 설립30주년기념준비위원회 및 백석신학연구소, 『백석학원 신앙선언문』(서울: 기독교연합신문사, 2006), 87.

구약성경의 '생명'은 하나님의 기뻐하시고 선하신 창조의 실체였다. 그러나 그 생명이 죄로 인하여 타락하고 하나님을 배반하고 떠나갔다. 아담의 범죄 이래로 살인과 전쟁이 생기고 인간의 욕심으로 땅과 그 위의 모든 생명, 그리고 온 창조질서가 오염되고 파괴되어 왔다. 현대의 생명문제는 살인과 전쟁 등의 생명경시, 각종 환경문제와 사회적 불평등과 갑질 등으로 나타나고 있으며, 이 모든 것은 생명이 지니고 있는 죄성으로 인하여 생겨난 것이다. 성경의 생명살리기는 오직 하나님의 종의 희생과 섬김으로 이루어진다. 그 희생으로 죄 사함 받은 새 생명들, 곧 하나님의 종들은 자기의 희생의 십자가로 다른 생명들을 살리는 사명을 부여받는다. 그러나 그 생명살리기는 여전히 하나님의 성령의 도우심을 통해서 가능하다.

나가면서

어휘 의미론과 메타 네러티브의 차원에서 이루어진 구약성경의 생명개념은 우리에게 생명의 본질과 위기, 그리고 그 회복에 대한 이해를 더해 준다. 어휘의 계열관계에서 파악된 생명의 의미는 하나님과 관계를 맺고 있는 전인격적인 인간생명이었다. 그렇지만 그 생명은 동시에 죄의 영향력 아래에서 자신과 이웃생명들을 파괴한다. 결합 관계의 생명 의미장은 위기에 처한 생명(구원의 대상)의 상태로부터 그 생명을 회복시키는 수단(지혜, 계명, 언약), 그리고 그 생명이 온전히 회복된 상태(복)를 보여주었다. 메타 네러티브 연구의 생명개념에서 두드러진 내용은 타락하고 위기에 처한 생명의 회복방법과 그 생명들의 역할에 관한 것이다. 타락한 생명의 구원은 오직 하나님의 종의 희생을 통하여 이루어진다. 그리고 그 희생을 통하여 구원받은 생명들, 곧 하나님의 종들은 또 다른 생명살리기의 사명을 부여받는다. 마침내 이루어질 하나님의 나라는 모든 생명들이 죄와 부패로부터 살아난 영원한 행복의 나라이다.

현대의 생명문제는 살인과 전쟁과 같은 생명경시, 그리고 다양한 사회적 불평등과 총체적인 환경파괴 등으로 나타나고 있다. 이에 대하여 여러 생명운동과 생명신학들은 '생명문제 자체에 대한 경고', '자연보호와 인간의 책임강조' '인간양심에 대한 호소', 그리고 '인간중심적 사고에서 자연중심적인 사고의 전환' 등을 해결책으로 제시하고 있다. 그러나 이러한 기존의 생명신학과 운동들은 생명문제를 일으키는 인간생명의 죄성을 무시한 채로, 단지 낙관적인 인간이해에 기초하여 문제를 진단하고 대안을 제시한다. 여기서 개혁주의생명신학의 필요가 나타난다. 개혁주의생명신학은 생명문제의 해결이 오직 창조주 하나님께 있음을 선언한다. 개혁주의생명신학은 회개와 속죄의 복음 선포를 통한 '영적 생명살리기'를 우선한다. 죄로 인하여 자신과 이웃을 파괴하는 인간생명의 구원은 오직 하나님의 종의 희생을 통한 사죄의 은혜뿐이기 때문이다. 개혁주의생명신학은 '희생'을 통한 생명살리기를 실천한다. 그것은 하나님의 종의 '희생'으로 사죄 받고 생명들, 곧 하나님의 종들이 '자기를 희생'함으로 이루는 것이다. 하나님의 종들이 가지고 있는 소유 중 일부를 '나눔'으로는 부족하다. 메시아 예수께서 십자가에서 희생하심을 본받아 자기 십자가를 지는 '자기를 내어놓는 희생'만이 생명을 살린다. 그 희생은 영적 생명을 살리는 선교활동으로 나타나야 하지만, 동시에 이 시대의 생명이슈들에 대한 원인진단과 해결을 위한 실천노력으로도 드러나야 한다.[128)]

성경적인 삶을 가르치는 대학채플은 성경의 중심주제인 생명과 생명살리기에 주목해야 한다. 그중에서도 대학채플은 영적 생명살리기를 우선해야 한다. "모든 사람이 죄를 범하여 하나님의 영광에

128) "하나님의 자녀들은 사회적인 각종 이슈들에 대해서도 믿는 자의 목소리를 내야 한다" 개혁주의생명신학은 영혼구원과 교회성장을 넘어서 '세상의 모든 분야'에서 그리스도의 주되심을 실현하는 하나님 나라 운동을 지향해야 한다. 장종현, 『백석학원의 설립정신』, 74-77.

이르지 못하더니"(롬 3:23) 성경은 모든 사람이 죄로 인하여 하나님을 떠났고 그 결과 이 세상에서 기울이는 모든 노력으로도 결코 진정한 만족도 행복도 이루지 못한다고 한다. 대학채플은 채플에 참여하는 모든 학생들을 대상으로 하나님 앞에서 죄인임을 깨닫게 하는 회개의 복음을 선포하고, 하나님께로 돌아오도록 하는 구령의 사역을 하여야 한다.

동시에 대학채플은 지구촌에서 신음하며 죽어가는 모든 것들을 위해 중보하고 그것들을 살려서 창조질서를 보전하는 사역을 해야 한다. 인간의 이기심으로 말미암아 발생하는 온갖 사회의 부조리와 불평등에 대해 말하며 정의와 공평의 하나님 나라를 전해야 한다. 환경에 대한 인간의 남용과 파괴를 알리고, 그것을 회복시키려는 지구촌의 다양한 움직임에 대해 교육하는 일을 해야 한다. 그리고 더욱 하나님의 지으신 창조세계의 아름다움과 풍성함을 지켜내는 문화와 운동을 시작해야 한다. 이것은 하나님이 지으신 세계에 대한 보전의 사명을 지닌 하나님 백성으로서의 의무이기도 하지만, 동시에 이 지구촌에 사는 사람으로서 마땅히 해야 할 일이며 이 세대 이 세계에 사는 사람들과 소통하고 공감하며 교제할 수 있는 자격을 갖추는 일이기도 하다.

4장

대학채플의
개혁주의생명신학적 기초

대학채플은 학원복음화를 위한 종교교양교육이다. 대학채플은 지(知)적으로 학생들에게 성경과 기독교를 중심으로 종교와 세상을 가르치고, 정서적(情)으로 홀로를 넘어 더불어 함께하는 공동체적 감성을 키우며, 의지적(意)으로 영성과 인성의 성숙을 통해 지구촌의 행복을 추구하도록 하는 전인격적인 종교교양교육이다. 대학채플이 성경과 기독교를 중심으로 가르친다고 했을 때, 거기에는 구체화된 어떤 신학이 필요하다. 왜냐하면 성경이 형성되고 오랜 세월이 지나면서 다양한 형태의 신앙공동체들에 의해서 여러 가지 성경의 해석과 이해방식들이 존재하기 때문이다. 백석학원의 대학채플은 개혁주의생명신학을 그 내용으로 잡는다.

1.
개혁주의생명신학의 정의

"개혁주의생명신학은 성경의 가르침과 개혁주의신학을 계승하여, 사변화된 신학을 반성하고, 회개와 용서로 하나 되며, 예수 그리스도께서 주신 영적 생명을 회복하고자 하는 신앙운동이다. 그리하여 성령의 도우심으로 삶의 모든 영역에서 예수 그리스도의 주권을 실현함으로써 오직 하나님께 영광을 돌린다. 이를 위해 나눔운동과 기도운동과 성령운동을 통해 자신과 교회와 세상을 변화시키는 역동적인 실천을 도모한다.[129]"

개혁주의생명신학의 배경

개혁주의생명신학은 신학교육자 장종현 박사의 '신학은 학문이 아니라 예수 그리스도의 생명이다'라는 주장으로부터 시작되었다. 비약적으로 발전해오던 한국교회가 세상을 선도하기는커녕 비난을 받는 지경에 이르면서 그 성장이 둔화되자, 장 박사는 그 책임이 자신과 같은 신학을 가르치는 자들과 신학교육자체에 있음을 천명하였다. 그는 종교개혁자들의 신앙과 사상으로 형성된 개혁주

129) 장종현, 『백석학원의 설립정신』 (서울: 기독교연합신문사, 2019), 38.

의신학이 탁월하고 근본이 될 만하지만, 그 신학이 말로만 그치지 않고 능력으로 살아나야 한다고 주장했다. 즉 개혁주의생명신학은 새로운 신학체계를 만들려고 하는 것이 아니라 가장 훌륭한 신학체계인 개혁주의신학에 '생명'을 불어넣어 개혁주의신학을 활성화하려는 것이다. 그것이 바로 예수 그리스도의 생명을 중심으로 사람을 살리고 동시에 교회를 살리는 신학을 지향하는 개혁주의생명신학이다.

2.
개혁주의생명신학의 7대 실천운동과 대학채플

개혁주의생명신학은 다음과 같은 일곱 가지 운동을 통해서 실천할 때에 구체화 된다. 그것은 신앙운동, 신학회복운동, 회개용서운동, 영적생명운동, 하나님 나라 운동, 나눔운동, 기도성령운동 등이다.[130] 각 운동들은 그 실천현장인 대학채플에서 교육되고 적용될 수 있다.

신앙운동과 신학회복운동

> "개혁주의생명신학은 성경이 우리의 신앙과 삶의 유일한 표준임을 믿고, 개혁주의신학을 계승하려는 신앙운동이며 신학회복운동이다."

개혁주의생명신학의 실천현장인 대학채플은 성경을 가르침으로 신앙운동을 하는 곳이다. 먼저 대학채플은 성경을 그 핵심교육내용으로 잡아야 한다. 성경만이 인간이 그의 존재의 의미를 깨닫게 해주고, 어떻게 살아야 의미 있고 행복한 삶을 살 수 있는 지를

130) 장종현, 『개혁주의생명신학 7대 실천운동』(서울: 기독교연합신문사, 2019).

가르쳐 주기 때문이다. 성경은 이 세상과 우리 인간이 하나님의 피조물임을 증거한다. 인간의 사명은 하나님의 청지기로서 창조질서를 보전하는 것이다. 그러나 인간은 죄를 범함으로 창조주 하나님과 다른 인간들과의 관계를 깨뜨리고 자연을 파괴하여 왔다. 인간은 스스로의 힘으로는 이 파멸의 운명에서 벗어나지 못한다. 그래서 하나님은 메시아 예수님을 이 땅에 보내셔서 그분의 말씀과 사역을 통하여 모든 생명을 구원하는 역사를 이루셨다. 누구든지 예수를 믿으면 죽어도 살아나는 영원한 생명을 얻는다. 그리고 믿는 자에게는 이렇게 생명을 살리는 사명이 주어져 있다. 대학채플이 성경을 통해서 가르쳐야 할 내용이 바로 이것이다.

회개용서운동

"개혁주의생명신학은 하나님 앞에서 자신을 돌아보고 서로를 용납하여 하나 되는 것을 추구하는 회개용서운동이다."

회개(悔改)는 '잘못을 뉘우치고 바로잡음'이라는 뜻을 지닌다. 현대는 '초개인화 사회'이며 극도의 자기중심적인 삶의 방식이 지배적이기 때문에 회개라는 말은 이미 낯선 어떤 것이 되어버렸다. 그러나 그럼에도 불구하고 회개는 꼭 필요하다. 실제로 우리의 삶은 반복되는 실수와 그에 따른 고통과 재앙을 되풀이하고 있기 때문이다. 이를테면 지금 지구촌은 다양한 환경오염과 파괴로 몸살을 앓고 있다. 대기오염과 기후변화, 수질오염과 물부족, 토양오염과 식량난, 안전불감증과 대규모 참사, 기타 여러 가지 인권유린 등으로 이 세상은 과거로부터 지금까지 계속 고통을 받고 있다. 이 모든 아픔과 재앙의 원인은 인간의 실수와 잘못과 관련되어 있다. 그러므로 채플은 인간의 잘못과 죄악을 지적하고 드러내야 하고, 또 그럴 수 있다.

이를테면, 환경과 관련하여 오염과 파괴를 일으킨 인간의 욕심과 죄악들을 드러내고, 그 인간의 일부인 채플의 참여자들이 '회개' 즉, 자연을 남용하고 오용하여 마침내 파괴를 가져온 잘못을 인정하게 하고, 뉘우치도록 종용할 수 있다. 그리고 어떻게 바로잡을 수 있는지 그 대안을 함께 찾고 실천해 볼 수 있다.

용서(容恕)라는 말은 '지은 죄나 잘못한 일에 대하여 꾸짖거나 벌하지 아니하고 덮어 줌'이라는 뜻이다. 위에서 말한 대로 우리 사회는 극도의 자기중심주의 사회라서 자기의식과 자기주장에 대한 집착이 강하여, 특정 이슈가 발생할 경우에는 타협이 어렵고 개인과 개인, 그리고 집단과 집단 간의 충돌이 일어나서 불화가 계속될 여지가 더욱 많아졌다. 이런 때일수록 '용서'라는 말이 필요하다. 내가 옳고 상대방이 잘못했다고 인정될 때라도 그것을 꾸짖지 않고 덮어 주는 마음이 있다면, 더더욱 의견이 충돌되는 상황에서 고집을 부리고 불화하는 일은 덜 할 것이다.

십자가의 복음이야말로 '용서와 화해'의 복음이다. 예수 그리스도의 모든 생애와 가르침 속에 드러나 있는 다양한 용서의 복음으로 대학채플은 학생들을 가르치고 변화시킬 수 있다.

영적생명운동

"개혁주의생명신학은 예수 그리스도의 복음으로 사람을 변화시키며 우리 속에 그리스도의 영을 회복시키는 영적생명운동이다."

대학채플의 근본적인 존재목적이 바로 '영적생명운동'이다. 학생들 속에 예수생명이 살아 역동하도록 하는 것이 대학채플의 사명이다. 이것을 위하여 대학채플은 인간의 잘못과 죄악을 지적하고 드러내는 회개의 메시지를 전해야 한다. 인간과 사회가 범하는 다양한 잘못과 실수에 대한 지적뿐만 아니라, 모든 인간의 내면에 뿌리 깊이 존재하여 창조주 하나님을 부인하게 하고, 자신과 타인을 파괴하는 죄성을 지적하고 드러내는 회개의 선포가 반드시 우선되어야 한다. 그리고 마침내 대속(代贖)의 십자가를 전해야 한다. 인간 스스로는 결코 어쩔 수 없는 그 죄의 값을 대신 치르시기 위해 십자가에 자기를 내어 주신 예수님의 희생을 말하고, 그 십자가의 공로로 주어지는 죄 용서와 하나님 자녀됨의 복음을 전해야 한다.

실제로 대학채플은 다양한 양식을 통해서 회개와 죄 사함의 십자가 복음을 전하고 있고, 그 최종 결과로 세례식을 진행한다. 그 세례식은 자신이 죄인임을 인정하고 예수님의 죄 용서의 십자가를 믿은 학생이 자신의 신앙을 전체 채플 회중 앞과 하나님 앞에서 고백하고, 공식적으로 용서받고 사랑받는 하나님의 자녀가 되었음을 선언하는 예식이다. 대학채플은 영적생명운동이기 때문에 매 학기 세례식으로 그 운동의 결실을 볼 수 있고, 또 보아야 한다.

하나님 나라 운동

> "개혁주의생명신학은 성령의 도우심으로 사회, 경제, 교육, 문화, 예술 등 우리의 신앙과 삶의 모든 영역에서 예수 그리스도의 주(主)되심을 실현하려는 하나님 나라운동이다."

하나님의 나라는 예수 그리스도께서 선포하신 말씀의 중심을 이룬다. 하나님의 나라는 '하나님이 왕으로 다스리시는 곳'을 의미한다. 원래 세상의 창조주이신 하나님은 이 세상 모든 것의 주인이시며 진정한 왕이시다. 세상의 정치, 경제, 사회, 문화 등 모든 분야는 하나님의 다스리심을 받아야 한다. 그러나 인간의 타락과 하나님께 대한 불순종 이후에 이 세상은 하나님의 왕되심을 거부하고 있다. 그러나 그럼에도 불구하고 세상은 여전히 하나님의 관심의 대상이다. 개혁주의생명신학은 개인의 영혼구원과 아울러 세상의 모든 분야에 있어서 그리스도의 주되심을 실현하려는 하나님 나라 운동이다.

대학채플은 그 신학에 근거해서 사회적인 다양한 이슈들에 대해서 믿는 자의 목소리를 낼 수 있어야 한다. 위에서 회개와 관련하여 제기된 다양한 이 지구촌의 위기와 그것을 초래한 인간의 욕심과 죄에 대해서 지적하고 드러내는 메시지를 전해야 한다. 동시에 성경의 복음이 그것에 대해 근본적인 해결책이 됨을 전함으로써 '성경이 답'임을 증거해야 한다.

나눔운동

> "개혁주의생명신학은 자신과 교회와 세상을 변화시키는 역동적인 실천을 추구하며, 그리스도께서 세상을 위하여 자신을 희생시킨 것같이 우리에게 주어진 모든 것들을 세상과 이웃을 위하여 나누고 섬기는 데 앞장서는 나눔운동이다."

나눔운동은 대학채플이 회개와 용서, 영적생명, 하나님의 나라와 같은 메시지를 전한 후에 그것을 실천하는 내용으로 나타나야 한다. 만일 대학채플이 우리 사회의 잘못을 지적하기만 하고, 영적

생명이 무엇인지 알려만 주고, 또는 하나님 나라가 어떤 것인지 말만 하고 그친다면, 그 어떤 반응도 이끌어내지 못할 것이다. 그렇지만 실제로 대학채플에서의 나눔운동은 그렇게 활발하게 이루어지지 못하였다. 그러나 대학채플은 얼마든지 나눔에 대한 교육과 더불어 실제로 쉽게 실행해 볼 수 있다.

이를테면 학생회 등과 사전에 협의를 하고 성탄절이나 부활절을 기념해서 불우이웃돕기와 같은 프로젝트를 진행하면서 나눔운동을 효과적으로 할 수 있다. 사전에 설교나 광고 등을 통해 충분히 나눔에 대한 공감대를 형성한 다음에 특정한 날에 채플실 안이나 밖에서 학생회, 전공임원, 동아리 등 학생단체들이 주관하는 바자회를 열 수 있다. 그 바자회에는 기본적으로 학생들이 사용하는 책, 물품 등을 기부하도록 하고, 그것을 필요한 학생들이 사가는 방식으로 기금을 조성한다. 그리고 그 기금으로 학교 주변의 주민센터에 문의해서 불우이웃을 선정하고 그들이 필요한 물품이나 현금을 지원할 수 있을 것이다. 이같은 나눔운동은 부활절과 성탄절 등에 고정적으로 할 수 있고, 또한 국가와 사회적으로 특별한 어려움이 발생했을 때에 수시로 진행할 수 있다.

기도성령운동

"개혁주의생명신학은 오직 성령만이 신앙운동, 신학회복운동, 회개용서운동, 영적생명운동, 하나님 나라 운동, 그리고 나눔운동을 가능하게 하심을 고백하며, 모든 일에 간절한 기도를 통하여 성령의 인도하심과 역사하심을 구하는 기도성령운동입니다."

기도(祈禱)는 '하나님께 빌고 구하는 것'이다. 이것은 하나님을 믿는 기독교인 학생들에게는 당연하고 쉬운 일이지만, 타 종교를 믿는 학생들이나 무종교인 학생들에게 가르치거나 실제로 기도하게 하기는 일반적으로 어려운 일이다. 비기독교인 학생들은 기도 자체에 대해서 관심도 없고, 더구나 기도를 배우고 행하는 것을 싫어할 것이다. 그러나 국가나 사회적으로 위기가 닥쳤을 때, 그 구체적인 상황에서 대학채플이 참여 학생에게 기도를 가르치고 실제로 하도록 하는 것은 그렇게 어렵지는 않다.

이를테면, 2022년 10월 29일 이태원에서 압사 사고가 발생했고, 전 국민이 멘붕에 빠졌을 때, 그다음 주 관광학부 대학채플에서는 기도회가 열렸고 비기독교인 학생들을 포함해서 대부분의 학생들이 함께 기도했다. 그 방법은 채플순서의 하나로 진행하는 추모식(追慕式) 기도이다. 학부담임목사는 총 159명의 젊은 청춘들이 죽어간 것과 그 유가족들의 슬픔에 대해 일깨우고 추모기도로 초대한다. 기도의 의미를 먼저 설명한다. 기도는 하나님께 빌고 구하는 것이므로 신앙이 없는 학생들에게는 '염원(念願, 생각하고 바람)'하도록 하면 된다. 이 과정에서 자연스럽게 기도의 의미를 교육하고, 또 비기독교인 학생들에게도 기도에 자발적으로 동참하게 하는 것이다.

3.
대학채플에서 하는 개혁주의생명신학적 행복교육

개혁주의생명신학은 예수 그리스도께서 주신 영적 생명을 회복하여, 자신과 교회와 세상을 변화시키는 역동적인 실천을 통해서 삶의 모든 영역에서 예수 그리스도의 주권을 실현하고 하나님께 영광을 돌리는 것이다. 그러므로 대학채플에서 교육되어야 할 개혁주의생명신학적 행복은 학생들에게 먼저 영적 생명을 회복하도록 하는 교육이다. 동시에 자신을 변화시켜서 잘되게 하는 것과 세상에 기여하고 가치 있는 사람이 되도록 교육하는 것이다.

1) 모두가 바라는 행복에 대한 이야기

'(행)복'은 '아주 좋은' 것이며, 필요한 것이 허실(虛失) 없이 두루 넉넉하게 갖추어져 있는 것을 나타내는 말이다. 복이라는 말은 한자 말은 성경적인 복의 의미를 잘 담고 있다. 복(福)은 원래 '시(示)'와 '복(畐)'의 회의문자(會意文字)이다. '시(示)'는 '하늘[天]이 사람에게 내려서 나타낸다'는 신의(神意)의 상형문자이고, '복(畐)'은 '복부가 불러 오른 단지'의 상형문자라 한다. '복'은 사람의 힘을 초월한, 하나님이 내려주시는 어떤 좋은 것을 뜻하고 부족함 없이 넉넉하고

충만한 어떤 것이라는 뜻을 함축하고 있다.[131]

모든 종교도 행복을 지향한다.[132] 기독교와 성경도 행복에 대해 말한다. 아니, 하나님의 말씀이 인간에게 주어진 목적이 바로 인간에게 행복을 주려는 것이다.

> "이스라엘아 네 하나님 여호와께서 네게 요구하시는 것이 무엇이냐 곧 네 하나님 여호와를 경외하여 그의 모든 도를 행하고 그를 사랑하며 마음을 다하고 뜻을 다하여 네 하나님 여호와를 섬기고 내가 오늘 **네 행복을 위하여** 네게 명하는 여호와의 명령과 규례를 지킬 것이 아니냐"(신 10:12-13)

구약성경에 나타난 하나님의 말씀 즉, 모든 명령과 규례는 인간을 억압하기 위한 것이 아니라, 인간의 복을 위한 것이다. 그렇기 때문에 히브리 시인들은 '복있는 사람은 여호와의 율법을 주야로 묵상하는 자로다'라고 노래할 수 있었다. 복은 하나님이 당신의 모든 율법을 통하여 인간에게 주고 싶으셨던 내용이었다. 신약성경의 핵심도 복 혹은 행복이었는데, 바로 예수 그리스도의 복음이다. 복음(福音, Good News)은 좋은 소식, 복 또는 행복에 대한 소식이다.

2) 영적 생명을 회복하는 행복

대학채플이 참여자들에게 줄 수 있는 가장 큰 행복은 영적 생명을 회복하는 행복이다. 즉 하나님의 사랑받고 축복받는 하나님의

131) 한국민족문화대백과사전, '복(福)' http://encykorea.aks.ac.kr/Contents/Item/E0023638
132) "종교란 무한(無限)·절대의 초인간적인 신을 숭배하고 신성하게 여겨 선악을 권계하고 행복을 얻고자 하는 일을 말한다." 두산백과 두피디아

자녀가 되는 행복이다. 영적 생명을 얻을 수 있는 방법은 오직 예수 그리스도의 십자가 복음을 듣고 믿는 것뿐이다. 십자가 복음이 이해되고 믿어지려면 창조주 하나님이시며 내 영혼의 아버지 되신 하나님을 믿어야 한다. 그리고 내가 나면서부터 하나님을 거역하고 내 중심으로만 살아온 죄인임을 깨닫고 통회하고 자복해야 한다. 그리고 그 죄 문제와 관련하여 나에게는 해결책이 없고 오직 하나님의 아들 예수께서 나의 죄를 위해 대신 지신 십자가의 속죄 은혜만이 내 근본적인 죄를 용서해 주실 수 있다. 메시아 예수님의 십자가에 대한 이해와 믿음으로 죄 용서의 확신을 가지고, 하나님과 둘러선 증인들 앞에서 내가 무엇을 믿고 왜 믿는지에 대해서 고백하고 인증을 받을 때, 비로소 공적으로 하나님 자녀 됨과 하나님 나라의 구성원이 될 수 있다. 영적인 생명이 회복되고 누릴 수 있는 행복이란 이 모든 과정을 말하는 것이다.

3) 미션과 비전을 중심으로 하는 자기 주도적인 삶의 행복

모든 대학생들은 자신의 흥미와 적성을 따라서 장래의 직업을 생각하면서 대학에 들어와서 자기 전공을 정하고 공부를 하고 있다. 그러나 많은 경우에 학생들은 세상뿐만 아니라 자신에 대한 이해가 부족하다. '나는 누구인가?' '나는 왜 사는가? / 내 존재의 이유는 무엇인가?' '내가 정말 좋아하고 잘하는 것은 무엇인가?' 등 자신에 대한 일차적인 질문에 대해 어떠한 답도 없이 대학 생활을 단지 바쁘게 열심히 살고 있다. 더구나 자기의 흥미와 적성을 따라서 무슨 직업을 가지는 것이 자신의 행복을 위하는 것인지에 대해 잘 알지 못한다. 동시에 대부분의 학생들은 유치원에 다닐 때부터 상대적 평가에 의한 박탈감에 젖어서 자존감이 높지 못하다. 그래서 내면적으로 불안감을 안고 살아가기에 행복하다고 생각하지 못한다.

이러한 대학생들을 위해서 대학채플은 미션과 비전이 무엇인지를 깨닫고 준비하도록 하여 자기를 충분히 긍정하고 기쁘게 살도록 도울 수 있다. '미션' 혹은 '사명'은 '보냄 받은 이유, 혹은 삶의 이유'이다. 인간의 사명 또는 보냄 받은 이유는 '보낸 분'을 만나지 않고는 결코 알 수 없는 것이다. 인간에게 생명을 주시고 이 세상에 보내신 분, 바로 하나님을 만나지 않고는 인간은 자신의 사명을 알 수도 없고 그 사명대로 올바로 살 수도 없다. 하나님의 말씀인 성경에 의하면 사람이 지음 받은 이유는 이웃과 하나님을 사랑하면서 하나님의 나라와 정의를 이루기 위함이다. 그런 위대한 하나님의 비전에 내가 참여하는 것이 나의 사명인 것이다. 그러한 사명을 알고 그렇게 사는 나는 '천하보다 귀한 영혼'임을 알 수 있다.

그리고 우리가 바라보고 이루어야 하는 그것 곧 '비전'은 하나님이 나에게 주신 달란트을 통해서 찾을 수 있다. 그 달란트는 영어로 talent 즉 재능이다. 달란트를 보다 자세히 말하면, 각자가 태어날 때부터 가지고 난 흥미와 적성이라고 할 수 있다. 내가 좋아하는 것 '흥미', 그리고 내가 잘하는 것 '적성'을 통해서 나는 나의 비전을 정할 수 있다. 대학생의 비전은 구체적일 필요가 있다. 내가 몇 년 후에 졸업하고 일하는 현장과 그때의 내 모습, 그것이 바로 대학생인 나의 '직업비전'이 된다. 대학채플은 학생들에게 미션과 비전에 기반한 나만의 직업비전을 찾게 하고 또 전략을 잘 세워서 졸업하기 전에 그것에 필요한 스펙들을 구축하도록 설교나 토크 등을 통해 효과적으로 교육하고 도전할 수 있다. 그리고 '나의 비전 스토리' 경진대회를 채플에서 주도하고 진행할 수 있다. 미션과 비전을 중심으로 하는 자기 주도적인 삶과 비전스토리 대회에 관한 더 자세한 것은 16장 후(後) 전도과정을 위한 프로그램을 참고하면 좋을 것이다.

미션과 비전을 중심으로 하는 기독교인의 사명선언문은 다음과 같이 작성할 수 있다.

기독교인 사명선언문133)

"나는 아주 소중하고 행복한 사람입니다. 왜냐하면 나는 하나님의 사랑받는 자녀이기 때문입니다. 나의 사명은 최고의 _____이 되어서 하나님 나라와 이 땅을 위해 기여하는 것입니다. 최고의 _____이 되기 위해 나는 매일 하나님께 기도하고 성경을 읽을 것입니다. 나는 매일 영어와 히브리어를 공부할 것입니다. 나는 지금부터 달라지겠습니다."

이상의 기독교인 신앙선언문은 자존감과 그 근거를 먼저 밝히고, 자신의 비전을 선언한다. 그리고 그 목적이 단지 개인만을 위하는 것이 아니라, 하나님 나라와 이 땅을 위한 것임을 단언한다. 그리고 그와 같은 비전을 이루기 위한 매일의 실천내용을 담고, 지금부터 달라지겠다는 결심을 천명한다. 기독교인 학생들의 이같이 분명한 자존감과 그 근거, 및 비전과 그 실천에 대한 의자를 표현할 때 비기독교인 학생들에게도 좋은 '삶의 본보기' 혹은 도전적인 하나의 '삶의 양식'이 될 수 있을 것이다. 이것은 그 내용과 실천에 있어서도 비단 기독교인인 학생들뿐만 아니라 비기독교인 학생들

133) 선교부 학생들과 함께 암송했던 영어 신앙선언문은 다음과 같다.
Christian Vision Statement
"I am so precious person, for I am a beloved son/daughter of God. My vision is to be the best _______, and to contribute to the Kingdom of God and the global village. To be the best _____, I pray to God and read the Bible every. I study English and _____ every day. I will be different from now."

에게도 하나님만 빼면 그대로 적용할 수 있을 것이다.

4) 세상에 기여하고 가치 있는 삶을 사는 행복

최근에 들어 지구촌에는 기업들을 중심으로 ESG 경영 열풍이 뜨겁다. ESG는 환경(Environment), 사회(Social), 지배구조(Governance)의 약자이다. ESG는 지금 지구촌의 생명을 위협하는 세 가지 실체들이라고 말할 수 있다. ESG 중에서 가장 두드러지고 피부로 느껴지는 위협은 단연 '환경'의 문제이다. 겨울만 되면 찾아오는 '미세먼지' 때문에 생기는 스모그와 호흡곤란은 애교 정도이다. 무자비한 탄소배출로 말미암아 생긴 기후 온난화의 문제는 사회단체들이 '기후정의'라는 용어로 세계적인 운동을 벌일 정도로 심각한 문제를 보여주고 있다. 인간의 이기심으로 말미암아 벌어졌고 또한 여전히 벌어지고 있는 환경파괴와 오염에 대한 문제는 복음을 믿고 하나님의 자녀가 된 사람들의 문제이기도 하다. 왜냐하면 성경을 믿는 하나님의 자녀는 하나님의 창조질서인 지구환경을 보전해야 하는 사명을 알고 있기 때문이다. 그러므로 대학채플은 온갖 파괴와 오염으로 신음하는 피조질서의 진상을 알리고 환경의 파괴를 막고 회복시킬 의무가 인간에게 있음을 증거하여야 하고, 동시에 보다 적극적으로 환경회복을 위한 실천적인 운동을 벌일 수 있어야 한다.

'사회'의 문제는 '사회가 안고 있는 문제들에 대한 책임'의 문제이다. 현대 사회는 자본주의를 그 기본원리로 발전해 왔다. 자본주의는 인간의 욕망에 기반하여 그 잠재능력을 최대치로 끌어올릴 수 있는 효과적인 체제이다. 그러나 그것은 빈익빈 부익부라는 측면에서 사회의 극심한 양극화 현상을 가져왔고, 그것은 시간이 흐를

수록 더욱 심화될 조짐이 있다. 이러한 사회적 불평등과 불의에 대해서 대학채플은 옛 예언자들의 메시지를 통해서 고아와 과부를 돌아보고 나그네를 보호하라던 하나님의 말씀을 선포하고 우리 사회의 정의가 공평이 어떻게 강물처럼 흘러야 할 지에 대해서 교육할 수 있을 것이다.

'지배구조'에 대한 문제는 '투명하고 민주적인 의사결정'에 관한 문제이다. 다른 말로 하면 사회의 각종 조직에 만연해 있는 '갑질'에 관한 문제라고 볼 수도 있다. 이 문제는 높은 사람과 있는 사람만이 마음대로 하는 조직이 아니라 모든 구성원들의 마음이 다치지 않고 존중받는 그런 '배려'의 의사결정이 이루어지는 사회를 꿈꾸는 것이다. 대학채플은 이 문제와 관련하여 정말로 할 말이 많다. 바로 메시아 예수께서 지배가 아니라 섬김에 대해 가르치셨고, 당신께서 온 삶을 다해 섬김의 삶을 사시다가 섬김의 십자가로 마무리하셨기 때문이다.

대학채플은 참여 학생들에게 지구촌의 화두인 ESG에 대해 성경적으로 잘 풀어서 미래 비전을 제시할 수 있다. 그것을 통해 학생들이 ESG의 문제를 잘 인식하고 자기 전공과 삶을 통하여 그것을 해결하도록 하여 세상에 기여하고 스스로 가치를 입증하는 행복한 삶을 살도록 할 수 있다.

5장

학생중심(CRM) 대학채플 전략

이 글은 대학채플의 선교적 동기를 살리면서 수용자의 만족도를 높이는 새로운 대학채플의 선교전략과 모델을 제안하기 위한 것이다.[134] 그 선교전략은 "수용자와의 관계 중심"이라는 맥락에서 이미 이론화 되었고 실천적으로 넓게 사용되고 있는 현대 경영학의 새로운 패러다임인 CRM(Customer Relationship Management, 고객관계중심 경영)의 이론과 방법을 대학채플의 운영에 적용시키는 것이다. 즉, 고객관계중심 경영이론을 백석대학교 대학채플이라는 구체적인 장에 적용시켜서 기본 전략을 도출해 내고, 아울러 실천적 도구와 실천 방안을 만들어 효과적인 학생중심의 대학채플의 선교전략과 모델을 제안하는 것이 이 글의 취지이다.

134) 이 글은 아래 글을 수정 보완한 것이다. 이동찬, "수용자 중심(CRM) 대학채플의 선교전략" 「진리논단」 21호 (2013), 205-226.

1.
수용자 중심의 교육선교와 대학채플

"수용자 중심의 선교"라는 맥락에서 학원복음화 지향적인 대학채플을 기획한다는 것은 "전달자 중심"의 일방적인 패턴을 지양하고 수용자를 위한 수용자에 의한 수용자의 채플을 지향한다는 것이다. 이것을 위하여 우리는 검증된 현대 경영학의 이론에 주목한다. "수용자 중심"의 교육선교의 개념은 최근 경영학에서 패러다임 변화로 불리는 "고객 관계 중심의 경영"인 CRM의 개념과 일맥상통한다. 수용자 중심의 선교는 CRM의 이론과 방법론에서 여러 가지 구체적인 이론과 실제 프로그램을 배울 수 있다.

2.
학생중심 대학채플의 모델인 CRM

CRM은 1990년대 중반에 고객의 정보를 수집하고 공유하기 위해 사용된 정보기술로서 시작 되었다.135) 그 시대는 정보통신기술의 발달로 변화의 속도가 점점 빨라지고, 즉각적인 커뮤니케이션이 가능하며, 경쟁이 더욱 심해지는 때였다. 그런 시대에 맞추어 마케팅 분야에서 "상품중심 단계"에서 "고객중심단계"(from the product-centered stage to the customer-centered stage)에로 패러다임의 변화가 일어났다.136) 이 같은 고객중심의 경영모델이 바로 CRM인 것이다.137) 우리는 수용자인 고객의 관점에서 모든 것을 고려하고

135) Lassar, Walfried M; Lassar, Sharon S; Rauseo, Nancy A, "Developing a CRM Strategy in your Firm", Journal of Accountancy; Aug 2008; 206, 2: p.69.

136) Yurong Xu,; David C Yen; Binshan Lin; David C. Chou, "Adopting customer relationship management technology", Industrial Management + Data Systems, 2002; p.442.

137) 고객관계중심의 CRM은 그 기본 개념이 상품/제품이 아닌 고객을 중심으로 한다는 것은 일치하지만, 실제 적용면에서는 다양한 접근 방법을 보인다. CRM과 그 적용 기법에 대해서는 다음을 참조하라. 필립 코틀러, 케빈 L. 켈러, 『마케팅 관리론』(서울: (주)피어슨에듀케이션코리아, 2006), 236-55; 한국마케팅연구원, 『CRM 새마케팅』(서울: (사)한국마케팅연구원, 2002); 크리스토퍼 외, 송용섭 황병일 역, 『관계마케팅』(서울: 법문사, 1996); 스텐리 브라운 외, 『세계 최고 기업들의 CRM전략』(서울: 21세기 북스, 2002); 최정환, 이유재, 『죽은 CRM 살아있는 CRM』(서울: (주)한언, 2003); 이유재, 『서비스마케팅』(파주: 학현사, 2010), 172-215; 김승욱 외, 『유비쿼터스 컴퓨팅 시대의 고객관계관리(CRM)』(서울: 형설출판사, 2004); 한상원 외, 『마케팅 전략』(서울: 박영사, 2007), 440-67; 빌 비숍 저, 김승욱역, 『관계우선의 법칙』(서울: 경영정신, 2001); 김기평, "기업에서의 성공적인 CRM 정착에 대한 연구", Journal of Industrial Distribution & Business 2-1 (2011), 5-15. CRM과 관련된 연구사는 다음을

재조정하여 탁월한 경영성과를 낸 CRM의 경영원리를 대학채플에 적용하여 대학채플의 선교적 전략을 수립할 수 있다. 우리는 CRM 이론을 접목한 이러한 새로운 개념의 대학채플을 기존의 예배와 차별화해서 "학생중심의 대학채플"이라고 말할 수 있을 것이다.

참조하라. E.W.T. Vgai, "Customer relationship management research (1992-2002): An academic literature review and classification, Marketing Intelligence & Planning: 2005; 23, 6/7; p. 582-605.

3.
학생중심의 대학채플의 선교전략

학생중심 대학채플의 정의와 목적은 CRM의 그것에서 응용할 수 있다. 학생중심 대학채플이란 학생관리에 필수적인 요소들(기술 인프라, 시스템 기능, 예배전략, 예배 프로세스, 조직의 경영능력, 학생과 채플에 관련된 각종 정보 등)을 대학채플 수용자인 "학생 중심으로" 정리 통합하여 채플 내에서 학생활동(Student Interaction)을 개선함으로써 학생과의 장기적인 관계를 구축하고 채플의 성과를 개선하기 위한 채플경영의 한 방식이라고 말할 수 있다.[138] 학생중심의 대학채플의 목적은 다양한 학생활동을 통하여 기독교에 반감을 지니거나 혹은 무관심한 학생들을 구도자로, 구도자를 신자로 변화시키는 것이다.[139]

학생중심 대학채플은 기본전략과 실천 도구, 그리고 실천 방안을 가진 하나의 통합적인 모델을 가진다. 먼저, 대학채플의 기본전략은 위에서 언급한 목적과 관련하여, '구도자화'와 '신자화'라는 측

138) 최정환, 이유재, 『죽은 CRM 살아있는 CRM』, 서울: (주)한언, 2003, p. 74. CRM의 정의 적용. 여기서 "예배 성과"라는 말은 수용자인 학생, 특히 불신 학생들의 예배에 대한 만족도와 그 결과 이어지는 복음전도와 결신을 말한다.

139) Ibid., p. 74. CRM의 목적 적용.

면에서 말할 수 있다.140) 구도자화는 기독교 비판자와 예비 구도자(무관심자)에게 흥미와 가치 있는 것을 제공하고 대학채플에 만족감을 주어서, 채플과 기독교 복음에 호감을 갖는 구도자로 만드는 과정이다. 신자화는 복음선포를 통해 구도자를 결신시켜 신자로 세우는 것이다.

학생중심의 대학채플의 실천 도구로는 데이터베이스와 대학채플의 인적관리 시스템 등을 들 수 있다. 먼저, 데이터베이스를 구축하는 것은 대학채플의 수용자인 학생들을 세분화하고 각 대상들에 대한 정보들을 모을 뿐만 아니라, 특히 그들 중에서 선교의 대상들과 관련된 실제적인 정보를 축적하는 것이다. 인적관리 시스템은 대학채플을 진행하는 데 필요한 각 팀에 대한 교육과 관리를 말한다.

학생중심 대학채플의 실천 방안은 철저하게 수용자인 대학채플의 참여 학생들, 특히 선교 대상인 비기독교인 학생들에게 흥미롭고 의미 있는 형태로 이루어져야 한다. 그것을 위하여 설문과 같은 과학적인 절차를 통해서 수용자들의 흥미와 관심을 객관적으로 파악할 필요가 있다.

이상의 내용을 정리하면 다음과 같이 학생중심 대학채플의 선교전략모델을 만들 수 있다.141)

140) 대학채플의 선교전략의 마지막 단계는 위에서 밝혔듯이 제자화이다. 제자화의 단계는 기독교인으로서 정체성을 지닌 사람에게 구령의 열정을 불어넣어 증인이 되는 삶을 가르치고, 거듭난 기독교인으로 우리 사회에 책임있는 삶을 살도록 해야 한다. 그러나 우리의 연구 범위는 지면상 대학채플을 통한 구도자화와 신자화로 제한하도록 한다.

141) 최정환, 이유재, 『죽은 CRM 살아있는 CRM』, 75쪽의 도표 응용.

학생중심 대학채플의 선교전략 모델

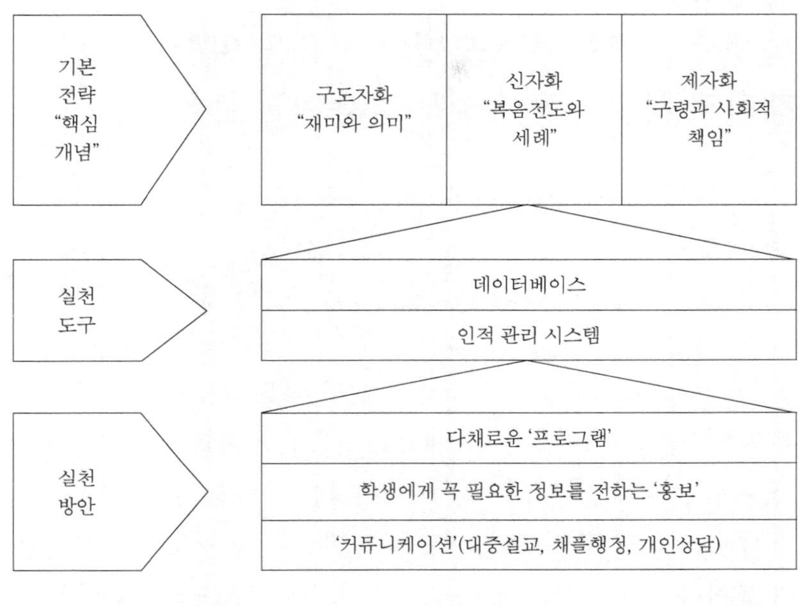

위 도표에서처럼 수용자 중심 대학채플은 기본 전략을 향하여 실천 도구와 실천 방안들이 작동하여 실제적인 성과들을 성취해 낸다. 그리고 그 대학예배의 모든 전략과 실천 도구, 실천 방안들이 모두 "수용자 중심" 개념에서 나온다. 즉 철저하게 수용자인 학생들을 사랑하고 배려하는 마음에서 그들이 원하는 내용과 방식을 최대한으로 반영한 채플이 바로 학생중심 대학채플이라는 것이다. 동시에 복음이 살아있고 영혼구원의 역사가 일어나고, 또 일어나도록 하는 영적인 예배가 학생중심 대학채플의 지향점이다.

4.
학생중심 대학채플 모델의 적용을 위한 객관적 자료 분석 - 설문과 통계적 분석

학생중심 대학채플 모델의 적용을 위해서는 채플의 수용자인 학생에 대한 구체적이고도 객관적인 정보 파악이 중요하다. 우리는 이 같은 작업을 위해 객관적인 설문을 실시하며, 그 설문 내용을 SPSS 통계 프로그램을 통하여 그 정보를 분석한다. 설문과 통계적 처리 과정을 통하여 먼저 선교대상인 수용자에 대한 대상 세분화 즉 신자와 비신자를 구분할 수 있다. 그리고 그들 별로 대학채플의 만족도와 그 만족도에 영향을 준 세부 내용들에 대한 정보를 파악할 수가 있는 것이다.

백석대학교 관광학부 대학채플에서는 2012년 12월 4일에 참여 학생을 대상으로 선교대상인 비기독교인 학생들의 대학채플 만족도와 그것에 영향을 주는 객관적인 요인들을 파악하기 위하여 설문조사가 실시되었다. 설문지는 성별, 전공, 학년, 종교와 같은 인구통계학적인 특성에 관한 질문과 대학예배에 대한 만족도와 대학채플의 대표적인 요소인 설교내용, 광고, 프로그램(이벤트)에 대한 질문들로 구성되어 있었다. 전체 829명의 예배 참석자 중에서 유효한 설문지를 낸 학생은 모두 777명이었다. 먼저, 종교별로 본 관광학부 대학예배의 대상을 분석하면 다음과 같다.

〈표 1〉 백석대 관광학부 대학채플 전체 참여자의 종교 비율

변수(종교)	응답자 수(%)	변수(종교)	응답자 수(%)
1. 기독교 2. 천주교	322(41.4%) 65(8.4%)	3. 불교 4. 무교	36(4.6%) 354(45.6%)
		총 합계	777(100.0)

이상의 설문분석에서 선교대상인 불교와 무교인 학생들이 총 390명(50.2%)으로 나타났다. 이들 자료는 SPSS 18.0 프로그램을 통하여 빈도분석, 기술통계분석, 신뢰도분석, 그리고 다중회귀분석을 실시하여 검증되었다.

빈도분석을 통하여 분석한 백석대학교 관광학부 선교대상인 비기독교인 학생들의 인구통계학적인 특성과 기독교 호감도에 대한 결과는 다음과 같다.

〈표 2〉 비기독교인 학생의 특성

변수	응답자 수(%)	변수	응답자 수(%)
1. 성별 남성 여성	133(34.1) 257(65.9)	**3. 종교** 불교 무교	36(9.2) 354(90.8)
2. 전공 관광통역 관광경영 호텔경영 자율전공	54(13.8) 165(42.3) 158(40.5) 13(3.3)	**4. 기독교 호감도** 1) 매우 부정적 2) 아직 부정적 3) 싫지는 않다 4) 호감이 있다 5) 매우 호감	17(4.4) 86(22.1) 232(59.5) 51(13.1) 2(0.5)
합계	390(100.0)	합계	390(100.0)

기술통계분석을 통하여 파악한 대학예배에 대한 만족도와 대학예배의 대표적인 요소인 이벤트(프로그램), 광고, 설교내용에 대한

세부 내용과 분석 결과는 다음과 같다.

〈표 3〉 대학채플의 만족도와 그 내용에 대한 기술통계분석 결과

변수	측정 항목	평균값
1. 대학채플 만족도	1. 대학채플의 설교 형식에 만족한다. 2. 대학채플의 **설교 내용**에 만족한다. 3. 대학채플의 **광고시간** 및 내용에 만족한다. **4. 이벤트 즉, 다양한** 대학예배 **프로그램에 만족한다.** 5. 대학채플의 전반적인 내용에 만족한다.	3.015 **3.084** **3.287** **3.407** 3.182
	1) 전혀 아니다 2) 아니다 3) 보통이다 4) 그렇다 5) 매우 그렇다.	
2. 다양한 대학채플 프로그램 선호도	1. PPT 또는 PREZI로 하는 발표형식이 좋다. 2. 토크 쇼 형식의 진행이 좋다. 3. 전공 교수님이나 유명인사의 신앙 간증이 좋다. 4. 같은 학부 학생의 신앙 간증이 좋다. 5. 학생들이 준비하고 참여하는 이벤트형 헌신예배가 좋다. **6. 전문가의 노래, 춤, 연극 등의 문화공연행사가 좋다.** 7. 세례식은 기독교 신앙의 핵심을 이해할 수 있어서 좋다.	3.377 3.223 2.513 2.395 3.126 **4.177** 2.690
	1) 전혀 아니다 2) 아니다 3) 보통이다 4) 그렇다 5) 매우 그렇다.	
3. 광고	유익한 학교생활 정보가 있으면 좋겠다. 2. **졸업생이나 유명인사의 취업노하우 제공을 원한다.** 3. 어학이나 실습관련 실제 정보를 원한다.	4.1513 4.0872 4.0795
	1) 전혀 아니다 2) 아니다 3) 보통이다 4) 그렇다 5) 매우 그렇다.	
4. 설교 내용	성경과 신앙에 관해 더 깊은 내용을 듣고 싶다. **2. 비전과 직업에 관한 내용을 더 듣고 싶다.** 3. 전공의 주요 개념에 대한 기독교적 적용을 듣고 싶다. 4. **일반교양이나 시사 이야기를 더 듣고 싶다.**	2.3000 **3.6051** 2.4769 **3.5231**
	1) 전혀 아니다 2) 아니다 3) 보통이다 4) 그렇다 5) 매우 그렇다.	

위 〈표 3〉의 대학채플 만족도 분석에서, 일차적으로 알려진 내용은 선교대상 학생들은 이벤트 즉, 다양한 형태의 채플 프로그램에 가장 높은 만족도를 보였고, 아울러 유익한 정보가 있는 광고와 설교의 내용에 높은 만족도를 보였다. 그리고 이벤트와 광고와 설교

내용 각각의 내용과 관련해서 선교대상 학생들이 구체적으로 무엇을 선호하는 지의 내용이 파악되었다. 우리는 이상과 같은 객관적인 분석 내용을 이용하여 아래에서 백석대학교 관광학부 대학채플이라는 구체적인 현장에 대한 학생중심의 대학채플 모델을 구성해 볼 것이다.

5.
학생중심 대학채플 선교모델의 기본전략

백석대학교 관광학부의 수용자 중심 대학채플의 기본전략은 '구도자화'와 '신자화'로 말할 수 있다. 구도자화는 기독교 반대자 혹은 무관심자를 구도자로 만드는 것이며, 신자화는 구도자를 신자로 만드는 것이다.[142]

1) 대학채플에서의 구도자화 과정

대학채플에서 구도자화 과정의 목표는 부정적인 수용자의 태도 변경이다. 어떠한 행위 전에는 특정한 사물이나 개체에 대한 태도를 형성하게 된다. 여기서 태도라는 것은 어떤 사물과 현상에 대한 긍정적 혹은 부정적인 자세를 말한다.[143]

오늘날 학생들은 자신에 대한 불확실성, 사회에 대한 불신, 미래에 대한 불안으로 고통당하고 있다. 백석대 관광학부의 학생들 역

142) 여기서 "구도자(求道者)"라는 말은 "도를 구하는 자"라는 뜻으로 비신자가 마음이 열려 복음의 도에 관심을 보이게 된 사람을 의미한다. 그리고 신자가 된 이후과정은 "제자화"의 과정이라고 말할 수 있고 또한 그 방법도 있겠지만, 본 연구는 그 범위 상 구도자화와 신자화까지로만 한정한다.

143) 김재욱, "1 CRM 마케팅에 의한 고개개척, 확보, 유지 및 강화전략", 『마케팅(Marketing)』38. 6, (2004), 24.

시 개인 성격, 친구, 가정, 전공의 적성, 현대사회의 이해, 서비스 마인드, 공동체 형성, 미래 문제, 이성 문제, 학업 문제, 경제 문제 등으로 어려움을 겪고 있으며 그런 문제에 대한 정보나 해결 방법에 대해 갈구하고 있다. 그러므로 대학채플 담당자들은 선교의 대상들이 갖고 있는 이 같은 고민과 관심을 반영한 여러 가지 볼거리와 들을 거리, 그리고 느끼고 생각할 거리를 대학채플 가운데서 제공하여 기독교에 대한 그들의 부정적인 태도를 바꾸어 주는 것이 필요하다. 그것이 바로 구도자화의 과정이다.

2) 대학채플에서의 신자화 과정

대학채플에서 신자화 과정의 목표는 신앙고백과 세례를 통한 기독교인 양성이다. 대학채플은 단지 학생들의 필요를 발견하고 채워주는 교양과목 혹은 학생복지과정이 되어서는 안 된다. 거기서 나아가 대학채플은 하나님의 말씀이 선포되는 곳이어야 하며, 그 말씀을 통하여 수용자들에게 구원의 확신이 생겨나는 장이어야 한다. 그리고 구원의 확신이 생긴 학우들의 생생한 증언을 통해 신자들에게는 구원의 감격에 대한 일깨움을, 비신자들에게는 도전과 전도의 기회가 되어서, 마침내 하나님께 영광 돌리는 채플의 장이 되어야 한다. 그런 면에서 대학채플의 전략에는 반드시 신자화 과정이 있어야 하며, 그 과정의 핵심에 구원을 체험한 학생의 신앙고백과 세례가 있어야 한다.144) 이런 맥락에서의 세례식은 받는 사람은 물론 증인으로 참여하는 사람에게도 중요한 복음전도의 방편이 된다.145)

144) 이러한 측면에서 백석대학교의 모든 대학예배는 매 학기 세례식을 거행한다.
145) 이동찬, 최현정, "대학예배의 만족도와 복음화율을 높이는 세례식에 관한 연구", 『대학과 선

6. 학생중심 대학채플 전략의 실천 도구

1) 데이터베이스 구축과 대학채플 수용자의 세분화

CRM(Customer Relationship Management)의 가장 기본적인 개념은 고객의 데이터베이스를 확보하고 그것을 분석하고 그 안에서 중요고객을 찾아내어, 그 고객을 대상으로 특정한 마케팅 활동을 시작하는 것이다.[146] 우리가 속해 있는 산업 내에서 우리가 서비스를 하고자 하는 고객들이 중요하게 생각하고 있는 가치가 무엇인지를 파악하는 작업을 우선적으로 한다.[147] 일반적으로 모든 고객이 중요하게 생각하는 가치도 중요하지만 그 중에서 기업이 생각할 때 중요한 고객집단별로 중요한 가치가 무엇인지 알고 그것을 충족시켜주는 것이 중요하다. 대학채플에서도 모든 학생들이 생각하는 가치에 대한 파악도 중요하지만, 그중에서도 실제 선교 대상인 기독교에 대해 비판적이거나 무관심한 학생들이 가지고 있는 중요한 가치와 관심이 무엇인지 분석하고 그것을 충족시켜주는 접근이 필

교』 제 24집 (2013, 6), 65.

146) 김재욱, "1 CRM 마케팅에 의한 고개개척, 확보, 유지 및 강화전략", 24.

147) 김재욱, "2 CRM 마케팅에 의한 고개개척, 확보, 유지 및 강화전략", 『마케팅(Marketing)』37. 11, (2003), 23.

요하다.[148] 그래서 그들에게 흥미와 의미를 부여하는 채플 운영을 통하여 구도자로 만들며, 구도자들에게 복음을 전하여 결신을 하게 함으로써 신자로 만드는 것이 대학채플의 궁극적인 선교전략이기 때문이다. 그러므로 대학채플에서 데이터베이스 구축의 목적은 대학채플 전체 참여 학생들을 세분화하여, 그들이 중요하게 생각하고 있는 중요한 가치와 방식들을 대상별로 파악하고 정리하는 데 있다. 여기서 가장 중요한 도구는 정기적인 설문조사를 통한 데이터 확보이다. 그리고 그 외에 채플 도우미 학생들과 기독교이해 강의 교수들 등의 제보 등이 중요한 내용이다.[149] 그 조사에서 나온 여러 가지 자료들을 데이터베이스화해서 담임목사를 비롯해서 학생을 대상으로 복음화 활동을 하는 모든 인적 구성원들이 공유해서 자유롭고 적절하게 사용할 수 있도록 한다.[150]

대상 세분화와 관련하여 우리는 통계분석의 결과인 〈표 1〉을 통하여 관광학부 대학채플의 수용자는 기독교인(322명 41.4%)[151], 구도자(285, 36.7%), 비판자(103명, 13.6%) 등 3개로 나눌 수 있다. 〈표 1〉의 설문분석에 따르면, 백석대학교 관광학부 대학채플에서 기독교인은 322명(41.4%)이며, 선교대상은 전체 대학채플 참여자 중 약 50.2%이다.[152] 그리고 〈표 2〉의 4번 "기독교 호감도"에 대한 통계분석에 따르면, 선교대상은 기독교 반대자 혹은 무관심자와 구도

148) Ibid. CRM에서 말하는 고객 데이터 확보를 대학채플에서 그대로 시행하기에는 개인정보와 관련하여 어려움이 많다. 그러나 여러 가지 경로로 '구도자'를 파악하는 것은 가능하고 또 필요하다.

149) 학원복음화를 위한 실질적인 자료는 여러 가지 통로를 통해 수집될 수 있지만, 그것을 효과적으로 모으고 공유하게 하는 데이터베이스화는 부족한 실정이다.

150) 이 과정에서 유의해야 할 점은 개인의 정보보호와 관련된 것이다.

151) 기독교인도 "교회출석여부" 및 "구원의 확신"과 같은 설문에서, 실제 기독교인(148명, 19%)과 명목기독교인(172명, 22.1%)으로 세분화할 수 있다.

152) 여기서 천주교인 65명(8.4%)은 대상에서 제외했다.

자로 나눌 수 있다. 기독교 비판자는 총 103명으로 전체의 13.4%에 해당한다. 그리고 구도자로 간주할 수 있는 사람은 "기독교가 싫지 않은 사람"과 "보다 적극적으로 호감을 보인 학생"으로 볼 수 있으며, 그들은 총 285명으로 선교 대상자 전체의 36.7%에 해당한다.

2) 대학채플의 인적관리

CRM(Customer Relationship Management)은 마케팅을 하는 당사자들만 알고 시행해서는 실패하고, 전사적으로 도입하고 실행해야만 하는 경영기법이다. CRM은 내부고객, 유통 채널, 고객이라는 세 개의 집단이 조직에 긍정적인 자세를 가질 수 있도록 만드는 전략이라고 할 수 있다. 그것을 통해서 고객유지율을 높이고 높아진 고객유지율을 가지고 기업의 성과에 크게 기여하자는 전략이 CRM 전략이다.[153] 학생중심 대학채플의 인적관리도 마찬가지로 생각할 수 있다. 학생중심 대학채플의 고객에 대해 생각해 볼 때, 내부고객은 행정팀[154], 찬양팀, 예배팀, 그루터기팀(전도성경공부팀), 그리고 특별히 학생들에게 좋은 영향력을 발휘할 수 있는 전공 교수님들이 여기에 해당한다. 유통채널은 대학채플의 수용자인 학생들을 대상으로 서비스하는 대학 내의 다른 학생처, 교무처, 인성교육원, 대학교회 등이다. 최종고객은 대학채플에 참여하는 학생들이다.

이상의 내부 조직원들과 협력처들이 학생중심 대학채플 전략과

153) 김재욱, "1 CRM 마케팅에 의한 고개개척, 확보, 유지 및 강화전략", 24.

154) 행정팀은 백석대학교의 직원들로 구성되어 있으며, 출결사항을 비롯한 주요 대학예배의 행정내용 뿐만아니라 교목실의 학원복음화 사역의 전반적인 행정업무를 지원한다. 나머지 팀들은 모두 학생들로 구성되어 있다.

학원복음화의 개념과 핵심전략 및 내용에 대해 지식경영155)의 차원에서 이해와 공감하며 동참할 수 있는 자세를 가지고 있어야 한다.156) 여기서 말하는 지식은 데이터베이스에 수용되어야하는 대학채플과 학원복음화에 필요한 구체적인 학생 정보를 포함해서 구도자 발굴, 전도 성경공부, 세례교육, 세례, 제자화 교육 등과 같은 실제 학원선교에 필요한 모든 암묵지들(tacit knowledges)을 포괄한다.

155) 지식경영(Knowledge Management)은 1990년대 초 격화되는 경쟁환경 속에서 지속적인 경재우위를 확보할 수 있는 유일한 방법은 지식임을 강조하며 시작된 경영의 한 차원을 말한다. 김병도, 『이론과 사례로 본 마케팅』(서울: (주)매니저소사이어티, 2000), 72.

156) 대학채플을 통한 효과적인 선교는 소위 '전사(全社, Company-level)적 경영'차원에서 학교공동체 모든 구성원들이 그 전략뿐만 아니라, 학원선교라는 최종목적을 위하여 각자의 위치와 역할를 숙지하고 함께 움직이는 것을 말한다.

7.
학생중심 대학채플의 실천 방안

학생중심 대학채플의 대표적인 실천 방안은 철저하게 수용자들 특히 선교대상자들에 대한 파악 즉, 그들이 어떤 채플 프로그램에서 홍미와 의미를 느끼는 지를 분석하고 파악하는 것에서 시작된다. 우리는 〈표 3〉 대학채플의 만족도와 그 내용에 대한 기술통계분석 결과에서 그것을 알아볼 수 있다. 학생들에게는 생생한 정보를 담은 광고와 대인 커뮤니케이션인 설교가 대학채플 만족의 주요한 요인이었다. 그리고 가장 큰 만족을 준 대학채플의 내용은 '다채로운 프로그램'이었다. 그러므로 수용자중심 대학채플의 실천 방안의 핵심은 다채로운 프로그램을 중심으로 학생들의 필요와 관심을 잘 반영한 광고, 그리고 대상의 수준과 홍미에 잘 맞는 설교 커뮤니케이션임을 알 수 있다. 그런데 이 실천 방안은 기본전략 단계들인 구도자화와 신자화의 차원에서 그 내용이 다르게 적용되어야 한다. 즉, 홍보와 프로그램 그리고 커뮤니케이션과 같은 실천 방안에서는 구도자화와 신자화의 차원에 맞추어서 각각 그 적용 내용이 달라야 한다는 말이다.

나가면서

우리는 대학채플에서 수용자인 학생들의 만족도를 높이면서 원래 대학채플의 취지인 선교적 결과를 가져오는 대학채플 전략에 대해서 말했다. 먼저, 우리는 경영학의 CRM 이론을 힘입어 학생 중심 대학예배의 선교적 전략 모델을 구성했다. 그리고 그 전략을 백석대학교 관광학부 대학채플이라는 구체적인 현장에 적용하여 수용자 중심 대학채플의 기본전략과 그 실천 도구와 실천 방안이 어떠해야 하는지에 대한 모델을 제시했다. 학생중심의 대학채플 전략은 일차적으로 수용자에게 흥미와 의미를 부여하면서 대학채플과 복음에 대해 마음을 열게 하고 만족도를 높여주는 것이다. 그리고 그것은 본질적인 면에서 대학채플이 학생들에게 하나님의 복음을 적절하고 효과적으로 선포하여, 믿는 학생들이 계속해서 나타나고, 거듭난 학생들의 신앙고백과 세례받는 구령의 역사가 실제로 나타나고 되풀이되도록 하는 것이다.

6장

대학채플의 구성과 운영

대학채플은 외적으로 볼 때, 교수와 학생으로 구성되는 대학의 교양과목이므로 일반 대학의 교과목들과 다르지 않다. 그러나 대학채플은 선교를 목적으로 하는 예배이며, 동시에 대학에서 종교와 삶을 가르치는 교양과목이다. 그리고 그 규모에 있어서 일반 과목에 비해서 10배에서 30배나 큰 대단위 수업이다. 그러므로 여러모로 복합적인 이 대학채플은 상당히 미묘한 구성과 운영을 요한다. 기본적으로 대학채플은 핵심대상인 학생과 채플의 기획자이며 운영자인 학부담임목사와 그 도우미인 선교부장 및 행정팀으로 구성된다. 그리고 대학채플 내에서 직접적인 역할을 한다고 보기는 어렵지만 학생들의 삶과 신앙에 지대한 영향을 미칠 수 있는 전공 교수님들이 있다. 대학채플이 선교와 성경적 삶의 교육이라는 소기의 목적을 이루려면, 각 구성원들의 대학채플 내에서의 위치와 역할을 잘 이해하고 운영하는 것이 필요하다.

1.
수용자이면서 동시에 공급자인 대학채플의 학생에 대한 이해

대학채플이 선교와 성경적 삶에 대한 교육이라는 기본 목적을 달성하기 위해서는 그 교육 대상인 학생과 그 환경에 대해서 정확히 파악할 필요가 있다. 대학채플에서 대상으로 하는 현재의 대학생 세대는 개별성을 추구하는 세대, 공평에 민감한 세대, 다층적 소통을 강조하는 세대, 기성세대의 가치관에 '왜'를 묻는 세대이다.

1) 개별성을 추구하는 세대

우리는 지금 초개인화(hyper-personalization) 시대에 들어서 있다. 일상 속 모든 것이 개인 맞춤형으로 바뀌어 가고 있고, 개인이 가진 취향과 욕구 역시 더욱 미세하게 나누어지고 있다.[157] 인구집단을 나눌 때 과거에는 성별, 연령, 거주지, 생애주기, 소득과 같은 인구통계학적 속성에 따라 분류했다. 그러다가 점점 취향, 신념, 라이프스타일을 함께 살펴보는 방향으로 진화했다. 그러나 이제는 집단을 나누는 것이 무의미할 정도로 개개인을 대상으로 파악하고

157) 대학내일20대연구소, 『Z세대 트렌드 2023』(서울: ㈜위즈덤하우스, 2022), 4.

접근한다. 이것이 바로 초개인화 시대이다. 빅데이터와 인공지능 등의 기술이 이러한 현상을 뒷받침해 주고 또 가속한다.[158]

개별성을 추구하는 요즘 대학생 세대는 조직 또는 공동체를 싫어한다.

2) 공평에 민감한 세대

현 대학생 세대는 '공평'에 대해서 아주 민감하게 반응한다. 이것은 시대적 흐름과도 관련된다. 우리 사회는 최근에 들어와서 인권과 공평에 대해 부쩍 많은 관심을 가지고 강조하고 있는데, 그 대표적인 예로 '차별금지법'을 들 수 있다. "차별금지법은 대한민국 헌법의 평등 이념에 따라, 모든 생활영역에서 합리적 이유가 없는 모든 형태의 차별을 금지하는 법률안이다."[159] 여기서 차별은 성별, 인종, 장애, 정적 지향, '종교' 등을 포함하는 개념이다. 한국과 일본을 제외한 대부분의 OECD 국가에서 차별금지와 관련된 법이 존재하며, 한국은 2007년 17대 국회에서 처음 발의된 이래로 지속적으로 발의되고 있는 법안이다.[160] 차별금지법은 '인권'과 '공평'에 관련된 사안으로 현대인들이 자유와 평화만큼이나 의미를 두는 법안으로 그것이 '종교'의 영역으로 와서 표면화한 것이 바로 비종교인에 대한 대학채플의 선택권 부여의 문제가 된 것으로 볼 수 있을 것이다.

현대 학생 세대 자체가 치열한 경쟁 속에 살아가고 있기 때문이다. 그들은 대학과 취업 등의 경쟁 사회를 외면하거나 부정하지 않

158) 위의 책, 16.
159) 나무위키, "차별금지법" https://url.kr/axjng7, 2022년 10월 13일 접속.
160) 나무위키, "차별금지법".

고 인정한다. 그리고 경쟁 사회 속에서 역량, 경력, 자격증 등 경쟁력에서 이기려고 자신만의 스펙을 쌓으려고 애쓰는 세대이다.[161] 그럼에도 불구하고 그 경쟁의 속에서 불합리한 구조, 불공정의 시스템에 침묵하거나 동조하지 않는다. 불합리하고 불공정한 구조에 민감하게 반응하는 세대가 지금의 대학생 세대이다. 단순히 부모의 사회경제적 위치에 따라 자녀 계층이 형성되는 것에 문제를 제기한다. "개인의 사회경제적 위치가 노력의 결과"가 되는 공정성을 강조하는 세대가 바로 대학생 세대이다. 이에 정치적 사안이 공정한 구조, 합리적인 결과를 담고 있느냐, 아니냐에 따라 대학생 세대의 선택이 정치에 영향을 끼치게 될 것으로 본다. 정치권은 32.5%에 해당하는 요즘 애들의 정치적 선택을 존중할 수밖에 없는 정치에서의 영향력을 행사하는 MZ세대가 된 것이다.

3) 다층적 소통을 강조하는 세대

기성세대의 소통은 대면적인 만남을 통한 소통을 선호한다. 그러나 Z세대는 대면적 소통을 넘어서 다층적인 소통을 선호한다. 그들은 스마트폰을 비롯하여 카카오톡, 이메일, 페이스북, 인스타그램, 유튜브 등 SNS와 다양한 플랫폼에서 다층적으로 소통한다. 그곳은 그들의 놀이터이면서 동시에 소통의 창구인 셈이다. 그곳에서 그들은 다양한 지식과 정보를 주고받는다. 그때 그들은 그것을 일방적으로 수용하지 않고 주도적으로 선택하고, 재생산하고 또 독자적으로 만들어 내기도 한다. 그들은 지식과 정보의 수용자이면서 동시에 생산자의 역할을 한다. 다양한 소통의 창구를 통해

161) 백광훈, "기독교문화선교 톺아보기: 우리 시대, 우리 교회, MZ세대 읽기", 「새가정」 69호 (2022), 79-80.

서 다층적 소통을 강조하는 Z세대는 즉각적이고 빠른 피드백을 원한다. 그리고 과제나 역할에 대한 집단적인 피드백보다도 개별적인 피드백을 받아서 개인의 동기부여와 성장과 만족도를 높여주기를 원한다.[162]

4) 기성세대의 가치관에 '왜'를 묻는 세대

Z세대는 기성세대의 가치관에 왜를 물으면서 소확행, 욜로, 탕진잼을 말하는 세대이다.[163] 소확행은 "소소하지만 확실한 행복"을 의미한다. 기성세대의 가치관에 의하면 미래의 큰 행복을 위하여 현재는 참고 절약하는 삶을 사는 것이 바람직하다. 그러나 이 세대는 미래의 막연하고 거대한 행복보다는 비록 작을 지라도 지금 누릴 수 있는 확실한 행복을 선호한다. 욜로(YOLO: You Only Live Once)는 '인생은 한 번뿐이다'의 영어 단어의 앞 글자를 따서 만든 신조어이다. 이것은 소확행과 같은 맥락에서 먼 미래의 불확실한 행복보다는 현재의 구체적이고 확실한 행복이 의미 있다고 보는 것이다. 탕진잼은 큰돈은 아니지만, 자신이 번 돈을 가지고 재미로 돈을 다 탕진하는 것을 의미한다. 여기에 미래를 위한 현재의 희생이나 근검절약이라는 기성세대의 미덕은 설 자리가 없다. 소확행, 욜로족, 탕진잼의 언어에는 미래와 타인의 시선에 따라 살았던 기성세대의 삶의 방식과 가치에 '왜?'라는 질문을 던지면서, Z세대는 현재 자신의 삶에 자기 주도적인 삶의 의미를 부여한 것이다. 자신의 미래를 위해서 현재의 삶을 희생하지 않고, 남의 시선을 의식하여 자신의 행복을 포기하지 않는 세대의 삶의 방식이다.

162) 양성진, "요즘 애들을 위한 기독교교육의 방향"「신학과 세계」 제103호(2022), 515.
163) 위의 논문, 517.

대학생들은 교육을 받는 학생이다. 그러나 대학채플에서의 학생은 교육활동에 직접 참여하며, 심지어 그 내용을 구상하고 진행하도록 할 때 채플이 활성화되고, 선교적 교육적 효과를 극대화할 수 있다. 비기독교인이 대다수를 차지하는 채플교육의 현장에서 기독교적인 내용으로 일관하고, 기독교인 목사만이 마이크를 잡고 온통 그의 목소리로 한 시간을 채운다면, 그가 아무리 달변의 스피커라도 오래가지 못할 것이다. 그러므로 대학채플의 기획자들은 위에서 언급한 학생들의 성향을 잘 인지한 상태에서 그들이 단지 수동적인 교육의 수용자만이 아니라, 보다 적극적으로 참여하며 기여할 수 있도록 기회를 주고, 동기부여를 할 필요가 있다. 피교육자의 참여에 의한 교육이 모든 강의에서 필요하지만, 가장 절실히 필요하고 적용되어야 할 곳이 바로 대학채플의 장인 것이다.

2. 학부담임목사제도와 학부담임목사

백석대학교의 학원선교는 학부담임목사가 학부의 채플을 중심으로 그 학부를 담임하는 형식의 체계를 가지고 있다.

1) 학부담임목사제도

백석대학교는 학원선교를 위하여 설립되었다. 그래서 설립 초기부터 다른 기독교 대학들과 같이 '교목실 중심'의 학원선교 체제를 가지고 채플과 기독교과목 운영을 통해 학원복음화를 꾀했다. 그러나 백석대학이 종합대학이 되고 전공이 많아지면서 그 체제는 너무 획일적이고 공급자 중심이어서 다양한 학생들에 맞춘 효과적인 학원복음화 사역을 감당하기 어렵다고 판단되었다.[164] 그래서 보다 효율적이고 적극적이고 '수용자 중심의 학원선교'[165]의 패러다임을 추구하게 되었는데, 그것이 바로 '학부담임목사제도'이다.

164) 강인한, 『효과적인 대학예배전략과 청년대학생의 지도력 개발』, 178.

165) 대학선교에 있어서 '공급자 중심'이 아닌 '수용자 중심'으로의 전환 필요성과 그 내용에 대해서는 다음을 참조하라. 김광률외, "기독교 대학 복음화의 신학과 전략", 「대학과 선교」 13호 (2007): 3-5; 이동찬, "수용자 중심(CRM) 대학채플의 선교전략", 「진리논단」 21호 (2013): 205-226.

학부담임목사제도의 창안자인 허광재 목사는 이 제도가 “교목실을 각 학부별로 나누어 적합한 인원을 배당하여 ‘책임’ 전도할 수 있는 제도”166)라고 정의한다. 강인한은 이 개념을 보다 명확하게 정리했다. 즉, 학부담임목사제도는 ‘교목실 중심의 통일적 운영체제’가 아니라 ‘학부담임목사 중심의 다중독립체제’이다.167) 이 제도는 각 학부의 담임목사가 교목실의 한 구성원이면서 동시에 학부목회의 ‘책임자’가 되어서 같은 관심사와 성향을 지닌 학부 학생들의 특성과 수준에 맞추어 창의적인 목회전략을 수립하고 채플과 강의를 진행하고 그에 맞는 목회활동을 하는 진정한 의미의 ‘특성화 목회’를 하여 지속 가능한 선교성과를 내는 체제이다.168)

2) 학부담임목사 - 학부목회의 주체

학부담임목사는 목사 본인의 스타일을 고려하되 맡은 학부의 성격과 구성원에게 최적화된 이미지와 역할을 설정하고 그런 모습으로 목회를 할 필요가 있다. 이를테면 필자가 현재 맡고 있는 디자인영상학부의 학부목사는 다음과 같이 그 성격을 정의하고 포지셔닝을 할 수 있다. 디영 학부담임목사는 학생들을 위로하고 감싸주고 돕는 사람이다. 그러므로 그의 포지셔닝 이미지169)는 “웨이터

166) 허광재, “담임목사제도”, 『2001 백석학원 교수연수회』(천안: 백석학술원, 2001, 미간행자료), 83. 학부담임목사제도의 창안자인 허광재 목사는 이 글을 통하여 그 제도의 개념과 방식을 제안하여 그 기틀을 잡았다.

167) 강인한, 『효과적인 대학예배전략과 청년대학생의 지도력 개발』(천안: 킹앤킹덤, 2005), 178.

168) 이런 면에서 그 제도는 교목실로 하여금 그 구성원들이 셀프리더가 되도록 해서 공동체의 비전과 성과를 이루어내는, 언택트시대의 리더십으로 각광받는 ‘슈퍼리더십’의 형태를 가지게 되었다.

169) “포지셔닝(positioning)”이란 “경영학에서 마케팅 목표를 효과적으로 달성하기 위하여, 기업·제품·상표 등의 마케팅 대상이 잠재 고객들에게 긍정적으로 인식되도록 하는 일을 말한다.[네이버, 국어사전] 즉, 여기서 포지셔닝이라는 말은 ‘디영학부 학생들의 마음에 자리매김하고 싶은 학부담임목사의 모습’이다.

(Waiter) 목사"이다. 웨이터는 문자적으로 '기다리는 사람'이며, '서비스의 내용과 형식을 갖추고 고객을 섬겨서 성과를 내는 사람'이다. 디영학부 웨이터목사는 '기다리는 목사'로서 채플과 선교의 대상인 디영학부 학생을 위협하거나 통제하지 않고, 그들을 배려하고 그들의 필요를 반영하여 채플과 학부목회의 내용과 형식을 갖추고 서비스하여 선교적 성과를 가져오는 사람이다. 포지셔닝 이미지를 시각적으로도 형성하기 위하여 디영학부 담임목사는 채플과 학부의 주요 행사에 웨이터를 상징하는 '빨간 나비넥타이'를 착용한다.

디영학부 담임목사의 비전은 구령의 열정으로 디영학생들에게 영육 간의 필요를 채워주고 영적생명을 일깨우는 것이다. 먼저 육적인 차원에서 그는 기독교 신앙과 디자인 학문의 통합을 통한 채플, 수업, 목회운영한다. 그리고 바리스타 겸 웨이터로서 신선한 고급 핸드드립 커피로써 예비 디자이너들을 섬기고 그들에게 활기를 주는 사람이다. 디자인 전공학생들은 디자인 기능을 익혀 그 능력을 검증받아야 하는 학생이기 때문에 저학년 학생들은 과제전시회, 4학년 학생들은 졸업전시회를 준비해야 한다. 그 과정에서 학생들은 밤늦게까지 준비를 해야 하는 경우가 생긴다. 몸과 마음이 지치는 그 때에 커피선교는 의미가 있다. 영적인 차원에서 디영학부 담임목사는 결코 예수 그리스도의 십자가 복음을 소홀히 여기지 말아야 할 것이다. 전도대상자를 발굴하고 개인전도를 통해 결신하게 하며, 채플에서 모든 교수와 학생들 앞에서 믿음의 이유와 결단을 고백하게 하고 세례를 줄 것이다. 디영학부 담임목사는 학생들의 삶에 총체적으로 선한 영향력을 줄 수 있는 교수님들과의 관계도 소중하게 여겨야 할 것이다. 교수님들과의 좋은 관계를 통해서 그들 자신을 세우고, 그들을 대학채플과 학부목회의 좋은 파트너로 만들어 가야 할 것이다.

3.
대학채플의 주요 도우미들

1) 선교부장

선교부장은 학부담임목사를 도와 대학채플을 운영하는 도우미 학생들을 말한다. 선교부장을 줄여서 달리 선교부라고도 부른다. 이들 선교부장은 '채플의 도우미'이면서 동시에 '비전동아리'이다.

채플 도우미

대학채플의 도우미인 선교부는 학부담임목사를 도와서 채플이 원활하게 진행될 수 있도록 찬양과 환대와 출석체크의 역할을 한다.

대학채플의 찬양은 믿음의 내용을 알고 기도의 깊이를 체험하고 있는 교회의 성도들을 대상으로 하는 찬양과는 여러모로 달라야 한다. 왜냐하면 대학채플의 대상 때문이다. 그러므로 선교부 중에서 찬양을 담당한 팀에 대한 지속적인 교육이 필요하다. 채플의 찬양은 일반적으로 밝고 경쾌한 것이 좋다. 비기독교인이 대부분인 채플 참여 학생들은 어차피 찬양 자체에 대해 잘 모르기 때문에 가사보다는 음악의 색깔에 더 신경을 써야 한다. 채플은 수업이기 때문에 너무 무거운 톤보다는 밝고 경쾌한 톤을 선호하는 것이다. 그런데 찬양팀 학생들은 가사 말을 더 신경 쓰기 때문에 느리고 무거운 톤의 찬양을 선곡하는 경향이 많다. 조율이 필요한 대목이다.

대학채플의 환대는 꼭 필요한 활동이다. 찬양팀이 아닌 선교부는 학부담임목사와 함께 채플 시작 전에 미리 채플 문 앞에 나와서 학생들을 기쁜 모습으로 환영하고 반길 필요가 있다. 비기독교인 학생들 입장에서 보면 채플은 원치 않는 수업활동이다. 그래서 채플로 오는 그 발걸음이 결코 가볍지 못하다. 특히 시험이나 과제들이 겹쳐있는 때는 더욱 그러하다. 그런 학생들의 삶의 모습을 생각해 보면, 좀 지나치다 싶을 정도로 열렬하고 떠들썩한 환대도 지나치지 않다고 생각된다. 디자인영상학부 환대팀은 '환영합니다' '디영채플에 오신 여러분 사랑합니다' '어서 오세요, 디영채플입니다' 등과 같은 글귀가 씌인 화이트보드를 들고 환대를 하고 있다.

출석체크는 채플도우미인 선교부가 해야 할 가장 중요한 활동이며, 동시에 가장 주의해야 할 것이다. 워낙 대형강의이다 보니 채플교수인 학부담임목사가 직접 출석체크를 할 수 없기 때문에 그 역할을 선교부 학생들이 감당하게 된다. 그런데 여기서 문제가 발생할 수 있다. 선교부의 원래 목적은 앞에서 밝힌 대로, 학부담임목사와 함께 참여 학생들을 잘 도와서 대학채플의 원래목적인 선교와 교육이 잘 이루어지도록 하는 것이다. 그런데 채플시간 중에 출석체크표를 들고 학생들 사이를 다니면서 출석을 체크하는 것은 그것을 당하는 학생들 입장에서 그리 좋은 기분을 주기는 쉽지 않다. 그 과정에서 늦게 오거나, 잠을 자거나, 스마트폰을 보거나, 책을 보는 학생이 있다든지, 출석체크를 담당하는 선교부가 무례하다든지 하는 상황이 생기면, 학생들과 선교부 간에 갈등이 생기고, 대학채플에 대한 불만이 쌓이기 시작한다. 그렇기 때문에 출석체크를 하는 선교부에 대한 교육도 소홀히 할 수 없다. 선교부는 섬김이이기 때문에 늘 공손하고, 친절해야 한다. 학생을 고객으로 생각하고 그들의 입장에서 최대한 배려해야 한다. 무엇보다도 대학채플은 전도를 위한 영적활동이므로 늘 기도하는 마음으로 봉사해야 한다.

비전동아리

선교부의 딜레마는 선교부가 전도를 못한다는 사실이다. 선교부의 대부분은 현재 교회를 잘 다니고 있으며 찬양과 기도의 중요성에 대해 잘 알고 있으며, 그리고 성경에 대한 지식도 어느 정도 갖추고 있다. 그런데 전도를 못한다. 새로운 학생들을 사귀고 그들에게 복음을 전하며 세례로 초청하는 것이 거의 불가능하다. 그들은 그저 같이 믿는 학생들끼리 만나고 함께 찬양하고 어울리는 것에 익숙할 뿐이다.

그래서 필요한 것이 '삶을 통한 전도' 곧 '비전동아리' 활동이다. 비전동아리는 하나님 앞에서 자기의 비전 - 구체적으로 졸업 후에 어느 회사에서 무슨 일을 하면서 어떻게 행복할 것인지에 대한 그림 - 을 만들고, 그 그림을 현실화하기 위하여 구체적인 전략과 계획들을 세우고 실천하도록 하는 것이다. 자세한 내용은 15장의 '비전 중심의 기독교인의 자기 경영 프로그램'을 참조하라. 선교부의 정기모임은 함께하는 경건회와 대학채플에 대한 평가와 준비 외에, 비전동아리 활동을 함께하도록 한다. 비전동아리는 기독교인의 자기경영 프로그램을 따라서 자기비전을 중심으로 PPT를 만드는 것으로부터 시작한다. 거기에는 나의 비전, 내 비전탐색의 과정, 내 비전의 현장, 비전을 위한 실천계획, 나의 사명선언문 등으로 구성된다. 매해 1학기 초에는 모든 선교부 학생들에게 비전

PPT를 작성하게 한다. 상당한 양의 상금을 걸고 시상도 한다. 새내기 중에서 1명, 재학생들 중에서 1명. 수상한 학생들은 채플시간에 자기 비전 PPT를 발표할 수 있는 시간을 주어서, 비전 중심으로 규모 있고 짜임새있는 대학생활을 하는 선교부에 대한 직간접 홍보를 한다. 그리고 실제 비전준비는 선교부 활동을 통해서 한다. 선교부 수련회 등을 통해 자기 비전소개의 시간을 가지고, 비전이 비슷한 사람들끼리 묶어 주어서 한 학기 동안 자체 비전동아리를 만들도록 한다. 그리고 그 활동이 어떠했는지를 기말 선교부 수련회나 마지막 선교부 정모 파티에서 팀별로 잘된 점과 시정할 점을 보고하게 해서 비전동아리 모임에 환류 체계가 만들어지도록 한다. 이러한 비전동아리의 목적은 기독교인 학생인 선교부의 방향성 있는 학교생활을 돕는 것이며, 그러한 삶을 통해 비기독교인들에게 좋은 영향을 미쳐 삶을 통한 전도가 가능하게 하는 것이다.

2) 교목실 행정직원

교목실 직원은 학부담임목를 보조하면서 대학채플이 원활하게 운영될 수 있도록 돕는 사람들이다. 먼저 교목실 직원은 '행정업무'의 전문성과 친절성이 요구된다. 학생들의 민원이 제기되었을 때, 행정직원들은 망설임 없이 그 해결책을 제시하는 전문성이 있어야 하므로 정규적인 행정교육은 반드시 해야 할 내용이다. 그리고 행정교육만큼 중요한 교육은 '응대교육'이다. 행정직원들이 해야 할 일중에서 가장 많고 중요한 것은 특정 불만에 사로잡혀 거친 태도로 항의하는 학생들을 끝까지 친절하게 응대하는 것이다. 채플에 참여하는 학생은 학점을 받아야 하는 학생일 뿐만 아니라, 복음을 전해야 하는 천하보다 중요한 영혼이기 때문에 그들이 계속 불만을 품고 화나게 하지 않도록 해야 한다. 그래야만 채플을 통한 복음화가 거시적으로 이루어질 수 있기 때문이다. 그러나 대부분의 민원과 문제는 학생들의 과실에서 비롯되는 것이기에 그것을 끝까지 참고 받아주기 위해서 정기적으로 특별한 훈련과 소명감 교육이 필요하다. 그렇다, 학부담임목사만이 학부채플에 대한 비전과 믿음이 필요한 것이 아니라 행정을 책임진 직원들도 동일한 비전과 믿음을 가지고 함께 기도하면서 그 사명을 감당할 때. 비로소 대학채플을 통한 선교와 교육의 열매들을 기대할 수 있을 것이다.

3) 학생회와 전공임원, 그리고 동아리들

학생회와 전공임원은 학부 내에 있는 대표적인 학생들의 자치 조직이다. 그렇기 때문에 학부담임목사는 그들의 모임과 활동에 관심을 가지고 지켜보고 필요하면 도움을 아끼지 말아야 한다. 이들과 좋은 관계를 형성하면 관계전도가 쉬워진다. 이들 중에서 전도성경공부 대상자들이 많이 나오고, 이들의 추천으로 세례 후보자들도 많이 받을 수 있다. 동시에 이들은 대학채플의 여러 가지 프로그램을 구상하고 실행하는 데 있어서 선교부만큼이나 중요한 역할을 할 수 있다. 이를테면 선교부의 숫자가 적어서 환대나 출석체크를 할 사람이 부족했을 때 학생회 임원들이 그 빈자리를 채워주었다. 새내기 환영채플 준비하는 과정에서 새내기의 숫자에 맞춘 축하 송이꽃 300개를 만들 때, 장미를 손질하고 비닐종이에 싸서 장식끈으로 묶는 작업은 손이 많이 가고 시간이 오래 걸리는 작업이었다. 그 노란 송이꽃 만드는 것과 채플에서 새내기들에게 나눠주는 것까지 학생회와 전공임원의 도움을 받았다. 대학채플의 헌신채플을 할 때도 학생회와 전공임원들을 중심으로 진행하면 비교적 안전하고 효과적으로 운영할 수 있다.

4) 학부의 전공 교수님들

대학의 전공 교수님들이 학생들에게 미칠 수 있는 영향력은 한마디로 지대하다고 말할 수 있다. 그러므로 대학채플이 그 교수님들의 관심과 협력을 끌어낼 수 있다면 학원복음화 사역에 날개를 다는 것과 같을 것이다. 그러나 그 전공 교수님들의 삶이 결코 녹녹치 않다. 대학평가의 중요한 기준으로 '취업률'이 포함됨으로써 전공 교수님들은 학생들의 취업준비와 유지의 책임도 지게 되어서 안 그래도 비교과활동 등 복잡하고 바쁜 업무가 더 힘들고 고단하게 되었다. 동시에 학령인구의 감소에 따라서 입학생이 줄어들고 전공의 규모가 줄면서 전공 교수님들의 상황이 더 열악해졌다. 이런 상황에서 매주 학부채플에 와서 기도순서를 맡아 감당하는 것만으로도 벅찬데, 기독교 학교 학원복음화의 정당성을 강조하면서 '더'라고 말한다면 교수님들로부터 실제적인 협력을 끌어내기가 어려울 것이다.

상생의 전략이 필요하다. 이를테면 전체 학부학생들이 참여하는 대학채플에서 각 전공에서 하는 주요 행사나 실적 등을 늦지 않게 홍보해 주면 교수님들을 잘 도와주는 것이다. 디자인영상학부로 예를 들면, 전공 재학생들의 과제전이나, 졸업 준비생들의 졸업전시회와 같은 것은 전공의 가장 중요한 행사이기 때문에, 그 오프닝 행사들을 적극 채플로 유입해서 다양한 토크쇼 형식으로 행사의 취지나 주제, 특이점 등을 소개하고, 특히 주제와 관련해서는 성경적인 차원에서 재해석하고 적용해 주면서 각 전공과 그 학생들이 하는 학과활동에 기독교적인 의미를 입혀주는 작업을 할 수 있다.

그리고 전공 헌신채플 등을 통해서 전공과 교수님들에 대해 포괄적으로 홍보할 수 있는 시간을 가질 수 있게 한다면, 각 전공과 그 학생을 돕는 것뿐만 아니라, 대학채플에 대한 호감도 올리고, 선교적 유익도 얻을 수 있을 것이다.

7장

대학채플과
학부담임목사제도

1.
대학채플과 학부담임목사제도170)

대학채플은 '전도'와 '성경적인 삶'을 가르치는 기독교 교양과목의 하나이다. '전도와 삶'에 관한 것은 복합적이고 윤리적이며, 세계관의 변화를 요하는 것이므로 학부담임목사제도 하에서 이루어지는 것이 가장 효과적이다. 이 제도는 유사하고 서로 관련된 전공으로 구성된 학부마다 담당 담임목사를 두고, 그가 학부목회의 '책임자'가 되어서 같은 관심사와 성향을 지닌 학부 학생들의 특성과 수준에 맞추어 창의적인 목회전략을 수립하고 채플과 강의를 진행하고 그에 맞는 목회활동을 하는 진정한 의미의 '특성화 목회'를 하여 지속가능한 선교성과를 내는 체제를 말한다.

먼저, 대학채플이 '성경적인 삶'에 대한 교육을 할 때, 학부를 담임하는 목사가 직접하는 것이 훨씬 효과적이다. 성경적인 삶은 개인이 자존감을 회복하고 공동체인 자기 자신과 이웃을 사랑하고 하나님과 주변환경을 사랑하며, 하나님 나라와 세상에 기여하며 사는 삶이다. 대학채플의 메시지만으로는 그런 삶을 실제로 보여주고 경험하게 하는 것에는 한계가 있을 수밖에 없다. 삶의 교육은

170) 이동찬, "백석대학교의 선교적 브랜드인 '학부담임목사제도'에 대한 평가와 전망", 「생명과 말씀」 29권 (2021), 224-257.

삶 속에서 이루어져야 한다. 학부담임목사는 개인적으로 학생들을 상담하면서 혹은 성경공부를 같이 하면서 '나는 소중하고 의미 있는 사람'이라는 사실을 일깨워줄 수 있다. 그리고 학생들의 과제전이나 졸업전시회 등 대학생의 가장 힘들고 또 의미 있는 생활의 현장에 함께 있음으로 그들을 위로하고 격려한다. 그리고 채플의 메시지 혹은 여러 활동을 중심으로 더불어 사는 공동체의 삶에 대한 교육을 할 수 있다.

학부담임목회를 통해 '삶의 교육'이 선행되었을 때, 대학채플이 '전도'를 교육하고 실제로 전도하려고 할 때, '전도'는 자연스럽고 쉬워진다. 대학생활의 중요한 시간과 장소에 함께 있어 주고, 다양한 학부목회활동을 통해서 학생들의 마음을 열고, 그들로부터 '우리 목사님'이라는 칭호를 얻을 때, 세계관의 변화를 가져오는 '전도'의 문이 열리는 것이다. 단지 목사가 말을 통해서만 하는 채플전도는 회개와 회심을 기대하기 어렵다. 오히려 상대적으로 대다수를 구성하는 비기독교인 학생들로부터 '종교강요' 혹은 '인권침해'라는 공격을 받을 수밖에 없는 것이 지금 사회적 분위기이다. 그러나 삶을 통해서 '우리 목사님'이 된 학부담임목사는 복음을 직접적으로 전도할 수 있고 또 자연스럽게 성과도 이룰 수 있다. 학부담임목사는 대학채플에서 복음설교를 하거나 강사들을 통한 신앙 간증으로 예수 그리스도의 십자가 복음을 다양하게 전한다. 그리고 대학채플 시간과 장소 이외에서 학생들을 개인적으로 접촉해서 성경을 직접 가르침으로써 회개와 회심으로 이끌 수 있다. 그리고 다시 회심한 학생을 대학채플의 현장으로 데리고 와서 본인이 무엇을 왜 믿게 되었는지를 고백하게 하고 세례를 받게 할 수 있다. 그 과정에서 지속가능하며 선순환적인 학부 전도가 이루어진다.

학부담임목사제도는 학부신앙공동체를 이루게 하고 대학채플을 보다 효과적이도록 하여 통전적인 학부선교를 가능케 하는 백석대학교의 선교적 브랜드이다. 이제 이 제도의 더 나은 성숙과 발전을 위한 현실진단과 과제발견 그리고 대안을 생각해 본다.

2. 백석대학교의 학부담임목사제도의 특징과 역사

1) 학부담임목사제도의 특징 - '담임목회, 책임목회'

학부담임목사제도는 "교목실을 각 학부별로 나누어 적합한 인원을 배당하여 '책임' 전도할 수 있는 제도"171)이다. 이것은 '교목실 중심의 통일적 운영체제'가 아니라 '학부담임목사 중심의 다중독립체제'이다.172) 이 제도는 각 학부의 담임목사가 교목실의 한 구성원이면서 동시에 학부목회의 '책임자'가 되어서 학원복음화의 대상인 그 학부 학생들의 특성과 수준에 맞추어 창의적인 목회전략을 수립하고 채플과 강의를 진행하고 그에 맞는 목회활동을 하는 진정한 의미의 '특성화 목회'를 하여 지속가능한 선교성과를 내는 체제이다.173)

학부담임목사제도는 '학부담임목사'가 '학부목회'를 하는 체계이다. 먼저, 학생을 대상으로 학부목회는 채플과 기독교교양 강의,

171) 허광재, "담임목사제도", 『2001 백석학원 교수연수회』(천안: 백석학술원, 2001, 미간행자료), 83. 학부담임목사제도의 창안자인 허광재 목사는 이 글을 통하여 그 제도의 개념과 방식을 제안하여 그 기틀을 잡았다.

172) 강인한, 『효과적인 대학예배전략과 청년대학생의 지도력 개발』(천안: 킹앤킹덤, 2005), 178.

173) 이런 면에서 그 제도는 교목실로 하여금 그 구성원들이 셀프리더가 되도록 해서 공동체의 비전과 성과를 이루어내는, 언택트시대의 리더십으로 각광받는 '슈퍼리더십'의 형태를 가지게 되었다.

신앙상담과 진로지도 및 심방 등을 통해 통합적인 선교를 하는 것이다. 둘째로 교직원을 대상으로 학부목회는 QT와 개별 상담 등을 하고, 그들을 학부선교의 동역자로 만드는 것이다. 셋째로 학부행사와 프로그램에 학부목회는 기도나 예배로 시작하고, 기독교적인 의미를 부여하는 것이다.[174] 정리하면, 학부목회는 학부담임목사가 학부의 학생과 교직원 그리고 학부의 모든 활동을 대상으로 '선교적 인프라'를 구성하고 '기독교적 학부공동체 문화'를 만드는 모든 활동으로 볼 수 있다.

2) 학부담임목사제도의 역사

백석대학교의 학부담임목사제도는 2000년 2학기부터 지금까지 이어져 왔으며, 그 흐름으로 보아 아래와 같이 세 번의 시기로 나누어 볼 수 있다.

(1) 설립 초기(1983년~1999년): 교목실 중심의 단일 - 통합 운영체계

백석대학교는 학원선교를 위하여 설립되었다. 그래서 설립 초기부터 다른 기독교 대학들과 같이 '교목실 중심'의 학원선교 체제를 가지고 채플과 기독교과목 운영을 통해 학원복음화를 꾀했다. 그러나 백석대학이 종합대학이 되고 전공이 많아지면서 그 체제는 너무 획일적이고 공급자 중심이어서 다양한 학생들에 맞춘 효과적인 학원복음화 사역을 감당하기 어렵다고 판단되었다.[175] 그래서

174) 허광재, "담임목사제도", 『2001 백석학원 교수연수회』, 83-86.
175) 강인한, 『효과적인 대학예배전략과 청년대학생의 지도력 개발』, 178.

보다 효율적이고 적극적이고 '수용자 중심의 학원선교'176)의 패러다임을 추구하게 되었는데, 그것이 바로 '학부담임목사제도'이다.

(2) 학부담임목사제도 1기 - 정착단계(2000년~2009년)

10년 사역의 결과로 백석대학교는, 물론 여러 모로 부족하지만, 모든 기독교 대학이 바라는 일종의 '지속가능한 학원선교의 모델'을 만들어 냈다. 그것은 각 학부 단위로 '선교적 인프라'를 구축하고, '기독교적 학부 공동체 문화'를 만들어 채플과 기독교 강의의 현장으로 적용한 것이다. 이것은 '무형의 자원'이지만, '지속가능한 성과를 내는 학원선교'라는 면에서는 가장 바람직한 것'이라고 말할 수 있다.177) 그 결과 채플의 학생만족도가 늘어났고, 채플이 활성화되었다.178) 영적 생명살리기 차원에서 전도와 세례의 사례가 현격하게 늘어났다. 그로서 '학부담임목사제'는 학원선교에 있어서 가장 획기적이면서도 지속가능한 학원선교의 패러다임으로서의 가능성을 보여주었고, 백석학원의 선교적 대명사, 곧 백석학원의 '브랜드'가 되었다.

176) 대학선교에 있어서 '공급자 중심'이 아닌 '수용자 중심'으로의 전환 필요성과 그 내용에 대해서는 다음을 참조하라. 김광률외, "기독교 대학 복음화의 신학과 전략", 「대학과 선교」 13호 (2007): 3-5; 이동찬, "수용자 중심(CRM) 대학채플의 선교전략", 「진리논단」 21호 (2013): 205-226.

177) '지속가능한 학원복음화의 전략'에 대한 많은 연구는 '개인전도와 기독교이해 강의' 외에도, 반드시 '선교적 인프라 구성이 필요하다'는 공통된 주장한다. 조용훈, 최영근, "기독교 대학 학원복음화 전략을 위한 한 연구", 「대학과 선교」 28호 (2015): 7-40. 최영근, "학원복음화 위기 극복을 위한 기독교 대학 선교의 신학과 효율적 방안", 「대학과 선교」 26호 (2014): 37-71. 박정세, "학원선교 진작에 대한 장기적 대안 고찰 - '전공별 신앙지도교수 모임을 중심으로", 「대학과 선교」 10호 (2006): 60-71.

178) 강인한, 『효과적인 대학예배전략과 청년대학생의 지도력 개발』, 178-183.

선교적 인프라 구축

학부목회에서 '선교적 인프라'는 '학부선교의 기반을 위한 중요한 체계나 관계구조'를 말한다.[179] 쉽게 말해서 선교적 인프라 구성은 학부담임목사가 학부의 교수와 학생들과 좋은 *관계*를 맺어서 특히 비기독교인 학생들에게도 '우리 목사님'으로 불리도록 하여 관계전도를 원활하게 하는 학부의 관계망 형성을 말한다. 그것은 학생[180]과 교직원[181] 그리고 학부목회를 지원하는 목회행정[182]의 차원에서 만들어지며, 학생과 교수직원을 선교의 동역자로 세우는 체계이다.

기독교적 학부공동체문화 형성[183]

'기독교적 학부공동체문화' 형성은 '기독교적 학부문화'와 '기독교적 공동체'의 형성을 함께 의미한다. '기독교적 학부문화'란 학부의 환경에서 '기독교 정신을 실현하고자 1) 학생들을 교육하고 생활하게 하는 생활양식과 2) 그 과정에서 이룩하여낸 모든 것을 이

179) '인프라'라는 말은 "생산이나 생활의 기반을 형성하는 중요한 구조물"이다[표준국어대사전].

180) 기독교인 학생 대상으로는 삶을 통한 선교 차원의 '기독교적 셀프리더십' 프로그램[이것에 대해서는 다음을 참조하라. 이동찬, "대학선교를 위한 직업비전 중심의 기독교적 셀프리더십" 「선교와 신학」 46집 (2018): 41-69.] 비기독교인 대상으로는 상담과 심방, 학생들의 행사 지원과 방문 등의 활동.

181) 교직원대상 목회활동은 교직원QT, 신앙상담. 경조사 참여 등이 있다.

182) 목회행정 차원에서는 학부목회지원 선교간사 1인, 학부담임목사 연구실의 학부교수 근접배치 등.

183) '기독교적 공동체문화형성'이 대학선교에서 필요하고 중요하다는 주장을 하는 연구는 다음과 같다. 김영한, "새 천년을 향한 대학문화와 학원선교", 「대학과 선교」 2호 (2000): 62-98; 정종훈, "기독교 대학을 활성화하기 위한 교목의 역할", 「대학과 선교」 6호 (2004): 105-144; 박양식, "기독교 문화와 대학선교, 대두하는 문화 속의 대학선교", 「대학과 선교」 9호 (2005): 11-26; 김영한, "한국기독교문화 형성에 관한 소고", 「대학과 선교」 9호 (2005): 107-144; 김경철, "현대사회 문화에서의 기독교문화의 정립을 위한 연구", 「대학과 선교」 11호 (2006): 19-28.

르는 말'이라고 할 수 있다.[184] 즉, 기독교적 학부문화형성은 학부생활을 기독교적인 환경으로 만들어 호흡하고 생활하게 하는 것이다.[185] 보다 근본적인 기독교문화 형성을 위한 노력은 '신앙과 학문의 통합'을 통해 이루어진다. 학부담임목사는 학생들의 전공과 그들이 처한 현실을 기독교적으로 이해하고 해석하고 또한 적용해서, 의미를 부여하는 모습으로 기독교적 학부문화를 만들어 간다. 이것은 기독교 강의에서 나타나며, 특히 채플에 적용될 때 한층 역동적이고 풍부해진다.[186] '기독교적 학부공동체 형성'은 학부선교와 대학교육에서 매우 중요한 내용이다.[187] 포스트모더니즘의 영향으로 개인화되고 파편화된 현대는 '공동체'를 갈망한다. 백석학원은 인프라 차원에서 대형채플 건물들과 학부단위의 채플과 기독교교양수업, 그리고 기독교인 교수와 직원, 무엇보다도 학부의 모든 구성원과 활동을 신앙으로 묶어주는 학부담임목사의 '학부목회'가 있어서 자연스럽게 '기독교적 학부공동체' 형성이 가능하다.[188]

184) '문화'란 "일정한 이상을 실현하고자 사회 구성원들이 습득, 공유, 전달해온 생활양식의 과정 및 그 과정에서 이룩하여 낸 물질적 · 정신적 소득"을 말한다[표준대국어사전].

185) 이를테면 학부채플에 모든 학생들뿐만 아니라 모든 교수들이 함께 참여하는 채플문화, 학부의 주요한 모든 행사에 기도나 예배로 시작하는 행사문화, 각종 봉사활동에 기독교적 의미를 부여하는 봉사문화 등이 있다.

186) 이 같은 맥락의 연구는 다음을 참조하라. 이동찬, "신앙과 학문의 통합을 통한 대학채플목회의 한 모델 연구", 「대학과 선교」 33집 (2017): 91-120. 이 연구는 'AI와 로봇'이 사회적으로 각광을 받고 있을 때, 한 학기 채플의 주제를 "AI시대의 로봇 서비스와 차별화되는 관광인의 서비스(섬김)"로 잡고, 다양한 맥락에서 기독교(섬김)와 관광학문(서비스)의 대화와 통합을 시도한 실증적 연구이다.

187) 김영한도 새천년을 향한 학원선교가 "열리고 인격적인 대화가 있는 신앙 공동체 형성"에서 가능하다고 주장했다. 김영한, "새 천년을 향한 대학문화와 학원선교", 「대학과 선교」 2호 (2000): 87.

188) 이것은 김선일이 주장한 "오늘날 공동체적 위기의 상황에서 복음적 응답이자 새로운 사역의 모델로서 선교적 공동체"의 일환으로 이해될 수 있을 것이다. 김선일, "개혁주의생명신학과 선교적 공동체", 「생명과 말씀」 제28권 (2020), 49-82.

'지속가능한 학부선교'의 성과 담보

학원선교가 지향해야 하는 목표는 '지속가능한 성과가 있는 복음전도'라고 할 수 있을 것이다. 학부담임목사의 학부목회가 만든 학부의 선교적 인프라와 기독교적 학부공동체 문화는 결과적으로 학부전도와 채플세례를 쉽게 그리고 지속가능한 어떤 것으로 만들 수 있는 효과적인 수단이다.[189] 전체적으로 말해서 학부담임목사제도는 미션대학을 진정한 의미에서의 기독교 대학으로 이끄는 데 가장 중요한 역할을 하는 체계라고 말해도 좋을 것이다.

(3) 학부담임목사제도 2기 - 확립과 분란 단계(2010~2017)

학부담임목사제도 2기에 들어서면서 학부담임목사들은 각자의 기질과 특성에 따라서 학부목회 즉, 선교인프라 구성과 기독교적 학부공동체형성 차원에서 풍부하고 다양한 성과들을 만들어냈다. 그리고 그것이 시너지가 되어서 선교적 성과도 늘어났다. 2010년에 채플 세례자의 수가 130명이 되었고, 2016년에는 207명으로 최고 정점을 찍었다. 이것은 교목실을 중심으로 채플세례식을 거행하는 전국 약 11개 기독교 대학 중에서도 단연 으뜸이라고 할 수 있었다.[190]

그러나 학부담임목사제도가 정착되고 그 성과가 두드러지게 나

189) '학부목회'가 만든 '선교인프라'와 '학부공동체문화' 속에서 이루어지는 전도와 세례는 언택트 시대에도 효과를 발휘한다. 이와 관련된 연구는 다음을 참조하라. 이동찬, "언택트 시대에서의 대학복음전도의 한 모델에 관한 연구"「선교와 신학」제53집 (2021): 167-194. 사범학부 담임목사였던 이동수의 역동적인 세례사역도 기본적으로 '학부목회'에 기반한 것이다. 이동수, "개혁주의생명신학 실천을 위한 사범학부 세례 사례연구"「생명과 말씀」제16권 (2016), 135-157.

190) 이동찬·최현정, "대학채플의 만족도와 복음화율을 높이는 세례식에 관한 연구",「대학과 선교」제24집 (2013): 49.

타나는 이 시기에 이 제도를 무색하게 하고 마침내 붕괴시키는 요인들이 나타났다. 그 대표적인 요인들은 순환목회제, 소단위 채플 분할, 그리고 학부담임목사의 Two Track 분할 등을 꼽을 수 있다. 우선은 '순환목회제도'이다. 학부담임목사제도는 기본적으로 학부담임목사가담당학부를 책임지도록 하는 제도이다. 그 책임은 물론 '끝까지'이다. 그런데 교목실이 정한 '4년 순환제' 때문에 학부담임목사들은 4년마다 학부를 바꾸어야 했다. 이것은 결과적으로 학부목회에 큰 손실을 가져왔다. 학부담임목사가 관계를 통해 구성하고 형성한 선교인프라와 학부공동체가 와해되거나 그 색이 바래졌고, 순환된 목사가 새로운 다시 시도해야만 했다.

둘째는 '소단위의 채플분할'이다. 채플교육 집중효과를 올리고 학교공간을 활용한다는 사유로 학부채플이 분할되었다. 그러나 학부채플은 전 학부의 학생들과 교수들이 함께 한자리에 할 때 그 시너지가 최대화된다. 하나의 채플에서 목회력이 분산되지 않고 집중이 되며, 기독교적 학부공동체형성의 여지가 가장 크다. 학부행정과 학생활동 차원에서도 단일채플이 좋다. 광고나 교육 등 채플을 활용할 여지가 더 크기 때문이다.[191]

셋째는 '학부담임목사의 Two Track 분할'이다. 제도가 무르익기 시작한 시점인 2010년 9월에 학부담임목사제도의 비효율성과, 담임목사들의 매너리즘을 이유로 소위 'Two Track'[192]이 제안되었다.

191) 채플운영에 관한 또 다른 쟁점은 학부채플은 기독교인 학생과 비기독교인 학생이 함께하는 '혼합채플'이냐 아니면 '구분채플'이냐 하는 점이다. 지난 20년 동안 여러 차례 이 점에 대한 논의들이 있었지만, 결과적으로는 백석대 채플은 '혼합채플'이 더 유익이 많다고 판단했다. 비기독교인 만의 채플은 애초에 성립불가이다. 기독교에 무관심하고 채플이 불편한 학생들을 따로 모아서 채플하는 것은 아무리 종교적 색채를 빼더라도 호감을 줄 수 없고 오히려 그 때문에 채플이 그 정체성을 잃고 대형 교양수업으로 전락할 뿐이다. 혼합채플은 양자와 더불어 기독교인 교수들이 함께하는 일종의 수업이면서 동시에 기독교 문화의 마당이며, 그로써 자연스럽게 기독교 문화를 호흡하며 학부공동체가 만들어지는 장이 된다.

192) 이것은 학부 담임목사들을 '채플전담 목사'와 '강의전담목사'로 둘로 구분하여 복음화를 전문화한다는 것으로써, 사실상 학부담임목사제도를 폐지하자는 견해이다.

그러나 그때의 이 제안은 거부되었고 학부담임목사제도는 그 분란 속에서도 성숙의 길을 걷기 시작했다.

(4) 학부담임목사제도의 단절 - '특성화 목회'의 시도(2018~2019)

특성화 목회의 출범

2017년 10월 25일(수) 학부담임목사들을 채플담당과 기독교인성 강의담당으로 양분하는 'Two Track'에 대한 언급이 제기되었다 "학생들의 눈높이를 맞추고 복음화 효율을 높이기 위해 학부채플을 폐지하고, '특성화채플'로 간다"는 것이 그 내용이었다. 결과적으로 2018년에서 2019년까지 학부단위의 학부채플이 폐지되고, 영어예배, 영화예배, 인문학예배, 구도자예배, 전통예배 등의 이름으로 '특화 예배'가 진행되었다. 물론 이때도 '학부담임목사'라는 이름은 존재했었다. 그러나 그들은 여러 개의 채플을 운영했고, 여러 개 학부의 선교부를 함께 관리하느라 정작 학부담임목사제도의 핵심인 '학부목회'에는 집중하지 못하였다. 엄밀한 의미에서 특성화 목회의 시도기간은 '학부담임목사제도'의 단절기간이라고 표현해야 옳다.

특성화 목회의 의의

특성화 목회는 새로운 시도였고, 정량적 자료를 통해 볼 때, '전도와 세례', 그리고 '채플만족'이라는 측면에서 그리 나쁘지 않은 결과를 보였다. 그러나 원래 의도했던 대로 학부담임목사체제 때 보다 '높은 복음화 효율'을 가져오지는 못했다고 할 수 있다.

〈백석대학교 연도별 세례자 추이〉* 백석대 교목실자료

연도	98	99	00	01	02	06	07	08	09	10
세례	19	12	9	7	16	32	61	50	95	130
연도	11	12	13	14	15	16	17	18	19	20
세례	169	192	163	173	176	207	160	125	163	36

〈백석대학교 채플 불만족도[193] 비교 2016~2020년〉 * 백석대 교목실자료

항목	16-1	16-2	17-1	17-2	18-1	18-2	19-1	19-2	20-1	20-2
10. 목사설교	11.6	11.3	13.5	12.8	14.73	11.68	13.18	11.84	5.73	5.59
11. 기독교이해	14.9	15.0	16.7	20.04	15.83	12.99	13.43	12.76	5.77	5.65
12. 인성변화	16.0	16.1	17.7	20.4	17.31	14.50	15.35	13.53	9.50	7.45
13. 운영만족	11.7	11.5	12.6	15.0	16.13	12.91	14.19	11.95	5.13	4.95
10~13 평균	13.6	13.5	15.1	17.1	16.0	13.0	14.0	12.5	6.53	5.91
14. 채플만족					16.42	13.04	14.15	11.44	5.67	5.26
15. 추천희망					18.35	13.01	16.71	11.88	7.73	6.84

다만 정성적 차원에서 볼 때, 백석대학교의 학원선교는 그 기간 동안 '학부목회'에서 선교적 인프라, 기독교적 학부공동체 문화 형성이라는 면에서 오히려 큰 상실과 단절을 경험하였다. 먼저, 선교 인프라 차원에서 학부담임목사와 그의 학부목회가 사라짐으로 인해 선교적 인프라 구성의 동력을 잃게 되었다. 학부 선교부의 숫자와 활동이 현저하게 떨어졌다. 학생회 등 학생조직과의 연대도 거의 사라졌고, 학부 교직원들과의 선교적 유대도 느슨해졌다. 기독교적 학부공동체 문화 차원에서도 학부목회가 사라짐으로써 풍부하고 깊이 있는 기독교적 학부공동체 문화 형성이 어렵게 되었다.

193) 만족도의 선택지 5개 중에서 '4번 그렇지 않다'와 '5번 전혀 그렇지 않다'에 표기한 표본의 %.

(5) 학부담임목사제도 3기 - 회귀와 새로운 도약을 위한 준비(2020년~현재)

백석대학교의 교목실 목사들을 채플전담과 강의전담으로 이원화했던 특성화 채플의 체제가 2020년 1학기부터 다시 학부담임목사제도로 회귀했다. 그러나 학교의 재정난과 각종 대외평가 그리고 코로나로 인한 비대면 상황이 계속되면서 학부담임목사제도는 다시금 위기에 처해있다. 이제 '학부담임목사제도'를 개선하고 완성하는 노력이 필요한 시점이다. 그것을 위하여 전문가 집단을 대상으로 하는 다음과 같은 실증적 연구가 필요했다.

2.
학부담임목회제도의 현실진단과 방향모색을 위한 실증적 연구

1) 연구설계

이 '연구의 목적'은 학부담임목사 유경험자 집단에 대한 개방형 설문조사와 심층면접을 통해서, 2021년 현재 학부담임목사제도의 환경을 분석하고 '학부담임목사제도의 개선과 완성을 위한 대안'을 마련하는 것이다. 이 연구가 취한 방법론은 전문가집단에 대한 질적연구이다.[194] 우리 연구의 주제인 학부담임목사제도는 백석대학교만의 독특한 선교체제이며, 그와 관련된 정립된 이론과 자료가 많지 않기 때문에, 설문지 기반의 심층면접 방식으로 진행되는 이런 질적연구가 필요하다.[195] 설문지는 기명식 개방형으로 아래와 같이 구성되었다.

194) 질적연구의 표본 및 방법론에 대해서는 다음의 연구를 참조하라. 김동준외, "코로나팬더믹 이후 관광산업 발전방안 연구", 「호텔관광학연구」 제29집 (2020): 129-44; 심순철·최현정, "식용견 문화의 변화와 진화론적 고찰", *Culinary Science & Hospitality Research* 24 (2018, 1): 122-129; 이동찬, "언택트 시대에서의 대학복음전도의 한 모델에 관한 연구", 「선교와 신학」 제53집 (2021): 167-194.

195) "질적연구는 알려진 것이 거의 없거나 새로운 이해를 얻기 위해 많은 것을 알아야 하는 실제적 분야를 탐색하는 데 사용될 수 있다." 안셀름 스트라우스 외/신경림 옮김, 『질적연구, 근거이론의 단계』(서울: 현문사, 2001), 10.

〈학부담임목사제도에 대한 개방형 설문지의 구성〉

요인	세부 문항
0. 인구통계적 질문	이름, 학부담임목회 경력
1. 차이점 분석	학부담임목사제도와 교목실중심제도의 차이점
2. SWOT 분석	학부담임목사제도의 SWOT분석
3. 개선점과 할 일	SWOT 분석의 결과 개선점과 할 일
4. 교목실이 할 일	2026년 백석학원 선교희년을 위해 교목실이 할 일

〈응답자 분석〉196)

응답자		경력	응답자		경력	응답자		경력
1	A	22년	5	E	19년	9	I	13년
2	B	14년	6	F	14년	10	J	9년
3	C	19년	7	G	14년	11	K	6년
4	D	9년	8	H	13년	12	L	12년

2) 자료수집과 분석

이 연구는 백석대학교 학부담임목사의 경험이 풍부한 12명의 전문가 집단을 대상으로 한 것이다. 응답자들은 학부담임목사의 평균 경력이 13.6년으로서 학부담임목사제도의 흐름과 내용에 대해서 누구보다도 잘 아는 전문가들이다. 기명식 개방형 설문지197)가 카카오톡을 통하여 2021년 2월 5일 분배되었고, 2월 10일까지 수

196) 응답자는 ABC로 칭하기로 하며, 각 의견내용 마다 응답자들을 그 기호로 표기해서 의견의 빈도수와 출처를 밝히도록 한다.

197) 일반적으로 소수를 대상으로 하는 질적연구는 전화 등을 통한 '심층상담'으로 이루어지지만, 본 연구는 응답자들의 응답내용을 요약 정리하는 과정에서의 내용변경의 여지를 최소화하기 위해서 응답자들이 자신의 입장을 직접 요약 정리하는 '기명식 개방형 설문지' 방식을 사용했다.

거되었다. 수거된 설문지를 토대로 응답이 애매하거나 불충분한 경우는 전화 면접을 통하여 그 내용을 보충하였다. 자료의 분석은 '내용 분석법(Contents Analysis)'을 따랐다. '내용분석(Content Analysis)'이란 "커뮤니케이션의 내용을 객관적·수량적으로 분류하고 일정 기준에 입각하여 체계적으로 분석하는 조사 방법"으로 질적연구의 세부 방법론의 하나이다. 그것은 인터뷰 대상의 응답 내용들을 분석해서 반복적으로 나타나는 내용의 빈도수를 확인하고, 최빈수의 내용을 핵심어로 간주하고 그것을 수렴하여 연구결과를 정리하는 것이다. 본 연구는 자료의 객관성을 담보하기 위해서 응답자들에게 본인의 설문지를 포함한 전체 설문지 세트와 그에 대한 연구자의 내용분석을 되돌려 주었고, 그 분석내용을 확인하는 과정을 거쳤다.

3.
학부담임목사제도의 현황파악을 위한 실증적 분석의 결과

1) 학부담임목사제도의 차별점 확인

응답자들은 대부분 '학부담임목사제도'의 차별점을 정확하게 인지하고 있었다. 백석대학교의 학원선교는 다른 기독교 대학들의 '교목실 중심' 학원선교에 비해 학부담임목사에 의한 '담임목회와 책임목회'임을 분명히 하였다.[198]

2) 학부담임목사제도의 현황에 대한 SWOT 분석[199]

학부담임목사제도의 현 상황에 대한 SWOT 분석은 매우 다양한 견해들로 채워졌다. 견해들이 겹친 부분도 많았지만, 독자적이고

198) "학부에 대한 책임과 돌봄의 목회" CDEFGHL. 그 외에는 2) 일관성과 지속성있고 효율적인 학부목회AI 3) 학부 특성과 담임목사 역량에 맞춘 특성화 목회BJ 4) '학원복음화'의 목적과 동력을 상실해가고 있는 현재 상황 상 별 차이 없음K 등이 있다.

199) 학부담임목사제도에 대한 환경분석은 경영학 이론의 하나인 SWOT 분석의 이론과 방법을 따른다. SWOT 모형은 내부 조직의 강점(Strength)과 약점(Weakness) 그리고 외부 환경의 기회(Opportunity), 위협(Threat) 요인들을 분석·평가하고 이들을 연관시켜 전략을 개발하는 도구이다. 전략도출의 방법은 다음과 같다. SO전략 - 기회로부터 이익을 얻기 위해 강점을 활용하는 전략, ST전략 - 위험을 피하기 위하여 강점을 활용하는 전략, WO전략 - 약점을 극복하면서 기회를 살리는 전략, WT전략 - 약점을 최소화하고 위험을 회피하는 전략.

특이한 입장도 다양하게 나타났다. 본 연구에서는 내용분석법을 적용해서 각 견해들을 큰 몇 가지 범주로 수렴하고 그 범주에 속하는 견해들은 응답자와 함께 모두 각주에서 표기했다. 그 결과는 다음과 같다.

외부	내부
기회(Opportunity) 1. 설립정신/비전구현200) 2. 선교적 브랜드인 학부담임목사제 완성201) 3. 학원선교의 방식/내용의 개혁과 발전202) 4. 기독교의 건전성과 독자성 강화203)	강점(Strength) 1. 학원선교열정-설립자, 개혁생명신학204) 2. 학부담임목사제도-책임목회, 통전선교205) 3. 학부담임목사의 역량, 방법, 집단지성206) 4. 학부담임목사의 학부목회207) 5. 헌신된 기독교인(학생/교수)208) 6. 기타209)

200) 이 범주에는 다음과 같은 견해들이 들어 있다. 백석학원 설립이념 구현이 경쟁력EL, '기독교 대학의 글로벌 리더' 완성BL, 학원선교의 열정 회복L.

201) 선교적 브랜드인 '학부담임목사제도' 완성BDL, 학부목회를 통한 학생만족 증진G, 학교생존을 위한 기독교 브랜드 강화K.

202) 학원선교의 방식과 인식전환의 기회J, 관행과 고착된 사고, 교육내용 변화의 기회J, 관심 밖의 학생들에게 관심 기회 제공F, 기독교인 학생 유치 수월G, 지역교회와 유대, 협력사역CG, 기독교학부와 협력사역C.

203) 교육부 시각에 맞는 종교정책K, 사회적으로 인성과 교양의 수요가 높아짐BE, 교육부 지원 포기, 자력 소그룹대학전환H.

204) 설립자의 학원선교열정과 개혁주의생명신학BL, 선교(제도)적 인프라 - 설립자의 의지와 지원체계LC, 학교의 선교 시설지원A.

205) 학부담임목회제도-책임목회와 통전적선교BLEGI, 학원선교의 지속성과 연속성A, 각 학부 특성에 최적화된 선교J.

206) 학부목사의 역량-전문성과 노하우LADEK, 다수의 학부담임목사B, 인성교육과 섬김의 리더십(강의) 노하우LB.

207) 학부교수들과의 친밀감 형성A, 학부책임감 고취H, 학생맞춤 프로그램 개발 적용K, 학생조직과의 소통 유대G, 개인학생과의 관계 형성과 전도에 용이FJ, 낮은 자존감,소외된 학생섬김F, 신앙으로 동기부여, 학부별 기독교문화(유대)CI.

208) 기독교인학생(선교부) 유대와 선교GJK, 온라인에 능숙하고 헌신된 선교부장(기독교인)A.

209) 기독교 대학B, 기독교가 더 겸손해짐으로 더 강해짐H, 온라인 비대면 목회의 다양화A.

위기(Threat)	약점(Weakness)
1. 반기독교(기독교 유해론)과 무기력210) 2. 정부/교육부의 대학평가와 학교생존위기211) 3. 채플비판212) 4. 학부담임목사 오해와 무용론213) 5. 선교동력 저하214)	1. 학원선교 설립이념 약화215) 2. 학부담임목사제 불신 비평216) 3. 학부목사의 어려움과 매너리즘217) 4. 선교행정 시스템 미흡218) 5. 기타219)

3) SWOT분석의 결과 제시된 전략

현행 학부담임목사제도의 현황에 대한 SWOT분의 분석결과, 이 '제도의 개선과 발전' 차원에서 해야 할 중요한 세 가지 전략은 비전, 이론화, 그리고 역량에 관한 전략이었다.220)

210) 반기독교와 다원주의(교내외)BLEHIJ, 사회 내 기독교적 영향력과 선교의 침체L, 기독교의 양분화(이데올로기충돌)J, 종교의 자유 근거 포교활동금지L, 학생들 개인주의 반종교적 성향 강화EK.

211) 교육부의 대학구조조정: 학원선교방해BFHLK, 학생감소와 학부목회지원 재정위기BCFGIJK, 교과 내 종교적 색채 배제 평가중심DIL, 정부정책과사립학교법이 학원선교 저해DL, 기독교인성과목을 교양과목으로 불인정L, 학교생존위기K.

212) 채플을 비교과로 수정요구L, 채플무용론L, 학생들의 채플 비호감과 거부L.

213) 학부담임목사(목회)오해와 무용론(각종평가)CDH, 학부목사의 권위주의(교수통제느낌)G.

214) (헌신적인) 기독교인 청년 감소AI, 비선교적 강의평가 체계D, 선교에 무관심, 회의적 교직원KL, 비대면 상황의 선교 효율성위기AC.

215) 학원선교 설립이념약화와 생존중심AEIL, 교목과 교직원과 선교부의 선교적 열정약화L, 학원복음화 비전 불공유LC, 학부교수들의 선교참여의지 약화A.

216) 학부담임목사제도에 대한 다양한 비판HJL, 학원복음화/학부담임목사제이론 빈약L, 학원복음화 협력(암묵지공유)어려움CDJL.

217) 학부담임목사의 매너리즘과 학부간 목회의 차이ABCDE, 학부목사들의 고령화와 학생소통문제AK, 학부목회보다 교수행정적 부담강화A.

218) 학원선교의 환류체계(평가제도) 부재L, 기독교적 축제와 문화 미약L, 선교 조직간 소통부재와 사역중복과 no시너지L, 교목실의 고전적 리더십BE, 교목실 행정체계와 운영에 대한 이해충돌J, 교목실 중간관리자의 의지 부족H, 몰선교적인 대학행정BDK.

219) 기독교수업 소홀(1학점)B, 학생선교자원 약화와 부족BK, 학생-자기주도성 낮음-접근성 낮음F, 학생접촉 어려움-통학시간과 학생업무과다F, 학교재정부담 증가D.

220) 그 외에도 다음과 같은 견해들이 있었다. 4) 학부목회와 교목실 행정의 조화와 뒷받침DLJ 5) 교내외 반기독교적 정서해소(채플학기제 검토 1학점 4학기제 등)EG 6) 교목실의 리더십(변혁적/슈퍼리더십으로) 및 지배구조의 단순화DE 7) 이원적 채플진행(비기독교인-온라인,

첫째로 비전과 관련해서 학부담임목사제도를 개선하고 완성해서, 기독교 대학의 글로벌 리더의 비전을 실현하는 것이다.[221] 이것은 기회요인으로부터 이익을 얻기 위해 강점요인을 활용하는 전략(SO전략)이다. 둘째는 이론화와 관련해서 학부담임목사들이 학부의 특성에 맞게 학부목회에 대한 전략을 짜고 프로그램을 만들어 실행한 후 생긴 다양한 노하우를 함께 나누고, 그 내용을 이론화해나가는 전략이다.[222] 이것도 SO전략의 하나이다. 셋째는 역량과 관련해서 창의적이고 효율적인 학부목회를 위해서 학부담임목사의 역량과 리더십을 강화하는 전략이다.[223] 이것은 약점요인을 극복하면서 기회요인을 살리는 전략(WO전략)이다. 이상의 전략들은 물론 세부적인 각론이 필요하다.

4) 백석학원 선교 50주년을 준비하는 '교목실'의 목표

2026년은 백석학원 선교 50주년, 선교희년이다. 그 기쁨의 해에 '기독교 대학의 글로벌 리더'의 비전'을 이루기 위해 '교목실'이 해야 가장 중요한 일은 전체적으로 '학부담임목사제도 개선과 완성을 통해서 기독교 대학 글로벌 리더의 비전을 실현하는 것'이었다.[224] 그것을 위한 보다 세부적인 제안은 다음 네 가지이다.

기독교인 오프라인)A 8) 온라인 중심사역(채플 및 선교부지도 등)A 9) 학생감소시, 2학부 담임도 고려G.

221) "비전공유(학부담임목사제도 개선과 완성, 기독교 대학의 글로벌 리더 실현"BEGHIJL.

222) "합력하여 학부목회/문화실천과 이론화 병행"DIJKL.

223) "학부담임목사의 역량/헌신강화와 책임완수-섬김리더십"BCDEF.

224) "학부담임목사제도 개선과 완성과 기독교 대학의 글로벌 리더 실현"BCEFGIJKL. 그 외에 2) 학교전략행정팀/교목실 직원의 선교마인드 교육HK, 3) 교직원채플 자율화H 4) 전문성 갖춘 직원(영상 등)H. 5) 교목실 위상제고J 6) 영성역량을 학교 평가시스템에 넣기, 영성역량 분석과 학부 목회적용K. 7) 강의평가제도의 선교적 개선D. 8) 담임목사제도 개편(채플[기독교인-오프라인/비기독교인-온라인]담당 그룹과 학부사역중심의 담임목사[학부행사, 선교부양육, 소그룹 양육 등 집중]로 효율화.

첫째로 학부담임목사 사역의 경험과 방법론을 '이론화'하고 그것을 대내외 '홍보'하는 것이다.[225] 둘째로 교목실 전체 구성원 간의 '화합'을 다지고, 학부담임목사의 '역량과 열심을 강화'하는 것이다.[226] 셋째로, 기독교적 '섬김리더십'을 반영하는 '학부목회 프로그램을 개발하고 시행'하는 것이다.[227] 넷째로, 교육부의 요구의 흐름을 수용하는 차원에서 교목실과 학부담임목사제도에도 '지속가능한 발전'을 위한 '환류체계를 구축'(KL)하는 것이다.[228]

225) "학부담임목사 사역의 이론화와 대내외 홍보"CEFGIJKL.
226) "학부담임목사/목회의 화합과 역량/열심 강화"DFGJK.
227) "섬김리더십을 살린 학부담임목회 프로그램개발"BG.
228) "교육부의 요구에 맞는 환류체계구축"KL.

4.
학부담임목사제도의 평가와 환류체계

학부담임목사는 학부목회에 관한 한 최종 권한을 가지고 해당 학부의 특성에 맞추어 전략과 프로그램을 짜고 실천한다. 그 후에는 반드시 목회의도에 맞추어 특정한 평가도구로 평가하고, 그 평가의 내용에 따라 그다음 목회의 계획에 반영하여야 한다. 그래야 비로소 지속적으로 개선되고 성과가 만들어지는 목회를 할 수 있게 된다. 이처럼 '평가'를 기준으로 새로운 계획을 세워 지속적인 발전을 꾀하는 것이 바로 '환류체계(PDCA)'이다.[229] 학부담임목사제도 하의 학부목회는 환류체계를 갖출 때 더욱 교육부를 비롯한 대외적인 신뢰를 얻을 수 있고, '지속가능한 성과를 내는 체계'가 된다.

229) '환류체계'는 '2021년 대학 기본역량진단'의 '진단 지표'에 필수적으로 들어가는 요소이다. '항목4: 수업 및 교육과정 운영'(20점) 중 '교양교육 / 전공교육 체제구축운영,' [교육부 한국교육개발원, 「2021년 대학 기본역량 진단편람 - 일반대학」(https://uce.kedi.re.kr/main.do), 51-55.]
* '항목5: 학생지원 중 진로심리 상담 지원부분' 역시 '환류체계를 통한 진로심리 상담 프로그램 개선 실적'이 들어간다. 단언하면 대학의 교육과 관련된 모든 활동은 '환류체계'를 갖추라는 것이 교육부의 요구사항이다.

1) 현행 학부목회와 채플평가의 분석

백석대학교 교목실은 이전부터 평가의 필요성을 인지하고 그 도구를 만들어 평가를 해오고 있다. '채플평가'와 '학부목회평가'가 그것이다. 그러나 아쉬운 점은 그 평가가 너무 단편적이고 일회성이 짙어서 환류체계를 구성하기에 부족하다는 것이다. 이러한 난점을 극복하기 위해 우리는 현행의 평가 체계를 일정 수준으로 개선할 필요가 있다.

현행 '학부목회 평가' 분석

현 학부목회의 평가항목은 교목실의 '학부담임목사 목회계획서'에 나타난다. 특히 이 내용은 교수업적평가 중 '교목봉사영역 평가기준'이 되어 있고, 그 기준에는 각 항목별로 배점이 주어져 있어서 학교 당국이 공식적으로 인정하는 '학부목회 내용들'의 '비중'을 알 수 있다. 학부담임목사의 목회내용은 350점을 총점으로 하며, 세부 내용은 다음과 같다.

평가내용

(학부)담임목사 목회내용 및 교목봉사 평가항목과 배점[230]		
학생사역	학생전도(30)	교내 개인 전도활동(20), 교내 전도집회 참석 및 지도(10)
	학생신앙 교육(70)	선교부 및 문화사역 정기모임지도(20), 리더 훈련 및 찬양단 훈련(20), 세례자 모집 및 훈련(20), 소그룹 운영 및 훈련(10)

230) 이 표는 교목실에서 매 학기 학부담임목사들에게 요구하는 '담임목사 목회계획서'의 내용이며, 교원업적평가 중에서 '교목봉사영역 평가기준'의 내용이다. [백석대학교 교무처발행, 『2020학년도 교원을 위한 학사안내』, 111.]

교목교육/연합	교목연합 활동(150)	수요교목회의 참석(30), 교목연합기도회 참석(60), 세례식 참여 및 지도(20), 학원복음화자료 발간(20), 교목분과활동(20)
	교목교육, 행정(100)	교목역량강화 세미나 참석(80), 교목실특별집회 참석(20)

백석대학교 '학부담임목사 학부목회 평가' 분석

이상의 평가항목은 공식적으로 규정된 학부담임목사의 '목회내용'을 보여준다. 그런데 학부목회의 내용을 너무 축소시킨 것 같다. 학부목회 내용의 '비중' 설정도 무리가 있어 보인다. 심지어 이 평가 도구에는 학부목회 중 가장 중요한 활동인 '선교인프라 구성'과 '학부공동체 구성을 위한 활동', 특히 심방과 상담, 학부행사 참여와 독려 등은 그 내용에서 빠져 있다. 포함된 '전도'항목에도 '직접전도' 이전에 반드시 필요한 '사전전도'를 위한 목회활동은 고려대상에 들어있지 않다. 물론 그런 활동들은 정량적으로 측정하기 쉽지 않다. 그렇다. 학부목회에 대한 평가는 훨씬 세심하게 그리고 포괄적으로 이루어져야 한다.

3) 학부담임목사제도의 평가체계 구상

학부담임목회제도가 적절한 평가도구를 개발하여 환류체계를 갖추려면 몇 가지 과정이 필요하다. 제일 기본적인 것은 환류체계에 대한 필요성의 공감이다. 그 후에, 교육기관이나 조직의 환류체계를 위해 개발된 '공인된 이론적 배경과 틀'을 활용하여 '학부담임목회제도의 측정도구'를 만들어야 한다. 그리고 그 도구를 정기적으로 적용하여 학부목회의 성과를 측정하고, 특히 회귀분석 등을 통해 학생만족도나 복음화율의 원인을 찾아내서 잘 된 것은 유지하고 부족한 것은 개선하는 노력을 보여야 한다. 이것이 바로 사회와 교육부가 요구하는 '지속가능한 성과를 내는 환류체계(PDCA)'이다.

교육기관과 교육체계를 측정하고 동시에 지속 가능한 성과를 낼 수 있는 진단척도에 관한 연구는 오래도록 계속되어왔고, 그중 대표적으로 공인된 척도는 MBNQA-Education Criteria와 HEdPERF라는 척도이다. 이 두 척도를 토대로 '학부목회품질'231)을 개발하고 적용할 필요가 있다.

(1) '학부목회품질'의 이론적 배경과 기본 요인 구상

MBNQA	채플교육품질232)	학부목회품질
1. 리더십	1. 학생이해요인	담임목사 리더십(ESG)
2. 전략적 기획	2. 학부담임목사요인	2. 전략적 기획(인프/공동)
3. 고객	3. 인적자원요인	3. 학생이해배려

231) '품질'은 원래 "공장에서 생산된 '제품'이나 서비스 산업이 제공하는 '서비스'가 가지는 특성"을 말한다. 그러나 오늘날 품질의 개념과 그 적용은 '전체 조직의 품질'로 확대되었다. 특별히 (교육)서비스에 있어서 품질의 의미는 서비스 자체를 넘어서 모든 조직의 기능들을 포함하며, 그 조직의 목표들을 성취하고 그 조직들의 성과를 개선하기 위한 원리들과 방법들로 이해되고 있다. Robert J. Vokurka, "Using the Baldrige Criteria for personal quality improvement", *Industrial Management & Data System* 101(2001), 363. 이런 맥락에서 우리는 '학부목회품질'을 논할 수가 있는 것이다.

232) '채플교육품질'은 MBNQA-Education Criteria와 HEdPERF라는 척도를 이용하여 채플교육의 성과측정을 위하여 만든 척도이다. 이동찬, 최현정, "채플교육품질(Chapel-EdQUAL) 측정을 위한 척도개발과 그 성과에 관한 연구"「대학과 선교」27권 (2014): 109-142. 이 척도는 박사학위 논문의 방법론으로 사용되기도 했다. 허련숙, "기독교 대학의 채플 만족도에 대한 연구"(박사학위논문, 백석대학교 기독교전문대학원, 2017).

4. 측정분석지식경영	4. 학사운영요인	4. 인적자원과 학사운영
5. 인적자원	5. 프로그램요인	5. 프로그램
6. 운영	6. 환경요인	6. 환경요인
7. 성과 및 결과	7. 성과 (만족도 & 복음화)	7. 성과 (만족도 & 복음화)

(2) '학부목회품질' 척도요인의 내용

먼저, 인구 통계적 질문에는 응답자의 전공, 학년, 종교, 선교대상구분(기독교인, 구도자, 비기독교인) 등을 묻는 항목이 들어간다. '담임목사 리더십'을 묻는 질문에는 담임목사의 비전과 ESG 마인드를 묻는다. '전략적 기획'의 항목에는 학부목회의 두 가지 중요한 내용인, 선교적 인프라구성과 학부 신앙공동체 형성과 관련된 내용을 묻는다. '학생이해배려'의 항목에는 학생에 대한 이해와 배려의 양상을 묻는다. '인적자원'은 학부담임목사제도와 연관된 모든 인적자원에 대한 내용을 묻는다. 이를테면, 선교부장들과 교목실직원들의 태도와 서비스 등이다. '학사운영'과 관련해서는 채플의 학사운영의 투명성과 공평성을 위한 질문이다. '환경요인'은 채플과 강의, 그리고 학부목회를 위한 모든 환경과 관련된 질문이다. 마지막으로 '성과요인'은 학생의 만족도와 복음화의 정도를 함께 측정한다. 그리하여 만족도와 복음화의 원인을 파악하여 다음 목회계획에 반영한다.

(3) '학부목회품질' 척도개발 원칙 제안

'학부목회품질' 척도 개발에 지켜야할 몇 가지 원칙을 제안한다. 그것은 범위, 평가목적, 세부항목, 그리고 환류체계에 관한 것이다. 먼저, 이 척도는 채플과 학부목회를 포괄한다.[233] 둘째로 이 척도는 상대평가를 위한 도구로 사용되어서는 안 된다. 학부의 구성원과 상황, 그리고 학부담임목사의 성향과 특성이 다르기 때문에, 특정 도구로 획일적으로 평가하여 상대적 평가를 하여 순위를 매겨 인사고과의 수단으로 사용될 수 없다. 셋째로 척도의 세부 문항은 학부담임목사가 정할 수 있다. 학부목회는 그 특성과 담임목사의 역량과 노력에 따라 얼마든지 창의적으로 다양하게 이루어질 수 있다. 그러므로 정말로 학부목회를 활성화하려고 한다면, 담임목사의 창의적 목회활동과 희망항목에 대한 세부평가의 권한을 부여해야 한다. 즉, '학부목회품질' 평가는 큰 항목은 동일하되 세부 항목은 얼마든지 다를 수 있는 학부목회 성장과 성과를 위한 협력도구이어야만 한다. 넷째로 이 평가는 매 학기 학부채플 마지막 시간에 마다 실시하며, 그 결과는 공개하도록 하며, 그 내용은 반드시 그다음 학부목회계획에 반영되어서 환류체계를 형성하도록 한다.

233) 기독교 강의 역시 포함할 수도 있다. 그러나 그것은 교무처에서 정해서 시행중인 별도의 평가도구가 이미 존재하고, 그 외에 따로 기독교 강의만을 위한 평가도구 개발에 대한 연구도 진행되고 있으므로 일단 제외한다.

나가면서

대학채플은 학부담임목사제도 하에서 운영하는 것이 가장 효과적으로 소기의 성과를 얻을 수 있다. 백석대학교는 지난 2000년 2학기 이래로 20여 년 동안 백석학원의 선교적 브랜드라고 할 수 있는 '학부담임목사제도'를 시행해왔고, 지금까지 우여곡절을 겪으며 그 성과를 얻어왔다. 이제는 '학부담임목사제도'의 성숙을 통해 전도와 성경적 삶의 추구라는 대학채플의 효과를 극대화해야한다. 본 연구에서 주장한 대로 학부담임목사 경험이 풍부한 전문가 집단의 조언대로 현행 학부담임목사제도의 개선과 발전을 위한 전략을 받아들이고, 그것에 대한 세부적인 '교목실'의 목표를 착실하게 수행해 나간다면, 백석학원 선교 50주년이 되었을 때, 백석대학교는 대학채플을 중심으로 하는 지속가능한 학원선교의 확고한 모델과 프로그램을 구축하여, 생명을 살리는 개혁주의생명신학을 실천하고 아울러 지구촌 기독교 대학들에 선한 영향력을 끼치는 '기독교 대학의 글로벌 리더'의 비전을 이룰 수 있으리라고 믿는다.

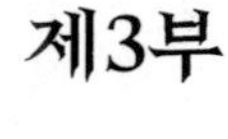

제3부

대학채플의 교육내용

들어가면서[234)]

대학채플은 전도와 성경적 삶을 가르치는 대학의 종교교양과목이다. 학과목으로서 대학채플은 당연히 학문의 대상이고 또한 고유한 학문적 방법론도 필요하다. 대학채플은 참여 학생들과의 상호작용이 필수적이기 때문에 성경을 중심으로 하는 기독교 신앙과 참여 학생들의 전공학문과의 대화를 기본으로 한다. 신앙과 학문의 통합이란 신학적 지식인 신앙의 내용과 비신학적인 학문적 지식이 일관적인 방식으로 종합되어 학생들에게 통일성 있는 이해를 하도록 하는 것이다.[235)] 그리고 그 통합을 위하여 여러 가지 이론적 정리와 방법들이 연구되어 왔는데, 이것들이 보다 흥미롭고 의미 있는 대학채플을 만드는 대안이 될 수 있을 것이다.

이 글은 신앙과 학문 통합의 이론과 방법론으로 대학채플이 제공하고자 하는 신앙과 그 청중인 학생들의 전공학문과 통합을 이룰 수 있을 것인지에 대해 살펴본다. 먼저 관련된 선행연구들을 통해서 그 개념과 방법론 및 성과를 정리하고, 그것들을 대학채플의

234) 이글은 다음의 논문을 수정 보완한 것이다. 이동찬, "신앙과 학문의 통합을 통한 대학채플 목회의 한 모델 연구", 「대학과 선교」 33집 (2017), 91-120.

235) 로버트 A. 해리스/최용준 옮김, 『신앙과 학문의 통합: 세계관적 접근』(서울: 예영커뮤니케이션, 2013), 44

상황에서 적용할 수 있는 이론으로 정리할 것이다. 그리고 그 이론을 토대로 구체적인 대학채플의 상황에 맞는 전략을 짜고 적용하여, 신앙과 학문 통합을 통한 대학채플의 목회모델을 제시하고자 한다. 신앙과 학문 통합이론의 적용 대상은 백석대학교 관광학부 대학채플이다.

8장

대학채플의 학문적 접근

신앙과 학문의 통합

1.
신앙과 학문의 통합에 대한 이론적 접근

1) 신앙과 학문의 통합에 대한 선행연구와 그 성과들

신앙과 학문의 통합에 관하여 부정적인 입장[236]도 있지만, 대부분의 기독교 지성인 혹은 기독교 대학은 신앙과 학문의 통합이 기독교 대학의 중요한 사명 중 하나라는 데는 이의를 달지 않는 것 같다. 그러나 어떻게 통합을 이룰 것인지에 대해서는 아직 일치된 의견을 찾을 수 없다.[237]

그러므로 신앙과 학문의 통합의 원리와 방법을 대학채플에 적용하려는 우리의 시도를 위해서 선행연구의 결과들을 토대로 하여

236) 신앙과 학문의 통합에 대한 부정적인 견해는 원천적인 거부와 개념적인 수정의 두 견해로 나누어 볼 수 있다. 이광호는 "신앙과 학문의 통합은 참된 신앙에 해가 되기 때문에 경계해야 한다"라고 원천적인 거부를 주장한다. 이광호, "기독교 세계관에 관한 비판적 이해", 「진리와 학문의 세계」 21 (2010), 129. 반면에 Perry L. Glanzer는 신앙과 학문의 통합(integrating faith and learning)이라는 개념은 너무나 좁은 개념이기 때문에, 보다 포괄적인 "학문의 창조와 구속(creation and redemption of scholars)"이라는 개념을 수정하여 사용할 것을 주장한다. Perry L. Glanzer, "Why We Should Discard "the Integration of Faith and Learning": Rearticulating the Mission of the Christian Scholar", Journal of Education & Christian Belief, 12 (2008), 43.

237) 3) 유명복, "미국 기독교 대학의 신앙과 학문의 통합", 64. Bailey도 신앙과 학문의 통합의 연구사를 개관하면서 K. Badly의 연구결과를 빌어서 신앙과 학문 통합 그 자체의 복잡성과 다양성 때문뿐만 아니라, 통합하려는 사람들의 다양성과 기독교 내의 다양한 세계관 때문에 온전한 일치를 이루지 못했다고 한다. Karl G. D. Bailey, "Faith-Learning Integration, Critical Thinking Skills, and Student Development in Christian Education", Journal of Research on Christian Education, 21 (2012), 154.

적절한 이론을 구성하는 것이 우선 필요할 것이다.

박진경[238]은 한국의 기독교 학교들이 다른 일반 학교들과 같이 세속화의 길로 접어들면서 그 정체성과 영향력을 잃어버리고 있는 상황에 대해 지적하면서, 기독교 신앙과 학문의 통합을 지향하는 새로운 기독교 학문공동체를 위한 제언을 한다. 그것을 위한 요건으로 헌신된 기독교인 교수영입, 기독교 대학의 정체성 강화, 무분별한 대학의 규모 확장 지양, 재정자립 등을 꼽았다.

김성수도 구원받은 개인만이 아니라 그 공동체가 기독교적 학문공동체를 형성하여 신앙과 학문의 통합을 해야 한다고 주장한다.[239] 그 통합은 공동체 속에서 신학자와 철학자들을 중심으로 존재하는 모든 것의 총체성에 대한 사상을 정립하고, 동시대의 여러 문제를 성찰하고 이 문제에 대한 성경적 관점을 발견해내는 작업으로 나타난다. 그리고 다양하고도 지속적인 학술 모임들 속에서 각 학문의 전공자들은 자신의 특수한 탐구영역에서의 여러 문제들과 그들의 삶에 대한 성경적 기초를 놓는 일을 통하여 통합은 가능하다고 한다.

조용훈은 신앙과 학문의 관계에 대해 연구하면서, 신앙은 점차 반지성주의적 성향을 띠어왔고, 학문은 과학 실증주의적 학문 경향에 따라서 비종교화 되어왔다고 진단한다.[240] 그럼에도 불구하고 신앙과 학문은 통합되어야 하는데, 그 통합을 위해서 필요한 원리들로 성경에 기초한 기독교 세계관적 토대, 학문적 규칙, 학제간 연구방법들을 들고 있다. 여기서 학제 간 연구란 각기 다른 학문분야의 전문가들이 특히 성경과 신학분야 전공자들과 함께 모여

238) 박진경, "학문과 신앙의 통합 - 새로운 기독교 학문공동체 설립을 위한 연구", 「교육교회」 160 (1989), 1123-1133.

239) 김성수, "기독교 신앙과 학문생활", 「학생생활연구」 9 (1994), 3-12.

240) 조용훈, "신앙과 학문의 관계에 대한 한 연구", 「통합연구」 17 (2004), 11-37.

서 연구를 수행하고 그 결과를 자신들의 연구분야로 통합하여 새로운 지식을 만들어 가는 연구방식이다.

유명복은 신앙과 학문의 통합을 모범적으로 실시하고 있는 미국의 4개 기독교 대학의 제도를 연구하여 그 통합을 위해서 필요한 내용을 정리했다.[241] 그것은 대학의 경영진과 교수들이 그 통합의 중요성을 깊이 인식하는 것, 신앙과 학문 관련 연구소 설립, 그리고 그 연구소 등을 중심으로 교수연수, 교수 멘토제, 연구비 지급, 교수승진 및 시상과 같은 프로그램을 진행하는 것 등이다.

최용준은 신앙과 학문의 관계성을 살피면서, 양자가 서로 독자적인 영역을 가지고 있지만, 학문적 활동이 전체적 차원에서 신앙적인 면을 그 뿌리로 하고 있다는 점에서 상호 긴밀하게 연결되어 있어서 결국 신앙과 통합되는 것이 맞다고 주장한다.[242] 그 통합의 원칙과 방향은 다음과 같다. 모든 진리가 하나님의 진리라는 사실, 기독학자들의 소명인 학문 활동, 모든 학문연구는 하나님의 창조질서 재발견의 과정임을 인식, 학문 활동을 통한 신앙증거, 그리고 학문과 신앙의 통합은 문화변혁으로 나타나야 함 등이 그것이다.

로버트 A. 해리스는 성공적인 신앙과 학문 통합이 우선 성경의 이해를 통한 철저하고 정확한 사고를 필요로 하며, 동시에 학문적 지식과 그 지식의 토대를 이루는 세계관에 대한 분명한 이해를 요구한다고 했으며, 두 영역에 대한 훈련된 이해와 적용이 통합의 핵심요소가 된다고 주장했다.[243] 그는 통합을 연결로 이해했으며 그 유형을 네 가지로 제시했다. 그것은 새 지식과 기존 지식의 연결, 한 분야의 지식과 다른 분야의 지식과의 연결, 지식과 보다 넓은

241) 유명복, "미국 기독교 대학의 신앙과 학문의 통합", 「진리논단」 12 (2006), 63-76.
242) 최용준, "학문과 신앙, 그 관계성에 관한 고찰", 「행복한 부자연구」 4/1 (2015, 6), 57-83.
243) Robert A. Harris, "Defining the Integration of Faith and Learning", http://www.virtualsalt.com/int/intdef.pdf (2003)

세계관과의 연결, 지식과 근본적인 전제 및 가치와의 연결 등이다.

Karl G. D. Bailey는 기독교 교육자들이 학생들에게 신앙과 학문통합의 결과만 가르치지 말고, 그들을 교육하여 적극적이고 훈련된 참여자로서 그 통합에 기여할 수 있도록 해야 한다고 주장한다.[244] 그런 맥락에서 그는 신앙과 학문의 통합은 교수나 학교의 사역일 뿐이라는 기존의 인식에 대해서 학생 역시 활발하고 비판적인 사고의 기술을 통해서 독립적인 신앙과 학문 통합에 기여할 수 있음을 주장한다. 그가 말하는 통합을 위한 비판적 사고의 기술은 Farnsworth의 모델[245]로서 자료발견, 학문적 방법론 적용, 의미있는 사실 입증, 통합모델 적용, 삶에의 통합을 말하는 것이다.

Simon SinWoong Park은 미국의 대학들 중심으로 진행되어온 신앙과 학문 통합의 역사와 이론을 개관하면서 그 통합을 위한 시도가 성공했다고 말할 수 없지만 지속되어야 할 것이라고 주장한다.[246] 그리고 그는 통합을 위한 세 가지 유형의 접근방법을 제시했다. 그것은 재구성론자의 접근(Reconstructionist), 양립가능론자의 접근(Compatibilist), 그리고 변형론자의 접근(Transformationist) 등이다. 재구성론자의 접근은 일반 학문에는 반기독교적 가정과 세계관이 스며있기에 그것들을 제거하고 성경적인 기초에 입각해서 재구성할 필요가 있다는 입장이다. 양립가능론자의 접근은 기독교 신앙과 일반 학문은 서로 공통성을 지니기 때문에, 양자의 공통성을 발견하고 연결하고 정교하게 발전시킴으로써 통합될 수 있다는 입장

244) 칼 G. D. 벨리, "Faith-Learning Integration, Critical Thinking Skills, and Student Development in Christian Education", Journal of Research on Christian Education, 21 (2012), 153-173.

245) K. E. Farnsworth, "The conduct of integration", Journal of Psychology and Theology 10 (1982), 308-319.

246) 박시몬, "Integration of Reason and Faith in Higher Education", 「복음과 교육」 9 (2011), 143-166.

이다. 변형론자의 접근은 기독교적 세계관이야말로 일반 학문이 가진 잘못과 오해와 결핍을 바로잡을 수 있다고 전제하고, 기독교 세계관을 기준으로 일반 학문을 개혁하려고 한다. 그는 신앙과 학문의 통합을 위해서 이 세 가지 접근 방식을 적절히 조합하여 사용하는 것이 바람직하다고 한다.

신앙과 학문의 통합에 관한 이상의 연구들을 개괄적으로 정리하면 다음과 같다. 먼저 신앙과 학문의 통합은 헌신된 기독교인 개인과 더불어 그가 속한 학문 공동체에 의해 이루어져야 한다는 것이다. 특히 학문공동체 차원에서 대학의 경영진과 교수들이 그 통합의 중요성을 깊이 인식하고 신앙과 학문 관련 연구소나 기관을 설립하고 교수들에 대한 교육과 각종 지원정책을 만들고 지속적으로 시행할 필요가 있다. 둘째로 통합을 위한 전제로는 모든 진리가 하나님의 진리라는 사실, 모든 학문연구는 하나님의 창조질서 재발견의 과정임을 인식하는 것이다. 마지막으로 통합을 위한 원리들은 성경에 기초한 기독교 세계관적 토대에서 시작하여, 각기 다른 학문분야의 전문가들이 특히 성경과 신학분야 전공자들과 함께 모여서 연구를 수행하고, 양자 사이에 있는 공통적 진리를 발견하고 확장하여 그 결과를 자신들의 연구분야로 통합하여 새로운 지식을 만들어 가는 방식이다. 이 같은 신앙과 학문통합의 일반원리를 대학채플의 기획과 운영에 적용하기 위해서는 보다 구체적으로 이론을 정립할 필요가 있다.

2) 대학채플에 적용 가능한 신앙과 학문 통합의 이론적 구성

(1) 신앙과 학문 통합의 전제와 주체

우리가 추구하는 신앙과 학문 통합의 전제는 다음과 같다. 기독교 신앙과 일반 학문은 하나님의 계시라는 차원에서 공통성을 지니기 때문에, 그것을 발견하고 연결하고 정교하게 발전시킴으로써 통합할 수 있다. 그러나 일반 학문에는 반기독교적 가정과 세계관이 스며있기에 성경과 기독교 세계관에 입각해서 그것들을 고려하고 재구성할 필요가 있다.[247]

기독교 신앙에 헌신된 개인과 그 공동체가 그 통합의 주체가 될 수 있기에 채플에서는 채플기획 및 진행하는 담당목사가 일차적 주체라고 말할 수 있다. 동시에 학생 역시 활발하고 창의적인 사고를 통해서 신앙과 학문 통합에 기여할 수 있기에 그들을 독려해서 주체가 되도록 할 수 있다.[248] 그것은 피교육자의 참여에 의한 교육으로 교육 참여자의 반응을 극대화할 수 있다는 점에서도 바람직한 것이다.

(2) 신앙과 학문 통합의 기본 방법론

대학채플에서 기독교 신앙과 관광학문의 통합은 '서비스'라는 공통 핵심 주제를 중심으로 여러 가지 다양한 주제 및 이벤트 속에서 기독교 신앙과 일반학문 간의 대화와 소통을 하는 것이며, 이를 통

247) Ibid., 156.

248) Karl G. D. Bailey, "Faith-Learning Integration, Critical Thinking Skills, and Student Development in Christian Education", 155. Bailey는 신앙과 학문 통합의 주요 요소로서 교수와 커리큘럼, 그리고 학문적 연구에 '학생'이라는 항목을 넣을 것을 주장한다. 즉 '문제 중심의 학습'을 통해 학생들에게 '비판적 사고'를 일깨움으로 신앙과 학문의 통합을 교육하고 이룰 수 있다는 것이다.

하여 양자에게 의미 있는 결과를 만들어 내는 것이다. 신앙은 학문의 동기와 목적을 제공하고 학문은 신앙의 맹목성을 견제하며 성찰적인 신앙으로 성숙시켜야 한다. 신앙은 학문의 가능성만이 아니라 그 위험성과 한계도 명확히 보여줌으로써 학문이 인간과 사회, 그리고 세계를 돌보고 섬기도록 만들어야 한다.[249] 여기서 기독교 신앙이란 성경에 기초해서 각 시대와 그 시대의 신앙 공동체에 맞게 정형화된 신앙의 모습을 말한다. 대화와 소통은 서로가 공유하는 핵심 개념 혹은 주제를 파악하고, 그것을 신앙적으로 새롭게 해석하고 의미를 부여하여 달라진 시대적 환경 속에서 새로운 가치와 대안을 창출하는 것을 지향한다.

(3) 신앙과 학문 통합의 적용 요건

신앙과 학문 통합 채플의 효과적인 진행을 위해서는 학기 단위의 운영, 단일한 주제, 동질성 집단 운영, 통합채플의 객관적 평가 등이 필요하다. 먼저 운영 면에서 채플은 대학의 교양과목의 하나이므로 다른 과목과 같이 학기 단위로 진행하는 것이 마땅하다. 그리고 주제 면에서, 신앙과 학문이 공통분모로 삼은 주제가 여러 가지가 있을 수 있더라도 여러 가지 상황을 고려하여 한 가지 주제에 집중하는 것이 효과적이다. 채플의 구성단위 면에서 유사 전공을 하는 학생들이 같은 채플로 묶일 때 신앙과 학문의 실제적인 통합을 기대할 수 있다. 마지막으로 객관적인 평가와 개선이라는 측면에서 적절한 평가도구가 개발될 필요가 있다.[250]

249) 조용훈, "신앙과 학문의 관계에 대한 한 연구", 33
250) 채플에 대한 객관적 평가도구는 다음 연구를 활용할 수 있다. 이동찬·최현정, "채플교육품질(Chaple-EdQual) 측정을 위한 척도개발과 그 성과에 관한 연구", 「대학과 선교」 27 (2014), 109-142; 이동찬·최현정, "대학채플의 교육만족도 향상을 위한 중요도-성취도 분석(IPA): 백

(4) 신앙과 학문 통합의 요소들

신앙과 학문의 통합이 기독교의 사명이라고 주장한 많은 이들이 그 통합의 실천을 위한 여러 가지 구체적인 요소들도 제시하였다. 조용훈과 최영근은 교과목개발, 학제 간 공동연구, 포럼 등을,[251] 유명복은 교수연수, 교수멘토제, 연구비지급, 교수청빙과 승진 시 반영, 연구소 설립, 시상 등을,[252] 조용훈은 성경적 토대, 학문적 규칙, 학제 간 연구방법, 기독교 세계관적 토대 등을 제시하여 그러한 원리들 가운데서 신앙과 학문통합이 가능함을 역설하였다.[253] 이와 같이 신앙과 학문의 통합을 주장한 연구자들이 여러 가지 요소들을 강조해왔지만, 우리는 그중에서도 네 가지 요소가 가장 핵심적인 것이라고 보았다. 그래서 우리는 신앙과 학문통합의 주체인 기독교인 교수와 학생, 그들에 의한 학문적 연구, 그리고 그 결과인 커리큘럼과 같은 요소들을 중심으로 대학채플 상황에서 신앙과 학문의 통합을 시도하기로 한다.

3) 신앙과 관광학문 통합의 요소들을 통한 대학채플의 목회모델

(1) 기독교인 교수- 신앙과 학문통합의 주체

백석대학교 관광채플에서 신앙과 학문의 통합의 주체는 채플을 기획하고 진행하는 학부담임목사이다.[254] 구약학자인 그는 채플

석대학교 관광학부 채플을 대상으로", 「선교와 신학」 39 (2016), 241-266.

251) 조용훈·최영근, "기독교 대학 학원복음화 전략을 위한 연구", 「대학과 선교」 28 (2015), 27.

252) 유명복, "미국 기독교 대학의 신앙과 학문의 통합", 74.

253) 조용훈, "신앙과 학문의 관계에 대한 한 연구", 27-32.

254) 2016학년 1학기 백석대학교 관광학부 채플은 백석홀 대강당에서 매주 목요일 11시에 시행되었다. 전체 전공 전임교수 10명과 970명의 학생들이 참여하였는데, 그들 중 비기독교인 학

진행과 아울러 기독교 교양과목 중의 하나인 기독교 세계관을 강의하고 있다. 그는 백석학원의 설립이념인 학원복음화를 자신의 근본 사명으로 인정하고 동시에 자신이 기획하고 진행하는 관광채플을 백석학원의 신앙체계인 개혁주의생명신학의 실천으로 인식한다. 그리고 기독교 대학의 사명이라고 할 수 있는 신앙과 학문의 통합을 위한 노력이 기독교인들에게 기독교적 세계관을 확고히 해 줄 뿐만 아니라, 비기독교인들에게도 성경과 기독교복음의 적실성을 알려주어 복음화에 의미 있는 결과를 준다고 믿는다.

기독교인 전공 교수도 신앙과 학문통합 채플에서 또 다른 주체가 될 수 있다. 그는 한 사람의 기독교인으로서 자기 신앙을 전제로 전공학문을 정의하고 신앙과 자기 학문의 공통 전제와 내용을 찾아내고 삶에 적용하여 그 통합의 내용과 방향을 제시할 수 있을 것이다.[255]

(2) 기독교인 학생- 신앙과 학문통합의 또 다른 주체

학생은 교육의 대상이지만, 대학채플의 상황에서 신앙과 학문을 통합하는 과정에서는 교수와는 또 다른 차원의 주체로서의 역할을 할 수 있다. 학생들이 신앙과 학문의 통합과정에 주체적으로 참여할 때, 우선 참여에 의한 보다 적극적인 교육효과가 있을 뿐만 아니라, 기독교 신학전공인 교수가 보지 못했던 또 다른 측면을 관광학문을 전공하는 학생들의 시각으로 보다 구체적으로 보다 폭넓게

생은 약 60%였다. 백석대학교 관광학부 채플 참여자들의 전공은 각각 관광경영전공, 호텔경영전공, 항공서비스전공으로 각각 다르지만 관광이라는 큰 테두리에서 같은 학문을 하고 있는 사람들이라고 말할 수 있다.

255) 이 같은 맥락에서 2016년 2학기 관광학부 개강채플에서 관광경영을 전공한 학부장 교수가 기독교 신앙과 대학채플이 관광학을 배우는 사람들에게 어떤 의미가 있는 지에 대해 강연을 하고 좋은 반응을 얻었다.

볼 수 있게 된다. 또한 비기독교인 학생의 참여는 성경과 기독교에 대한 이해와 호감을 가져와서 결과적으로 선교적 열매를 기대할 수 있기도 하다.[256) 특히 학부 학생회와 각 전공의 임원들과 같은 학생대표들이 중요하다. 그들은 학부담임목사와 더불어 통합을 위한 채플의 또 다른 주체로서, 주어진 주제에 대해 관광학을 전공하는 학생의 입장에서 연구하고 그 대안을 성경과 기독교적 세계관의 차원에서 제시하도록 하는 과제를 부여받았을 뿐만 아니라 각 팀의 헌신예배에서 그 역할을 훌륭하게 해내었다. 이런 맥락에서 신앙과 학문통합의 주체로서 교수가 기독교인이었듯이 학생 대표들, 특히 학생회장과 각 전공장들도 반드시 기독교인일 필요가 있다.[257)]

(3) 학문적 연구- 이론과 방법론적 적용

신앙과 학문의 통합을 지향하는 학문적인 연구는 서로가 공유하는 핵심 개념 혹은 주제를 파악하고, 그것을 신앙적으로 새롭게 해석하고 의미를 부여하는 것으로부터 시작한다. 그리고 그것은 달라진 시대적 환경이 제시하는 핵심 질문에 대해 새로운 가치와 대안을 창출하는 것을 지향한다.

관광이란 일상생활에서 벗어나 여가를 즐기기 위하여 다른 지역

256) 2016년 1학기 세례식을 위해 세례공부를 신청을 받았을 때, 학생회에서 8명, 호텔경영전공에서 10명, 관광경영전공에서 4명, 항공서비스전공에서 2명의 불신 학생들이 신청하였고 전도 성경공부를 했다. 그 중에서 15명이 결신하고 채플 세례식에서 자기들의 신앙을 고백하고 세례를 받았다.

257) 이 같은 조건을 위해 백석대 관광학부 담임목사는 학생 대표들에 대한 전도와 신앙 관리에 많은 관심과 배려를 기울인다. 학생 대표 선거 시부터 그들을 만나고 각종 도움을 주고 추천서도 써준다. 백석대학교는 교직원들뿐만 아니라 학생대표들도 기독교 신앙이 있는 지도자들이기를 종용한다. 그러한 차원에서 신앙의 확신이 없는 학생을 위해 특별 전도 성경공부를 진행하기도 한다.

을 여행하는 행위를 말한다. 그리고 관광학이란 관광이라는 인간 사회의 한 현상을 다양한 관점에서 규명하고 분석하기 위한 체계적이고 과학적인 연구이다.258) 관광에 대한 사람들의 욕구를 충족시켜 주는 대상을 관광자원이라고 하며, 이러한 관광 자원을 바탕으로 사람들의 관광 욕구를 충족시키기 위하여 각종 서비스를 제공하는 것을 관광 산업이라고 한다.259) 그러므로 관광산업과 그 산업에 종사할 관광인에게 가장 중요한 개념 혹은 주제는 '서비스(섬김)'라고 말할 수 있다.

기독교 신앙이란 성경에 기초해서 각 시대와 신앙 공동체에 맞게 정형화된 신앙의 모습을 말한다. 백석대학교 관광학부가 속한 공동체인 백석학원은 "성경을 통해서 사람을 변화시키고 영적 생명을 살리는 교육"을 하기 위해서 설립되었다. 그것을 위해 백석학원이 정립한 신앙체계가 바로 개혁주의생명신학이다.260) 그리고 이 신학은 기독교인 학생과 교수들이 모든 학문의 영역에서 그리스도의 주권이 드러나도록 '학문과 신앙의 통합'에 힘써야 한다고 말하며, 이 길만이 하나님의 창조주 되심과 그분의 영광과 지혜와 능력과 권능을 드러내는 일이다고 주장한다.261) 학문과 신앙 통합 차원에서 개혁주의생명신학의 실천운동들 중에서 관광학문과 의미 있는 대화와 소통을 시작할 수 있는 핵심 공유 주제는 바로 '서비스(섬김)'이다.262)

2016년 1학기 백석대학교 관광채플은 '서비스(섬김)'라는 주제

258) "관광학 [Tourism]"『학문명백과』(형설출판사) [네이버 지식백과]
259) "관광산업"『고교생을 위한 지리 용어사전』(신원문화사) [네이버 지식백과]
260) 장종현, 『백석학원의 설립정신』(서울: 기독교연합신문사, 2014), 17.
261) 백석신학연구소, 『백석학원 신앙선언문』(서울: 기독교연합신문사, 2006), 108
262) 장종현, 『백석학원의 설립정신』, 66, 74. 개혁주의생명신학은 신앙운동, 신학회복운동, 회개용서운동, 영적생명운동, 하나님 나라운동, 나눔과 섬김운동, 기도성령운동을 실천하려고 하는 신학이다.

를 중심으로 기독교 신앙과 관광학문의 통합을 시도했다. 서비스와 관련하여 학생들과 더욱 공감하기 위하여, 시대적인 화두인 AI(Artificial Intelligence, 인공지능)와 로봇 서비스 개념을 도입하였고, 그것으로 학기 채플 전체를 아우르는 주제를 선정하였다. 그것은 "AI 시대의 로봇 서비스와 차별화되는 관광인의 서비스"였다. 이 주제는 인공지능(AI)이 탑재된 로봇이 제공하는 정확하고 신속한 서비스가 빠르게 서비스 전반에 침투하여 서비스 관련 일자리를 위협하고 있는 시점에서, 서비스 전문의 관광인은 어떻게 그 로봇과 차별화된 서비스를 제공할 수 있을까라는 문제제기를 담고 있었다. 그 주제는 현대사회와 관광학문 전공자들에게 중요한 쟁점이 되는 것이면서도, 그 핵심에 '섬김'이라는 백석공동체의 개혁주의생명신학실천의 본질을 아우르는 것이었다. 학기 중 채플의 모든 설교와 프로그램은 그 주제와 관련지어졌으며, 모든 채플 활동의 대안과 결론은 "성경과 기독교적 가르침"에서 주어졌다. 기계가 하는 서비스와 차별화되는 인간의 서비스의 모범은 사랑과 희생의 서비스인 예수 그리스도의 섬김이었다. 이와 관련된 학기 전체의 주제 말씀은 "인자가 온 것은 섬김을 받기 위함이 아니라 섬기기 위함이며, 자기 목숨을 많은 사람을 위해 대속물로 주려 함이라"라는 마가복음 10장 45절의 말씀이었다.[263)]

(4) 커리큘럼

"AI시대의 로봇 서비스와 차별화되는 관광인의 서비스"라는 주

263) 혹자는 신앙과 학문통합의 대학채플유형을 예배의 본질을 흐린다고 비판할 수 있을 것이다. 그러나 통합채플은 찬양과 기도, 말씀선포와 헌신이라는 예배의 핵심을 절대적으로 고수하는 예배가 맞다.

제 하에서 기획되고 진행된 관광학부 채플의 커리큘럼은 크게 6개의 중심 프로그램으로 구성되었다. 첫 번째는 주제설교로서 AI(인공지능)와 로봇 서비스 시대가 시작됨과 그로 인하여 인간 서비스에 위기가 다가왔음을 알리고, 채플 참여자들의 관심과 흥미를 불러일으키는 것이다. 두 번째는 섬김의 세족식이다.264) 이것은 기계가 하는 빠르고 정확한 서비스에 차별화되는 인간의 따스한 서비스에 대한 성경적인 가능성을 보여주어, 학생들의 관심이 채플의 주제로 더욱 집중하도록 하는 단계이다. 세 번째는 학생헌신예배로서 신앙과 학문의 통합이라는 이 실험적인 채플의 중심이라고 할 수 있다. 이것은 주제와 관련하여 관광학문의 전공자이면서 채플 수강자인 학생들이 직접 참여하여 서비스와 관련된 자신들의 문제 현황을 파악하고 성경과 기독교에서 해답을 찾아 발표하는 채플이다.

네 번째는 크리스천 서비스 선서식과 함께하는 세례식이며, 다섯 번째는 SMT 헌신예배로서, AI시대의 로봇 서비스와 차별화되기 위해서 서비스인 개인들이 무엇을 어떻게 준비할 것인지에 대한 대안을 찾아보는 단계이다. 마지막은 학부담임목사의 설교인데, "AI시대의 로봇 서비스와 차별화되는 관광인의 서비스"는 예수 그리스도의 십자가가 보여주는 사랑과 희생의 서비스임을 역설한 것이었다.

264) 채플 세족식은 백석대학교 모든 채플에서 매년 1학기에 섬김의 의미를 가르치고 배우는 의미에서 실시하는 행사이다. 본 주제와 관련하여 더욱 그 의미를 부각시킬 수 있었다.

〈신앙과 학문 통합을 통한 관광채플의 커리큘럼 2016-1학기〉

주	일	성경본문	주제	설교/프로그램
1	3/3	마 6:25-26	AI 로봇 서비스 시대에 인간은 필요 없다?	인간과 인간에 의한 서비스는 여전히 필요하고 소중하다
2	10	요일 4:7-18	인간 서비스의 위기	세상을 바꾸는 서비스는 AI가 아니라 예수님의 사랑에서 온다.
3	17	시 42:1, 5	위기에서 도우시는 하나님	다음 주 세족식 준비
4	24	요 13:14-15	섬김의 세족식	사랑과 헌신의 서비스
5	30	눅 19:1-7	낮은 자의 섬김	마임이스트 조인정씨의 마임공연
6	4/7	레 19:9-10	AI시대의 로봇 서비스와 차별화되는 백석관광인의 서비스	관광학부 학생회 헌신예배
7	14	딤전 5:10	AI시대의 로봇 서비스와 차별화되는 호텔경영인의 서비스	호텔경영전공 헌신예배
8	21	마 5:13-16	AI시대의 로봇 서비스와 차별화되는 관광인의 서비스	관광경영전공 헌신예배
9	28	막 10:45	AI시대의 로봇 서비스와 차별화되는 항공서비스인의 서비스	항공서비스전공 헌신예배
10	5/12	수 1:9	스승으로부터 배우는 섬김	스승의 날 기념채플
11	19	막 10:45	사랑과 희생의 서비스	예수님의 십자가 서비스 모범
12	26	갈 2:20	섬김 받은 자의 섬김	세례식-크리스천서비스 선서식
13	6/2	막 10:45	구체적인 섬김을 향한 비전운동	SMT 헌신예배
14	9	요 12:4	사랑과 희생의 서비스	세상에서 가장 차별화된 서비스
15	16	요일 4:7	사랑으로	예배가 섬김이다

2.
신앙과 학문의 통합을 통한 대학채플 목회의 실제적용

백석대학교 관광채플에서 기독교 신앙과 관광학문의 통합은 양자의 핵심 공유개념인 '서비스(섬김)'를 중심으로 우리 시대의 화두를 담은 "AI시대의 로봇 서비스와 차별화되는 관광인의 서비스"라는 주제 하에서 다음의 6개의 핵심 프로그램으로 진행되었다.

1) 서론 및 도입 단계(1주와 2주)

1주(3/3)는 도입 단계로서, "인간은 필요 없다"265)는 제리 카플란의 책을 소개하면서 인공지능을 장착한 로봇 서비스의 도래와 그 위기를 지적하는 것으로 시작되었다. 3월 9일에 이세돌과 인공지능 알파고의 1차 바둑 대결이 있었고, 인간이 만든 최고의 경우의 수를 가진 보드게임으로 불리는 바둑에서 인간이 기계에게 충격적인 불계패를 하는 바람에 사회적인 관심거리가 되었고, 채플의 주제에 대한 학생들의 관심도 고조되었다. 2주(3/10)에는 "제 4차 산업혁명의 이해"라는 주제로 1월 20일에서 23일까지 진행되었던 다

265) 제리 카플란/신동숙 옮김, 『인간은 필요 없다』(서울: 한스미디어, 2016)

보스 포럼의 보고 내용을 소개하였다. 그것은 AI 로봇 등 제 4차 산업의 영향으로 2020년까지 약 500만개의 일자리가 사라진다는 것이었다. 이 같은 위기 상황에서 기계가 하는 빠르고 정확한 서비스와 차별화되는 인간의 서비스는 어떤 것이어야 할지에 대해 문제를 제기했다.

2) 신앙과 학문의 통합으로서의 채플 세족식266)(3주와 4주)

(1) 취지와 기본내용

세족식은 예수님의 섬김의 마인드를 배울 수 있는 중요한 행사이다.

신앙과 학문의 통합 차원에서 이번 세족식에서 재해석하고 의미부여한 것은 인간의 따뜻한 서비스였다. 즉 신속하고 정확한 로봇 서비스와 차별화되는 인간의 서비스는 희생과 사랑의 따듯한 서비스라는 것이다. 진행내용은 내리사랑의 원리를 적용하여 열 명 단위로 교수들이 4학년 학생을, 또 그 4학년이 3학년을… 그리고 2학년과 1학년 학생들까지 발을 씻기고 섬김을 표현하는 행사였다.

(2) 신앙과 학문 통합 차원의 세족식의 의의

"AI시대의 로봇 서비스와 차별화되는 관광인의 서비스"가 어떤 것인지에 대해 질문을 받고 있는 관광학문과 관광 전공학생들에게 신앙적 행위인 세족식은 그 자체로 하나의 의미 있는 답이 되었다. 즉, 로봇 서비스와 차별화되는 서비스는 냄새나는 발까지 닦아주는 자

266) 채플 세족식은 백석대학교 전 채플이 매 학년 1학기에 실시하는 연례행사이다.

기희생적이고 남을 배려하는 예수님의 서비스 정신이라는 것이다. 동시에 그 서비스는 낮은 자의 비굴한 서비스가 아니라 높은 자, 많이 사랑받고 더 마음이 넉넉한 자의 당당한 서비스라는 것이다.

3) 신앙과 학문의 통합으로서의 학생 헌신예배267)

(1) 취지와 기본 내용

학생들이 준비하고 참여하는 헌신예배는 별화되는 관광인의 서비스"라는 채플 주제에 대한 신앙과 학문 통합 차원의 연구와 발표 형식으로 진행되었다. 헌신예배의 내용은 각 학생회 및 전공 학생들의 찬양 혹은 율동과 같은 공연과, 주제에 대한 자체 연구와 대안 제시를 담은 PPT 및 동영상 발표였다. 준비과정에서 학부담임 목사는 여러 차례 대표들을 만나 채플주제에 대한 기본 설명을 하고 기독교 신앙과 관광학문의 통합 차원의 연구를 도왔다. 그 과정에서 학생들과 친밀한 관계를 맺고 신뢰감을 형성하였다. 학생들은 "AI시대의 로봇 서비스와 차별화되는 관광인의 서비스"라는 제목으로 각 전공의 범위 내에서 이미 개발 및 상용화되어있는 로봇 서비스의 실태들을 조사하여 이미지 혹은 영상으로 먼저 보고하였다. 그것은 채플 참여 학생들에게 인공지능이 갖추어진 로봇 서비스가 서비스를 업으로 하는 사람들에게 얼마나 큰 위협이 되고 있고, 앞으로 더욱 그러할지에 대해 실감하도록 했다. 동시에 학생들은 AI시대의 로봇 서비스와 차별화되는 서비스의 내용을 개념적 차원에서 성경에서 찾아 그 대안으로 제시했다. 관광학부 학생회

267) 학생들이 참여하는 헌신예배는 매년 1학기에 실시하는 연례행사로서 관광학부채플에 정착된 프로그램이다.

가 주관하는 헌신예배는 6주(4/7)에 실시되었고, 호텔경영전공의 헌신예배는 7주(4/14)에, 관광경영전공의 헌신예배는 8주(4/21)에, 항공서비스전공의 헌신예배는 9주(4/28)에 있었다.

(2) 신앙과 학문 통합 차원의 학생 헌신예배의 의의

관광학을 전공하는 학생들은 "AI시대의 로봇 서비스와 차별화되는 관광인의 서비스"라는 채플의 주제와 관련해서, 자기 전공분야에서 이미 시행되고 있는 로봇 서비스의 실상을 조사하였다. 그리고 그 문제의 심각함에 대해 여러 형식의 자료를 통해서 전체 채플 참여자들과 공감하는 기회를 제공하였다. 그리고 그 대안을 성경과 기독교에서 찾았고 직접 영상과 PPT 발표를 통해 전체 채플 참여자들에게 방향을 제시했다. 이것은 신앙과 학문의 통합이 채플의 주체인 담임목사의 차원이 아니라, 또 다른 주체인 관광학 전공 학생들의 차원에서 이루어진 것이라는 점에서 더욱 의미가 있다. 이것은 기독교 대학과 대학채플의 상황에서 이루어질 수 있는 가장 적극적인 형태의 신앙과 학문의 통합이라고 말할 수 있다.

4) 크리스천 서비스 선서식과 함께하는 채플 세례식[268](12주)

(1) 취지와 기본 내용

대학채플에서의 세례식은 어쩌면 비기독교인들이 가장 부담스

268) 채플 세례식은 백석대학교 전 채플이 매 학기 말에 실시하는 학기 행사이다. 그 형식과 내용에 대해서는 "신앙고백과 세례" 유튜브 영상 참조. https://www.youtube.com/watch?v=OuguKkaCk7A

럽게 생각할 수 있는 행사일지도 모른다.. 그러나 어떻게 하느냐에 따라서 반응은 달라질 수 있다. 신앙과 관광학문의 통합 차원에서, 가장 기독교적인 예전인 세례식에 서비스 선서식을 통합했다. 채플 세례식 순서에서 세례자들은 전체 앞에서 자기가 무엇을 믿으며 왜 믿는지에 대한 신앙고백을 하고 세례를 받는다. 그 후에 바로 크리스천 서비스 선서를 하도록 했다.[269] 사랑받고 섬김받은 자로서의 새로운 정체성을 가지게 된 세례자들이 이제는 다른 사람들도 그렇게 사랑하고 섬기는 서비스인이 되겠다는 선언을 하게 한 것이다. 이것은 그 선서식을 하는 세례자들뿐만 아니라 그것을 지켜보는 비기독교인들에게도 의미 있는 행사이다. 세례식을 지켜보는 채플 참여자들에게는 비록 그들이 비기독교인들이라 할지라도 이 불확실성의 시대에 너무도 구체적이고 분명한 신앙 가치관에 입각하여 긍정적인 자기이해와 소신을 보여주는 새내기 기독교인들의 선언이 그들에게 무언의 도전으로 가 닿도록 한 것이다. 이때 채플세례는 그 자체로 받는 사람은 물론 증인으로 참여하는 사람에게도 복음을 선포하는 방편이 된다.[270]

(2) 신앙과 학문의 통합 차원의 채플세례식의 의의

크리스천 서비스 선서식이 최종 부분에 더하여진 세례식은 표면적으로 신앙과 무관하게 보일 수 있는 직업상의 서비스에 최고의 신앙적 의미를 부여한 것이다. 이것은 기독교의 직업 소명설을 구

269) 선서식의 내용은 다음과 같다. "사랑하는 하나님, 저희를 섬기시려고 오셔서 발씻어 주시고, 십자가에 못 박히신 예수님의 섬김을 믿습니다. 그 섬김 덕분에 저희는 영원히 사랑받고 축복받는 하나님의 자녀가 되었습니다. 이제 저희도, 저희가 받은 예수님의 섬김으로 하나님 나라와 세상을 섬기는 좋은 서비스인이 되겠습니다."

270) 대한예수교장로회총회, 『대한예수교장로회 헌법』(서울: 한국장로교출판사, 1998), 259.

체화하고 형상화한 것이라고 볼 수 있다. 그런 면에서 크리스천 서비스 선서식이 포함된 채플 세례식은 기독교 신앙과 관광학문 통합의 실제적인 표현의 하나라고 볼 수 있다.

5) 신앙과 학문의 통합으로서의 SMC 헌신예배(13주)

(1) 취지와 기본 내용

SMC는 Self Management of Christian의 머리글자로서 크리스천의 자기경영 프로그램이다.[271] AI 시대의 로봇 서비스와 차별화된 관광인의 서비스를 하기 위해서 신앙을 지닌 관광인은 예수님의 자기희생과 섬김을 배우고 전문인으로서 자기 전공의 직무능력에 있어서 장인의 예술성과 숙련성을 갖추어야 한다. SMC는 개인 차원에서 기독교 신앙과 전공의 통합을 지향하는 프로그램이다. SMC는 직업을 하나님이 주시는 개인의 소명으로 인정하고, 자기탐색과 직업탐색 그리고 개인의 직업비전 확정과 그에 대한 세부적인 계획과 실천을 신앙고백적인 차원에서 하도록 하는 4주 완성 프로그램이다.

SMC 헌신예배는 채플도우미인 선교부의 헌신예배로서 신입회원의 SMC 발표와 SMC를 마친 기존회원들의 비전동아리 발표로 이어진다.[272]

271) SMC는 원래 백석대학교 경상학부 담임목사인 최광렬 목사의 SM5라는 자기경영 프로그램에 파슨스의 직업상담이론(자신에 대한 이해, 직업에 대한 이해, 과학적이고 합리적인 매칭)을 접목시켜서 관광학부 담임목사가 관광학부 채플도우미 중에서 새내기와 신입생을 교육하기 위해 만든 자기경영 프로그램이다. 백석대학교 관광학부의 채플 도우미 교육은 기본 성경읽기 과정과 더불어 새내기나 신입생을 위한 SMC과정과 그 과정을 끝낸 학생들을 위한 비전동아리 과정으로 구성되어 있다.

272) 백석대학교 관광학부 채플도우미의 비전동아리 활동은 SMC과정을 통해 자신의 직업비전과 그 실현 계획을 가진 학생들이 그룹을 지어서 자기 직업비전을 준비하는 동아리 활동이

SMC 헌신예배의 목적은 두 가지 측면이 있다. 우선 채플 도우미들 입장에서는 공식적인 헌신예배 발표를 앞두고 보다 긴장감과 집중력 있게 직업비전을 확정하고 계획하도록 한다. 그리고 그 비전계획 속에 있는 목표들 중에서 이번 학기에 우선적으로 준비해야 하는 목표를 선택하고 집중적으로 그것을 준비하도록 한다. 채플에 참여하는 다른 학생들 입장에서는 같은 학생들이지만 직업비전을 발견하고 준비하기 위해 더 애쓰고 노력하는 기독교인 학생들을 보면서 가치관과 삶의 태도 면에서 기독교인들에 대한 호감을 늘리도록 하며, 도전을 받도록 한 것이다.

(2) 신앙과 학문의 통합 차원의 SMC 헌신예배의 의의

다른 전공의 학생들과 마찬가지로 관광학을 전공하는 학생들도 졸업 후에 어떤 직업을 가지고 어떤 모습으로 살지에 대해 구체적인 그림을 가지고 있지 못한 경우가 많다. 그렇기 때문에 더욱 직업과 그 직업의 직무능력에 대해 실질적인 준비를 하지 못하고 있는 현실이 많다. 그러한 현실과 관련하여 SMC와 비전동아리의 내용으로 표현되는 SMC 헌신예배는 학생들이 구체적인 직업을 찾는 과정과 그 직업을 위해서 어떤 직무능력을 갖추어야 하는지, 그리고 어떤 과정을 어떤 형태로 준비해야 할지에 대해서 분명한 길을 보여줄 수 있다. 이 모든 과정에서 기독교 신앙은 관광학문을 전공하는 학생들의 직업탐구와 준비에 대한 현실적 고민에 의미 있는 동기를 주고 방향을 잡아준다.

다. 즉 매 학기마다 채플도우미 학생들은 직업비전 실현을 위하 자기계획에 따라 학기 중 최우선 과제를 적어내도록 하고, 그 내용이 비슷한 학생들끼리 동아리로 묶어주어서 한 학기 동안 함께 시너지를 내어 자기 목표를 달성하도록 하는 것이다. 그리고 그 결과를 묶어서 SMC 헌신예배에 발표하는 것이다.

6) 신앙과 학문의 통합채플 마무리(14주와 15주)

신앙과 학문의 통합 마무리 채플(14주, 6/9)은 “사랑과 희생의 서비스”라는 제목으로 “AI시대의 로봇 서비스와 차별화되는 관광인의 서비스”라는 화두의 결론을 지었다. 그것은 예수 그리스도의 십자가가 보여주는 사랑과 희생의 서비스야 말로 세상에서 가장 차별화된 서비스, 사람을 감동시킬 수 있는 서비스임을 역설하고 한 학기 채플을 마무리 했다. 그리고 종강채플(15주, 6/16)에는 예배(Service)가 하나님과 사람을 향한 서비스이므로, 서비스를 배우는 관광인들은 예배인 대학채플에서 더욱 충실히 서비스를 배우고 표현할 것을 강조했다.

기독교 신앙과 관광학문 통합의 이론과 방법들은 관광채플에서 “AI 시대의 로봇 서비스와 차별화되는 관광인의 서비스”라는 주제를 중심으로 여러 가지 프로그램에 적용되었다. 그 적용은 채플 기획자에게 채플의 새로운 가능성을 보여주었고, 참여자에게는 흥미와 의미를 주는 것으로 나타났다. 그러므로 신앙과 학문 통합의 원리와 방법은 대학채플에 적용될 수 있을 뿐만 아니라, 신앙과 학문 통합을 지향하는 대학채플은 그 자체로 하나의 의미 있는 채플목회 모델의 가능성을 보여주었다고 볼 수 있다.

나가면서

이 글의 목적은 '신앙과 학문통합'의 원리와 방법론을 대학채플의 기획과 운영에 적용해서 의미 있는 결과를 낼 수 있는 대학채플의 한 목회모델을 제시하는 것이다. 그 기본 모델은 신앙과 학문통합의 주체인 기독교인 교수와 학생, 그들에 의해 정립된 학문적 적용, 그리고 그 적용으로 만들어진 커리큘럼이라는 주요한 네 가지 요소들에 의해 구성된다.

기독교 신앙과 관광학문의 통합 과정에서 신앙은 학문에 기독교적 의미를 부여하고, 관광학문은 그것을 통해서 보다 실천적이고 구체적인 대안을 모색한다. 이 같은 내용은 실제 2016년 1학기 백석대학교 관광학부채플에 적용되었다. 그것은 기독교 신앙과 관광학이 공유하는 핵심 개념인 '서비스'를 중심으로 백석대학교 관광학부 1학기 채플의 주요 흐름인 세족식, 학생헌신예배, 세례식, SMT 헌신예배 등을 기본으로 하는 채플 커리큘럼에서 구체적으로 적용되고 표현되었다. 결과적으로 대학채플에서 시행되었던 기독교 신앙과 관광학문의 통합 시도는 전체적으로 채플 기획자나 참여자들에게 보다 흥미롭고 의미 있는 채플의 가능성을 보여 주었다. 관광학문과 관광인이 직면한 서비스 관련 위기에 대해서 성경적인 해석과 의미 부여가 주효했고, 이를 통해서 성경과 기독교에 대한 비기독교인들의 편견이 줄어들고 이해도가 높아지는 계기를 마련했다.

기독교인 교수와 학생에 의한 신앙과 학문통합을 위한 여러 가지 노력은 비신앙인 학생들에게 기독교인들에 대한 호감을 높여주어서 간접선교의 효과를 가져왔다고 할 수 있다. 이후 관광학부 채플의 경우 '서비스'라는 주제뿐만 아니라, "인간으로서의 고객", "고객 만족과 행복", "여행" 등의 여러 주제들을 통해 기독교 신앙과 관광학문의 통합을 계속 시도할 만하다.

그러나 몇 가지 적극적인 시도와 긍정적인 반응에도 불구하고 신앙과 학문의 통합을 지향하는 채플은 넘어야 할 산이 많다. 원래 이 통합을 위한 시도는 신앙과 학문 통합의 광범위하고 다양한 이론과 방법론으로 대학채플을 풍성하게 하고 채플 참여자에게 흥미와 의미를 주어 채플시행의 목적을 달성하려는 것이었다. 그런 차원에서 무엇보다도 신앙과 학문 그 자체에 대한 포괄적이고 구체적인 이론적 연구를 더욱 필요로 한다. 그리고 그러한 토대 위에 채플 현장에 맞는 이론을 더욱 정교하게 정립할 필요가 있다. 그리고 그 실행 내용을 평가하기 위해 최적화된 객관적인 도구를 만들고, 다시금 그 평가의 결과로 기존의 채플을 개선하는 방식으로 나아가야 할 것이다. 그리고 무엇보다도 학문 공동체라고 할 수 있는 대학 당국의 인정과 지지 속에서 신앙과 학문통합 채플을 정착발전시켜 나가는 것이 바람직할 것이다.

9장

대학채플의 커리큘럼

1.
종교교양교육인 대학채플의 커리큘럼

대학채플은 대학의 교양과목이므로 그 교육의 목적과 방법, 그리고 내용을 담은 커리큘럼이 반드시 필요하다.[273] '커리큘럼'이란 소위 '교육과정'이라고도 하는데, "일정한 교육의 목적에 맞추고, 교육 내용과 정해진 수업의 교육 및 학습을 종합적으로 계획한 것"[274]을 말한다.

대학채플의 커리큘럼 구성은 우선, 대학채플이 가지는 고유한 목적과 목표를 분명히 하고, 둘째로 수강학생들의 전공과 라이프스타일의 융합 혹은 통합하고[275], 셋째로 수강학생들의 전공과 관련된 사회적인 트렌드와 변화를 고려하며, 마지막으로 교목실의 목회력을 따라 결정한다.

우선, 우리는 대학채플의 목적을 '학생들에게 성경과 기독교 세계관을 가르쳐서 영성과 인성, 그리고 교양을 갖춘 성숙한 사회인이 되게 하여, 하나님의 사랑과 섬김으로 하나님 나라와 지구촌에 기여하게 하는 것'. 줄이면, '전도와 성경적 삶'으로 정의했다. 그리

273) 이정관, "기독교 신앙교육을 위한 교육과정으로서의 대학채플", 「신학과 실천」, 제28호 (2011). 734-35.
274) "커리큘럼", 『위키백과』 https://url.kr/kyu2pl.
275) 이 책의 7장 '대학채플의 학문적 접근 - 신앙과 학문의 통합'을 참조.

고 대학채플의 목표를 '예배와 전도, 그리고 훈련과 문화'로 정했다. 즉, 대학채플의 목표는 '예배를 통한 영성교육, 전도를 통한 영적생명살리기, 그리고 전인격적인 훈련과 기독교 공동체 문화를 교육하는 것'이다.[276] 그러므로 대학채플은 이 같은 목적과 목표를 교육대상인 학생들의 전공 성향들과 통합시켜서 대학채플의 교육내용을 만들어 낼 때, 비로소 교양과목으로서의 대학채플의 가치를 드러낼 수 있다.

둘째로, 대학채플의 커리큘럼은 수강학생들의 전공과 라이프스타일의 통합을 지향한다. 채플 수강학생들의 전공은 그 학생들의 최대 관심사이다. 그들은 사실 그것을 공부하기 위해 대가를 지불하고 학교와 학과를 선택해서 대학생이 되었다. 그들에게 대학채플을 비롯해서 어떤 다른 교양과목도 단지 부수적인 것이다. 그러므로 대학채플의 내용은 대상학생들의 기본 관심사인 그들의 전공과 직간접적으로 연관이 되어야 한다. 동시에 라이프스타일에 대한 고려도 중요하다. 라이프스타일은 생활 구조, 생활 의식, 생활 행동의 세 가지 요소가 결합된 생활 체계를 말한다.[277] 대학채플은 수강 대학생들의 생활구조와 의식, 그리고 행동의 패턴을 반영하여야 한다. 이를테면 필자가 담임하고 있는 디자인영상학부 학생의 라이프스타일과 관련한 중요한 내용은 입학과 졸업, 성년의 날, 어버이날, 스승의 날, 과제전, 졸업전시회 등이다. 이와 같은 학생들의 중요한 라이프스타일을 포함한 커리큘럼을 만들 때, 대학채플은 자연스럽게 대학생 생활의 장이 되고, 그 중심을 차지하게 된다.

셋째로, 대학채플의 커리큘럼은 '삶의 변화와 적용'을 지향하므로, 수강학생들의 전공과 관련된 '사회적인 트렌드와 변화'를 고려

276) 이 책 2장 '대학채플의 목적과 목표'를 참조.
277) "라이프스타일"『우리말샘』. https://url.kr/73k4gx.

하여야 한다. 전공지식은 고정된 것이 아니라 그 영역의 사회적 트렌드가 바뀜에 따라 함께 바뀌고 재적용되어야 한다. 전공과 무관하다고 해도 사회적 대충격이나 급변에 대해서 학생들도 예민할 수밖에 없다. 이를테면 '2022년 10월 29일 이태원 참사'와 같은 국민적 충격이 생긴 경우, 대학채플은 학생들이 함께 받고있는 그 충격과 슬픔을 진정시키고 위로할 수 있는 그러한 메시지나 프로그램을 진행할 필요가 있다.

마지막으로 대학채플의 커리큘럼은 교목실의 목회력을 반영하여 구상한다. 목회력은 일종의 교회력과 같다. 1학기에 세족식, 이단경계주간, 부활절, 세례식, 그리고 2학기에 문화사역단의 뮤지컬 공연, 세례식 등이 그것이다.

대학채플의 커리큘럼은 이상과 같은 내용들을 세심하게 고려하여 구상하고 진행할 때, 대상 대학생의 삶의 중심 자리를 형성할 수 있고, 전도와 아울러 사랑과 나눔의 기독교적 삶을 더 잘 교육할 수가 있다.

2.
대학채플의 커리큘럼 구상

1) 대학채플 커리큘럼의 사례들

	안양대학교278)	호서대학교279)	백석문화대학교280)
핵심 내용	기독교적 삶의 신앙교육	기독교 정신과 벤처정신	사랑 중심의 기독교적 인성교육
1학기	기독교 신앙 (명품인생)	기독교적 정체성 형성 281)	With Me 나-존중282)
2학기	기독교인의 삶	기독교적 리더십 훈련 283)	With You 너-배려284)

278) 이정관, "기독교 신앙교육을 위한 교육과정으로서의 대학채플", 「신학과 실천」, 28(2011), 733-756.

279) 한미라, "기독교 대학의 예배에 대한 창의적 접근: 채플 교육과정의 개발 및 평가", 「기독교교육정보」 23(2009), 69-108.

280) 김홍진외, 『인성교육모델연구』, 백석문화대학교 미간행 연구보고서, 2012. 백석문화대학은 김홍진외 4명을 연구위원으로 선정하여 교육특성화를 위한 '인성교육모형'을 개발하도록 하였다. 그리고 그것은 기독교인성과목과 대학채플에 적용되었는데, 특히 대학채플의 커리큘럼은 '인성교육모형'에 맞추어 각각 2년과 3년의 특성화된 틀로 갖춰지게 되었다.

281) 이 주제에 맞는 하위 10주제는 다음과 같다. 정체성, 비전, 회개, 하나님, 사순절, 부활절, 성, 감사, 웰빙과 환경, 사랑과 책임적 자아.

282) 자기사랑, 긍정적 자아상, 자존감, 자기수용, 자기포용, 자기계발, 자기인정, 자기 회복, 가능성, 능력 자신감, 외모자신감, 열정회복, 자기감정, 자기긍정, 자기인식.

283) 리더의 책임, 긍정적 사고, 도전정신, 모세리더십, 자원봉사, 추수감사절, 리더의 습관, 리더의 유형, 인재상, 성탄감사예배.

284) 수용, 이해, 용납, 관용, 인정, 회복, 배려, 시각, 사랑, 베품, 축복, 위로, 동행, 포용, 대접.

3학기	기독교의 사랑	기독교적 벤처영성연마285)	With Neighbor 이웃-나눔286)
4학기	기독교의 섬김	기독교 벤처 생활방식실천287)	With God's World 세계-돌봄288)

대학채플은 거의 모든 기독교 대학에서 교양과목의 하나로 지정되어있지만, 정작 채플 커리큘럼을 갖추고 거기에 맞게 진행하는 학교는 그리 많지 않다. 그런데 3개 대학은 선구적으로 대학채플을 하나의 정식 교양과목으로 보고, 그 교육목적과 목표들을 기반으로 커리큘럼을 개발하고 시행하고 있었다. 그 내용을 정리하여 비교하면 다음과 같다.

반면에 전주대학교의 채플 커리큘럼은 4가지 특성을 지닌 소그룹 채플로서 독특한 양상을 띠고 있다. 전주대의 채플은 '성품, 문화, 지성, 소명'이라는 주제를 지니고 진행되고 있다. 그 내용은 다음과 같다.289)

(1) 성품 / 소그룹 채플

성품채플은 성품리더(지역교회 목회자, 사모, 평신도)가 7명 1조의 소그룹 활동으로 예수님의 성품(28개, 한 학기당 7개)을 교육(성경기반)한

285) 인간가능성, 벤처정신, 자기비움, 창의성, 믿음과 벤처정신, 부활절, 생명의 존엄, 어버이주간, 환경사랑, 믿음.

286) 이웃, 포용, 판단, 도움, 관용, 격려, 치유, 대접, 친구, 나눔, 수용, 인정, 효도, 우정, 위로.

287) 자기규율, 창의성, 심미성, 성실, 예의, 연민, 도전, 감사, 실사구시, 믿음.

288) 긍정사고, 도전의식, 인내력, 시간관리, 우선순위, 도전의식, 꿈 성취, 운명창조, 장벽극복, 능력발휘, 승리의식, 미래소망, 독립의식, 성장의식, 도전의식.

289) 국가인권위원회의 결정문과 전주대학교의 홈페이지 내용을 정리했다. 국가인권위원회 아동권리위원회 결정 (사건 22진정0211700), 9.

다. 성품채플은 새로운 인격과 기독교 정신을 함양하고, 학생들에게 내면세계의 질서와 이웃과 함께하는 삶을 통해 신앙으로 이끈다.

소그룹 리더는 신앙뿐 아니라 학교생활에 도움을 주며, 소그룹 안에서 조별 스페셜 모임을 통해 공동체 정신을 훈련한다. 이 채플에 자발적 참여를 유도하고 교육목적을 극대화하기 위해 전주대 총장 발행 인증서 발급 및 장학금 수여도 실시한다.

'바퀴달린 학교'는 캠핑이라는 소재를 통해 교수와 학생이 교제하며 삶의 이야기를 담아냈다. 1학년을 대상으로 '코사싸(코로나를 뚫는 사랑의 싸이클)'를 진행하여 학교 캠퍼스를 충분히 즐기지 못한 1학년 학생들 을 직접 찾아가 만나는 프로젝트를 진행하고 있다.

(2) 지성채플

지성채플은 '지성의 숲'이라는 워크북을 중심으로 지식과 학문의 포괄적인 체계를 교육한다. 지성인을 육성하는 대학의 교과과정 체계 속에서 기독교적 학문관을 정립할 수 있도록 교육하고 도우며, 자신의 전공을 이해하도록 돕는다. 그리고 채플 봉사자들이 함께하여 여러 이벤트와 행사를 진행하며 학생들의 채플 참여를 유도하고 채플을 흥미 있게 진행한다. 또한 학기 말 적극적으로 참여하고 우수한 학생들을 선발하여 장학금을 지급하여 학생들의 자발적 참여와 채플의 교육 목적을 극대화한다.

(3) 소명채플

소명채플은 'SQ(Spiritual Quotient, 영성지수: 인 간의 존재와 삶, 그리고 행복 등에 대한 근원적 가치를 추구하는 능력) 검사'라는 새로운 컨텐츠를 통해 학생들이 본인의 미래를 준비하는 과정을 돕는 채플이다. SQ 검사를 실시하고 결과를 분석하여 각자에게 맞는 적성을 발견하고 개발하는 것에 초점을 맞추어 진행한다. 이를 통하여 채플을 듣는 학생들이 본인에게 맞는 적성과 진로를 확인하고, 하나님의 자녀로 전인격적인 온전함을 이루고 학업에 대한 생각과 고민뿐 아니라 진로를 설계하고 앞으로의 계획에 도움을 준다.

(4) 문화(영성) 채플

문화채플은 음악, 공연, 강의 & 메세지 등의 문화 컨텐츠 를 중심으로 학생들에게 기독교 지식과 영성교육을 하는 것이다. 음악과 신학을 전공한 담당교수가 진행하는 B.M.D(Bible Music Drama 음악이 있는 성경이야기)진행한다. 이것은 학생들에게 주제와 관련된 음악을 먼저 들려주고(채플 밴드와 함께 직업 연주), 기독교 진리를 전한다. 또한 다양한 분야의 게스트를 초청하고 문화공연을 통해 채플의 흥미와 공감대를 높이고 있다. 학기 말에는 참여도와 감사일기 등을 종합하여 장학금을 수여한다.

2) 기존 대학채플 커리큘럼에 대한 평가와 대안

각 기독교 대학들은 학교의 신앙과 교육철학을 배경으로 독특한 주제들을 중심으로 대학채플의 교과과정을 구성했다. 안양대학교는 '기독교인의 성숙한 삶', 호서대학교는 '기독교적인 복음과 리더십(벤처정신)', 백석문화대학교는 '인성교육모형', 그리고 전주대학교는 네 가지 주제(성품-인성과 기독교 정신, 지성-기독교적 학문관 정립, 소명-진로설계, 문화-문화컨텐츠를 통한 기독교 교육)로 채플의 교과과정을 구성하고 진행하고 있다. 위 대학들은 각각의 주제를 중심으로 15주 혹은 10주 단위로 소주제들을 정하여 2년 혹은 3년 주기의 대학채플 커리큘럼을 구성하였다.

그와 같이 장기적이고 확정적인 커리큘럼은 채플에 대한 학생들의 관심을 회복하기 위한 것이지만[290], 다음과 같은 한계들 때문에 채플에 대한 호응이나 높은 만족도를 기대하기 어렵다고 볼 수 있다. 우선 그 커리큘럼은 다른 기독교 교양과목들과 내용상 차이가 거의 없고 오히려 각 주제들이 윤리과목이나 조직신학의 그것들을 연상시켜서 학생들의 흥미를 불러일으키기 어렵다는 것이다. 그리고 고정화된 주제들이 학생들의 눈높이나 사회적 변화, 그리고 교육환경의 변화를 제대로 담아내지 못한다는 것이다.

대학채플도 하나의 교과목이기에 반드시 커리큘럼이 필요하다. 그러나 채플이 다수의 비기독교인 학생들의 반응을 끌어내려면, 공급자 중심의 윤리적, 고정적 커리큘럼에서 벗어나서, 수용자 중심의 흥미롭고 탄력적인 동시에 다른 기독교 교양과목들과 차별화되는 커리큘럼 운용이 필요하다. 그것을 위해서는 채플의 주제와 내용이 대상 학생들의 전공과 그들의 관심사와 시사성을 담은 것일 필요가 있으며, 반드시 학생의 참여를 유도할 필요가 있다. 이상과 같은 조건을 지닌 커리큘럼의 기간은 그 특성상 1년을 넘어가지 않도록 하여, 1학기에서 최대 1년 단위의 '열린' 커리큘럼이 적절하다고 생각된다. '글로벌 트렌드와 참여채플'은 그것들을 반영한 하나의 모델이다.

290) 한미라, "기독교 대학의 예배에 대한 창의적 접근: 채플 교육과정의 개발 및 평가", 기독교교육정보 23권 (2009), 73.

3.
주별 대학채플 내용의 구성 – 변증적 설교방식에 기초

대학채플이 그 목적과 목표, 그리고 전공과 라이프스타일, 그리고 사회적 트렌드와 변화를 담아낸 학기 단위의 커리큘럼을 만들고 나서 주별 채플의 내용을 구성하는 방식은 다음의 몇 가지 절차를 따르는 것이 바람직하다.

우선, 커리큘럼상의 '주제'를 중심으로 시작한다. 대학채플은 대학의 교과목이므로 한 학기를 기본 단위로 하므로, 채플 책임교수는 세심하게 특정 주제를 중심으로 커리큘럼을 짜고, 학생들에게 채플마다 그 학기의 전체 '주제'를 일깨워 주어야 한다.

둘째, 대학채플은 기독교교양과목이지만, 동시에 선교적 예배이므로 어떤 형태의 채플을 구상하더라도 최소한의 예배적 요소인 성경읽기, 기도, 그리고 축도의 형식은 고수하도록 한다.

셋째, 대학채플의 메시지는 변증적 메시지를 지향한다. 예배인 대학채플에는 반드시 하나님의 말씀 선포가 있어야 하는데, 그때 '성경본문에서 삶으로' 이어지는 메시지 선포방식은 바람직하지 않다. 채플 청중의 대다수가 비기독교인이기 때문에 오히려 '삶에서 성경으로', 그리고 다시 성경에서 삶으로 이어지는 변증적 메시지가 효과적이다. 즉, 학생들의 전공이나 라이프스타일, 그리고 사회적 흐름에서 나온 주제로부터 그 내용이나 의미와 관련된 성경말씀을 들려주고 그 주제의 의미를 성경적으로 재해석해주는 방식의 메시지가 바로 대학채플에서의 변증적 설교이다.

넷째, 메시지 내용이 정해지면 그 내용표현에 가장 적합한 표현방식을 정한다. 대학채플에서 가장 일반적인 메시지 표현방식은 강연이나 설교일 것이다. 그러나 상황이나 청중에 따라서 토크쇼, 드라마, 영화, 뮤지컬 등 다양한 방식으로 표현할 수 있을 것이다.

다섯째, 메시지 내용과 표현방식이 정해지면, 그에 맞는 시나리오를 작성한다. 여기서 시나리오란 설교나 강연문, 토크나 드라마를 할 때 필요한 대사와 준비내용을 적은 글을 말한다.

여섯째, 리허설이 필요하다. 리허설은 채플시행을 앞두고 실제로 해보는 것이다. 목사나 연사가 홀로 하는 경우도 미리 연습해보는 것이 필요하지만, 토크나 다수의 사람이 함께하는 공연형식의 프로그램은 반드시 사전 리허설이 있어야 한다. 전체의 흐름에 대한 이해, 참여자의 대사나 역할의 숙지, 등장과 퇴장의 시간과 순서, 위치, 기본 동선확인 등은 채플의 성공을 위해 반드시 필요한 내용이다.

4.
대학채플 커리큘럼의 사례 – '글로벌 트렌드채플과 헌신채플'

백석대학교 디자인영상학부 채플은 이상의 대학채플의 커리큘럼 이론을 기반으로 지난 2020년부터 종교교양과목으로서의 대학채플을 1년 2학기를 기간으로 '글로벌 트렌드와 헌신채플'이라는 실험모델을 개발하고 진행했다. 이 모델은 신앙과 학문 통합의 지식뿐만 아니라, 각종행사를 통한 감동, 그리고 기독교 영성에 대한 이해와 수용을 통한 의지적 결단을 가지도록 하는 전인격적인 교육과정을 지향한다.

1) '글로벌 트렌드와 헌신채플'의 기본 내용과 구성

(1) 신앙과 학문 통합을 통한 지식 교육

디자인영상학부 채플 커리큘럼은 두 학기 단위의 기간으로 이루어진다. 1학기는 '트렌드 채플', 2학기는 '헌신채플'이 그 주요 내용이다. 각 채플의 순서는 성경읽기, 기도, 메시지(설교), 광고, 축도와 같이 예배의 기본 틀을 따르고 상황에 따라 약간씩 변화를 줄 수 있다.

1학기 채플 커리큘럼의 기본은 '트렌드'에 초점을 맞춘 것이다. '트렌드'는 "사람들의 사고, 사상, 활동이나 일의 형세 따위가 움직여 가는 방향이나 추세"291)이다. 디자인은 "빠르게 변화하는 시장의 흐름과 소비자 니즈의 변화를 파악하여 제품과 서비스를 구상하는 것"292)이기에 '흐름과 추세'를 읽어내는 트렌드는 디자인을 가능하게 하는 전제와 본질에 속한다. 디자인 전공자들을 위한 이 채플은 신앙과 학문의 통합 차원에서 글로벌 트렌드를 주제로 삼아 그것을 소개하고, 성경을 통하여 그 의미를 해석하고, 디자인과의 대화 가능성을 논한다. 이것은 성경으로 트렌드를 해석하고 그것에 의미를 부여하는 과정이며, 그것을 통하여 학생들이 기독교적인 디자인 마인드를 형성하도록 돕는 것이다.

2학기 헌신채플은, 글로벌 트렌드와 관련된 주제별 강의 중심의 채플인 1학기와 달리, 그 주제에 대한 학생참여를 주로 하는 채플이다. 헌신채플은 교회의 헌신예배에서 착안한 것으로써 '피교육자의 참여에 의한 교육 프로그램'이다. 이것은 학생들은 채플의 기도, 성경봉독과 메시지, 다양한 채플 프로그램(드라마, 애니메이션, 찬양, 돌발퀴즈 등), 주제발표, 소개와 홍보 등의 내용을 주체적으로 진행한다. 헌신채플은 학생들에게 공동체와 통합과 융집 차원의 교양교육을 할 수 있다는 점에서 의미가 있다.

291) "트렌드" 『우리말샘』 https://opendict.korean.go.kr. '트렌드'는 기독교 신앙과 '다른 학문' 사이에서도 대화의 매개체가 될 수 있다. 필자는 2016년 '관광학부' 채플을 담임하던 때에 당시의 트렌드인 'AI와 로봇'을 매개로 하여 관광학문과 기독교 신앙의 통합 방식으로 채플을 구상하고 진행했다. 채플주제는 'AI 시대의 로봇 서비스와 차별화되는 관광인의 서비스'였다. [이동찬, "신앙과 학문의 통합을 통한 대학채플 목회의 한 모델 연구", 「대학과 선교」 33(2017), 91-120.]

292) 나건·이캐시연주, 『트렌드발전소』(서울: 비쥬얼스토리공장출판부, 2008), 26.

(2) 복음전도를 통한 감동과 신앙적 의지표현 교육

트렌드와 헌신채플은 학기마다 종교적 지식과 아울러 복음전도를 통한 감동과 의지적 결단을 추구한다. 복음전도의 과정은 수강 학생들의 관심사인 '트렌드'에 대한 성경적 해석과 의미부여 가운데, 성경과 기독교에 대한 이해도와 호감도를 키우고, 마침내는 복음을 수용하고 그렇게 살고자 하는 의지를 갖추게 하는 일련의 과정이다. 이 '의지'는 채플 세례식에서 결신 학생들이 공개적으로 자기의 신앙을 고백하고 교회 출석에 대한 결심을 표현하는 모습으로 구체적으로 드러난다.[293] 이러한 의지표현은 세례 학생들에게는 자기확신의 기회를 주며, 채플세례식 참여 학생들에게는 전도의 방편이 된다. 그래서 트렌드와 헌신채플은 지적인 유희가 있을 뿐만 아니라, 정서적 감동과 의지적 결단이 함께하는 신앙 인격적인 교육이 된다고 말할 수 있다.

2) '글로벌 트렌드와 헌신채플' 기획과 운영사례

(1) 2020학년도 '트렌드 채플과 헌신채플'

1학기 대학채플에서는 학부담임목사 중심으로 'Talking to trend (트렌드와 대화하기)'이라는 주제로 진행되었다. 이 시대의 주요 트렌드를 인간, 사회, 자연이라는 주제와 맞추어 선별하고 그 트렌드와 디자인과의 의미, 그 트렌드에 대한 성경적 해석과 적용이 이루어지면서 통합을 시도한 것이다.

293) 이 채플의 복음전도와 세례에 관한 연구는 다음을 참조하라. 이동찬, "언택트 시대에서의 대학복음전도의 한 모델에 관한 연구", 「선교와 신학」 53(2021), 167-194.

2학기에는 '코로나 19와 위로'라는 주제로 헌신채플 중심의 채플을 운영했다. 학생회와 전공임원들이 그 주제에 맞춰 성경봉독, 대표기도, 다양한 채플 프로그램들과 아울러 주제별 발제를 준비했다. 다음은 2020학년도 디자인영상학부 채플에서 시행한 커리큘럼이다.[294]

주	1학기 '트렌드' 채플	주	2학기 '코로나와 위로' 채플
1	새내기 환영채플	1	코로나와 함께하는 개강채플
2	트렌드 채플	2	코로나 시대의 자존
3	4th IR시대 초개인화 기술	3	코로나 시대의 아모르 파티
4	UI/UX 디자인	4	코로나 시대의 트롯찬양
5	특화생존	5	코로나 시대의 내 삶의 이유
6	채플세족식	6	코로나 시대에 부르는 노래
7	페어 플레이어	7	코로나 시대의 감사
8	언택트 기술	8	헌신채플: 학생회
9	토크채플	9	헌신채플: 영상에니메이션 전공
10	오팔세대	10	헌신채플: 시각디자인 전공
11	멀티페르소나	11	헌신채플: 산업디자인 전공
12	토크채플: 스승의 날 채플	12	헌신채플: 인테리어디자인 전공
13	업글인간	13	열린채플-드라마
14	페어플레이어	14	성폭력 예방교육
15	채플 세례식	15	헌신채플: 디영 선교부

294) '트렌드와 헌신채플'은 지적인 차원의 트렌드 연구뿐만 아니라, 다양한 정서적인 감동과 신앙적 의지를 불러일으키는 활동을 한다. 각종 신앙과 삶 토크, 드라마, 학생참여행사, 세족식과 세례식 등.

(2) 2021학년도 '디영 ESG 채플'

1학기 채플의 주제는 '디영 ESG채플'이다.[295] 글로벌 트렌드인 ESG는 환경, 사회, 기업의 지배구조와 관련해서 생겨난 전 지구적인 심각한 문제들에 대해 해결책을 제시하고 지속가능한 지구를 추구하는 모든 노력들을 말한다. 디영 ESG채플은 성경과 디자인의 관점에서 ESG가 문제 삼는 여러 가지 복합적인 문제를 해결해 나가려는 여러 시도들을 조명한다. 그 과정에서 창조-타락-구원-완성이라는 성경적 세계관은 하나님이 정하신 창조질서, 인간의 타락한 본성에 의한 환경파괴, 그리고 그 해결책으로서의 '사랑과 배려'의 십자가 정신을 기반으로 하는 디자인 마인드와 같은 메시지를 전한다.

2학기 채플의 주제는 1학기 주제와 직접 연결을 시켜서 'ESG 참여채플'로 정했다. 학기 초반에는 1학기에 다룬 ESG의 주제를 정리하고 학생들의 참여를 촉구하는 내용으로 진행하였고, 중반 이후에는 학생참여의 헌신채플을 운영하고 있다. 학생들은 주어진 주제들에 대해 연구와 소개를 하고, 그 주제에 대한 자신들의 이해 위에 그것을 체험하는 디자인적 시도들을 한 후에, 그 경험을 바탕으로 제안하는 방식으로 헌신채플의 내용이 진행되고 있다.

주차	1학기 'ESG' 채플	주차	2학기 'ESG 참여' 채플
1	새내기 환영채플	1	ESG와 기독교복음
2	ESG 디영채플 이야기	2	ESG와 디자인의 대화
3	제로 쓰레기 운동 이야기	3	ESG 실천운동

295) Enviroment(환경), Social Responsibility(사회적 책임), Governance(지배구조)의 합성어.

4	디영 ESG채플	4	ESG 토크
5	채플 세족식	5	ESG와 디자이너
6	필환경시대의 디자인	6	헌신채플: 선교부 '제로웨이스트'
7	필환경의 비거니즘	7	헌신채플: 학생회 '업싸이클링'
8	ESG마인드-배려의 십자가	8	헌신채플: 영상애니 '프리싸이클링'
9	ESG - S, 사회적 섬김	9	헌신채플: 시디 'RE 100'
10	ESG - S, 사회적 약자배려	10	헌신채플: 산디 '컨셔스디자인'
11	스승의 날과 노젬 대학생활	11	헌신채플: 인디 '비거니즘'
12	Talk 채플: 윤도현의 삶과 노래	12	ESG와 백석 디자인
13	ESG 투명한 지배구조	13	열린채플 '뮤지컬 - 왕의 길'
14	성경의 ESG이야기	14	채플 세례식
15	채플 세례식	15	졸업생 환송채플

'선교부'는 각 학부채플의 도우미 학생들의 모임이다. 디자인영상학부에는 4개 전공이 있는데, 영상애니메이션, 시각디자인, 산업디자인, 인테리어디자인이다. 이하 영상애니, 시디, 산디, 인디로 약칭한다.

3) 질적연구를 통한 '트렌드와 헌신채플'의 평가와 전망

(1) 연구의 개요

글로벌 트렌드와 헌신채플에 대한 1차적 평가는 2020년 2학기가 끝난 후에 헌신채플을 주관했던 그룹의 대표들[296]을 대상으로 질적연구로 진행되었다.[297] 일반적으로 사회현상을 밝히기 위해서는 구조화된 조사지를 통해서 양적 연구를 진행하지만, 조사 대상자가 소수로서 제한적이고, '트렌드와 헌신채플'과 같이 정립된 이론과 사례가 없는 경우에는 심층면접 방식으로 진행되는 질적연구가 효과적이다.[298] 이 연구 목적은 2020년에 새로 실시한 '트렌드채플과 헌신채플'에 대한 학생들의 반응과 앞으로의 방향설정을 위한 자료수집이었다. 이 연구의 절차는 실험채플에 대한 반구조화된 질문지 작성, 카카오톡을 통한 설문조사 실시, 그리고 그 결과를 가지고 각 내용에 대해 더 깊이 있게 전화를 통한 심층면담 등으로 이루어졌다.[299]

설문지 내용은 인구 통계적 질문(학생단체의 수와 기독교인 구성비율), 2020년 '트렌드와 헌신'채플과 이전 채플의 비교, 2020년 채플평가(흥미, 의미, 이해, 감정, 의지), 채플 활성화 방안 등이었다.

(2) 질적연구 분석의 결과

인구 통계적 질문 차원에서 학생단체를 구성하는 대부분의 학생은 비기독교인들이었으며, 그럼에도 불구하고 채플에 대해서 비교

296) 학생회 부회장, 4개 전공의 전공장들, 디영선교부 회장, 총 6명.

297) 질적연구의 방법론에 대해서는 다음의 연구를 참조하라. Xuerui Liu et al., "The roles of social media in tourists' choices of travel components, *Tourist Studies* 20(2020), 34-35. 심순철·최현정, "식용견 문화의 변화와 진화론적 고찰", *Culinary Science & Hospitality Research* 24.(2018), 122-129; 이동찬, "언택트 시대에서의 대학복음전도의 한 모델에 관한 연구", 180-183.

298) 앞의 논문, 180-181. 양적연구도 필요했지만, 코로나19로 인한 비대면 상황상 여건이 되지 않았다.

299) 2021년 1월 18일 연구대상 6명에게 카카오톡을 통해 약간의 선물과 함께 연구자 협조문과 설문지를 배부하였고, 1월 24일부터 30일까지 설문지를 수거하고 1차 분석하였고, 2월 1일에서 2일까지 연구대상 각자에게 전화를 통한 심층면접 실시하였다(약 15~20분).

적 호감을 가지고 있었다.

○ 2020년 '트렌드와 헌신채플(새 채플)'과 '이전 채플'의 비교

"새 채플이 '흥미'라는 면에서는 좋았으나, 이전 채플이 '의미'전달 차원에서 더 좋았다. 성경과 기독교의 내용을 더 잘 이해하고 공감하는데는 이전 채플이 더 좋았다."(선교부 회장)

"새 채플이 '흥미와 의미' 측면에서 일반채플보다 더 좋았으나, 성경과 기독교의 내용을 더 잘 이해하고 공감하는데는 일반채플이 더 좋았다." (학생회 부회장, 인디 전공장, 시디 전공장, 영상애니 전공장)

'트렌드와 헌신채플'이 '흥미'라는 면에서 학생들의 관심을 끈 것은 좋았으나, 정작 성경과 기독교의 내용을 잘 풀어내어 전달하는데는 다소 미흡한 것으로 나타났다.

○ 2020년 '트렌드와 헌신채플' 전체평가

"트렌드 채플은 관심을 불러일으키는 주제였으나, 그 내용이 어려워서 이해하기 힘들었다. 더구나 그 트렌드에 맞는 디자인적 적용이라는 것은 너무 부담스러웠다."(영상·애니 전공장, 학생회 부회장)

"트렌드는 우리가 늘 듣는 이야기이기 때문에, 차라리 이전 예배의 형식으로 과제나 여러 가지 학교생활로 힘든 학생들을 위로하고 격려하는 메시지가 전해지면 좋겠습니다."(선교부 회장)

"모두가 즐겁게 볼 수 있는 채플입니다. 하지만 과제가 많은 디영학생들에게 행사가 겹치거나 바쁜 와중에 같이 준비한 것이 부담되었습니다. 그런데 직접 참여해서 하는 것인 만큼 공감도가 더 큰 것 같습니다."(인디 전공장, 시디 전공장)

"전공 관련해서 새로운 흐름을 소개받아서 좋았습니다. 무엇보다 목사님이 학생들을 이해하고 배려하려고 애쓰시는 것이 느껴져서 좋았습니다."(산디 전공장, 인디 전공장)

"트렌드와 헌신채플은 처음이었지만, 이상하지 않았다. 헌신채플을 준비하면서, 학생 임원들과 함께 실제로 성경구절들을 찾아보고 읽어보면서 기독교가 전달하고자 하는 바를 인지하고, 교회 다니는 학생들에게 물어서 기도를 어떻게 하는지, 무슨 내용을 넣어야 하는지 알게 되었고, 그렇게 기도문도 만들고 기도했다."(산디 전공장)

'새 채플'에 대한 호불호가 갈리는 모습들이 보인다. 새로운 채플 유형에 대한 부담감, 채플이 예배의 영역을 벗어남에 대한 거부감 등은 새 채플에 대한 부정적인 평가이다. 반면에 채플 진행자의 성의와 노력에 대한 호응, 학생들의 참여로 인한 만족 등은 긍정적인 평가이다.

○ 채플 활성화에 대한 조언

"비기독교인들의 흥미와 관심에 대한 탐구가 더욱 필요할 것 같습니다. 트렌드와 헌신채플이 좋은 것은 사실이나, 제작방식

이나 구성을 '재미'라는 면에서 다듬을 필요가 있다고 생각합니다."(영상애니 전공장)

"디영채플의 현실은 비기독교인 학생들이 대부분이며 학교과제가 너무 많아서 채플에서 무엇을 하더라도 학생들의 반응을 끌어내기가 쉽지 않다는 점입니다. 그래서 약간의 강제성이나 상품 수여가 참여도를 높이지 않을까 생각한다."(선교부 회장, 인디 전공장)

이상의 질적연구는 새로운 형식과 내용으로 시작된 '트렌드와 헌신채플'이 학생들에게 아직 낯설어서 제대로 정착되었다고는 볼 수는 없지만 그 가능성이 있음은 보여주었다. 무엇보다도 먼저 학생들의 전공과 관련된 '트렌드'가 그들의 주의를 끌고 마음을 열 수 있는 매체라는 점을 알 수 있었다. 그리고 채플이 대상자들에게 눈높이를 맞추고 관심을 끌기 위해 보이는 채플 기획자의 성의에 대한 호응이 있었다. 그러나 동시에 이제껏 수많은 채플을 기획하고 운영하면서 겪었던 동일한 한계도 같이 생각나게 했다. 가장 뼈아픈 것은 채플 자체에 대한 무반응이다. 비기독교인 학생들 중 많은 수는 자신의 학업과 삶 외의 '부수적이고 종교적인' 채플에 대해서는 그 어떤 형태이든, 내용이든 관심 밖의 사항이다. 물론 그것은 당연한 사실이다. 그러한 기본 반응을 전제로 채플 기획자는 그들을 더 이해하고 그들의 눈높이와 관심사에 더 민감해야 할 것이다. 다른 한계는 새 채플에 대한 일부 기독교인 학생들의 냉소적 태도이다. 그들은 채플이 '교회예배' 그대로 이기를 원하기 때문에 그 형태가 변하거나 내용이 '세속적'이기를 원하지 않는 것 같다. 이 문제야말로 대학채플이 선교대상자인 비기독교인 학생을 위해 더 유연하고 다채로운 모습으로 나아가는 데 대한 진정한 걸림돌이 된다. 그러므로 선교부를 비롯한 기존의 '성숙한 기독교인 학생'들에 대한 배려와 교육이 따로 필요한 이유가 될 것이다.

나가면서

우리는 종교교양교육의 하나로서의 대학채플의 커리큘럼에 대한 이론을 세워 보았고, 그 이론에 입각한 '글로벌 트렌드와 헌신채플' 모델을 제안했다. 이것은 트렌드를 매개로 하여 성경을 통하여 전공학문과 대화하고 기독교적 의미를 부여하는 방식으로 신앙과 학문의 통합을 추구한다. 이 모델은 '창의와 융합'의 맥락에서 '교양교육'에 기반한 것으로, 디자인을 전공하는 학생들뿐만 아니라 다른 전공의 학생들에게도 일정 부분 적용할 수 있으리라 생각된다.

대안적 실험채플인 '글로벌 트렌드와 헌신채플'은 물론 많은 제약과 한계들을 가지고 있다. 이 채플은 가능하다면 학부나 전공 단위의 단일채플일 것을 요구한다. 매년 새로운 트렌드를 선정하고 그것을 중심으로 채플의 목적과 목표에 맞는 커리큘럼을 짜는 수고가 필요하다. 학생들을 채플에 참여시키기 위하여 학생단체와 교수들과의 지속적인 원만한 관계가 필요하다. 실제 평가에 있어서도 질적연구뿐만 아니라, 양적연구도 함께하여 포괄적인 평가와 그를 토대로 한 개선책 마련이 필요하다. 그래서 가능하면 그 학부(과)를 잘 알고 신앙과 학문의 통합을 주도할 수 있는 담임목사제일 것을 요한다.[300] 물론 이 모든 조건을 만족시킨다고 하더라도 '글로벌 트렌드와 헌신채플'이 비기독교인과 기독교인 학생들 모두에게 바로 환영받고 쉽게 정착된다고 보장할 수는 없다. 그러나 대학채플에 대한 시대적 요구가 객관적이고 학문적이며 학생들에게 유의미한 종교교양교육임을 생각해 볼 때, 먼저 채플이론을 정립하고 그것과 채플 수용자인 학생의 니즈에 맞춘 '전달되는' 채플에 대한 다양한 연구들은 반드시 필요하다고 말할 수 있을 것이다. 그리고 '글로벌 트렌드와 헌신채플'은 그 시도 중의 하나인 것이다.

300) B대학의 학부담임목사제도에 대해서는 다음을 참조하라. 이동찬, "백석대학교의 선교적 브랜드인 '학부담임목사제도'에 대한 평가와 전망", 「생명과 말씀」, 제29권 (2021), 224-257.

10장

대학채플의 생명살리기 1

전도

1.
사회적 책임과 함께하는 복음전도

'복음전도'는 처음부터 '이방인에게는 미련한 것'이고, 주의 백성 '유대인에게는 거리끼는 것'이었다. 코로나19 이래로 생겨난 '거리두기의 분위기'는 복음전도를 더욱 '거리끼는 어떤 것'으로 만들어버린 듯하다. 이런 상황에서는 선교전략상 "직접적인 복음전도보다 사회적 책임을 다하는 공적 사역을 증진하는 것이 지혜로운 선교 방법이라고 말들을 한다.[301]" 언택트 상황에서의 선교는 '복음전도' 보다는 '사회적 책임'에 무게를 두는 것이 필요하다는 것이다.

선교의 바람직한 모습은 복음전도가 중심이 되고 사회적 책임수행이 함께 가는 것이다. 기독교가 사회적 책임을 다하지 않거나 무시하는 상태에서 아무리 영혼구원을 외치며 길거리로 나아가도 듣는 사람이 없을 것이다. 반면에 기독교가 '사회적 책임 차원의 선

301) 최동규, "코로나19 사태로 인한 뉴노멀 시대의 목회", 「선교와 신학」 제52집 (2020), 186. 김은혜도 한국교회가 피조세계와 물질적 환경에 대한 교회의 사명으로 개인의 회심과 영혼구원을 중요하게 생각하는 구원론을 넘어 서야함을 주장했다. [김은혜, "비대면 문화에 대한 신학적 성찰: 디지털 문화에 대한 이해와 관계적 목회의 가능성", 「선교와 신학」 제52집, (2020), 259.] 이명석은 교회가 감당해야할 '역사에 대한 책임의식'과 '창조세계에 대한 책임'과 '생태문제에 대한 사명'은 지금의 시대에 꼭 필요한 선교적 입장이라고 말했다. [이명석, "20세기초 스페인 독감과 2020년 코로나19가 아프리카 지역에 끼친 영향에 대한 비교분석과 생태선교적 제언", 「선교와 신학」 제52집, (2020), 163.] (139-170)

교'에만 올인하고 '예수님이 그리스도가 되신다'는 복음을 실제로 전하지 않으면 아무도 믿는 사람이 없을 것이다. 복음은 성경의 그 내용 그대로 전해져야 죄가 깨달아지고, 예수님의 십자가를 필요하게 되고 마침내 구원받은 하나님의 사람으로 변화되게 된다.

교회성장이 멈추고 교회학교가 침체되면서 대학의 기독교인 학생의 수도 현격하게 줄고 있다.[302] 이런 상황에서 젊은이 전도의 최전방인 대학의 선교적 열정을 유지하고 청년세대의 지속가능한 선교를 위해서라도 대학의 복음전도는 더욱 강조되어야 한다. 물론 대학선교의 기초는 사회정의에 민감한 대학생을 대상으로 하는 만큼 기독교의 '사회책임'을 강조하고 노력하는 모습을 보이는 것이어야 할 것이다. 이제 뉴노멀이 된 ESG[303]의 맥락에서 환경과 사회책임, 그리고 투명하고 민주적인 지배구조와 같은 원리를 강의와 프로젝트, 상담 기타 학교 조직운영 등에서 실천하면서 기독교와 기독교를 믿는 사람들이 결코 시대정신과 동떨어져 있지 않고 앞서가는 이들임을 보여 주어야 할 것이다, 동시에 젊은 세대전도의 요람인 대학선교는 대학의 복음전도를 활성화하기 위하여 포괄적이고 효과적인 대학 복음전도의 모델을 개발하고 실천함으로써 젊은이들을 주께로, 교회로 돌아오도록 해야 할 것이다.

대학의 복음전도 방법들

대학의 복음전도에 관해서는 여러 가지 방법들이 제시되어 왔다. 다음은 그 대표적인 연구들이다. 정두섭은 기독교 대학의 복음

302) 이러한 현상은 대학 신입생의 기독교인 비율의 추이를 통해서 잘 알 수 있다. 다음의 표는 백석대학교 교목실 자료로서 2008년 이래 신입생의 기독교인 비율을 표시한 것이다.
표에 의하면 2011년 56.3% 최고점 이래로 기독교인 신입생의 비율이 계속 하락하고 있다.

303) 환경(Environment)·사회(Social)·지배구조(Governance)

전도 방법을 교목과 신앙공동체에 의한 것으로 나누고, 실제 전도의 방법으로 설교와 강의, 상담 및 개인전도, 학교 방송과 문서 활동 등을 제시했다.[304] 김홍진은 기독교 이해 수업시간의 과제로 주는 종교탐방보고서를 통한 대학 전도 방법을 제안했다. 그것은 학생들이 과제를 통해서 지역교회를 탐방하고 교회의 담임목사를 만나 대화하면서 자연스럽게 전도가 되도록 하는 방법이다.[305] 유성준은 대학 소그룹을 통한 복음전도의 방법을 주장했다. 그것은 대학채플을 대신해서 성경공부 소그룹을 참여하면 채플출석을 인정해주는 제도로서 각 학과마다 그 전공과 구성원들의 특성을 살린 성경공부 소그룹 모임을 통해 한 학기 동안 복음을 전하고 전도하는 것이다.[306] 손성수는 대학에서의 바람직한 복음전도의 방법으로 관계중심의 전도와 생활전도를 역설했다. 관계중심전도는 복음전도의 접촉점을 만드는 것으로 전도의 대상과 진정으로 인격적인 관계를 맺는 것이다. 생활전도는 일상생활에서 하나님의 성품과 기독교인의 인격을 드러내는 전도이다.[307] 필자는 최현정과 더불어 대학전도의 완성된 모습으로서 대학채플 세례식의 의미와 중요성에 대해 연구한 바 있다.[308] 대학채플의 세례식은 결신자의 신앙고백을 중심으로 하는데, 이를 통하여 결신자 본인의 신앙확증과 아울러 채플 세례식에서 그것을 바라보는 비기독교인 학생들을 위한 전도의 방편이 되게 하는 것이다.

이상의 대학전도와 관련된 연구는 대학전도와 관련된 주요한 방

304) 정두섭, “기독교 대학의 종교교육과 복음전도”, 「대학과 복음」 제1집 (1977), 110.
305) 김홍진, “교회와 연계 프로그램을 통한 기독교 대학에서의 전도 전략의 한 모델 연구”, 「대학과 복음」 제4집 (2000), 170-196.
306) 유성준, “소그룹을 통한 대학선교 활성화의 대안모델 연구”, 「대학과 선교」 제25집, 57-91.
307) 손성수, “대학에서의 복음전도의 실제”, 「대학과 선교」 제1집 (2000), 119-120.
308) 이동찬·최현정, “대학채플의 만족도와 복음화율을 높이는 세례식에 관한 연구.” 「대학과 선교」 제24집 (2013), 43-72.

법과 내용들을 포괄하고 있다. 관계전도와 삶을 통한 전도, 소그룹 성경공부, 수업과 상담을 통한 전도, 그리고 대학전도를 마무리하는 채플 세례식 등. 그러나 한 가지 아쉬운 부분은 '교회인도'이다. 학교는 교회가 아니기에 지속적인 양육과 성장을 책임질 수 없기에 바람직한 대학전도는 '교회인도'를 포함해야 한다. 그러므로 우리가 제안하는 대학전도의 모델은 구령의 열정으로 하는 다양한 전도활동, 관계전도와 전도성경공부를 통한 결신, 채플 세례식, 그리고 교회인도라는 과정을 포함하는 것이다.

2.
대학채플을 중심으로 하는 복음전도 모델

대학채플을 중심으로 하는 복음전도의 모델은 기본적으로 구령의 열정으로 하는 기독교 변증, 관계전도와 전도성경공부, 그리고 채플세례와 교회인도로 구성된다.

1) 구령의 열정으로 하는 기독교 변증

전도의 기초는 구령의 열정으로 하는 기독교 변증이다. '전도'는 '십자가에 못박힌 그리스도를 전하는 것'으로 '이방인에게는 미련한 것'이고, 주의 백성 '유대인에게는 거리끼는 어떤 것'이다(고전 1:23-24). 그러나 하나님께서는 전도의 미련한 것으로 믿는 자들을 구원하시기를 기뻐하신다는 말씀을 믿고 영혼을 구원하려는 '열정'이야말로 시대를 초월한 전도의 진정한 기초가 된다. 이 같은 열정으로 이용 가능한 모든 수단을 사용하여 성경과 기독교를 변호하는 것이 바로 기독교 변증이다. 다양한 내용과 방식의 기독교 변증은 전도가 용이하도록 환경을 조성한다. 우리 사회에서 기독교에 대한 비판은 코로나 이전부터 있어왔다. 정당한 비판에 대해서는 당연히 기독교가 겸손히 인정하고, 더 절제하고 책임지는 모습으로 극복해야할 것이다. 그러나 기독교에 대한 부당한 폄하와 악의적인 비판들에 대해서는 구체적인 반론과 변론이 필요하다. 그것은 특히 대학선교의 차원에서 더욱더 요청된다. 왜냐하면 대학생들은 기본적으로 진실에 목말라하는 지성인들이고, 정의와 윤리에 민감한 세대이기 때문에, 기독교에 대한 잘못된 편견과 악의적인 표현이 넘치는데도 적절한 해명이나 대안이 주어지지 못한다면, 그들은 결코 기독교에 대해 마음을 열지 않을 것이기 때문이다. 기독교 변증은 채플의 설교와 기독교 이해과목들에서부터 학교의 모든 행사들 특히 사회봉사활동 등에서 나타날 수 있다. 이 변증은 학교생활의 모든 면에서 성경과 기독교가 유의미한 것이며 인간의 행복을 위해서 꼭 필요한 것임을 설득하는 모든 활동이다.

2) 다양한 매체를 이용한 관계전도와 성경공부

코로나 시대 이후로 디지털 네트워크를 구성하는 다양한 언택트 기술을 통하여 관계를 통한 복음전도가 오히려 쉬워졌다[309] 언택트 기술은 물리적 차원의 접촉을 줄이고 다른 차원의 '접촉을 유지'하는 것으로 주로 비대면 의사소통기술(각종 온라인 기술)을 말한다. '언택트 기술을 이용한 전도'라는 말은 '언택트의 상황에서 각종 비대면 의사소통기술을 이용한 관계전도'라고 말할 수 있을 것이다.[310] 코로나 이전에도 스마트폰을 이용한 다양한 SNS는 강력한 비대면 의사소통 기술이었는데, 코로나로 인해 생긴 언택트 상황에서 각광받는 프로그램은 행아웃이나 줌과 같은 실시간 화상통

309) 김은혜, "비대면 문화에 대한 신학적 성찰: 디지털 문화에 대한 이해와 관계적 목회의 가능성", 249.

310) '관계전도'는 '생활전도'와 아울러 누구나 할 수 있고, 특히 대학생에게 가장 자연스럽고 적합한 전도의 유형이다. 손성수, "대학에서의 복음전도의 실제", 118.

화 프로그램들이라고 말할 수 있다. 그리고 그러한 기술을 통해 관계전도와 성경공부가 가능해졌다.

3) 대학채플의 세례사역과 교회인도를 위한 교육

대학채플에서의 복음전도는 기독교의 좋은 면을 알리고, 불특정 다수를 향해 막연한 복음을 선포하는 것으로[311] 그쳐서는 안 된다. 그 과정에서 성경과 기독교에 호감을 가지게 된 구도자들을 발견해내고, 그들과의 개별 접촉을 통하여 성경공부를 하면서 하나님의 말씀에 직접 직면하게 하여 마침내는 '회심(回心)'[312]을 하도록 하여야 한다.[313] 대학생들이 '회심'을 경험하면서 자기신앙을 공개적으로 선언하고 한 사람의 거듭난 그리스도인으로서 하나님 나라를 추구하는 가운데서, 자기와 이웃과 세상을 직면하여 주도적이고 책임 있는 모습으로 서도록 하는 것이야말로 우리가 추구해야할 '통전적인 대학선교'라고 말할 수 있을 것이다. 그리고 채플을 중심으로 하는 대학선교에서는 특히 그 '회심'을 공식화하는 '채플세례'가 정말로 중요하고 또 필요하다.[314] 세례는 믿고 세례받는 자에게는 개인적인 확신을 주며, 증인으로 참여하는 자에게는 복음전도의 방편이 되기 때문이다.[315]

그리고 대학의 복음전도는 반드시 세례받는 학생들을 교회에 연

311) 대학선교의 목적을 '복음전도'로 규정하지 않는 대부분의 대학선교가 보이는 사역의 한계가 여기까지라고 볼 수 있다.

312) '회심'은 '마음을 돌이키다'라는 말로, '중생(거듭남)'과 아울러 구원의 내용이며, '하나님의 구원에 대한 인간 편에서의 반응'을 의미한다. [김선일, "전도적 관점에서의 회심이해", 「신학과 실천」 제52집 (2016), 655.]

313) 손성수, "대학에서의 복음 전도의 실제", 「대학과 선교」 제1집 (2000), 113.

314) 대학선교에 있어서 '회심과 세례'의 중요성과 정당성에 대해서는 다음을 참조하라. 이동찬·최현정, "대학채플의 만족도와 복음화율을 높이는 세례식에 관한 연구", 48-50.

315) 대한예수교장로회총회, 『대한예수교장로회 헌법』(서울: 한국장로교출판사, 1998), 256.

결하여 지속적인 양육과 신앙생활이 이루어지는 데까지 가야 한다.[316] 한국의 많은 기독교 대학들은 복음전도를 통해서 회심하게 하고 회심한 학생들에게 대학채플에서 세례를 주고 있다.[317] 그리고 그 숫자는 결코 적지 않다. 그러나 그 숫자가 모두 교회로 인도되어서 지속적인 양육을 받고 정상적인 기독교인이 되었다는 보고나 자료는 찾아보기 어렵다. 우리의 이어지는 연구는 아쉽게도 대학채플에서 세례를 받은 학생들이 여러 가지 이유에서 교회정착을 하지 못하고 명목상의 기독교인이 되어버리는 경우가 많다는 것을 보여준다.

316) "복음전도란 그리스도 안에서의 구원에 관한 선포와 죄 용서의 선언과 사람들을 회개와 그리스도를 믿는 믿음으로 인도하는 것과 *그리스도의 교회의 회원이 되도록 초대하는 것*과 성령의 능력 안에서 새로운 삶을 시작하도록 하는 것으로 구성된다" 홍기영, "전도와 교회성장에 관한 주요 문헌연구", 「생명과 말씀」 제12권(2015), 173. 에서 David J. Bosch, "Evangelism: Theological Currents and Cross-Currents Today", The Study of Evangelism. ed. by Paul W. Chilcote & Laceye C. Warner (Grand Rapids, MI: Eerdmans, 2008), 9-15. 재인용. '전도'는 믿음의 어머니인 '교회로 인도하는 것'을 포함한다.

317) 채플세례식을 하는 대학과 세례자 수 및 세례교육 등에 대한 내용은 다음 논문을 참조하라. 이동찬·최현정, "대학채플의 만족도와 복음화율을 높이는 세례식에 관한 연구." 49.

3.
대학채플을 중심으로 하는 복음전도 모델의 실재

2020년에 들면서 시작된 코로나 19는 전대미문의 사회적 거리두기를 일상화하도록 했고 그것은 사상초유의 '언택트 상황'을 만들었다. 이 상황에서 우리는 위에서 언급한 복음전도의 모델을 설정하고 2020년 1학기의 대학채플을 중심으로 하는 복음전도를 다음과 같이 실행 하였다.

1) 전도받은 회심자들이 드라마로 꾸민 기독교 변증

기독교적 변증은 다양한 모습과 방법으로 표현될 수 있지만, 2020년 1학기에는 법정 드라마 형식으로 시도하였다. 우리는 먼저 무신론 혹은 반기독교인(Anti-Christan)이 기독교를 주로 비판하는 내용을 네 가지 주제로 요약했다. '하나님의 존재', '인간의 죄성', '구세주 예수 그리스도', '인간의 주체성'이 그것이다.[318] 그리고 그 비판에 대해서 세례자들 자신의 '이야기'로 변론하도록 했다. 전

318) 네 가지 반 기독교적인 입장의 내용은 프리드리히 니체와 버틀란트 러셀의 저작에서 인용되었다. 프리드리히 니체/나경인 옮김, 『안티크리스트』(서울: 이너북, 2014); 프리드리히 니체/정동호 옮김, 『짜라투스트라는 이렇게 말했다』(서울: 책세상, 2011); 버틀란트 러셀/송은경 옮김, 『나는 왜 기독교인이 아닌가』(서울: ㈜사회평론, 2018).

도성경공부 후 회심한 학생들은 반드시 그들이 왜 무엇을 믿는지를 정리해서 적도록 했는데, 그것이 바로 신앙고백문이다. 그리고 그 내용은 위의 네 가지 주제에 대한 개인의 견해를 자유롭게 적도록 한 것이다. 그 신앙고백문의 내용들을 토대로 필자가 변증 드라마 대본 초안을 작성했다. 이제 믿은 지 얼마 되지 않아서 영적으로 어린 학우들의 증언을 통하여 '나를 만나주신 인격적인 하나님,' '그 하나님 앞에서 부끄러운 죄인인 나,' '그런 나를 구원하시기 위해 십자가를 지신 예수 그리스도'에 대한 경험적 변증을 하도록 한 것이다.[319] 네 가지 주제 중에서 특히 마지막인 기독교인의 비주체적인 삶에 대한 비판은 가장 날카롭고도 혹독한 비판이라고 할 수 있다. 그 주장에 의하면 기독교인들은 이 땅이 아니라 저 하늘만 쳐다보고 살기 때문에 자기 삶에 주체적이지 못하고, 끊임없이 의지하려고만 하는 소극적인 존재들이라는 것이다. 그에 대한 반박으로는 세례자들 중 한 명의 다음과 같은 사명선언문이 제시되었다.[320] 그 것은 기독교 신앙을 가진 학생들은 무력하게 누군가에게늘 기대는 것이 아니라, 하나님의 사랑받는 자신에 대한 더욱 높은 자존감을 가지고, 보다 적극적으로 자신의 달란트(흥미와 적성)를 기반으로 사명과 비전을 설정하고 그것의 성취를 위해 매진할 수 있음을 표현한 것이다.[321] 이 법정 드라마는 백석대학교 디자인영상

319) "주의 대적으로 말미암아 어린아이들과 젖먹이들의 입으로 권능을 세우심이여 이는 원수들과 보복자들을 잠잠하게 하려 하심이라."[시 8:2] 처음으로 복음을 알고 받아들인, 영적으로 어린아이와 같은 세례자들의 성경에 대한 이해와 경험으로 악의적인 반기독교적 비판에 맞서도록 하는 것은 일견 무모한 듯하지만, 실제로는 가장 유력하고 효율적인 기독교 변증의 모습을 보여주는 것 같다.

320) OOO의 사명선언문
"저 OOO는 참으로 소중하고 의미 있는 사람입니다. 왜냐하면 저는 영원히 사랑받고 축복받는 하나님의 자녀이기 때문입니다. 저의 사명은 졸업 후 '최고의 가구 디자이너'가 되어서 하나님의 나라와 지구촌에 기여하는 것입니다. 그것을 위해 저는 매일 성경을 읽고 기도하겠습니다. … 중략 … 저는 지금부터 달라지겠습니다."(면접자 F4의 사명선언문)

321) 이 신앙고백문은 세례자 교육의 내용이지만, 그 내용을 토대로 시행하는 선교부 후속 프로그

학부 1학기 채플세례식 1부 인트로 드라마로 공연되었다.

2) 언택트 기술을 이용한 관계전도와 성경공부

전도 대상자를 온라인 수업 중에 찾아내고 그들과 언택트 기술을 통해서 관계를 맺고 전도성경공부를 하는 전도는 생각보다 어려운 것이 아니었다. 언택트 시대에 개인을 대상으로 하는 관계전도는 유튜브를 통한 영상수업으로부터 시작되었다. 먼저, 종교를 부담스러워하는 비기독교인 학생들을 배려하면서 복음에 반응을 보이는 구도자를 찾아내는 것이 필요했다. 필자는 영상수업시간에 내준 학생들의 과제 등을 통해서 신앙에 관심을 갖는 학생을 선별했고(43명), 그들 중에서 '전화상담'을 통해 비교적 신앙생활에 긍정적인 학우 19명에게 선교부[322] 신입생 환영회로 초대하고 좋은 관계 맺기를 시작했다. 최종적으로 신입생 환영회에 참석한 신입생은 총 10명이었다. 그들 중에 신앙의 확신이 없는 학우 5명과 '전화상담'하면서 '행아웃 프로그램'[323]으로 전도성경공부를 했다. 그 중 2명은 일대일로 성경공부를 했고, 나머지 3명은 일대 삼, 즉 그룹성경공부를 했다. 기본 교재는 IVP에서 간행한 One to One라는 전도성경공부[324] 교재였다.

램이 SMC(Self management of Christian, 기독교인의 자기경영)이다. 이것에 대해서는 다음 글을 참조하라. 이동찬, "대학선교를 위한 직업비전 중심의 기독교적 셀프리더십", 「선교와 신학」 46 (2018), 41-69.

322) '선교부'는 백석대학교의 각 학부채플의 도우미 모임을 말한다.

323) 무료 화상통화 프로그램은 카톡, 줌, 행아웃, 구글미트 등 여러 가지가 있었으나, 학생들이 편하게 사용하는 '행아웃'을 온라인 성경공부의 도구로 삼았다.

324) '대학전도'에 있어서 핵심과정인 전도성경공부의 교재는 One to One외에도 4영리든 뭐든 상관이 없다. 그러나 가급적 복음의 주요 내용이라고 할 수 있는 '창조-타락-구원-완성'을 고루 포함하는 책자이면 좋다. 그리고 성경공부 과정에서, 오프라인이든 온라인이든 일정한 시간 간격을 두고 정규적으로 최소한 3번 이상 만나는 것이 필요하다. 복음에 대한 최소한의 설명과 이해의 시간, 그리고 삶속에서의 반추와 결단이 필요하기 때문이다.

다음은 조직을 대상으로 하는 관계전도이다. 기본적인 관계 형성은 면대면 만남을 기본으로 하지만, 그 이후에는 비대면으로도 관계 형성과 전도가 가능하다. 스마트폰을 이용하여 카카오톡, 페이스북, 인스타그램 등 다양한 온라인 공간과 언택트 기술을 이용하여 전도를 위한 좋은 관계를 맺을 수 있다. 대표적인 조직의 관계전도는 기존의 학생조직들과의 관계 속에서 만들어가는 전도이다. 이번 학기에는 학생회와 전공임원 조직과의 관계를 통해서 학생회 임원 4명, 전공임원 2명을 전도성경공부를 통해 회심하도록 하고 세례를 주었다. 그것을 위해 학기 초부터 학생회 회장과 각 전공장들과 여러 차례에 걸쳐 카카오톡, 전화통화, 인스타그램 등을 통한 정보공유를 하면서, 좋은 관계를 만들었다. 학생조직은 위계체계가 잘 잡혀있고, 선후배 간의 신뢰도 충분하기 때문에 '기본신뢰관계'만 잘 맺어져 있다면, 전도도 쉽다. 이를테면 학생회 회장에게 이번 학기 그루터기공부(전도성경공부)할 사람을 추천해달라고 했을 때, 그는 학생회 임원들을 개별 면담하고 신앙이 없는 학우들 중에서 관심을 보이는 학생 4명을 최종 추천해 주었다. 전공임원 전도도 같은 맥락에서 이루어졌다. 오프라인뿐만 아니라 온라인으로 하는 관계전도는 코로나 이전이든 이후든 어떠한 언택트 상황에서도 가장 실효성이 큰 전도 방법이라고 말할 수 있다.

3) 회심한 학우에 대한 채플세례와 교회출석에 대한 교육

대학전도의 절정은 채플세례이다. 채플세례식의 구조는 공통적인 한국장로교 세례예식에 따라서 '개회-서약-세례-환영'의 4중 구조를 따른다.[325] 그 중에서 채플세례는 그 독특한 상황과 목적 때

325) 최정일, "한국장로교회 예배예식서 분석에 따른 세례예식의 원리와 구조", 「생명과 말씀」 제

문에 '서약'부분을 특히 강조한다. 채플세례의 목적은 믿음의 확신과 전도의 기회와 관련이 있다. 세례자들은 세례의 서약 이전에, 본인이 '무엇을 왜' 믿는지를 자신의 언어로 표현한 신앙고백문으로 직접 공개적으로 고백한다. 이 과정을 통해 세례자들은 믿음의 확신을 가지게 되고 그 고백을 듣는 대부분 비기독교인인 참여자들에게는 강력한 전도의 수단이 되도록 하는 것이다.

백석대학교 채플은 2007년 이후 채플세례를 계속해 오면서 매해 약 200~300명 전후의 회심한 학생들에게 세례를 주었다. 그러나 세례 후 교회등록과 정착에 관한 문제는 오랫동안 쉽게 풀지 못하는 과제로 남아 있었다. 여러 가지 이유로 세례받은 학생들이 교회에 출석하고 정착하도록 하는 후속 관리가 잘 이루어지지 않았다. 그래서 이번 학기에는 세례자 교육을 할 때에 교회의 의미와 교회출석의 중요성을 강조하는 교육을 하기로 했다. 그 교육의 요지는 '대학채플에서 세례받은 학우들은 영적으로 새로 태어난 어린아이이기 때문에 영적인 어머니인 교회의 품에 안기고 양육을 받아야 한다'는 것이다. 그것을 위해 세례자들에게 교회의 의미와 중요성에 대해 교육하고, 강조 차원에서 '교회참여 서약'을 쓰도록 했다.[326] 교회출석에 대한 서약은 세례식 문답의 시간에도 강조되었으며, 세례 후 그다음 주에 가졌던 개별 상담 때에도 확인 1순위가 교회출석이었다.

18권 (2017), 299.

326) '교회 참여 서약' "저 (　　)은/는 하나님의 사랑받는 자녀입니다. 저는 교회가 신앙생활의 어머니와 같은 존재임을 인정합니다. 그리고 신앙적으로 새로 태어난 제가 거기서 말씀으로 양육 받고 다른 지체들과 영적으로 교재하는 것이 제 영혼이 사는 길임을 인정합니다. 저는 세례를 받은 후에 (　　)교회에 등록하고 출석할 것입니다."

4.
언택트 상황의 대학복음전도 모델에 대한 실증적 연구

1) 연구설계

이 실증적 연구의 목적은 회심자들에 대한 설문조사와 심층면접을 통해서, 언택트 상황에서 의도하고 시행한 대학전도 모델의 의미와 타당성을 밝히는 것이다. 그리고 본 연구의 기본 연구가설은 다음과 같다.

(1) 오프라인 전도와 온라인 전도에는 차이가 있을 것이다.
(2) 무신론자와 반기독교인에 대한 적극적인 변론은 전도와 결신에 영향을 끼칠 것이다.
(3) 전도성경공부는 회심과 세례에 직접적인 영향을 미칠 것이다.
(4) 결신 후 세례받은 학생들에게 교회출석에 대한 교육과 강조는 교회출석과 관련하여 긍정적인 결과를 보일 것이다.

본 연구가 취한 연구방법은 2020년 1학기 백석대 디자인영상학부 회심자(11명)을 대상으로 한 양적연구와 질적연구이다.[327] 양적

327) 양적연구에서 '표본의 수'는 문제가 된다. 그러나 질적연구에 있어서 그것 자체는 문제가 되지 않는다. 김동준의 연구는 단 3개의 표본을 가지고 수행한 훌륭한 질적연구이다. [김동준

연구는 개방형 설문지를 통하여, 그리고 질적연구는 전화 혹은 만남을 통한 심층면접 형식으로 진행이 되었다. 일반적으로 사회현상을 밝히기 위해서는 구조화된 조사지를 통해서 양적 연구를 진행하지만, 조사 대상자가 소수로서 제한적이고, 학원전도의 이론과 실제라는 분야에서 정립된 이론과 사례가 많지 않은 경우에는 심층면접 방식으로 진행되는 질적연구가 필요하다.328)

개방형 설문지는 전도성경공부를 중심으로 인구통계학적 질문, 전도성경 공부 이전, 전도성경 공부 이후, 채플세례식, 세례 이후 교회출석, 온라인성경공부 등의 요인을 내용으로 하는 '자유응답형 설문양식'으로 구성되었고, 응답자들에게 카톡을 통해서 먼저 전달되었다. 그리고 심층면접은 연구가설과 관련하여, 온라인 성경공부법과 적극적인 기독교 변론과 교회출석에 관한 것에 초점을 맞추었고, 수거된 개방형 설문지에서 응답자가 질문의 의도를 오해했거나 충분하지 못한 응답을 한 설문내용에 초점을 맞춘 심층면접이었다.329)

외, "코로나팬더믹 이후 관광산업 발전방안 연구", 「호텔관광학연구」 제29집 (2020), 129-44.] 심순철과 최현정은 7명을 대상으로 심층면담 형식으로 질적연구를 수행하였다. [심순철·최현정, "식용견 문화의 변화와 진화론적 고찰", Culinary Science & Hospitality Research 24 (2018, 1), 126.]

328) "질적연구는 알려진 것이 거의 없거나 새로운 이해를 얻기 위해 많은 것을 알아야 하는 실제적 분야를 탐색하는 데 사용될 수 있다." [안셀름 스트라우스 외/신경림 옮김, 『질적연구, 근거이론의 단계』(서울: 현문사, 2001), 10.]

329) 이 방법은 양적연구 차원에서 볼 때 표본의 수(11개)가 제한이 되어 있고, 질적연구 차원에서 연구과정의 객관성을 유지하는 노력에도 불구하고 연구자의 주관적 개입이나 해석여지가 있기 때문에, 자료의 대표성이나 연구결과의 일반화를 보장할 수는 없다는 단점이 있다. 그러나 기존의 연구내용이나 이론이 많지 않은 개인회심의 과정과 언택트 전도의 내용에 대한 우리 연구의 자료수집과 이론화라는 차원에서 유의미한 방법이라고 할 수 있을 것이다.

2) 자료수집과 분석

응답자는 이번 학기 전도성경공부를 통하여 회심한 학생 11명이었다. 이들 중 온라인(Online) 전도성경공부를 한 이들(O표시)은 O1, O2, O3, O4, O5 다섯 명이었고, 오프라인(OFFline) 전도성경공부를 한 사람들(F표시)은 F1, F2, F3, F4, F5, F6 여섯 명이었다. O1~O5는 1학년 학생들이며, 각각 서울을 포함한 천안 이외의 지역에 살기 때문에 온라인 만남만이 가능했다. 이들 중 O1, O2, O3은 일대 삼 그룹으로 함께 성경공부를 했고, O4와 O5는 일대일로 성경공부를 했다. 이들 모두는 성경공부 후에 예수를 그리스도로 영접했으며, 특히 O1, O2, O3은 2020년 5월 21일 백석대학교 디자인영상학부 채플에서 세례를 받았다. F1~F6는 2~3학년 학생들이며, 집은 천안 아닌 다른 지방에 살지만, 학교 근처에서 자취를 하고 있어서 오프라인 만남이 가능했다. 이들도 모두 결신하고 세례를 받았다.

〈표 1. 응답자 분석〉

면접자	거주지	학년	성경공부 형태	공부 전 신앙유무	공부 후 세례	공부 후 교회출석
O1	서산	1	온라인	무	받음	무
O2	청주	1	온라인	무	받음	무
O3	수원	1	온라인	무	받음	유
O4	전주	1	온라인	유	예정	유
O5	서울	1	온라인	무	안받음	무
F1	학교근처	3	대면	무	받음	유
F2	학교근처	3	대면	무	받음	예정

F3	학교근처	3	대면	무	받음	무
F4	학교근처	2	대면	무	받음	무
F5	학교근처	2	대면	무	받음	무
F6	학교근처	2	대면	무	받음	무

3) 개방형 설문지의 구성330)

양적연구를 위한 개방형 설문지는 다음과 같은 질문들로 구성되었다.

〈표 2. 성경공부 관련 설문지 구성〉

요인	주요 문항	세부 문항
1. 기본질문	전공, 학년 사는곳, 소속단체	
2. 공부방식	성경공부의 장소, 방법	
3. 공부이전	교회, 성경관	교회출석경험, 성경경험, 교회와 성경관
	공부의 동기	기본 배경, 개인적 이유
4. 공부이후	공부교재	내용과 길이, 방법
	구원의 확신	하나님의 사랑, 죄인인정
		십자가 믿음, 하나님자녀확신
5. 채플세례식	변증드라마 참여소감, 공적 신앙고백 소감, 세례식 소감	

330) 회심자들은 '전도성경공부'를 계기로 신앙을 가지게 되었고 그 결과로 세례를 받았으므로 설문지는 '전도성경공부'를 중심으로 구성되었다.

6. 세례이후 교회출석	출석한다면	어디 무슨 교회
	출석하지 않는다면	왜?
7. 온라인 성경공부	전체 만족도, 개인 디지털환경	
	행아웃 프로그램	화면구성, 소리의 질, 화상대화 소감
	전체 소감	

양적연구를 위한 위의 설문지는 코로나로 인한 비대면 상황에서 따로 만날 수가 없어서 7월 29일에 카톡을 통해 대상자들에게 배포되었고 8월 7일까지 수거되었다. 그리고 질적연구를 위한 심층면접은 설문지를 먼저 제출한 참여자부터 7월 30일에서 8월 10일까지 지속되었다. 심층면접은 설문지의 미비점에 대한 확인을 하고, 온라인 성경공부, 적극적 기독교 변증, 교회 미출석의 이유에 관하여 보다 적극적으로 질문하는 방식으로 진행되었다.

5.
실증적 분석의 결과

이 연구는 온라인 전도와 오프라인 전도의 차이, 적극적인 기독교 변론의 전도와 결신에 대한 영향, 전도성경공부의 영향, 그리고 세례받은 학생들에 대한 교회출석 교육의 결과에 대해서 다음과 같은 결과를 보여주었다.

1) 비대면 온라인 전도활동은 오프라인 전도만큼 의미 있고 효과적

다음의 표는 온라인상에서 성경공부를 한 응답자의 공부 만족도, 비대면 기술환경, 화상프로그램 등에 대한 평가내용이다.

〈표 3. 온라인 성경공부 평가〉

면접자	공부전 신앙 유무	공부후 회심 여부	온라인 공부 만족도	비대면 기술 환경	화상 매체 장단점	전체 소감
O1	무	회심	10점	컴퓨터, 마이크, 웹캠	전부 양호	간혹 화면과 음성이 끊김
O2	무	회심	8점	휴대폰	대체로 양호	음성 끊김

O3	무	회심	10점	노트북, 휴대폰, 이어폰	전부 양호	가족들 의식 집중 어려움
O4	유, 교회 출석만	회심	10점	휴대폰	편리하고 좋음	어려운 상황에서 한 공부가 좋았다
O5	무	회심	9점	컴퓨터, 웹켐	대체로 양호	좋았다

응답자들의 표현에 따르면, 그들이 화상대화를 하는 데 사용한 온라인 기기는 집에 있는 컴퓨터나 휴대폰 등이었다. 그리고 그것들로 구글의 행아웃 프로그램을 통해 온라인 전도성경공부를 하는 데 간혹 화면과 음성 끊김 현상이 있기는 했지만, 전체적으로 문제가 없었다. 언택트 전도에서 기계나 프로그램상의 문제는 거의 없었다는 것이다. 전도성경공부 전후 구원의 확신 관련 변화에 대한 응답(표 5)과 전도성경공부와 회심동기에 대한 응답(표 6)의 결과 비교에서도 온라인으로 공부한 사람과 오프라인으로 공부한 사람의 특별한 차이는 발견되지 않는다.

이상의 결과들을 놓고 본다면, 연구가설과는 달리 오프라인 전도와 온라인 전도에는 본질적인 차이가 없었다. 즉, 온라인 비대면 기술을 이용한 언택트 전도는 대면 오프라인 전도와 비교해 볼 때, 상대적으로 비용이 많이 드는 것도 아니고, 성경공부에 집중하는 것과 그 결과로 회심하는 것에도 특별히 문제되는 것이 없었다는 것이다. 결과적으로 우리가 지금 사용하고 있는 보편적인 언택트 기술만으로도 언택트 상황에서의 전도가 가능했고, 심지어 선교부 정기모임과 같은 소그룹 모임도 큰 무리 없이 할 수 있었다.[331]

331) '선교부'는 백석대학교의 채플운영과 학부목회 도우미 학생들의 모임이다. 선교부 소그룹 모임은 온라인을 통해 계속되었다. 5월 14일(목) 오후 6시 첫 모임을 시작으로 매주 목요일 오

2) 기독교에 대한 적극적인 변론은 전도와 회심에 유의미한 영향

기독교 변론에 대한 심층면접에서 응답자들은 대부분 기독교를 더 잘 이해하게 되었다고 말했다. 특히 본인들이 세례공부 후에 작성했던 신앙고백의 내용들을 토대로 기독교 변증 드라마를 만들고, 직접 드라마에 참여했던 것이 재미있고도 유익했다고 응답했다. 그러나 동시에 응답자 중 1명은 다음과 같은 의미심장한 이야기를 했다. "기독교적 관점이 있고, 그것을 비판하는 다른 관점들도 있지만, 저는 양자 간의 분쟁을 원하지 않습니다. 서로를 이해하거나 이해시키려고 하지 말고 그저 있는 그대로 받아들이면 불필요한 종교분쟁도 없을 것이 아닌가요?"(F1) 이 응답자의 말은 우리로 하여금 이 시대의 지극히 냉소적인 '상대주의'를 떠올리게 한다. 이 말에서 우리는 최소한 두 가지를 생각해 볼 수 있다. 먼저 유신론과 무신론의 극단적인 가치관 차이가 있는 상태에서 기독교인이 펼치는 기독교 변론이 비신앙인의 비판을 완전히 무마시키거나 압도하지는 못한다는 것이다. 둘째는 대다수의 비기독교인들도 포스트모던의 시대정신을 따라서 절대적인 어떤 것을 좋아하지 않으며 결과적으로 종교분쟁으로 보이는 어떠한 논쟁들도 좋아하지 않는다는 사실이다.

이와 같은 사실들은 우리가 대학전도와 기독교변증의 맥락에서 반드시 고려해야 할 시사점을 보여준다. 먼저, 이 시대의 기독교 변증은 상대를 무시한 흑백논리나 일방적인 주장이 되어서는 안된다는 것이다. 둘째는 대학생활 전 영역에서 모두에게 인정받는 기

후 6시에 행아웃을 통해 온라인상에서 함께 모였다. 회장이 호스트로서 행아웃을 열고 초대 URL을 단체 카톡방에 올리면 회원들이 시간에 맞추어 행아웃 방으로 들어와서 오프라인 모임과 거의 다를 것이 없는 온라인 모임을 가졌다.

독교인의 삶을 통한 변증이 되어야 한다는 것이다. 그 삶은 시대정신에 맞고 비 기독교인들에게도 의미 있는 어떤 것이어야 한다.

3) 전도성경공부는 회심 및 세례와 유관

〈표 5. 전도성경공부 전후 구원의 확신 관련 변화에 대한 응답〉

면접자	공부 형태	공부 전 신앙유무	공부 후 죄인 인정	십자가 이해와 믿음	죄 용서확신 신앙고백문	세례
O1	온라인	무	인정	믿음	확신, 제출	받음
O2	온라인	무	인정	믿음	확신, 제출	받음
O3	온라인	무	인정	믿음	확신, 제출	받음
O4	온라인	유, 교회출석	인정	믿음	확신, 제출	예정
O5	온라인	무	인정	믿음	확신, 제출	안받음
F1	대면	무	인정	믿음	확신, 제출	받음
F2	대면	무	인정	믿음	확신, 제출	받음
F3	대면	무	인정	믿음	확신, 제출	받음
F4	대면	무	인정	믿음	확신, 제출	받음
F5	대면	무	인정	믿음	확신, 제출	받음
F6	대면	무	인정	믿음	확신, 제출	받음

응답자 중에서 O3는 전도성경공부 이전에도 부모님을 따라 교회에 다니고 있는 학생이었다. 그러나 그의 설문지와 면담 상의 응답을 보면 본인이 직접적으로 성경연구를 통하여 스스로 개인 구원에 대해 정리하고 확신한 경험이 없었다. 나머지 구도자들은 일부 교회에 다녀 본 경험이 있는 학우도 있고, 전혀 없는 사람들이 대부분이었다. 그런 그들이 모두 구원의 확신을 가지고 그 내용을

신앙고백문으로 표현했다. 그것은 모두 전도성경공부와 관련이 있는 것이다. 전도성경공부는 복음전도의 핵심이다. 그것은 구도자를 하나님의 말씀 앞으로 데려가는 것이며, 하나님을 만나고 자신의 죄성을 깨닫게 하고, 예수 그리스도의 십자가 구속을 보여주는 것이며, 그 십자가를 믿고 받아들임으로 죄 사함과 하나님 자녀됨을 확신시키는 과정이다. 그러므로 전도성경공부는 회심 및 세례와 유관하다고 말할 수 있다.

4) 전도성경공부와 회심의 동기와 관련하여, 전도자의 '권유'가 중요

<표 6. 전도성경공부와 회심동기에 대한 응답>

면접자	공부 형태	공부 전 신앙유무	성경공부 일반동기	성경공부 개인동기	회심의 동기
O1	온라인	무	기독교 학교 분위기	교수님권유 배움 욕구	전도성경공부
O2	온라인	무	기독교 학과목	교수님권유 새 것 탐구	전도성경공부
O3	온라인	무	선교부 등록	교수님권유 소속감 획득	전도성경공부
O4	온라인	유, 교회출석	교수님 권유	교수님권유	전도성경공부
O5	온라인	무	학교 분위기	교수님권유	전도성경공부
F1	대면	무	주변의 권유	교수님권유 마음의 평화	전도성경공부
F2	대면	무	학교 분위기	교수님권유 성경관심	전도성경공부
F3	대면	무	학교 분위기	교수님권유 성경역사관심	전도성경공부

F4	대면	무	채플의 영향	교수님권유 자기쇄신	전도성경공부
F5	대면	무	주변인, 학교분위기	교수님권유 기독교인기대	전도성경공부
F6	대면	무	채플의 영향	선배권유	전도성경공부

11인의 응답자들은 성경공부를 하고 회심하게 된 배경을 기독교 학교의 선교적 분위기와 주변인의 적극적인 추천 등을 들었고, 직접적인 동기로 공통적으로 '교수님의 권유'를 꼽았다. 이 같은 사실은 대학전도에서 목사와 교수, 그리고 직원과 기독교인 학생들이 '전도자의 마인드'를 가지고, 구도자들에게 '친한 사람'이 되어서 관계전도의 맥락에서 '권유'할 때, 직접적인 말씀과 직면하는 전도성경공부로 이어지고, 그것을 통하여 '회심과 세례'의 열매가 맺힌다는 사실을 보여준다.

5) 회심 후 수세자 대상 교회출석 교육과 강조는 교회출석과 유관

〈표 4. 세례자들의 교회출석관련 설문응답〉

면접자	공부 형태	공부 전 신앙유무	공부 후 회심여부	공부후 세례	공부 후 교회출석	교회 미출석 이유
O1	온라인	무	회심	받음	무	알바 바쁨
O2	온라인	무	회심	받음	무	교회 멀다
O3	온라인	무	회심	받음	유, 지역교회	출석
O4	온라인	유, 교회출석	회심	예정	유, 부모교회	출석
O5	온라인	무	회심	미수	무	교회 낯섦
F1	대면	무	회심	받음	유, 지역교회	출석

F2	대면	무	회심	받음	예정	예정 - 군인 교회
F3	대면	무	회심	받음	무	주일 근무
F4	대면	무	회심	받음	무	주일 근무
F5	대면	무	회심	받음	무	감염 염려
F6	대면	무	회심	받음	무	교회 멀다

위의 조사 결과는 세례 후 일정 시간이 지난 시점에서 세례자들이 실제로 교회에 출석해서 신앙생활을 잘 하고 있는지에 실상을 보여주었다. 그런데 교회출석의 의미와 중요성을 많이 강조하고 교육한 것에 비하면 실제 모습은 실망스러운 것이었다. 세례자 9명 중 교회 출석자는 2명이었는데, 교회를 정해서 출석하기 직전의 학우가 1명이 있었다. 교회 미출석자는 6명이었고, 그 이유는 주일도 아르바이트를 해야만 하는 생계 문제가 3명, 나머지는 근처 교회가 없어서 그리고 교회가 낯설어서 못가고 있다는 것이다. 이 같은 현실은 더욱 대학전도의 과정에서 '교회출석'에 대한 강조와 교육이 필요함을 말하고 있다.

그런데 여기서 우리가 알 수 있는 것은 기대에는 못 미쳤어도, 회심 후 세례받은 학생들에게 교회출석에 대한 교육과 강조는 교회출석과 어느 정도는 유관하다는 사실이다. 교회출석에 대한 교육으로 인해 적어도 30%이상은 지금 출석하거나 출석 직전이었으며, 나머지 미출석자들도 여건이 되지 못해서 교회출석에 대한 부담과 미안함은 모두 가지고 있었다. 이로 보건대 전도성경공부와 세례자 교육에서 교회와 교회출석에 대한 교육, 그리고 세례 이후에도 지속적인 관심과 격려는 더욱 강화될 필요가 있는 것이다.

나가면서

'복음전도'는 처음부터 '이방인에게는 미련한 것'이고, 주의 백성 '유대인에게는 거리끼는 어떤 것'이었다. 그러나 하나님은 지금까지 그 종들을 통하여 '전도의 미련한 것'으로 영혼을 구원하시기를 기뻐하셨고, 앞으로도 그러할 것이다. 본 연구는 언택트 시대의 대학전도의 가능성과 그 언택트 시대에도 가능하며 효과적인 대학전도의 모델을 제시하고 그 유용성을 실증적 연구에서 입증하는 것이었다. 우리가 제시한 모델은 구령의 열정으로 하는 기독교 변증, 언택트 기술을 이용한 관계전도와 성경공부, 채플세례와 교회출석을 포함하는 것이었다.

먼저, 구령의 열정으로 하는 기독교 변증은 비기독교인들에게 성경과 기독교를 이해하고 복음을 받아들일 수 있는 환경을 만든다. 기독교 변증은 소극적인 차원에서 단지 '기독교에 대한 해명'과 같은 논리적 반박과 아울러 더 적극적인 측면의 어떤 것을 필요로 한다. 그것은 기독교와 성경적 삶의 모습이 실제로 학생들의 삶에 의미를 주고 유용하다는 것을 입증하는 적극적인 프로그램이나 캠페인 등의 노력이나 활동을 의미한다.

둘째, 비대면 상황에서도 언택트 기술을 이용한 관계전도와 전도성경공부는 얼마든지 가능하다. 언택트 시대에 사는 우리는 스마트폰과 SNS와 같이 여러 가지 언택트 기술을 이미 사용하고 있고, 행아웃과 줌같은 비대면 실시간 영상 통화시스템을 쉽게 활용할 수 있게 되었다. 우리의 연구는 비대면의 상황에서도 언택트 기술을 이용하여 얼마든지 모임과 전도가 가능함을 보여주었다.

셋째, 채플세례와 교회출석 교육은 대학의 복음전도의 모델에 포함되어야 한다. 대학채플을 중심으로 하는 대학전도는 회심한 학생 자신의 신앙확신과 여타 채플참여 학생에 대한 전도차원에서 세례를 공식채플에서 지속적으로 베풀 필요가 있다. 그리고 대학채플에서 세례받은 학우들의 교회출석은 지속적인 관심과 교육을 통해서 이루어질 수 있다. 아울러 지역교회와의 긴밀한 관계 형성과 협조가 있다면 그 과정은 더욱 원활하게 이루어질 것이다.

이 연구는 물론 교목실과 채플을 운영하는 기독교 대학을 전제로 하는 것이어서 모든 대학에 일반화시킬 수는 없을 것이다. 그러나 적어도 대학선교를 위해 설립된 기독교 대학에서는 구령의 열정으로 하는 기독교 변증, 언택트 기술을 이용한 관계전도와 성경공부, 채플세례와 교회출석들이 그 자체로 하나의 묶음으로 대학복음전도의 모델로 인식되고 실천될 수 있다. 그 실천을 통해서 대학복음전도는 한 영혼을 끝까지 살릴 뿐만 아니라 위기의 조국교회를 일으킬 수 있는 작은 손짓이 될 수 있을 것이다.

11장

대학채플의 생명살리기 2

세례

1.
대학채플의 활성화 시도와 채플 세례식[332)]

우리나라에 기독교 대학들이 설립된 것은 진리이신 그리스도를 증거하려는 선교적 동기 때문이었다.[333)] 그리고 대학채플은 하나님께 드리는 예배인 동시에 선교의 장과 수단이었다. 그러나 지금 대학채플은 안팎으로 위기를 맞고 있다. 지난 2011년 4월 4일에 이화여대학생들은 기독교 대학 건학 이래 125년 동안 지속된 채플을 거부했다.[334)] 2012년 11월 29일에는 전주대학교의 어느 학생이 "강제 개신교 종교수업 고발"이라는 제목으로 대학예배 철폐를 주장하는 글을 포털 싸이트에 올려 대학채플에 대한 사회의 부정적인 이미지를 가중시키고 있다.[335)] 대학채플이 강제적이며 무의미하다는 부정적인 반응이 기독교 대학의 외부에서뿐만 아니라, 내부에서도 학교의 학생들과 심지어 교직원들로부터 나타나고 있다. 이런 맥락에서 대학채플의 이미지를 개선하고, 수용자

332) 채플세례식에 관한 이 글은 다음의 논문을 수정하고 정리한 것이다. 이동찬·최현정, "대학채플의 만족도와 복음화율을 높이는 세례식에 관한 연구", 「대학과 선교」 24집 (2013), 43-69.

333) 김광률 외, "기독교 대학 복음화의 신학과 전략", 「대학과 선교」 13(2007), 109; 유성준, "기독교 대학채플 활성화 방안에 관한 연구-협성대학교 사례를 중심으로", 「대학과 선교」 13(2007), 135. 등.

334) 김종효, "이화여대 125년만의 채플 거부운동", 『중앙일보』(2011년 4월 5일)

335) 익명, "전주대학교의 강제 개신교 종교수업 고발!" 『다음 아고라』(2012년 11월 29일)

인 학생들의 참여도를 높이려는 의도에서 다양한 채플의 형태와 프로그램들이 개발되고 시도되어 왔다.

강영선은 대학채플의 활성화를 위해서 연극, 음악, 노래, 영화, 대화, 탈춤, 무용, 판소리, 국악 등과 같은 다양한 실험예배와 함께 예술매체를 통하여 기독교 문화화에 역점을 둘 것을 주장했다.[336] 김양현은 준비된 채플 계획의 맥락에서 학생들에게 설득력 있는 신앙의 간증, 찬양, 연극, 영화, 선교무용 등의 내용이 설교를 대신할 수 있음을 말했다.[337] 박용우는 실험채플과 같은 여러 가지 다양한 프로그램의 채플과 아울러 정보화 시대에 맞는 멀티미디어 채플과 교목실 홈페이지를 이용한 사이버채플 시도를 주장한다.[338] 정종훈은 학생들이 선호하는 실험채플에 대한 보다 다양한 시도를 역설한다. 그 실험채플의 내용은 10분 내외의 단편영화를 보고 진행자와 학생들이 함께하는 토론, 토론 없이 30분 내외의 단편영화 또는 다큐멘터리를 보고 느낌 나눔, 베스트셀러 소설을 선택하여 진행자와 함께 기독교적인 시각으로 조명하기, 학내 각종 동아리의 공연, 기독교 문화선교 단체 초청공연 등이다.[339] 2002년 2학기부터 연세대학교 채플에서 시행하고 있는 대화 채플[340]도 이런 실험채플의 일환으로 볼 수 있을 것이다. 유성준은 학생채플이 활성화되기 위해서 전통적인 예배와 더불어 젊은 세대들이 공감할 수 있는 다양한 장르의 예배들을 중심으로 하는 공연채플이

336) 강영선, "대학채플의 방향 정립을 위한 연구", 「한신논문집」3(1986), 381.

337) 김양현, "기독교 대학 학생채플에 관한 고찰", 「대학과 복음」, 2집 (1998), 31.

338) 박용우, "기독교채플을 통한 선교" 「대학과 선교」1집 (2000). 68. 노현수와 허도화도 같은 맥락에서 멀티미디어 채플을 주장한다. 노현수, "기독교 대학채플의 새로운 모델연구: 멀티미디어를 활용한 채플의 모색", 「안산1대학논문집」, 19(2001) 211-226; 허도화, "멀티미디어 시대의 학생채플: 영상매체의 효과적인 활용", 「대학과 복음」, 8(2003), 149-170.

339) 정종훈, "연세대학교 신촌캠퍼스 학생채플의 현황과 개선방안의 모색", 「대학과 선교」 4(2002), 89.

340) 정종훈, "연세대학교 대화채플의 현황과 앞으로의 과제", 「대학과 선교」9(2005), 29.

중심이 되어야 한다고 주장한다.[341] 김문영은 기존의 채플개선에 대한 대부분 연구들은 학생들의 요구와 만족도를 설문을 통해 파악하고 그것에 맞추어 채플의 변화를 추구하는 것이라고 보았다. 그러나 그 모든 시도들의 한계는 채플의 예배성을 손상시키는 것이라고 보았다. 그래서 그 한계를 극복할 수 있는 대안으로서 예배의 신학적 의미를 살리면서도 예술적 차원을 강조하는 이머징 채플을 주장한다.[342]

그러나 이상의 시도들은 채플의 활성화를 위한 것들이지만, 전체적으로 볼 때 대학채플의 선교적인 동기를 무력화하고 교양화시켜 버리는 위험을 가져왔다고 말할 수 있다. 더욱 안타까운 현실은 그러한 시도를 함에도 불구하고 수용자인 학생들의 만족도가 상대적으로 높아진 것도 아니라서 대학예배 무용론이 지속적으로 제기되고 있다는 사실이다. 이러한 상황에서 대학채플의 수용자인 학생들의 참여도와 예배 만족도를 향상시키면서 학원복음화라는 원래의 취지를 살리는 길을 찾는 것이 시급하다. 본 논문에서 주장하고 싶은 것은 복음선포의 가장 중요한 방편인 세례식이야말로 그 어떤 채플 프로그램보다도 채플의 만족도와 복음화율을 높이는 그 길이 될 수 있다는 것이다.

이 연구는 백석대학교 관광학부 채플 참여자 중에서도 상대적으로 낮은 만족도를 보이며 복음화의 대상으로 상정되는 비기독교인들을 놓고 그들의 세례식에 대한 반응을 정성적 연구와 정량적 연구활동을 통하여 학제간 연구를 하게 될 것이다. 정성적 연구에서 채플세례식의 정당성과 그 의미를 다루고, 정량적 연구에

341) 유성준, op.cit., 147.

342) 김문영, "한국 기독교 대학채플에 대한 비평적 연구 - 이머징 채플(Emerging Chepel)로서의 대학채플"(계명대학교 박사학위논문, 2011), 9.

서 백석대학교 관광학부 채플의 최대 만족 요인인 세례식을 다루어, 채플세례식의 채플 만족도와 복음화율에 대한 효율성을 입증할 것이다.

2.
대학채플과 세례식

1) 예배와 선교적 목적을 지닌 대학채플

채플(Chapel)이라는 말은 기독교의 예배당과 함께 그곳에서 드려지는 예배를 지칭한다. 채플의 어원은 투르의 주교 마르티노가 착용하였던 〈카파(cappa, 장의)〉로, 성유물인 그 옷의 안치소를 cappella라고 하였다. 후에 교회, 수도원, 학교, 병원 등의 주 건물의 일부로서, 또는 독립적으로 만들어진 **예배**의 장소 전반을 가리키게 되었다.[343] 그리고 채플은 그 의미가 확대되어서 교회가 아닌 대학, 병원, 군대와 같은 기관에서 기독교인들의 예배를 위한 특별 목적으로 마련된 건물 또는 그런 곳에서 진행되는 "**예배**"를 의미하게 되었다.[344]

채플의 독특성은 바로 특별한 목적의식에 있다. 채플은 원래 유골 및 유품을 보관한 제단, 혹은 왕을 비롯한 귀족과 같은 사용자의 특수성이 전제된 구별된 장소이다. 또한 세례를 위하여, 치유를 위하여, 기도를 위하여, 혹은 설교를 목적으로 만들어진 채플의 구

343) 종교학사전 편찬위원회, "채플", 『종교학대사전』(서울: 한국사전연구사. 1998), 1247.
344) J. G. Davies, ed., The New Westminster Dictionary of Liturgy and Worship(Philadelphia: The Westminster Press, 1986), 161.

체적인 사용목적도 중요한 모습이다. 채플의 목적의식이라는 면에서 볼 때, 한국의 대학채플의 독특성은 그 출발부터 **선교적인 목적**을 지니고 있다는 점이다. 대부분 미국 선교사들의 열정으로 시작된 한국 초기 기독교 대학들은 복음을 전파하기 위하여 채플을 시행하였다.345) 아펜젤러가 세우고 고종황제가 이름을 지어준 배재학당은 1887년 건물을 처음 지을 때부터 예배당을 따로 지었고, 거기서 채플을 실시했다.346) 선교적 목적으로 학교를 세우고 그 실행방안으로 채플을 만들고 이행한 이러한 성향은 이화학당 등 선교사들이 세운 모든 학교도 일반적으로 취한 모습이었다. 그리고 그 후로도 한국에서 기독교 학교를 표방하면서 세워진 거의 모든 학교는 선교적 목적으로 채플을 개설 및 운영해오고 있다. 한국의 대학채플은 교육현장에서 실시되는 공인된 선교이며, 대학생들을 그리스도와 접촉하게 만드는 전도집회의 성격을 가지는 것이다.347)

2) 대학채플에서의 세례식

세례는 죄의 용서와 함께 죄인이 그리스도의 사람이 되는 하나님의 은총의 표시이다. 세례는 그리스도의 피로서 죄를 씻음을 의미하며 이로써 우리는 그리스도와 연합하여 자기 자신에 대하여 완전히 죽고 예수 그리스도 안에서 하나님을 위하여 사는 새로운 삶을 가지는 것을 의미한다.348) 이상의 내용은 복음의 내용을 함축

345) 김문영 "한국 기독교 대학채플에 대한 비평적 연구 - 이머징 채플(Emerging Chepel)로서의 대학채플"(계명대학교 박사학위논문, 2011), 21.

346) 백낙준, 『한국개신교사』(서울: 연세대학교 출판부, 1991), 136.

347) 한미라, "기로에 선 기독교 대학의 채플: 문제점과 개선방향", 「기독교교육정보」, 제18집(2007), 79. 강인한도 같은 입장이다. 강인한, "효과적인 캠퍼스 채플을 위한 전략모색", 「대학과 복음」8(2003), 5.

348) 대한예수교장로회총회, 『대한예수교장로회 헌법』(서울: 한국장로교출판사, 1998), 258.

하고 있는 것이므로 **세례는 그 자체로 받는 사람은 물론 증인으로 참여하는 사람에게도 복음을 선포하는 방편**[349]이라고 말할 수 있다.

대학채플에서 세례식을 이행하는 것은 정당한가? 정당하다. 우선 성경적으로 볼 때, 세례는 선교적 동기와 필요가 있을 경우언제 어디서든지 이루어질 수 있는 것이었다. 이를테면 예수님의 세례(요단 강가, 막 1:9, 마 3:16, 눅 3:21, 요 1:29-34), 에디오피아 내시의 세례(길가의 시내에서, 행 8:36), 사울의 세례(아나니아의 집에서, 9:17), 고넬료와 그의 가족의 세례(고넬료의 집에서, 10:48) 등의 경우이다. 그러므로 선교적 성격을 지니는 대학채플에서 세례를 주는 것은 너무도 정당하다.

성례전의 개념에서 볼 때, 성례전의 하나인 세례는 예배인 채플에서도 정규적으로 거행되는 것이 바람직하다. 왜냐하면 예배는 성경말씀의 증거와 성례전 가운데서 성령의 역사를 통하여 보여주신 예수 그리스도의 구속의 은총을 깨닫는 믿음 가운데서 이룩되어야 하기 때문이다.[350] 선교적 동기를 지닌 대학채플에서 복음 선포의 강력한 방편인 세례식을 이행하는 것은 너무나 적절하다. 아래는 채플세례에 대한 정당성을 인정하고 각 채플에서 세례식을 실시하는 대학과 그 현황이다.[351] 2012년 말 현재, 교목실 중심으로 채플을 운영하는 기독교 대학 46개중 약 1/4의 대학교들에서 채플시간에 세례식을 이행하고 있다.

349) Ibid., 259.

350) Ibid., 246.

351) 2013. 1.31. 교목실 중심으로 채플을 시행하는 전국 46개 기독교 대학 교목실 담당자와 전화상담결과이다. 그중 한동대학교, 한세대학교, 그리고 호서대학교는 세례를 희망하는 학생들을 수업 중에 혹은 대학교회로 인도해서 세례를 주고 있다. 백석예술대학은 방학 중에 따로 70명에게 세례식을 거행했다. 그러나 이상의 학교는 채플에서 세례식을 하지는 않기에 대상에서 제외하였다.

〈기독교 대학의 채플 세례식 현황 - 2012년 말 기준〉

	대학교명	횟수	시기	세례자 수	세례 교육
1	경인여자대학교	2	부활절/ 추수감사절	약 50명	시행
2	남서울대학교	1	1학기말	약 70명	시행
3	배화여자대학교	1	성년의 날	171명	미시행
4	백석대학교	2	학기말	191명	시행
5	백석문화대학교	2	학기말	295명	시행
6	서울여자대학교	부정기	희망학생 있을시	4명	시행
7	성결대학교	2	학기말	약 100명	시행
8	이화여자대학교	2	학기말	약 50명	시행
9	전주대학교	2	학기말	약 30명	시행
10	협성대학교	2	학기말	5명	미시행
11	혜천대학교	2	학기말	376명	시행

여기서 제기될 수 있는 질문은 너무도 직선적인 복음선포의 의미를 담은 세례식이 채플에 참여하는 비기독교인 학생들의 반발을 사지는 않는지, 그래서 채플의 만족도가 떨어지고 참여도가 낮아지지는 않는지 일 것이다. 실제로 조사 과정에서 이러한 우려 때문에 채플 시간에 세례식을 거행할 것인지를 망설이는 기독교 대학들도 있었다. 그러나 백석대학교 관광학부 채플의 사례를 통해 볼 때, 이러한 염려는 기우임이 드러난다. 복음의 내용인 예수 그리스도의 십자가로 말미암은 죄 사함과 하나님의 자녀됨의 확신을 공개적으로 시각적으로 드러내는 세례식은 오히려 비기독교인들에게도 신선한 충격을 주고 채플 만족도 고취에 좋은 영향을 주는 요

인으로 작용하는 것이다. 이러한 사실은 다음 장에서 지난해 2012년 12월 4일에 시행한 설문조사를 토대로 한 실증적인 연구에서 확인할 수 있을 것이다.

3.
대학예배 최대의 만족도 영향요인인 세례식 - 통계 실증적 연구

1) 실증적 연구의 취지와 설계 및 방법

본 조사는 백석대학교 관광학부의 비기독교인 학생들의 현황을 분석하고, 그들의 채플 만족도와 기독교에 대한 이해를 높이는 데에 세례식이 유의한 영향이 있다는 것을 규명하기 위하여 설계되었다. 연구대상을 특별히 비기독교인 학생들로 축소한 이유는 그들이 채플의 선교적 대상이면서 채플 만족도에 대체로 부정적인 경향을 보이는 채플 참여자이기 때문이다. 기독교인 학생들이 아닌 비기독교인 학생들에게 세례식이 채플 만족도와 그것에 영향을 준 것임을 입증한다면, 우리의 연구 '대학채플의 만족도와 복음화율을 높이는 세례식에 관한 연구'는 더욱 설득력을 얻을 수 있을 것이다. 본 연구의 세부목적을 제시하면 다음과 같다. 첫째, 비기독교인들의 기독교에 대한 호감도를 실증적으로 분석할 것이다. 둘째, 비기독교인들에게 채플이 갖는 의미에 대하여 조사하고 그 결과를 제시할 것이다. 셋째, 비기독교인들의 채플만족도에 대하여 조사할 것이다. 넷째, 비기독교인들이 선호하는 채플 프로그램에 대하여 조사하게 될 것이다. 다섯째, 선교대상이 되는 학생들의 채플 참여를 통한 기독교에 대한 이해의 정도를 조사하게 될 것이다.

여섯째, 비기독교인들의 채플만족도와 기독교에 대한 이해를 높이기 위한 채플 프로그램 특히 세례식에 대하여 실증적인 분석을 하게 될 것이다.

설문지의 구성

본 연구의 설문지는 표본의 인구통계학적인 특성에 관한 질문 4개(성별, 전공, 학년, 종교)와 기독교에 대한 호감도에 관한 질문 1개, 채플에 대한 의미를 측정하는 질문 5개, 채플 프로그램에 대한 선호도를 묻는 질문 7개 그리고 채플 만족도를 측정하기 위한 질문 5개 그리고 채플 참여를 통한 기독교에 대한 이해를 묻는 질문 1개로 구성되었다. 채플에 대한 의미, 채플 프로그램에 대한 선호도 그리고 채플 만족도에 대한 측정 척도를 개발하고 구성하기 위하여 백석대학교 교목실에서 개발한 설문 문항을 참고하고[352], 선교부 임원 및 회원들을 대상으로 인터뷰를 진행하며, 여러 가지 의견을 수렴하여 측정항목을 선정하였다. 이후 설문지에 대한 이해도 및 적합도 그리고 설문지를 작성하는 시간 등을 검증하기 위하여 채플도우미인 선교부 학생 20명을 대상으로 예비 조사를 실시한 후 본 조사에 적용하였다.

설문조사 및 분석 방법

본 연구의 목적은 백석대학교 관광학부 채플에 참여하는 비기독교인들의 채플 만족도와 기독교에 대한 이해도를 파악하고, 그

352) 이정기외, “학생 신앙발전 추이 조사 분석 방법개발”, 백석대학교 정책과제 2008-교정002, 52-56.

것들에 영향을 주는 요인을 찾아내고 향상시킴으로써 채플의 복음화율을 높이는 것이다. 이를 위하여 연구의 목적에 부합하는 표본인 관광학부 학생들만을 선정하여 조사하는 목적추출(purposive sampling) 방법으로 표본을 수집하였다.

조사과정에서의 응답 방식은 직접 기입하는 자기 기입방법(self-administered)을 사용하였고, 설문조사는 2012년 12월 4일에 실시하였다. 총 850부를 배포하고, 809부가 회수되었으며, 회수된 설문지 중에서 응답치의 편중성향이 너무 강하거나 다수의 결측값이 존재하는 32부가 제외되어 777부의 유효 표본을 확보하였다. 이중에서 390부(50.2%)가 비기독교 신자 즉 선교대상 학생으로 나타나 관광학부 학생 중 거의 절반 이상이 비기독교인으로 확인되었다. 따라서 선교대상 표본인 390부의 자료가 최종 분석에 활용되었다.

이렇게 수집된 자료를 기반으로 SPSS 18.0 프로그램을 이용하여 빈도분석(frequency analysis), 기술통계분석(descriptive analysis), 신뢰도 분석(reliability analysis) 그리고 다중회귀분석(multiple regression analysis)을 실시하여 검증하였다.

2) 실증분석 결과

응답자의 특성

본 연구의 목적을 달성하기 위하여 선정된 백석대학교 관광학부 채플의 비기독교인들의 인구통계학적 특성을 빈도분석을 통하여 검증하였다. 그 결과 여학생의 비율(65.9%)이 남학생(34.1%)에 비하여 거의 두 배 가까이 많았고, 관광경영과 호텔경영 전공 학생의 비율이 거의 83%에 가까웠다. 채플 참여도는 1학년이 33.3%로 가장 많았다. 선교대상 학생들의 종교는 무교가 91%에 가까워 대부분 종교가 없는 학생들로 나타났다.

〈표 1〉 응답자의 특성

변수	응답자 수(%)	변수	응답자 수(%)
성별 남성 여성	133(34.1) 257(65.9)	**종교** 불교 무교	36(9.2) 354(90.8)
전공 관광통역 관광경영 호텔경영 자율전공	54(13.8) 165(42.3) 158(40.5) 13(3.3)	**학년** 1학년 2학년 3학년 4학년	130(33.3) 95(24.4) 100(25.6) 65(16.7)
Total	390(100.0)	Total	390(100.0)

기술통계분석 결과

비기독교인 학생들의 기독교에 대한 호감도와 채플이 갖는 의미, 채플 프로그램에 대한 선호도 그리고 채플 만족도를 확인하기 위하여 기술통계분석을 실시하였다. 기술통계분석은 양적변수의 자료를 요약해 주는 통곗값을 계산하고, 중심경향값인 평균, 중앙값, 최빈값 그리고 흩어진 정도를 설명하는 표준편차, 분산, 범위 등을 제시함으로써 수집된 자료를 설명하는 분석방법이다.[353)]

353) 성태제, 『SPSS/AMOS를 이용한 알기 쉬운 통계 분석』 (서울: 학지사, 2008), 91.

〈표 2〉 기술통계분석 결과

변수	측정 항목	평균값
기독교 호감도	백석대학교에 다니면서 기독교에 대해 어떻게 생각하게 됐습니까?	2.832
	1) 매우 부정적 2) 부정적 3) 보통임(싫지는 않음). 4) 호감이 있음. 5) 매우 호감이 있음.	
채플의 의미	1. 기독교적 신앙과 인격성장을 위한 중요한 시간	2.600
	2. 재미있고 생각할 거리를 주는 유익한 시간	2.997
	3. 공동체감 형성을 위한 시간	2.626
	4. 학점을 받기 위한 시간	2.615
	5. 대학생활에서 소중하고 도움이 되는 시간	2.477
	1) 전혀 그렇지 않다. 2) 그렇지 않다. 3) 보통이다. 4) 그렇다. 5) 매우 그렇다.	
프로그램 선호도	1. PPT 또는 PREZI로 하는 발표형식이 좋다.	3.377
	2. 토크 쇼 형식의 진행이 좋다.	3.223
	3. 전공 교수님이나 유명인사의 신앙 간증이 좋다.	2.513
	4. 같은 학부 학생의 신앙 간증이 좋다.	2.395
	5. 학생들이 직접 참여하는 이벤트형 헌신예배가 좋다.	3.126
	6. 전문가들의 노래, 춤 등의 문화공연행사가 좋다.	4.177
	7. 세례식은 기독교 신앙을 이해할 수 있어서 좋다.	2.690
	1) 전혀 그렇지 않다. 2) 그렇지 않다. 3) 보통이다. 4) 그렇다. 5) 매우 그렇다.	
기독교 이해	채플을 통하여 기독교를 잘 이해하게 된다.	2.733
	1) 전혀 그렇지 않다. 2) 그렇지 않다. 3) 보통이다. 4) 그렇다. 5) 매우 그렇다.	
채플 만족도	1. 채플의 설교 형식에 만족한다.	3.015
	2. 채플의 설교 내용에 만족한다.	3.084
	3. 채플의 광고시간 및 내용에 만족한다.	3.287
	4. 다양한 채플 프로그램에 만족한다.	3.407
	5. 채플의 전반적인 내용에 만족한다.	3.182
	1) 전혀 그렇지 않다. 2) 그렇지 않다. 3) 보통이다. 4) 그렇다. 5) 매우 그렇다.	

분석 결과, 비기독교인 학생들의 기독교에 대한 호감도는 부정적인 감정과 싫지는 않은 감정의 사이 정도에 해당하는 것으로 나타났으며, 평균값(2.832)에 따르면 싫지는 않은 감정에 조금 더 가

까운 것으로 판단할 수 있다.

채플이 가지는 의미를 묻는 질문에 대해서는 거의 모든 항목에 대한 평균값이 중간 수준 이하로 나타났다. 이는 비기독교인 학생들에게 채플이 가지는 의미가 보통 수준 이하인 것이라고 해석할 수 있는 결과이다. 그중에서도 가장 평균값이 큰 항목은 재미있고 생각할 거리를 제공받는 시간이라는 문항이었다.

채플 프로그램의 선호도를 묻는 질문에서는 전문가의 노래, 춤, 연극 등의 문화공연행사에 대한 선호도의 평균값이 가장 높은 것(4.177)으로 나타났다. 그 다음으로는 발표형식(3.377), 토크쇼 형식(3.233), 학생참여예배(3.126) 등으로 나타나 신앙 간증이나 세례식과 비교하여 비종교적인 형식의 채플 프로그램을 더 선호하는 것으로 나타났다.

비기독교인 학생들의 채플 참석을 통한 기독교에 대한 이해도는 보통 수준 이하(2.733)로 나타났다. 매주 채플에 참여는 하고 있으나, 안타깝게도 이를 통하여 기독교를 이해하게 되는 정도는 낮은 것으로 나타났다. 이상의 기독교에 대한 호감도와 채플의 의미, 그리고 채플 프로그램에 대한 비기독교인의 반응은 여타 다른 기독교 대학채플의 참여자들과 다르지 않다는 사실을 확인해 준다.

그러나 채플에 대한 만족도를 묻는 질문에 대해서는 전반적으로 모든 문항에서 보통 이상의 수준으로 나타났다. 특히 관광학부 채플의 경우 프로그램을 다양하게 구성하고 시도하는 것에 가장 만족도가 큰 것(3.407)으로 확인되었다.[354] 이상과 같이 비기독교인 학생들의 채플 만족도가 비교적 높게 나타나는 원인은 무엇인가? 그 원인에 대한 파악은 아래와 같이 또 다른 심층적인 분석을 필요

354) 이는 채플의 진행 형식이나 프로그램이 보다 다양하게 구성된다면 채플에 대한 만족도가 더욱 향상될 것이라는 것을 시사하는 결과라고 할 수 있겠다.

로 한다.

채플 만족도와 기독교 이해에 영향을 미치는 채플 프로그램 분석

관광학부 비기독교 학생들의 비교적 높은 채플만족도에 영향을 미치는 채플 프로그램을 알아보기 위하여 회귀분석(regression analysis)을 실시하였다. 회귀분석이란 독립변수(원인변수)와 종속변수(결과변수)의 관계에서 선형식을 구하여 독립변수 값에 대한 종속변수의 값을 예측하고, 종속변수에 대한 독립변수의 영향력을 분석하는 방법이다. 영향을 주는 독립변수가 하나이면 단순회귀분석을 실시하고, 독립변수가 여러 개일 경우에는 다중회귀분석을 진행한다.[355] 따라서 본 연구에서는 다중회귀분석을 적용하여 진행하였으며, 영향을 미치는 독립변수로는 채플프로그램의 7가지 문항을 선정하고, 영향을 받는 종속변수로는 채플만족도의 질문문항 중 5번에 해당하는 "채플의 전반적인 내용에 만족한다"를 선정하여 분석을 실행하였다. 분석결과, 채플만족도에 유의한 정(+)의 영향을 미치는 채플프로그램은 프레젠테이션 형식(0.107), 토크쇼 형식(0.185), 학생헌신예배(0.113) 그리고 세례식(0.301)으로 나타났으며, 그중에서도 채플 만족도에 대한 영향력을 설명하는 회귀계수가 가장 높은 것은 세례식(0.301)으로 확인되었다.

아울러 관광학부 비기독교 학생들의 기독교에 대한 이해에 영향을 미치는 채플 프로그램을 알아보기 위하여 다중회귀분석을 실시하였다. 이때 영향을 미치는 독립변수로는 채플 프로그램의 7가지

355) Ibid., 255. 회귀분석에 대한 보다 이론적인 설명에 대해서는 다음을 참조하라. 프레드릭 J. 그레이브터 외, 김광재·김효동 역, 『사회과학 통계방법론의 핵심이론』(서울: 커뮤니케이션북스, 2009), 660-662.

문항을 선정하고, 영향을 받는 종속변수로는 채플 참여를 통한 기독교의 이해에 해당하는 "채플을 통하여 기독교를 잘 이해하게 된다"를 선정하여 분석을 실행하였다. 분석결과, 기독교에 대한 이해에 유의한 정(+)의 영향을 미치는 채플 프로그램은 학생의 신앙 간증(0.182)과 세례식(0.404)으로 나타났으며, 그중에서도 기독교의 이해에 대한 영향력을 설명하는 회귀계수가 가장 높은 것은 이번에도 세례식(0.404)으로 확인되었다. 그 결과는 〈표 3〉과 〈표 4〉와 같다.

〈표 3〉 채플의 전반적인 만족에 대한 다중 회귀 분석 결과

문항		회귀계수	통계적 유의성	
		β	t	유의확률
채플 프로그램 호감도	프레젠테이션 프로그램이 좋다.	0.107	2.475	0.014
	토크쇼 형식의 진행이 좋다.	0.185	4.090	0.000
	교수 및 유명인 신앙 간증이 좋다.	0.067	0.964	0.335
	학생 신앙 간증이 좋다.	0.047	0.653	0.514
	학생헌신예배가 좋다.	0.113	2.273	0.024
	연예인의 문화공연행사가 좋다.	0.074	1.596	0.111
	세례식으로 기독교를 이해할 수 있어서 좋다.	0.301	5.924	0.000
R^2=0.336 Adjusted R^2= 0.324 F=27.649 유의확률 0.000				

〈표 4〉 기독교의 이해에 대한 다중 회귀 분석 결과

문항	회귀계수	통계적 유의성	
	β	t	유의확률

채플 프로그램 호감도	프레젠테이션 프로그램이 좋다.	0.068	1.623	0.105
	토크쇼 형식의 진행이 좋다.	0.058	1.312	0.190
	교수 및 유명인 신앙 간증이 좋다.	0.041	0.606	0.545
	학생 신앙 간증이 좋다.	0.182	2.620	0.009
	학생헌신예배가 좋다.	0.064	1.313	0.190
	연예인의 문화공연행사가 좋다.	-0.009	-0.203	0.839
	세례식으로 기독교를 이해할 수 있어서 좋다.	0.404	8.182	0.000
R^2=0.373 Adjusted R^2= 0.361 F=32.449 유의학률 0.000				

위에서 보여주는 회귀분석의 결과는 매우 놀라운 사실을 제시해 준다. 채플의 프로그램 중 비기독교인들에게 아무런 의미가 없을 것 같은 **세례식**의 수치가 압도적으로 높다는 사실이다. 이것은 세례식이 채플 만족도와 기독교의 이해에 정(+)의 영향을 미치는 가장 중요한 요소라는 사실을 의미한다. 이 사실은 비록 비기독교인 학생이라 할지라도 그들이 복음선포의 방편인 세례식을 통하여 정서적으로나 영적으로 크게 긍정적인 인상을 받았고, 그 인상이 채플에 대한 만족도와 기독교를 이해하는 것에 좋은 영향을 주었다는 것을 의미한다.

이상에서 우리는 백석대학교 관광학부의 비기독교인 학생들의 채플만족도와 기독교의 이해에 영향을 주는 요인을 찾는 연구를 실행하였다. 관광학부 채플의 비기독교인들은 타 기독교 대학의 그 학생들과 다르지 않게 기독교에 대한 호감도와 채플의 의미, 채플 프로그램에 대한 기본 생각 그리고 기독교에 대한 이해도는 적극적이거나 긍정적이지 않았다. 그러나 그들의 채플 만족도는 낮지 않았고, 그들의 채플 만족도와 기독교의 이해력을 높이는 데에 세례식이 매우 큰 영향을 주었다는 것을 입증할 수 있었다. 이제는 비기독교인들이 그런 반응을 보인 백석대학교 관광학부의 세례식이 실제로 어떤 것인지에 대해서 알아볼 때가 되었다.

4.
백석대학교 관광학부 대학채플의 세례식

세례식은 창조주 하나님에 대한 고백과 죄인으로서의 고백, 그리고 예수 그리스도의 십자가 구속과 용서받은 하나님 자녀로서의 완성이라는 성경의 핵심 내용이 완전히 선포되고 구현되는 현장이다. 백석대 관광학부 대학채플의 세례식은 “세례받는 사람의 적극적인 신앙고백”에 초점을 두고 “하나님의 보호와 성도의 복”이라는 메시지를 드라마 형식으로 표현하는 것이라고 말할 수 있다. 예수를 구주로 믿은 학생들이 전체 대학채플의 회중들 앞에서 개인이 준비한 신앙고백문을 낭독하고 하나님의 자녀임을 확증받는 것이다.

1) 세례 대상자 발굴

세례 대상자를 발굴하는 방법은 여러 가지가 있다. 제일 확실한 방법은 설문지법인데, 설문지에 이름을 기입하게 하고 직접적으로 세례희망 여부를 묻는 것이다. 다음은 채플광고를 통하여 세례공부를 희망하는 학생을 공식적으로 모집하는 방법이며, 셋째는 기독교 이해 수업시간에 호의를 보이는 학생을 개별적으로 불러 성경공부의 의향을 물어보는 것이며, 마지막으로는 개인전도를 통하여 대상자를 확보하는 것이다.

2) 세례자 교육

관광학부 대학채플에는 그루터기[356]라는 성경공부 과정이 있다. 이 과정은 채플을 돕는 도우미 중에서 훈련받은 학생들이나 학부 담임목사가 각 1시간씩 3주 과정으로 진행하는 일대일 전도 소그룹 과정이다. 첫째 주에는 창조주 하나님과 죄인인 인간에 대해서, 둘째 주에는 구원자이신 예수 그리스도와 그 십자가에 대해서, 마지막 주에는 영접과 구원의 확신에 대해서 다룬다. 이 과정에서 세례 후보자들은 자신이 죄인임을 깨닫고 예수 그리스도의 십자가를 통한 죄 사함과 하나님 자녀됨의 확신을 가지게 된다.

3) 채플세례식 내용과 의미

관광학부 세례식의 기본 개념은 “개인 신앙고백과 구원의 확신에 대한 공식적인 인정과 축복”이다. 대중들 앞에서 자기의 신앙을 고백하고 죄 사함 받고 하나님의 자녀로서 새 생명을 얻은 형제와 자매들을 하나님은 기뻐하시고 그 천사를 보내셔서 보호하시고, 성도들은 진심으로 축하하고 축복한다는 내용을 드라마 형식으로 가시적으로 보여주는 것이다. 세부 순서와 그 의미는 다음과 같다.

356) “그루터기”라는 말은 나무의 베어낸 밑 등을 말하는데, 우리는 기독교 혹은 성경의 기초내용을 공부하는 과정으로 그 이름을 사용하였다.

백석대학교 관광학부 채플 세례식 큐시트					
세례식 순서	행사구성		강단배경	준비물	시간
	내용	담당	영상		
1. 입장	입장행진	선교부	할렐루야	초, 가운	3
2. 설교	세례란?	담임목사	성경본문	핀마이크	5/8
3. 찬양	축복송	천사들	무		3/11
4. 다짐	의지확인	담임목사			2/13
5. 고백	신앙고백	세례자	이름자막		15/28
6. 문답	문답	담임목사	자막		2/31
7. 세례식	세례	담임목사	세례그림	세례기	4/34
8. 찬양	축하찬양	선교부	가사자막		3/37
9. 축하 행사	축하인사	학부장교수	세례명단	케익 꽃, 선물	5/42
	생일케익	목사, 세례자			
	꽃/선물	교수님들			
10. 축도	광고축도	담임목사	PPT		3/45
축도 후 세례자들과 기념사진, 음악: "할렐루야"					

(1) 세례자 입장

정시가 되면 담임목사가 "세례자 입장"이라고 외친다. 그러면 천사역할을 하는 선교부 학생들이 성가 가운을 입고 불이 켜진 초를 들고 세례자들을 호위하며 입장한다. 강단으로 올라와서 세례자들이 일렬로 서고, 그들을 중심으로 촛불을 든 천사들이 반원형으로 보호하듯이 둘러선다. 배경음악은 헨델의 메시아 중 "할렐루야"이며, 영상을 함께 보여준다.

(2) 성경봉독, 설교와 기도

“무릇 그리스도 예수와 합하여 세례를 받은 우리는 그의 죽으심과 합하여 세례를 받은 줄을 알지 못하느냐. 그러므로 우리가 그의 죽으심과 합하여 세례를 받음으로 그와 함께 장사되었나니 이는 아버지의 영광으로 말미암아 그리스도를 죽은 자 가운데서 살리심과 같이 우리로 또한 새 생명 가운데서 행하게 하려 함이라”(로마서 6장 3-4)

설교의 내용은 세례의 의미에 관한 것이다. 즉 세례식은 기독교에서 가장 중요한 예식 중 하나이다. 세례는 먼저 자기의 죄를 고백하고 예수 그리스도의 십자가의 은혜로 죄 사함을 얻는 것이다. 또한 세례는 죄 사함을 받은 사람이 하나님의 자녀가 되고 새 생명을 얻는 것이다. 그리고 세례는 기독교 복음의 핵심을 증거하는 것일 뿐만 아니라, 기독교의 신앙을 사람들 앞에서 증거하는 하나의 상징임[357]을 말한다. 그리고 설교자는 세례식 모든 절차 가운데 하나님의 성령께서 역사하시기를 위해 기도한다.

(3) 찬양

이 시간에는 천사로 분장한 선교부장들(채플도우미)이 기도하는 마음으로 세례자들에게 축복송을 불러준다. 세례자들이 강하고 담대한 마음으로 그들이 믿는 하나님을 의지함으로 신앙을 잘 고백하고 세례받을 수 있도록 축복한다.

357) 존 칼빈 저, 원광연 역, 『기독교강요 하』 (서울: 크리스챤다이제스트, 2003), 392.

(4) 다짐

백석대학교 관광학부 세례식의 가장 중요한 시간은 개인별 신앙고백의 시간이다. 그 고백이 철저하게 개인적인 깨달음과 확신의 결과임을 확인하는 의미에서, 개인의 의지를 확인하는 다짐의 시간을 갖는다. 담임목사의 멘트는 다음과 같다. "다짐의 시간입니다. 준비한 신앙고백이 강요된 것이라고 생각되는 사람이나, 도저히 공개적으로 표현할 수 없다고 생각하는 사람은 지금이라도 주저 말고 강단을 내려가도 좋습니다."

(5) 신앙고백

백석대학교 관광학부 채플에서 세례를 받고자 하는 사람은 먼저 "그루터기"라는 개인 성경공부를 통해서 복음에 대한 학습을 해야 한다. 이 과정을 통해 세례 후보자들은 죄의 깨달음과 예수 그리스도의 영접과 구원의 확신을 깨닫고 경험한다. 그다음에는 세례의 의미를 알려주고 본인의 의사와 결심에 따라서 신앙고백서 작성을 함께 한다. 그 내용은 다음과 같다. 믿게 된 개인적 배경, 자신이 죄인임과 죄 사함을 깨닫게 된 경위, 예수 그리스도의 십자가 구원, 죄 용서 받은 하나님의 자녀로서의 확신과 선포 등이 신앙고백의 내용에 들어간다. 백석대학교 관광학부 채플에서 세례를 받으려면, 누구든지 자기가 직접 만든 신앙고백을 전체 회중들 앞에서 고백해야 한다.

(6) 세례문답

개인별로 자신의 신앙고백이 끝나면, 세례자들은 교회와 기독교인의 삶에 대한 문답을 함께 해야 한다. 이때 담임목사의 멘트는 다음과 같다.

"여러분은 예수 그리스도를 구주로 영접함으로써 하나님의 자녀가 됨과 동시에 하나님 교회의 구성원이 되었습니다. 이제 매 주일 교회에 출석하여 하나님께 예배하고 사람들과 교제를 나누며, 성경을 배우며, 사회에 봉사하고 복음을 전하는 삶을 살기로 서약합니까?"[358]

(7) 세례식

실제 세례식은 교회에서와 동일하게 진행한다. 담임목사가 세례식을 집례한 후에, 세례선포를 하고 마친다.

(8) 축하행사

세례식 이후에 선교부들의 축하 찬양과 영적 생일을 축하하는 케익 절단, 교수들로부터의 꽃과 선물 수여 등의 축하행사가 이어진다.

358) 대학채플은 엄밀한 의미에서 교회가 아니므로 대학채플을 통하여 예수 그리스도를 믿고 세례를 받은 학생들은 건전한 교단의 지역교회로 인도되어야 한다. 그래서 교회생활에 대한 이 같은 고백이 중시된다.

4) 백석대학교 관광학부 채플세례식의 특징과 의미

백석대학교 관광학부 채플 세례식의 가장 큰 특징은 세례자들 개개인의 철저한 신앙고백이라고 말할 수 있다. 모든 세례자들은 자기의 신앙을 전체 청중들 앞에 고백할 수 있어야 세례를 받을 수 있다. 관광학부의 이러한 세례는 지난 2011년 1학기부터 시작되었으며, 매 학기 세례받는 사람들이 나타났다. 이 채플세례식은 "세례를 받는 사람은 물론, 증인으로 참여하는 사람에게도 복음을 선포하는 방편"으로서 근본적인 세례의미를 지닌다. 먼저, 세례를 받는 본인이 이런 세례식을 통하여 자신이 무엇을 믿고 왜 믿는지를 이해하고 정립하게 하고, 공식적으로 고백하게 하여, 믿음의 확신을 더욱 굳게 만든다. 둘째로 증인으로 참여하는 기독교인 학생들이 이 예식을 통하여 처음 믿는 학생이 본인 구원의 확신을 고백하는 것을 보게 하면서, 공개적으로 복음과 예수 그리스도에 대한 증인으로서의 삶에 대한 도전을 받는다. 교회에서 신실한 학생들이라도 대부분은 학교의 채플에서는 비기독교인들의 군중 속으로 숨어들어 자신의 신앙을 드러내려고 하지 않는 경향이 많다. 그런데 채플에서 자신들이 아는 비기독교인 친구가 신앙고백하며 세례받는 장면은 그들에게 신앙적인 충격과 더불어 도전을 준다. 셋째로 비기독교인들은 기독교와 예수 그리스도의 십자가 복음에 대해 긍정적으로 생각하게 된다. 자신들 주변에 앉아 있던 세례자들이 본인들이 이해하고 정립한 세계관에 대해 공개적으로 자신 있게 고백할 때, 비기독교인들은 기독교 신앙이 낯설고 이상한 것이 아니라, 주변에서 있을 수 있는 자연스러운 현상임을 느끼게 된다. 또한 비기독교인들은 세례자들의 믿음에 대한 소신과 용기에 대한 경탄과 부러움을 갖게 된다.

비기독교인들에게 채플 세례식이 채플 만족도에 영향을 준 이유를 몇 가지로 생각해 볼 수 있다. 먼저, 세례식의 극적 형식에 대한 만족이 있을 수 있다. 둘째 그 드라마 속에 흐르는 이야기인 기독교 복음에 대한 이해를 들 수 있다. 셋째로 같은 학우들이 증언하는 분명한 기독교 세계관과 그 확신 있는 자세에 대한 감동을 말할 수 있을 것이다. 그러나 이 모든 것 외에 진정한 원인은 사람을 변화시키는 복음의 능력이라고 말할 수 있다. 복음으로 변화 받은 사람이 그 복음을 선포할 때 변화가 일어난다.

나가면서

이상에서 우리는 대학채플의 만족도와 복음화율을 높이는 세례식에 대한 연구를 하였다. 대학채플의 세례식의 정당성과 그 의미를 밝혔고, 그 세례식이 채플의 수용자들 특히 선교적 대상자인 비기독교인들에게 기독교에 대한 이해와 채플 만족도에 매우 큰 영향을 준다는 사실을 정량적인 연구를 통해 입증했다. 그리고 그런 결과를 끌어낸 백석대 관광학부 채플 세례식의 내용과 의미들을 알아보았다. 이제 글을 마무리하면서 한미라 교수가 "기독교 대학의 예배에 대한 창의적 접근"에서 결론으로 말한 다음의 언급이 적절한 것으로 생각된다.

> "성공적인 채플은 학생들이 좋아하는 채플임에 분명하다. 그런데 그들이 좋아하는 채플은 재즈와 댄스와 힙합만은 아니다. 인생을 살아가는데 도움이 되는 멋진 특강도, **가슴 찡한 영적인 메시지도** 대학생들은 들을 수 있는 귀가 있다는 것이다."[359]

359) 한미라, "기독교 대학의 예배에 대한 창의적 접근: 채플 교육과정의 개발 및 평가", 기독교교육정보, 제23집, (2009), 100.

결론적으로 우리는 잘 준비된 채플세례가 받는 사람은 물론 증인으로 참여하는 사람에게도 가슴 찡한 메시지로서 복음을 선포하는 방편이 된다고 말할 수 있다. 동시에 세례라는 복음선포의 방편이 채플에서 보다 적극적으로 적용되고 표현될 때, 기독교에 대한 이해와 채플의 만족도가 높아지고, 자기 신앙고백이 있는 기독교 신자들과 그들의 영향력을 통해서 복음화율이 높아질 수 있다고 말할 수 있다.

12장

대학채플의 대체 과제

대학채플이 예배와 전도의 본질을 회복하면서 대학의 교양과목으로 자리매김을 하기 위해서는, 비기독교인 학생들의 선택권의 문제 즉, '대체 과목'이나 '대체 과제' 개설의 문제가 그 전제조건이 된다. 이것이야말로 대학채플을 향한 국가인권위원회 권면의 핵심이다.

1.
대체 방안에 대한 대학채플의 반대와 개설이유

1) 대체 방안에 대한 대학채플의 반대

대학채플이 대체 방안을 꺼리는 이유는 학생들의 채플회피로 인한 채플와해에 대한 염려와 채플 대체 방안의 성격 및 내용의 범위의 불분명성 때문이다.[360] 회피로 인한 대학채플 와해 가능성은 일반적으로 기독교인 학생이든 비기독교인 학생이든 간에 채플을 선호하지 않는다는 사실에 기인한다. 비기독교인 학생들은 종파교육인 채플이 당연 좋을 수가 없고, 독실한 기독교인 학생들도 예배답지 않은 채플을 그리 좋아하지 않는다. 이 같은 상황에서 채플을 대체할 수 있는 과목과 과제가 가능해진다면, 비기독교인 학생뿐만 아니라, 기독교인 학생들마저도 채플을 회피하는 경향이 생겨나서 마침내는 채플이 없어지는 위기를 맞이하게 될지도 모른다는 염려가 있는 것이다. 그러나 그것은 기우라고 볼 수 있다. 대체 과목이나 대체 과제는 채플을 단지 '듣는 것'보다 '더 무겁고 진지하게' 주어질 것이기 때문에 대체 방안을 선호할 가능성은 그리 크지 않아서 그것을 꺼릴 이유가 별로 없다고 할 수 있다.[361]

360) 천사무엘, "기독교 대학채플에 대한 국가인권위원회의 결정 고찰", 26-27.
361) 한신대의 경우 채플을 거부하는 학생(타 종교, 반기독교 등)들에게 채플 대체 과제로 교목실

오히려 채플 대체 방안의 성격과 내용 범위의 불분명성에 대한 문제가 훨씬 심각하다고 볼 수 있어 더욱 세심한 연구와 시행이 필요해 보인다.

2) 대체 방안 개설의 이유

대학채플의 대체 방안이 꺼려짐에도 불구하고 개설해야 하는 이유는 사회적 요청, 기존의 대체 방안의 확대, 그리고 기독교 가치의 실현 차원을 들 수 있다.

(1) 사회적 요청

대체 과목은 종립학교의 종교교육권과 학생 개인의 종교의 자유라는 기본권의 조화를 위한 중요한 수단이 된다.[362] 교육부와 국가인권위원회는 채플에 대해서 대체 과목을 요청하고 있다. 교육부 고시 제1997-15호(이후 교육부고시 제2004-85호)는 "학교[363]가 종교과목을 부과할 때에는 '종교 이외의 과목을 포함', 복수로 과목을 편성하여 학생에게 '선택의 기회'를 주어야 한다."라고 규정하고 있다.[364] 같은 맥락에서 대학채플을 종파교육으로 규정한 국가인권위원회도 '인권'의 맥락에서 학생들에게 대체 과목이나 대체 과제

선정 교양서적 2권 독서 후 리포트 제출하는 것으로 채플대체 과제의 여지를 공식적으로 주었지만, 그것을 선택한 학생은 아주 소수였다. 1999년 6월 24일. 한신대 교목실장 강영선. 박용우, "기독교 채플을 통한 선교", 67.

362) 오사랑·정대경, "국가 인권 위원회의 대학채플 결정문에 대한 비판적 고찰 및 대안적 제안", 133.

363) 여기서 '학교'는 직접적으로 초중고등학교를 의미하고, 대학교는 아니다. 그러나 대학의 종교과목이 문제가 되고 그 대체 과목 개설에 관한 것이 문제가 되면, 해당 교육부의 고시가 예증의 대상이 될 것은 분명해 보인다.

364) 대법원 2010. 4. 22. 선고 2008다38288 전원합의체 판결, 10.

개설을 권고했으며, 그 권고는 시행될 때까지 지속적으로 이어질 것이다.[365)]

(2) 기독교 기본 가치의 실현

대학채플이 기독교의 '사랑과 배려'라는 중요한 덕목을 가르치는 과목이 맞다면, 채플 의무출석이라는 획일적인 한 가지 방법만을 강요하는 것보다는 특별한 경우에 선택할 수 있는 다른 선택의 길도 열어 놓는 것이 바람직하다.[366)] 대학 캠퍼스 안에는 여러 가지 종교와 이념을 가진 학생들이 공존하고 있으므로, 대학채플은 개방적이며 다원적인 방법으로 이루어질 필요가 있다. 기독교만을 일방적으로 강요하는 것보다는 비기독교적인 이념과 대화할 수 있는 폭을 넓게 열어 놓아야 한다. 대학채플이 먼저 학생의 인권을 염려하고 자유를 보장하기 위해 그 내용과 운영에서 노력하는 모습을 보인다면, 비기독교인 학생들도 포용적이고 이타적인 기독교의 사랑을 경험하고 배우며 편안하게 학교생활을 누릴 수 있을 것이다.[367)]

(3) 기존의 대학채플 대체 방안의 개선과 인정

대부분의 대학채플은 그 대체 과목과 대체 과제를 이미 실시하고 있기에 대체 방안 개설은 새로운 사실이 아니다. 채플에 대한 계절학기 운영과 "부득이한 사유"를 근거로 사전 혹은 사후에 부여

365) 국가인권위원회 결정(사건 20진정0211800), 1; 국가인권위원회 아동권리위원회 결정 (사건 22진정0211700), 1.
366) 박용우, "기독교 채플을 통한 선교", 67.
367) 이정철, "인성교육으로서의 '채플'에 대한 기독교 종교교육적 성찰", 61.

하는 대체 과제가 그것이다. 보통은 취업자, 교내외 행사 참석자, 환자 등에게 채플을 대체할 수 있는 과제물을 제출할 수 있도록 하고 있다.[368] 그리고 대학채플 미수강으로 졸업이 어려운 학생들을 위해 계절학기에 대학채플을 들을 수 있도록 배려한다. 계절학기의 대학채플은 예배형식이 아니라 강의 중심의 교양과목과 유사하기 때문에, 대학채플의 계절학기는 이미 대체 과목의 성격을 띠고 있는 것이다.[369] 이것을 개선하고 공식적으로 인정하면 대체 과목이 되는 것이다. 물론 여러 가지 문제의 여지는 있어 보인다.

368) 백석대학교 교목실, "대학예배 세부 운영지침", 『2010학년도 담임목사 사역지침』(미간행), 73.

369) 오사랑·정대경, "국가인권위원회의 대학채플 결정문에 대한 비판적 고찰 및 대안적 제언", 133. 명지대 계절학기도 교수 한 명이 처음부터 끝까지 강의하는 수업으로 학생들이 일상에서 접할 수 있는 문제들을 주요 주제로 하여, 학생들의 인격과 인성 발전에 도움이 되는 내용을 인문학적 접근을 통해 유도하는 방식으로 진행된다.

2.
대학채플에 대한 대체 방안의 실제

인권위가 권고하는 대학채플의 대체 방안은 채플거부권, 대체 과목, 그리고 대체 과제를 포함한다. 이 중에서 채플거부권은 논외로 한다. 대학채플은 대학이 설립정신에 입각하여 개설한 교양필수과목이기 때문에 여기에 거부권을 준다는 것은 대학의 존재이유를 포기하는 처사이기 때문이다. 대체 과목 개설도 다음과 같은 한계들 때문에 어려워 보인다.

1) 대체 '과목' 개설의 한계

인권위가 대학채플의 대체 과목을 요구했지만, 그 대체 과목 개설은 여러 가지 제한들이 있어서 쉽지 않아 보인다. 첫 번째 제한은 '개념'상의 문제이다. 인권위가 대학채플에 요구하는 내용은 "수업을 대체할 수 있는 과목을 개설하는 등의 방안을 마련하는 것"이다.[370] 그런데 '수업을 대체할 수 있는 과목'이라는 표현은 사실상 명확하지 않아서 혼동을 주는 말이다.[371] 대학채플의 입장에서

370) 국가인권위원회 결정(사건 20진정0211800), 1.
371) 대광고 채플에 대한 대법원의 판결은 '그와 다른 선택과목'이라는 표현을 사용하여 좀더 혼

는 당연히 그 과목은 종교과목인 대학채플의 성격과 내용을 담은 대체 과목이어야 함으로 기독교 교양과목형식의 어떤 과목을 생각할 수밖에 없을 것이다. 그러나 기독교나 종교가 싫어서 채플을 거부하는 비기독교인 입장에서 볼 때, 이 말은 당연히 기독교나 다른 종교와 무관한 어떤 일반적인 교양과목을 의미한다고 주장할 것이다. 두 번째 제한은 '내용'상의 문제이다. 대체 과목은 기존의 채플이 가지고 있던 주요 요소들을 담고 있어야 하는데, 특히 종교교육으로서의 성격 즉, 인간에게 있어 중요한 종교성, 영성에 대한 이해의 차원은 고수되어야 하며, 인간의 가치와 존엄성 및 공동체성을 배우는 교육 목적을 지녀야 한다.372) 동시에 대체 과목은 학교의 설립 정신, 기독교 대학으로서의 정체성, 학교가 종교교육을 통해 추구하는 인간상, 그리고 인성교육의 방향성 등을 반영한 것이어야 한다.373) 그런데 이러한 것들에 대해 비종교인들 학생들은 쉽게 수용하지 못할 것이다. 세 번째 제한은 대학채플의 정체성의 문제이다. 대학채플이 '예배와 전도'의 내용을 바꾸어 다른 어떤 것으로 대체하는 순간, 그것은 더 이상 대학채플이 아니라 기독교교양과목 혹은 일반 교양과목이 되어버린다. 기독교 교양과목과 일반 교양과목들은 이미 충분히 존재함으로 또 다른 과목이 추가될 필요는 없는 것이다. 그러므로 대학채플의 대체 과목 개설은 여러 가지 한계상 바람직하지 않다고 할 수 있고, 오히려 대체 과제야말로 의미가 있다고 말할 수 있다.

동을 준다. "종립학교가 정규과목으로서의 종교과목을 부과하는 경우, '그와 다른 선택과목'을 편성하도록 함으로써 비신앙 학생들을 배려해야 한다." 대법원 2010. 4. 22. 선고 2008다38288 전원합의체 판결, 10.

372) 오사랑·정대경, "국가 인권 위원회의 대학채플 결정문에 대한 비판적 고찰 및 대안적 제안", 134.

373) 천사무엘, "기독교 대학채플에 대한 국가인권위원회의 결정 고찰", 27.

2) 대학채플의 대체 과제

(1) 대체 과제의 유형들과 그 한계 - 백석대학교의 경우

백석대학교의 대학채플은 다른 대학의 채플들과 마찬가지로 처음부터 "부득이한 사유"를 근거로 사전 혹은 사후에 부여하는 '대체과제'를 시행해오고 있다. 백석대 현재 채플운영 규정에는 대체 과제에 대한 공식적으로는 언급이 없지만, 비공식적으로는 시행하고 있다.[374] 보통은 취업자, 교내외 공식행사 참석자, 환자 등에게 예배를 대체할 수 있는 과제물을 제출할 수 있도록 하고 있다. 그 대체 과제물의 내용은 다음과 같이 변화해 왔다.[375]

	시기	대체 과제의 유형들
1	1997년~2004년	성경필사와 신앙도서 독후감 병행
2	2005년[376]~2007년	① 성경 큐티[377] ② 신앙도서독후감[378]
3	2008년	① 성경필사[379] ② 교회예배 출석소감문 ③ C3TV 예배시청 소감문
4	2009년[380]	① 성경필사 ② 담임목사가 부과하는 과제물 (성경필사에 상응하는 과제)
5	2010년	① 신앙도서 감상문

374) 그러나 이전에는 '대학예배 운영지침'에 공식적으로 명시하고 있었다. 백석문화대학, 백석대학교 교목실, "대학예배 세부 운영지침", 『2010학년도 담임목사 사역지침』(미간행), 73.

375) 백석대학교 교목실 내부자료.

376) 2005년에 규정된 대학예배 대체 과제물의 내용은 기독교학부의 경우이며, 타 학부는 특별한 규정이 없이 담임목사의 재량에 따라 가변적이었다. 백석대학교 교목실 내부자료.

377) 『생명의 삶』 1개월 분량, 공란을 채워 제출하기

378) 핵심 내용 요약 A4용지 8매 + 독후감 2매 = 총 10매

379) 성경필사는 복음서나 모세오경, 또는 시편 등을 손으로 쓰도록 하는 것인데, 결석한 채플시간의 분량만큼 쓰는 것이다.

380) 백석대학교 교목실, "대학예배 세부 운영지침", 『2010학년도 담임목사 사역지침』(미간행), 74.

6	2010 ~ 현재	성경필사

이상의 자료를 통해 볼 때, 백석대 채플에서 시행했었던 주요 대체 과제는 교회 출석 소감문, 기독교TV 예배 시청 소감문, 성경 필사, 신앙 도서 독후감 등이었다. 이 과제들은 백석대 대학채플이 대체 과제와 관련하여 깊이 있게 연구하고 다양하게 시도한 흔적들이다. 그럼에도 불구하고 이 대체 과제들은 그 자체로 한계와 문제점들을 보여주었다.

모든 대체 과제들의 공통 문제점은 '검증'과 '분량'의 문제였다. 먼저, 각 대체 과제 방법들은 모두 과제 검증작업의 한계를 지니고 있었다. 즉 제출한 과제를 '본인'이 직접 작성했는지의 여부를 확인하기 어렵다는 것이다. 둘째는 적절한 분량의 문제인데, 대학채플의 시간(15시간)과 그 내용에 상응하는 정도의 과제 부과와 측정이 애매하다는 사실이다.

교회 출석 소감문은 너무 노골적인 종교선전이며, 비기독교인들에게 지나치게 가혹한 면이 있었다. 기독교TV 예배 시청 소감문과 신앙 도서 독후감은 실제로 좋은 대학채플 대체내용이라고 할 수 있었지만, 검증의 문제를 해결하기 어려웠다. 성경 필사도 비기독교인 학생들에게는 무의미한 단순노동에 불과하다는 비판이 있었다. 그런데 성경 필사의 장점은 '검증'과 '분량'의 차원에서 인정되는 어느 정도의 객관성이었다. 그리고 성경 말씀 자체에 능력이 있으므로 억지로라도 성경을 읽고 쓰는 것이 의미가 있다고 판단에서, 2010년 이후로 백석대 채플의 대체 과제는 성경 필사를 중심으로 이루어지고 있다.

(2) 대체 과제 설정시 유의할 사항

대체 과제 설정시 고려해야 할 점은 교육의 주체인 채플의 입장과 채플의 대상인 학생의 입장으로 나누어 생각해 볼 필요가 있다. 대학채플의 입장에서 대체 과제 설정에는 적어도 다섯 가지 기준들이 필요해 보인다. 첫째, 예배와 전도를 위한 대학채플을 대체하는 과제이므로 최소한 그 내용이 성경적이거나 기독교적인 것이어야 한다. 둘째, 과제의 난이도는 채플보다 더 '쉽고 편안하지 않은 정도'여야 한다. 셋째, 과제의 공정한 검증 차원에서 그 과제를 본인이 직접 했는지를 확인할 수 있어야 한다. 넷째, 분량 면에서는 결석한 채플의 소요시간보다 과제작성 시간이 결코 적지 않은 양이어야 한다. 다섯째, 질적 내용 면에서는 대학채플의 질적인 내용과 수준에 상응하는 정도의 과제가 부과되어야 한다. 그래서 대체 과제를 통해서 최소한의 채플교육 효과가 나타나야 하며, 과제물 선호 분위기가 아닌, 채플 참석 선호 분위기가 조성되어야 한다.

대학채플을 거부하는 비종교 혹은 타 종교 학생의 입장에서 대체 과제는 비종교적이거나 최소한 비기독교적인 내용이 필요하다. 왜냐하면 교육부는 "학교가 종교과목을 부과할 때 '종교 이외의 과목을 포함' 하여 선택의 기회를 주라고 지시했기 때문이다.[381] 바로 이러한 이유로 대체 과제의 유형을 기독교적인 것과 비기독교적인 것으로 나누고 진행할 필요가 있다. 기독교적인 대체 과제는 기독교인 학생들과 대학채플을 싫어하지 않는 학생들에게, 비기독교적인 대체 과제는 대학채플을 거부하는 학생들에게 적용하되, 각 과제도 그 내용을 다양화하여 선택권을 줄 수 있을 것이다. 기독교적인 대체 과제에는 일반적으로 해 오던 기독교 영상소감문, 신앙

381) 교육부고시 제1997-15호 (제2004-85호).

도서 독후감, 그리고 성경 필사 등 모두 가능할 것이다. 비기독교적인 대체 과제는 아래와 같이 특정한 범위와 원칙 아래에서 다양하게 제공될 수 있을 것이다.

(3) '비기독교적인 대체 과제'의 구상과 그 실례

비기독교인적인 대체 과제는 대학채플의 종교교양과목적 성격을 고려하여 종교와 교양의 차원에서 구성할 수 있을 것이다. 방식은 대학의 대부분 과목에서 시험 외에 학생의 학습능력을 진작시키고 그 수준을 평가하는 대표적인 방식인 '보고서를 통한 평가방식'이 적절할 것이다. 먼저, 교재는 비기독교적이면서도 일반 인문교양의 내용을 담은 영상이나 도서가 적당하다. 둘째, 보고서 서술형식은 변증법382)이 좋겠다. 단순히 일반내용이해와 개인소감을 적는 수준으로는 부족하다. 먼저, 요약 차원에서, 영상인 경우에 흐름별로 요약하고, 책인 경우는 장별로 내용을 자세히 요약하도록 한다. 그다음은 정반합적 서술이다. 비판적 사고 형성 차원에서 내용과 관련된 '종교적 이슈'를 제시하고 우선 '정'의 입장에서 그 이슈에 대한 저자의 관점을 기술하고, '반'의 입장에서 성경과 기독교의 관점을 서술한 다음에, 합의 입장에서 본인의 견해를 종합해서 적도록 한다.

예를 들면, 프리드리히 니체의 대표작인, '차라투스트라는 이렇게 말했다'를 들 수 있다. 이 책은 무게 있는 인문 교양서적이면서, 반기독교적인 내용을 담고 있으므로 비기독교인 학생들이 거부할 이유가 없다. 먼저, 장별로 내용을 요약하도록 한다. 다음은 비판

382) 여기서 변증법은 헤겔이 자연·사회·사유의 일반적 현상과 운동의 법칙을 정반합(正反合)의 과정으로 이해하고 논증하는 방식을 말한다.

적 사고형성의 종교적 이슈차원에서 '신 죽음'에 관한 이슈를 제시하여 답하도록 한다. 정의 차원에서 저자인 니체는 왜 '신이 죽었다'라고 말하고 있는가? 반의 입장에서 성경과 기독교는 니체의 그 주장에 대해 무엇이라고 말하는가? 합의 차원에서 이 질문에 대한 본인의 견해와 그 이유를 기술하도록 하는 것이다. 물론 이 과제에도 '검증과 분량'의 문제가 일어나지 않도록 세심하게 채점기준을 공시하고, 일정 이상의 수준을 요구하는 것이 필수이다.

니체의 책 이외에도 반기독교적인 입장에서 저술한 저명한 책들과 강의 영상들이 비기독교적 대체 과제가 될 수 있을 것이다.[383)] 이 대체 과제는 대학채플을 기피하는 비기독교인들은 인문교양의 풍부한 지식과 비판적 안목을 넓히고, 대학채플의 경우에는 '반'의 입장으로라도 간접적으로 기독교를 알게 하는 모두가 납득할 만한 대안이라고 할 수 있을 것이다. 물론 진지하게 깊고 통찰력 있는 인문학적 주제에 관심이 있는 학생들에게는 그러할 것이다.

383) Friedrich W. Nietzsche, *Also sprach Zarathustra*, 정동호 역, 『차라투스트라는 이렇게 말했다』(서울: 책세상, 2000); ____, *Der Antichrist*, 나경인 역, 『안티크리스트』(서울: 이너북, 2014); Bertrand Russell, *Why I am not a Christian*, 송은경 역, 『나는 왜 기독교인이 아닌가』(서울: 사회평론, 1999); Richard Dawkins, *The Selfish Gene*, 홍영남·이상임 역, 『이기적 유전자』(서울: 을유문화사, 1993); ____, *The God Delusion*, 이한음역, 『만들어진 신』(파주: 박영사, 2007). Yuval N. Harari, *Sapiens*, 조현욱 역, 『사피엔스』(서울: 김영사, 2015) 등.

13장

대학채플의 평가와 환류체계

대학의 모든 교육활동은 환류체계를 기본으로 지속가능한 성장을 추구한다. 대학의 한 교양과목인 대학채플도 자체 평가체계를 가지고 평가하고 그 내용을 바탕으로 보다 나은 새 학기를 계획하는 환류체계를 가져야 한다. 그래서 대학채플을 운영하는 대부분의 대학들도 저마다 채플평가를 위한 설문지를 만들고 학생만족도를 중심으로 채플 개선을 위한 노력을 하고 있다. 그런데 대학채플에서의 효과적인 환류체계 확립은 단지 설문지가 있고, 그것으로 정기적으로 평가하는 것으로 이루어지지 않는다. 대학채플의 성격을 제대로 반영한 평가모델을 만들고, 그것에 기반한 적절한 설문지를 개발하고 적용하는 것이 가장 중요하다. 그 설문지는 성과지표가 분명히 담겨있고, 신뢰도와 타당도를 갖추고 있으며, 원인을 추론할 수 있는 통계기법이 적용될 수 있어야 한다. 이러한 맥락에서 백석대학교의 현행 대학채플 설문지를 분석하고, 그것을 기반으로 대안을 마련하는 것이 필요할 것이다.

1.
현행 백석대학교의 대학채플 평가와 개선방향

백석대학교 교목실은 다른 기독교 대학들과 같이 대학채플 평가의 필요성을 가지고 그 도구를 만들어 평가를 해오고 있다. 그러나 아쉬운 점은 그 평가가 너무 단편적이고 일회성이 짙어서 '환류체계'를 구성하기에 부족하다는 것이다. 그 부족을 채우기 위해 우리는 현행의 평가 체계를 일정 수준으로 개선할 필요가 있다. 현재 백석대학교 교목실이 하고 있는 평가지의 내용을 정리하면 다음과 같다.

백석대학교 교목실의 대학채플 평가는 아래의 15개의 질문을 토대로 빈도분석 자료만을 활용하고 있다. 즉, 질문별로 몇 명의 학생들이 몇 퍼센트 응답했는지의 결과만을 가지고 대학채플을 평가하고 있다.

백석대학교 교목실의 현행 채플평가 질문내용	
인구통계/ 종교파악(1-3번)	1 성별, 2 현재종교, 3 현재종교 시작시기
기독교인 관련 질문(4-7)	4 기독교인이 된 때, 5 세례유무, 6 구원확신, 7 세례희망

비기독교인 관련 질문(8-11)	8 희망종교, 9 이번학기 개종여부
채플관련 공통 질문(12-15)	10 기독교이해, 11 채플과 기독교 이해, 12 긍정적 감동, 13 사이버채플 콘텐츠구성, 14 채플만족(전달), 15 채플추천

백석대학교 교목실의 현행 '채플평가'에 대한 이해와 평가

대학채플의 평가는 조직의 지속가능한 성과를 위한 평가모델을 참고하여 좀 더 포괄적이고 실제적이며 신뢰도와 타당도를 갖춘 설문지 설계가 필요해 보인다. 그리고 그 설문지에 대한 다양한 통계분석(회귀분석 등)을 통해서 보다 드러난 현상뿐만 아니라 그 원인도 추론하는 평가를 할 수 있어야 한다. 그렇게 될 때, 대학채플의 환류체계 형성에 도움이 되고 지속가능한 대학채플교육 성과를 추구할 수 있을 것이다.

최근에 들어와 서비스업계뿐만 아니라 교육계에서도 교육을 서비스로 규정하고 서비스 개념에서 그 품질을 측정하고 개선하려고 하는 경향이 생겨났다.384) 이런 맥락에서 채플교육의 내용들도 서비스 품질 차원으로 객관화시키고 교육품질 개념에서 그 질을 통계적 분석을 통해서 객관적으로 측정하고 개선할 때가 되었다. 그러므로 이 연구는 신학과 사회과학의 학제 간 연구를 통해 기독교대학 교양과목의 핵심에 속하는 대학채플의 교육품질을 정의하고 그 측정척도를 개발하여, 그것으로 백석대학교 관광학부 채플의

384) 강만수·박상규, "대학교육기관의 교육서비스품질이 학생만족, 신뢰, 몰입과 학생충성도에 미치는 영향", 「고객만족경영연구」 13(2011/4), 129-149. 이 외에도 각주 9)와 11)의 연구들 참고.

교육품질을 실증적으로 측정하려고 한다. 또한 통계적 분석을 통해 교육품질요인들과 교육만족도 그리고 복음화 성과 간의 인과관계를 밝혀, 기독교 대학의 채플교육품질 향상을 위한 기틀을 마련할 것이다.

2.
이론적 배경

1) 대학채플의 교육품질 정의

교육은"인간의 정신적, 신체적 성장과 발달을 어떤 이상이나 목적 혹은 가치기준에 의하여 통제하거나 조력하는 일련의 인위적 과정"이다.[385] 품질은 원래 "공장에서 생산된 제품이나 서비스 산업이 제공하는 서비스가 가지는 특성"을 말한다.[386] 그러나 오늘날 품질의 개념과 그 적용은 전체 조직의 품질로 확대되었다. 특별히 서비스에 있어서 품질의 의미는 서비스 자체를 넘어서 모든 조직의 기능들을 포함하며, 그 조직의 목표들을 성취하고 그 조직들의 성과를 개선하기 위한 원리들과 방법들로 이해되고 있다.[387]

이상의 내용들을 통해 볼 때, 대학채플의 교육품질(Chapel-EdQUAL)이란 기독교 교양교육과 복음화라는 목적을 위하여 대학채플 교육이 그 목적을 성취하고 그 성과들을 개선하기 위한 채플 구성의 전체 실체들 및 원리들과 방법들이라고 말할 수 있다.

385) 서울대학교 교육연구소 편,『교육학용어사전』(서울: 도서출판 하우, 2011), 95.
386) 『위키백과』 "품질" http://ko.wikipedia.org/wiki/%ED%92%88%EC%A7%88
387) Robert J. Vokurka, "Using the Baldrige Criteria for personal quality improvement", Industrial Management & Data System 101(2001), 363.

2) 대학채플의 교육품질을 평가하는 척도개발

(1) 교육품질을 평가하는 척도개발 방법론

교육품질을 평가하는 방법은 크게 두 가지로 볼 수 있다. 기존의 품질을 평가하는 척도를 이용하는 것과 서비스 품질을 평가하는 척도를 이용하는 것이다. 그 첫 번째는 기존의 품질상 기준들을 교육품질평가를 위해 수정하여 이용하는 접근법인데, 말콤 볼드리지 품질상(MBNQA)기준[388] 을 수정하여 교육부문에 적용한 말콤 볼드리지 국가품질상 교육부문(Malcolm Baldrige national quality award education criteria for performance excellence)이 대표적이라고 말할 수 있다.[389] 이 교육부분 MBNQA는 1998년에 시작되었고, 이후 매년 그 모델을 수정하여 현재 "2013-14년도 말콤 볼드리지 국가품질상 교육 부문의 기준"으로 나타났다. MBNQA 교육부문 평가 기준은 리더쉽, 전략기획, 고객중심, 측정-분석 및 지식경영, 인적자원중심, 운영중심, 조직성과 및 결과 등의 영역으로 나뉜다.[390] 교육부문 말콤 볼드리지 기준은 교육기관의 전체적인 성과와 효과성에 대한 지속적인 개선을 통해 양질의 교육과 교육기관의 안정성을 확보함으로써 학생과 다양한 이해 관계자들에게 고부가 가치의

388) 말콤 발드리지 품질상 기준은 1989년 미 하원이 기업 및 국가경쟁력 향상을 위하여 국가 품질상의 기준으로 채택한 미국국립표준기술연구소(NIST: National Institute of Standards and Technology)에서 개발한 다양한 분야의 특성에 맞는 품질평가 기준을 말한다.

389) NTS 홈페이지 https://url.kr/tgiw58

390) MBNQA 교육부문 평가기준을 중심으로 교육품질을 논하는 연구들은 다음과 같다. Michael Ensby & Farzad Mahmoodi, "Using the Baldrige Award criteria in college classrooms", Quality Progress 30(1997/Apr), 85-91; Robert J. Vokurka, "Using the Baldrige Criteria for personal quality improvement", Industrial Management & Data System 101(2001), 363-369; 주철안·이용탁, "교육역량강화를 위한 교육성과기준 요인 간 인과관계연구 - MBNQA를 중심으로", 「인적자원관리연구」 18(2011/6), 191-211; 정인호·이은진,"대학 교육역량강화를 위한 교육성과요인의 인과관계에 관한 연구 - MBNQA의 평가기준을 중심으로", 「경영교육연구」 27(2012/8), 207-239.

서비스를 제공하기 위해 고안된 글로벌 스탠더드라고 말할 수 있다.[391)]

교육품질을 평가하는 두 번째 방법은 교육을 일종의 서비스로 규정하고 서비스품질 평가 척도를 이용하여 교육 서비스를 평가하는 것이다.[392)] HEdPERF(Higher Education Performance) 모형은 고등교육품질을 측정하기 위하여 대표적인 서비스품질 평가척도인 SERVQUAL모형[393)]과 그 뒤로 발전된 모형을 토대로 만들어졌다. 이것은 41개 항목의 척도로 구성되어 있는데, 그중 13개는 SERVQUAL의 발전형인 SERVPERF에서 빌려왔고, 28개의 항목은 다양한 서비스 품질척도로부터 차용하였다.[394)] HEdPERF는 교육서비스품질을 교수, 조교 및 직원, 명성, 접근성, 교육프로그램, 학생이해 등 6개 차원으로 세분화한 측정모델이다. 먼저, 교수요

391) 정인호·이은진, 앞의 논문, 209.

392) 서비스품질 평가기준을 중심으로 교육품질을 논하는 연구들은 다음과 같다. F. M. Hill, "Managing Service Quality in Higher Education: the Role of the Student as Primary Consumer", Quality Assurance in Education 3(1995), 10-21; Firdaus Abdullah, "HEdPERF versus SERVPERF; The Quest for ideal measuring instrument of service quality in higher education sector", Quality Assurance in Education 13(2005), 305-328; Firdaus Abdullah, "The development of HEdPERF: a new measuring instrument of service quality for the higher education sector", International Journal of Consumer Studies 30(2006), 569-581; 우종필·양민정, "학원의 교육서비스품질이 전반적 고객만족과 충성도에 미치는 영향: 전환장벽의 조절효과 중심으로", 「상품학연구」 29(2011/3), 39-49; Dennis C.S. Law, "Initial assessment of two questionnaires for measuring service quality in the Hong Kong post-secondary education context", Quality Assurance in Education 21(2013), 231-246.

393) SERVQUAL(Service Quality)은 서비스 품질평가를 위한 척도로 파라수라만 등이 처음 개발했다. (A. Parasuraman, V.A. Zeithaml, and L.L. Berry, "SERVQUAL: A Multiple Item Scale for Measuring Consumer Perception of Service Quality", Journal of Retailing 64(1988), 12-40.) 이 모형은 서비스 품질의 차원을 유형성, 신뢰성, 반응성, 확신성 및 공감성의 5가지로 구분하여 각 차원에 대한 서비스 이전의 기대수준과 서비스 이후의 인지수준을 구하여 그 차이를 통해 서비스 수준을 평가하는 방법이다.(Ibid., 23.) Hill은 이 SERVQUAL 모형에서 기대치를 배제하고 경험치만을 대상으로 수정된 모형인 SERVPERF모형을 이용하여 서비스 품질을 측정하였다.[F. M. Hill, "Managing Service Quality in Higher Education", (1995), 10-21.]

394) Firdaus Abdullah, "HEdPERF versus SERVPERF: The quest for ideal measuring instrument of service quality in higher education sector", Quality Assurance in Education; 13(2005), 311.

인(academic aspect)은 교수진의 책임과 관련된다. 조교 및 직원요인(non-academic aspect)은 학생들의 학업을 성취시키는데 필수적인 항목들로서 조교 및 직원의 업무이다. 명성(reputation)요인은 고등교육기관으로서의 전문적인 이미지와 관련된다. 접근성(access)요인은 교육서비스의 접근 가능성과 편리성과 관련된다. 프로그램요인은 유연한 구조와 강의계획서가 있는 다양하고도 수준 있는 학과목과 활동들과 관련된다. 학생이해요인은 상담과 보건서비스 면에서 학생들의 구체적인 필요를 이해하는 것과 관련된다.395)

교육품질을 평가하는 두 가지 방법론은 각각의 특징과 장점이 있다. 우선 HEdPERF는 보다 소비자인 학생의 관점에서 대학 교육의 품질의 상태를 포괄적으로 측정하고 파악하는 데 유용한 도구로 보인다. 반면에 교육 부문 말콤 볼드리지 기준은 보다 교육목적과 의지를 지닌 교육자의 관점에서 교육품질의 과정과 결과를 측정하고 평가하는데 좋은 도구로 여겨진다.

(2) 대학채플의 교육품질을 평가하는 척도 구성

볼드리지 교육 부문 척도와 HEdPERF의 척도들은 대표적인 교육품질 측정 모델들이지만, 그것들을 그대로 사용하여 채플의 교육품질을 측정할 수는 없다. 채플교육은 대학의 일반 교양교육 과목들과 차이가 나는 독특한 특성들이 있기 때문이다. 우선 채플은 규모에 있어서 천 명 전후의 학생들이 수강하는 대형 강의이다. 채플은 교양과목이면서 동시에 복음화라는 특별한 목적을 지닌 과목

395) Firdaus Abdullah, "The development of HEdPERF: a new measuring instrument of service quality for the higher education sector", International Journal of Consumer Studies 30(2006), 575.

이다. 그리고 복음화라는 면에서 볼 때, 채플은 그 교육 대상이 신자인 학생과 비신자인 학생이 동시에 수강하며, 그중에는 복음화의 직접 대상인 구도자가 함께 있는 혼합수업이다.[396] 이처럼 일반 강좌와는 색다른 특징들을 지닌 채플교육이 효과적으로 시행되기 위해서는 다양한 구성원과 운영방법이 필요하다. 첫째, 채플교육은 채플주관자인 담임목사의 리더쉽과 채플전략을 토대로 한 학기 단위로 진행된다. 둘째, 채플도우미[397]와 교목실 행정직원들의 환대가 함께 어우러진다. 셋째, 학점이 주어지는 채플을 위한 고유의 학사행정운영이 마련된다. 넷째, 신자와 비신자를 함께 고려하여 설교와 더불어 교양과 선교 차원의 각종 채플 프로그램들이 다양하게 진행된다.[398] 다섯째, 채플이 실시되는 대형 채플실과 관련한 여러 환경요인 등이 복합적으로 구성된다.

따라서 본 연구에서는 말콤 볼드리지의 교육품질 척도와 HEdPERF의 척도를 참고하면서, 앞서 거론한 채플 특성을 적용하여 채플의 교육품질 척도 요인을 다음과 같이 제안하고, 실증적인 검증을 통해 각 요인을 측정하기 위한 새로운 척도를 개발하고자 한다. 교수요인, 직원요인, 운영요인, 프로그램요인, 그리고 환경요인 등이 그것들이다.

396) 신자는 세례받고 정기적으로 교회에 출석하며 성경 말씀대로 살려고 노력하는 사람, 구도자는 현재 신자는 아니지만 성경과 기독교를 긍정적으로 생각하고 관심이 있는 사람, 그리고 비신자는 성경과 기독교에 대해 전혀 관심 없는 사람으로 정의한다.
397) 백석대학교 각 채플에는 '선교부장'이라고 불리는 학생 도우미들이 약 40~50명 정도 씩 있으며, 그들이 학생환영, 출석체크, 찬양인도, 채플을 위한 중보기도 등으로 채플을 돕고 있다.
398) 백석대학교 관광학부 채플의 전반적 프로그램에 대해서는 다음을 참조하라. 이동찬·최현정, "수용자 중심(CRM) 대학예배의 선교전략", 「진리논단」 21(2013), 216-222.

〈표 1. 교육품질 요인비교 - 볼드리지 교육부문 : HEdPERF : 채플교육품질〉

볼드리지 범주	HEdPERF	채플교육품질 (Chapel-EdQUAL)
리더쉽	1. 교수영역	1. 교수요인
2. 전략적 기획	2. 비교수 영역	2. 직원요인
3. 고객 중심	3. 평판	3. 운영요인
4. 측정, 분석, 지식경영	4. 접근성	4. 프로그램요인
5. 인적자원 중심	5. 교육프로그램	5. 환경요인
6. 운영중심	6. 학생이해	
7. 조직성과 및 결과		

3) 채플교육품질과 교육만족도 및 복음화 성과 간의 인과관계 연구를 위한 예비적 이해

이 연구의 기본 가정은 채플교육품질 요인들을 구성하고 각 품질요인의 질을 높이면 채플교육의 목적인 교육만족도와 아울러 복음화율도 높아질 것이라는 점이며, 그것을 사회과학적으로 입증하는 것이 연구의 목적이다. 연구를 위하여 우선 교육만족도와 복음화의 성과에 대한 이해가 전제되어야 한다. 특히 복음화 성과와 관하여서는 채플 대상의 세분화와 복음화의 성과를 측정하는 방법에 관한 이해가 먼저 있어야 한다.

(1) 교육만족도

교육과 관련하여 만족도란 어떤 교육품질에 대한 소비자 만족의 정도를 나타내는 말이라고 할 수 있다. 일반적으로 만족도가 높으면 소비자의 재구매율과 충성도가 높아진다. 그러므로 정확한 교육만족도를 측정하고 그 만족도에 영향을 주는 원인변수를 찾고 더욱 개선하여 교육만족도를 높이면, 학생의 교육 참여의식을 높이게 되고 결과적으로 교육의 목적을 성취하는데 도움이 된다고 말할 수 있을 것이다. 그러므로 본 연구는 채플의 교육만족도를 측정하는 척도를 별도로 구성했다. 그것은 채플의 교육품질 요인들에 대해서 전체적으로 통합하여 만족도를 묻는 문항과 채플교육품질 각 요인별 만족도를 묻는 문항으로 따로 제시하는 것이다.

(2) 채플교육의 대상 세분화

채플 교육은 복음화라는 목적을 위하여 그 어떤 교육 보다 그 대상을 더 잘 고려해야 한다. 왜냐하면, 채플교육의 대상은 기독교인 학생들도 있지만, 비기독교인들도 있기 때문이다. 동시에 성경과 기독교에 호감을 가져서 선교의 직접 대상이 되는 구도자인 학생들도 있다. 본 연구에서는 신자를 "세례받고 정기적으로 교회에 출석하며 성경 말씀대로 살려고 노력하는 사람"으로, 구도자를 "현재 신자는 아니지만, 성경과 기독교를 긍정적으로 생각하고 관심이 있는 사람"으로, 그리고 비기독교 신자를 "성경과 기독교에 대해 전혀 관심 없는 사람"으로 각각 정의하였다. 그리고 그것을 설문지에 포함하여 학생들로 하여금 스스로 표기하도록 하여 학생들을 세 부류로 나누고 각자가 채플교육품질과 만족도, 그리고 복음화 성과에 대해 어떻게 생각하는지 파악할 수 있었다.

(3) 복음화 성과의 측정

"복음화 성과" 즉 채플 교육을 통하여 대상이 얼마나 신앙을 가지게 되었는지를 측정하는 것은 쉬운 일이 아니다. 그래서 연구자들은 복음화의 측정과 관련하여 바울이 사용한 신앙성숙의 인격적 차원을 사용하였다. "너는 배우고 확신한 일에 거하라"(딤후 3:14) 이 말은 믿음의 아비인 바울이 아들과 같은 디모데에게 부탁하는 신앙성숙에 관한 교훈이다. 지적인 면에서 배우고, 정적인 면에서 확신하고, 의지적인 면에서 거하는 삶 곧, 전 인격적인 차원에서 신앙성숙을 교육하는 내용이다. 즉 바울의 표현에 의하면 어떤 대상에게 신앙을 교육한다거나 복음화한다는 것은 신앙적인 내용에 대해서 대상으로 하여금 지성, 감성, 의지의 차원에서 두루 영향을 끼치는 것을 말한다. 그래서 복음화 성과를 측정함에 있어서도 기독교인, 비기독교인, 그리고 구도자 각자가 신앙의 내용에 대해 지적으로, 정서적으로, 의지적으로 받은 영향의 정도를 측정했다.

3.
연구 설계

1) 연구과제와 모형의 설정

본 연구의 목적을 달성하기 위한 연구 과제와 연구 모형은 다음과 같다.

연구과제 1 : 채플교육품질에 대한 개념을 정립한다.
연구과제 2 : 기존의 품질측정에 관한 연구를 바탕으로 채플교육품질을 측정하기 위한 고유의 측정도구를 새롭게 개발하고 이를 검증한다.
연구과제 3 : 채플에 참여하는 학생들을 신자, 구도자, 비신자로 구분하고, 각 집단의 교육만족도에 영향을 미치는 채플교육품질 요인을 밝힌다.
연구과제 4 : 채플에 참여하는 학생들을 신자, 구도자, 비신자로 구분하고, 교육만족도가 복음화 성과에 미치는 영향에 관하여 실증적인 분석을 통해 밝힌다.

〈그림 1. 연구 모형〉

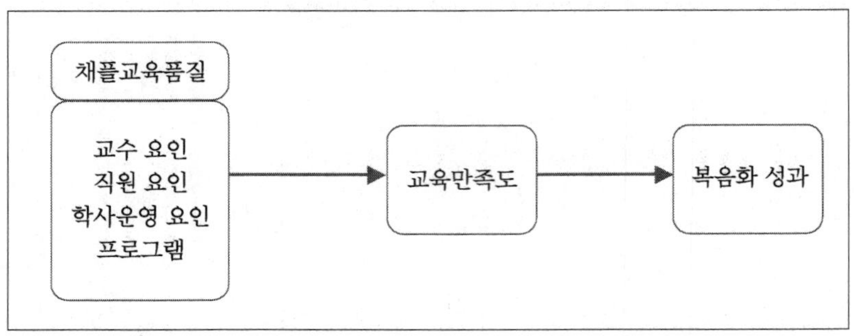

2) 설문지의 구성

본 연구를 위한 설문지는 총 4개의 내용으로 구분되어진다.

첫 번째 내용은 학생들의 일반적인 특성을 알아보기 위한 문항이다. 이는 성별, 전공, 학년, 종교 그리고 신앙생활 여부(신자, 구도자, 비신자)를 묻는 질문으로 구성되었다.

두 번째 내용은 채플교육의 완성을 위해 수반되는 채플주관자(담임 목사)의 리더쉽과 전략, 채플도우미와 교목실 행정직원의 환대, 채플의 학사행정 운영, 채플의 프로그램, 채플 환경에 대해 묻는 문항으로 구성되었다. 이는 말콤 볼드리지의 교육품질 척도와 HEdPERF의 척도를 참고하면서, 채플교육의 특성을 고려하여 새로운 문항들을 개발한 것이며, 리커트 7점 척도(1=매우 그렇지 않다, 7-매우 그렇다)로 측정하였다.

세 번째 내용은 채플교육의 만족도에 관한 문항으로 구성되었다. 이는 채플교육의 전반적인 만족도와 담임목사의 교육서비스, 직원들의 행정서비스, 학사운영, 채플 프로그램, 그리고 채플 환경에 대한 만족도를 측정하는 문항들이며, 리커트 7점 척도(1=매우 그렇지 않다, 7-매우 그렇다)로 측정하였다.

네 번째 내용은 채플교육을 통한 복음화 성과에 관한 문항으로 구성되었다. 앞서 기술한 바와 같이 채플에 참여하는 학생들은 신자, 구도자, 비신자로 구분되는 특징이 있으며, 각 집단의 복음화 성과는 제각각 다른 의미를 지니게 된다. 이에 신자, 구도자, 비신자를 구분하여 각 집단의 복음화 성과를 묻는 질문을 개발하여 이를 묻는 질문들로 구성하였으며, 리커트 7점 척도(1=매우 그렇지 않다, 7-매우 그렇다)로 측정하였다.

다음 〈표 1〉은 설문지를 구성하고 있는 측정 문항의 내용이다.

〈표 1. 설문지의 구성〉

※ 귀하의 성별은 무엇입니까? 1) 여성 2) 남성

※ 전공은 무엇입니까?

1) 관광통역 2) 관광경영 3) 호텔경영 4) 항공서비스 5) 기타

※ 몇 학년인가요? 1) 1학년 2) 2학년 3) 3학년 4) 4학년

※ 귀하의 종교는 무엇입니까?

1) 기독교 2) 천주교 3) 불교 4) 무교 5) 기타 종교

※ 다음은 "(기독교) 신자, 구도자, 비기독교 신자"에 대한 설명입니다.

해당사항을 선택해 주세요.

(기독교) 신자 - 세례받고 정기적으로 교회에 출석하며 성경 말씀대로 살려고 노력하는 사람 구도자 - 현재 신자는 아니지만, 성경과 기독교를 긍정적으로 생각하고 관심이 있는 사람 비기독교 신자 - 성경과 기독교에 대해 전혀 관심 없는 사람

1) 나는 (기독교) 신자　2) 나는 구도자　3) 나는 비기독교 신자

※ 채플교육품질 개선 설문입니다. 해당 번호에 체크(∨)해주세요.[399]

학부채플 담임목사님에 대하여
1. 목사님은 구체적인 채플의 비전과 방향성을 가지고 있다.
2. 목사님은 세심한 전략으로 다양한 채플을 구상하고 진행한다.
3. 목사님은 채플 운영을 관광학부와 늘 관련지어 시행한다.
4. 목사님은 학생들과 의사소통하려고 노력한다.
5. 목사님은 따뜻한 마음과 존중의 마음으로 학생을 대한다.

채플 도우미와 교목실 행정직원에 대하여
1. 선교부들은 단정하고 학생들을 환대의 정신으로 잘 대한다.
2. 찬양팀의 찬양은 잘 준비되어있고 듣기 좋다.
3. 교목실 직원들은 학생을 관심과 존중으로 대한다.
4. 교목실 직원들은 채플학사에 대해 충분히 잘 알고 안내한다.
5. 관광학부 채플간사는 채플학사에 대해 잘 알고 안내하며 친절하다.

채플의 학사운영에 대하여
1. 채플 학사운영에 대해 충분히 안내해서 그 내용을 잘 알고 있다.
2. 채플 출석 및 지각체크는 공정하고 정확하다.
3. 채플 결석과 기타 문제 확인에 대한 질문이나 도움요청이 쉽다.
4. 채플관련 불편 불만 사항은 바로 처리된다.
5. 채플은 학점이수가 어렵지 않다.

채플의 프로그램에 대하여
1. 채플 프로그램은 일정한 주제 하에 다양하게 전개된다.
2. 채플 프로그램에 학생들의 참여가 잘 이루어지고 있다.

399) 각 문제에 대해서 학생들의 선택은 리커트 척도로 구성했다. 1) 매우 그렇지 않다 2)그렇지 않다 3) 보통이다 4) 그렇다 5) 매우 그렇다

3. 채플 프로그램은 관광학부와 관련된 주제를 잘 반영한다.
4. 채플에서 학교생활에 필요한 필수 정보들을 듣게 된다.
5. 프로그램을 통해서 관광학부가 하나의 공동체라는 사실을 느끼게 된다.

채플의 환경에 대하여
1. 채플장소의 음향이 적절하다.
2. 채플장소의 영상이 적절하다.
3. 채플장소의 조명이 적절하다.
4. 채플의 운영 시간이 적절하다.
5. 채플의 운영 장소가 전체적으로 적절하다.

※ 다음은 채플교육의 전반적인 만족도에 관한 내용입니다.

해당 번호에 체크(∨)하세요.

내용
1. 나는 우리 학부의 채플 교육서비스에 전체적으로 만족한다.
2. 나는 담임목사님의 채플관련 교육 서비스에 만족한다.
3. 선교부와 교목실직원의 채플관련 교육 서비스에 만족한다.
4. 나는 채플 학사운영에 대해 만족한다.
5. 나는 채플 프로그램 내용에 대해 만족한다.
6. 나는 채플 환경에 대해 만족한다.

※ 다음은 채플교육을 통한 복음화에 관한 내용입니다.

해당 번호에 체크(∨)하세요.

[기독교 신자만 대답해 주세요]
1. 나는 채플을 통해 성경과 섬김에 대해 더 생각하고 배우게 된다.
2. 채플을 통해 내가 하나님의 자녀라는 것이 더 자랑스럽게 느껴진다.
3. 채플을 통해 섬기는 일과 복음 전하는 일을 더 잘 하고 싶어진다.

[비기독교 신자만 대답해 주세요]

1. 채플을 통해 성경과 기독교에 대해 조금은 알게 되었다.
2. 채플 시간이 싫지 않고 유익한 면이 있다.
3. 다음 학기 채플에는 좀 더 집중하여 듣고 싶은 마음이 든다.

[구도자만 대답해 주세요]
1. 채플을 통해 성경과 기독교를 어느 정도 이해하게 되었다.
2. 채플을 통해 성경과 기독교에 호감을 가지게 되었다.
3. 채플을 통해 나도 기초성경공부를 하거나 세례를 받고 싶어졌다.

3) 자료의 수집 및 분석 방법

(1) 자료의 수집

본 연구의 자료(data)를 수집하기 위해 백석대학교 관광학부의 채플에 참여하는 학생을 대상으로 설문을 진행하였다. 설문은 2014년 6월 10일 채플시간을 활용하여, 연구 책임자의 설명과 교육 후에 배포되었으며, 설문 과정에서 응답에 대한 정확성을 높이기 위해 모두 익명으로 실시하였다. 응답 방식은 자기 기입방법(self-administered)을 사용하여 진행하였다. 총 900부를 배포하여 765부가 회수되었으며, 회수된 설문지 중에서 응답치의 편중성향이 너무 강하거나 다수의 결측값이 존재하는 49부가 제외되어, 유효표본은 최종 716부로 선정되었다.

(2) 분석 방법

본 연구의 실증분석을 위하여 SPSS 18.0 통계분석 프로그램을 활용하였다. 분석 방법으로는 표본의 정보를 확인하기 위해 빈도분석을 실시하였고, 각 변수에 대한 측정척도의 타당성과 신뢰성을 확보하기 위해 탐색적 요인분석과 신뢰도 분석을 실시하였다. 마지막으로 각 연구개념 간 인과관계를 검증하기 위해 회귀분석(다중회귀분석, 단순회귀분석)을 실시하였다.

4.
실증분석 결과 및 해석

1) 응답자의 특성

본 연구를 위한 응답자의 특성을 알아보기 위하여 빈도분석을 실시하였다. 빈도분석의 결과, 관광학부의 채플에 참여하는 학생의 성별은 여학생(64.4%)의 비율이 남학생(35.6%)보다 훨씬 많은 것으로 확인되었다. 전공분야는 호텔경영전공(43.0%), 관광경영전공(39.9%), 관광통역(7.8%), 그리고 항공서비스(7.3%) 순으로 나타났고, 4개의 학년이 비교적 고르게 분포되어 있음을 알 수 있었다. 종교와 신앙생활 여부에 대한 결과가 흥미로웠는데, 전체 학생 중 기독교 신자의 비율은 37.6%에 불과했으며, 그중에서도 스스로 기독교 신자라고 인정하는 학생 수는 이보다 더 적은 32.8%밖에 되지 않았다. 신앙생활 여부의 조사 결과에 따르면, 관광학부 채플에 참여하는 학생 중 무려 67.2%(구도자 17.6%, 비기독교 신자 49.6%)가 기독교 신자가 아니라는 사실을 알 수 있었다. 복음화가 핵심 목적인 채플에 실제로 참여하고 있는 학생의 3분의 2가 비기독교인 학생이라는 본 연구의 조사 결과는 연구자들에게 새삼 채플 운영에 대한 새로운 시각과 대안을 고민하게 한다. 다음의 〈표 2〉는 빈도분석의 결과이다.

〈표 2〉 응답자의 특성

변수		응답자 수(%)	변수		응답자 수(%)
성별	남 여	255(35.6) 461(64.4)	전공	관광통역 관광경영 호텔경영 항공서비스 기타	56(7.8) 286(39.9) 308(43.0) 52(7.3) 14(2.0)
학년	1학년 2학년 3학년 4학년	167(23.3) 191(26.7) 182(25.4) 176(24.6)	종교	기독교 천주교 불교 무교 기타	269(37.6) 57(8.0) 28(3.9) 361(50.4) 1(0.1)
신앙생활여부	(기독교) 신자 구도자 비기독교 신자	235(32.8) 126(17.6) 355(49.6)	총 716명		

2) 측정 도구의 타당성 및 신뢰성 검증

(1) 채플교육품질 측정척도 개발을 위한 타당성 및 신뢰성 검증

측정 도구의 타당성(validity)이란 측정하고자 하는 것을 실제로 제대로 측정하고 있는가를 나타내는 개념이다. 이를 검증하기 위하여 탐색적 요인분석을 실행하였다. 탐색적 요인분석은 특정 개념을 측정하기 위하여 새롭게 개발된 각 항목 간의 상관관계가 높은 항목들끼리 하나의 요인으로 묶어냄으로써, 요인들 간의 상호독립성을 유지하게 하며 이를 바탕으로 추가적인 분석에 이용하게 하는 통계분석 방법이다. 본 연구에서는 정보의 손실을 최소화하면서 많은 변수를 가능한 한 적은 수의 요인으로 정리하는 것에 유용한 주성분 분석을 이용하였으며, 요인들 간의 상호 독립성을 유지하며 회전하는 방법인 직각회전 방법을 적용하여 분석하였다.400) 또한 요인 수를 결정하기 위하여 일반적으로 적용되는 방법으로는 아이겐 값 1 이상을 적용하는 방법, 스크리 도표의 기울기의 완만한 시점을 보고 결정하는 방법, 그리고 연구 목적 및 기존의 연구에 기초하여 요인의 수를 미리 지정하여 분석하는 방법 등이다.401) 본 연구에서는 기존의 여러 연구를 바탕으로 채플교육품질 구성요인을 5가지 형태로 개념화하였으므로 요인의 수를 5개로 미리 지정하는 방법을 적용하여 요인의 수를 결정하고 분석을 실시하였다.

확보한 자료가 탐색적 요인분석에 적합한 자료인지를 확인하는 과정은 Bartlett의 구형성 검정과 KMO(Kaiser-Meyer-Olkin) 수치를 통해서 가능하다. Bartlett의 구형성 검정(Bartlett test of sphericity)의 경우 유의성 유무를 확인하는데, 이때 결과가 유의하다는 것은 각 측정변수 간 상호 상관성이 확보되었다는 것을 나타낸다. 또한 KMO 수치의 경우 0.5 이하이면 요인분석에 적합하지 않은 자료라고 판단하며, 0.5 이상 0.7 이하의 경우이면 보통 정도로 적합한 자료라고 보고, 0.8 이상이며 1에 가까울수록 요인분석을 위해 가치 있는 자료인 것으로 평가된다.402) 본 자료를 분석한 결과, Bartlett의 구형성 검정의 유의성은 0.001이하에서 유의한 것으로 확인되었고, KMO 수치는 0.943으로 나타나 요인분석을 하기에 매우 적합한 자료인 것이 확인되었다.

400) J. F Jr. Hair, W. C. Black, B. J. Babin, R. E. Anderson, & R. L. Tatham, Multivariate data analysis, 6ed. (New Jersey: Pearson International Edition, Inc., 2006), 107, 124.
401) Ibid., 119-120.
402) Ibid., 114-115.

5개로 미리 지정된 요인의 수에 따라 요인분석을 실행한 결과, 첫 번째는 교수요인, 두 번째는 환경요인, 세 번째는 직원요인, 네 번째는 학사운영요인 그리고 다섯 번째는 프로그램요인으로 정리되었다. 각 요인에 속한 각 항목이 해당 요인을 얼마나 잘 측정하고 있는지를 평가하기 위해 요인 적재치(factor loading)를 확인하였다. 요인 적재치는 최소 0.3 이상일 때 각 요인의 측정척도로써 인정되며, 0.5 이상이면 각 요인을 측정하기에 좋은 항목으로 보고, 0.7 이상이면 해당 요인을 매우 잘 측정하고 있다고 판단한다.[403] 분석 결과, 채플교육품질을 측정하기 위해 새롭게 개발된 25개 모든 항목의 요인적재치가 최소 0.500 이상으로 확인되어 모든 항목이 각 요인을 측정하기에 매우 적절한 문항들이라는 것이 검증되었다. 이로써 채플교육품질의 다섯 가지 요인에 대한 타당성이 검증되어 본 연구를 위해 개발된 문항들이 채플교육품질을 측정하기에 타당한 도구임이 검증되었다.

또한 해당 측정 도구의 신뢰성을 측정하기 위해 크론바하 알파계수를 이용하여 신뢰도 검증을 실시하였다. 최소 0.831에서 최고 0.928로 나타나 최소 인정 기준인 0.60 이상으로 확인되어 각 변수의 내적일관성 및 신뢰성도 입증되었다.[404]

403) Ibid., 128.
404) Ibid., 137.

다음 〈표 2〉은 채플교육품질 5요인에 대한 타당성 및 신뢰성 검증 결과이다.

〈표 2〉 채플교육품질 5요인의 타당성 및 신뢰도 분석 결과

요인	측정 문항	요인 적재치	고유값	분산 (%)	분산 누적치 (%)	신뢰도 (Alpha)
교수 요인	1. 비전 및 방향성 2. 다양한 구성 3. 전공 관련 4. 학생 소통 5. 학생 존중	0.774 0.788 0.749 0.831 0.822	11.831	17.663	17.663	0.928
환경 요인	1. 음향 2. 영상 3. 조명 4. 시간 5. 장소	0.795 0.813 0.814 0.696 0.778	2.103	15.720	33.382	0.914
직원 요인	1. 선교부 친절 2.찬양 준비성 3. 교목실 직원 친절 4. 교목실 직원 전문성 5. 채플 간사 전문성	0.644 0.617 0.844 0.838 0.778	1.672	14.713	48.096	0.895
학사운영 요인	1. 학사운영 안내 충분 2. 출석 지각 공정 3. 도움요청 용이 4. 불만 처리 5. 학점이수 용이	0.605 0.636 0.747 0.698 0.686	1.435	12.953	61.049	0.831
프로그램 요인	1. 다양한 전개 2. 학생참여 3. 전공주제 반영 4. 학교생활 정보공유 5.공동체 의식 함양	0.500 0.758 0.556 0.569 0.730	0.972	11.002	72.051	0.885

KMO(Kaiser-Meyer-Olkin measure of sampling adequacy) = 0.943 Bartlett's test of sphericity: 13709.727, p = .000 (df = 300)						

(2) 채플만족도의 측정 도구에 대한 타당성 및 신뢰성 검증

본 연구에서 채플교육의 결과 변수는 채플교육만족도이다. 채플교육만족도를 측정하기 위하여 채플교육을 전담하고 있는 담임목사의 의견을 반영하여 각 항목이 개발되었다. 다음의 〈표 4〉에 제시된 결과를 통해 채플교육만족도의 측정척도에 대한 타당성 및 신뢰성이 확보되었음을 알 수 있다.

〈표 4〉 채플교육만족도의 타당성 및 신뢰도 분석 결과

요인	측정 문항	요인적재치	고유값	분산(%)	분산누적치(%)	신뢰도(Alpha)
교육 만족도	1. 채플교육에 대한 전반적 만족도 2. 목사님 교육 만족도 3. 선교부 및 교목실 직원 만족도 4. 학사운영 만족도 5. 프로그램 만족도 6. 환경 만족도	0.908 0.867 0.868 0.905 0.922 0.888	4.784	79.737	79.737	0.949

KMO(Kaiser-Meyer-Olkin measure of sampling adequacy) = 0.925 Bartlett' s test of sphericity : 4059.838, p = .000(df = 15)						

(3) 복음화 성과의 측정 도구에 대한 타당성 및 신뢰성 검증

본 연구에서 다루게 되는 또 다른 변수는 복음화 성과이다. 대학 채플은 대학의 한 교양과목으로서 인격과 교양함양이라는 일반 목적과 더불어 동시에 선교(복음화)라는 고유의 목적을 함께 지니고 있다. 채플교육의 일반적인 목적과 고유의 목적을 모두 달성하고 교육성과를 극대화하기 위해서는 채플을 수강하는 학생들의 특성 중 신앙생활 여부에 대해 확인할 필요가 있다. 이에 본 연구는 기독교 신자, 구도자 그리고 비기독교 신자로 개념화하여 학생들의 신앙생활 여부에 대해 구분하고, 이에 대한 개념을 설명한 후 학생 스스로 본인의 정체성에 대해 결정하고 표기하도록 하였다. 그 결과, 총 유효표본인 716명 중 기독교 신자 235명, 구도자 126명 그리고 비기독교 신자는 355명으로 나타났다.

위와 같이 채플수강 학생을 세 집단으로 구분한 이유는 각 집단에 따라 복음화 성과의 의미가 다르기 때문이다. 각 집단의 복음화 성과를 측정하는 문항은 '〈표 1〉 설문지의 구성' 중 네 번째 내용에서 확인할 수 있다. 다음은 각 집단의 복음화 성과를 측정하는 문항에 대한 타당성 및 신뢰도를 분석한 결과이며, 다음의 〈표 5〉에서 제시한 바와 같이 모든 문항의 타당성과 신뢰도가 적정 기준 이상으로 확인되었다.

〈표 5〉 복음화 성과의 타당성 및 신뢰도 분석 결과

요인	측정 문항	요인 적재치	고유값	분산 (%)	분산 누적치 (%)	신뢰도 (Alpha)
기독교 신자 복음화 성과	1. 성경 섬김 2. 주님 자녀 3. 복음 전파	0.930 0.945 0.925	2.613	87.098	87.098	0.926
KMO(Kaiser-Meyer-Olkin measure of sampling adequacy) = 0.759 Bartlett's test of sphericity : 13709.727, p = .000(df = 3)						
구도자 복음화 성과	1. 성경 기독교 이해 2. 성경 기독교 호감 3. 세례 의지	0.914 0.944 0.853	2.454	81.786	81.786	0.888
KMO(Kaiser-Meyer-Olkin measure of sampling adequacy) = 0.692 Bartlett's test of sphericity : 238.052, p = .000(df = 3)						
비기독교 신자 복음화 성과	1. 성경 기독교 습득 2. 채플 호감 3. 채플참여 의지 향상	0.823 0.932 0.923	2.398	79.938	79.938	0.872
KMO(Kaiser-Meyer-Olkin measure of sampling adequacy) = 0.688 Bartlett's test of sphericity : 638.146, p = .000(df = 3)						

3) 채플교육품질, 교육만족도, 복음화 성과의 인과관계 검증

(1) 기독교 신자를 대상으로 한 검증

채플교육품질 5 요인이 교육만족도에 미치는 영향에 대한 검증을 위해 다중회귀분석을 실시하였다. 회귀분석이란 독립변수(원인변수)와 종속변수(결과변수)의 관계에서 선형식을 구하여 독립변수 값의 변화에 따른 종속변수의 값을 예측하여, 종속변수에 대한 독립변수의 영향력을 분석하는 방법이다. 영향을 주는 독립변수가 하나이면 단순회귀분석을 실시하고, 독립변수가 여러 개로 구성되었을 경우에는 다중회귀분석을 실행하게 된다.[405]

회귀분석을 진행한 후, 가장 먼저 확인해야 하는 것은 F값의 유의성이다. F값이 유의하다는 것은 회귀모형의 타당성이 확보되었다는 것을 의미한다. 이후 R2값을 확인함으로써 본 회귀모형의 독립변수가 종속변수에 미치는 관계에 대한 설명력을 확인한다.[406] Cohen이 제안한 R2값의 해석기준에 따르면 R2가 0.25보다 클 때 변수 간 영향력에 대한 설명력이 크다고 할 수 있고, 0.25보다 작으며 0.09보다 클 경우 그 설명력이 중간 정도이며, 0.09보다 작고 0.01보다 클 경우 약한 설명력을 지닌다고 하였다.[407] 다중회귀분석의 경우 여러 개의 독립변수가 하나의 종속변수에 미치는 영향력을 확인하게 되는데, 영향력 크기의 순위는 유의한 표준화된 베타(β) 값의 수치에 따라 결정된다.[408]

기독교 신자를 대상으로 채플교육품질 5요인과 교육만족도의 관계를 분석하기 위해 다중회귀분석을 실시한 결과, 회귀모형의 F값은 p<0.001수준에서 유의한 것으로 나타나 회귀모형의 타당성이 확보되었다. R2값은 0.694로 두 변수 간 영향력의 설명력은 매우 높은 것을 알 수 있었다. 표준화된 베타(β) 값을 확인한 결과, 프

405) 성태제, 『SPSS/AMOS를 이용한 알기 쉬운 통계 분석』(서울: 학지사, 2008), 255.
406) Hair et al, Multivariate data analysis(2006), 237.
407) F. J. Gravetter & L. B. Wallnau / 김광재·김효동 옮김,『사회과학 통계방법론의 핵심이론』, (서울: 커뮤니케이션북스, 2011), 351.
408) Hair et al, Multivariate data analysis(2006), 225.

로그램 요인(0.435), 직원 요인(0.206), 환경 요인(0.132) 그리고 교수 요인(0.129) 순으로 교육만족도에 유의한 영향을 미치는 것으로 확인되었다. 기독교 신자 학생들에게 학사운영 요인은 교육만족도와 관계가 없는 것으로 나타났다.

또한 기독교 신자의 교육만족도가 복음화 성과에 미치는 영향에 대하여 확인하기 위해 단순회귀분석을 실시하였다. 분석 결과, 회귀모형의 F값은 $p<0.001$수준에서 유의한 것으로 나타나 회귀모형의 타당성이 확보되었다. R2값은 0.437로 두 변수 간 영향력의 설명력은 매우 높은 것이 확인되었으며, 표준화된 베타(β) 값은 0.661로 교육만족도가 복음화 성과에 미치는 영향은 $p<0.001$수준에서 유의한 것으로 확인되었다.

다음 〈표 6〉은 기독교 신자의 채플교육품질 5요인과 교육만족도 그리고 교육만족도와 복음화 성과의 관계를 분석한 결과이다.

〈표 6〉 기독교 신자의 채플교육품질 5요인과 교육만족도, 복음화 성과의 회귀분석 결과

독립 변수 ⇒ 종속 변수	회귀 계수	통계적 유의성		모형 요약
	표준화된 베타(β)	t	Sig.	
교수 요인 ⇒ 교육만족도	0.129	2.445	0.015	R^2=0.698 Adjusted R^2= 0.687 F=103.648***
직원 요인 ⇒ 교육만족도	0.206	4.191	0.000	
학사운영 요인 ⇒ 교육만족도	0.080	1.498	0.136	
프로그램 요인 ⇒ 교육만족도	0.435	6.748	0.000	
환경 요인 ⇒ 교육만족도	0.132	2.696	0.008	

교육만족도 ⇒ 복음화 성과	0.661	13.440	0.000	R^2=0.437 Adjusted R^2= 0.434 F=180.636***
*** p〈 0.001				

(2) 구도자를 대상으로 한 검증

구도자를 대상으로 채플교육품질 5요인과 교육만족도의 관계를 분석하기 위해 다중회귀분석을 실시한 결과, 회귀모형의 F값은 p<0.001수준에서 유의한 것으로 나타나 회귀모형의 타당성이 확보되었다. R2값은 0.757로 두 변수 간 영향력의 설명력은 매우 높은 것을 알 수 있었다. 표준화된 베타(β) 값을 확인한 결과, 학사운영요인(0.300)과 프로그램 요인(0.300)이 동일한 수치를 나타내며 5요인 중 가장 큰 영향력을 미치는 것으로 나타났으며, 다음으로 직원 요인(0.245)이 교육만족도에 유의한 영향을 미치는 것으로 확인되었다. 구도자 학생들에게 교수 요인과 환경 요인은 교육만족도와 관계가 없는 것으로 나타났다.

또한 구도자의 교육만족도가 복음화 성과에 미치는 영향에 대하여 확인하기 위해 단순회귀분석을 실시하였다. 분석 결과, 회귀모형의 F값은 p<0.001수준에서 유의한 것으로 나타나 회귀모형의 타당성이 확보되었다. R2값은 0.290으로 두 변수 간 영향력의 설명력은 매우 높은 것이 확인되었으며, 표준화된 베타(β) 값은 0.538로 교육만족도가 복음화 성과에 미치는 영향은 p<0.001수준에서 유의한 것으로 확인되었다.

다음 〈표 7〉은 구도자의 채플교육품질 5요인과 교육만족도 그리고 교육만족도와 복음화 성과의 관계를 분석한 결과이다.

〈표 7〉 구도자의 채플교육품질 5요인과 교육만족도, 복음화 성과의 회귀분석 결과

독립 변수 ⇒ 종속 변수	회귀 계수	통계적 유의성		모형 요약
	표준화된 베타(β)	t	Sig.	
교수 요인 ⇒ 교육만족도	0.112	1.740	0.084	R2=0.757 Adjusted R2= 0.747 F=74.690***
직원 요인 ⇒ 교육만족도	0.245	3.545	0.001	
학사운영 요인 ⇒ 교육만족도	0.300	4.327	0.000	
프로그램 요인 ⇒ 교육만족도	0.300	4.378	0.000	
환경 요인 ⇒ 교육만족도	0.075	1.197	0.234	
교육만족도 ⇒ 복음화 성과	0.538	7.109	0.000	R2=0.290 Adjusted R2= 0.284 F=50.537***
*** p〈 0.001				

(3) 비기독교 신자를 대상으로 한 검증

비기독교 신자를 대상으로 채플교육품질 5요인과 교육만족도의 관계를 분석하기 위해 다중회귀분석을 실시한 결과, 회귀모형의 F 값은 p〈0.001수준에서 유의한 것으로 나타나 회귀모형의 타당성이 확보되었다. R2값은 0.584로 두 변수 간 영향력의 설명력은 매우 높은 것을 알 수 있었다. 표준화된 베타(β) 값을 확인한 결과, 프로그램 요인(0.398), 환경 요인(0.201), 학사운영 요인(0.165) 순으로 교육만족도에 유의한 영향을 미치는 것으로 확인되었다. 비기독교 신자 학생들에게 교수 요인과 직원 요인은 교육만족도와 관계가 없는 것으로 나타났다.

또한 비기독교 신자의 교육만족도가 복음화 성과에 미치는 영향

에 대하여 확인하기 위해 단순회귀분석을 실시하였다. 분석 결과, 회귀모형의 F값은 $p<0.001$수준에서 유의한 것으로 나타나 회귀모형의 타당성이 확보되었다. R2값은 0.475로 두 변수 간 영향력의 설명력은 매우 높은 것이 확인되었으며, 표준화된 베타(β) 값은 0.689로 교육만족도가 복음화 성과에 미치는 영향은 $p<0.001$수준에서 유의한 것으로 확인되었다.

다음 〈표 8〉은 비기독교 신자의 채플교육품질 5요인과 교육만족도 그리고 교육만족도와 복음화 성과의 관계를 분석한 결과이다.

〈표 8〉 비기독교 신자의 채플교육품질 5요인과 교육만족도, 복음화 성과의 회귀분석 결과

독립 변수 ⇒ 종속 변수	회귀 계수	통계적 유의성		모형 요약
	표준화된 베타(β)	t	Sig.	
교수 요인 ⇒ 교육만족도	0.060	1.212	0.226	R2=0.584 Adjusted R2= 0.578 F=97.516***
직원 요인 ⇒ 교육만족도	0.082	1.790	0.074	
학사운영 요인 ⇒ 교육만족도	0.165	3.519	0.000	
프로그램 요인 ⇒ 교육만족도	0.398	6.765	0.000	
환경 요인 ⇒ 교육만족도	0.201	4.293	0.000	
교육만족도 ⇒ 복음화 성과	0.689	17.872	0.000	R2=0.475 Adjusted R2= 0.474 F=319.401***
*** $p<0.001$				

위의 회귀분석 결과를 정리하자면, 신자, 구도자, 비신자의 세 집단에서 공통적으로 나타난 결과는 채플교육품질 5요인 중 '프로그램 요인'이 교육만족도에 가장 큰 영향력을 미치는 것으로 나타

났으며, 교육만족도가 복음화 성과를 높이는 것에 유의한 영향을 미치는 것으로 확인되었다.

구도자를 포함한 비기독교 신자의 경우 교육만족도에 긍정적인 영향을 미치는 공통 요인은 프로그램 요인과 학사운영 요인으로 나타났으며, 기독교 신자의 경우 프로그램 요인에 이어 직원 요인이 그들의 교육만족도 향상에 유의한 영향을 미치는 요인으로 밝혀졌다.

나가면서

채플교육품질은 기독교 교양교육과 복음화라는 목적을 위하여 대학채플 교육이 그 목적을 성취하고 그 성과들을 개선하기 위한 채플 구성의 전체 실체들, 원리들과 방법들이라고 말할 수 있다. 이상의 정의를 토대로, 교육품질 측정에 관한 선행연구를 바탕으로 채플의 고유한 특징을 고려하여 채플교육품질을 구성하는 다섯 가지 요인들을 설정하고, 실증적 검증방법을 통해 그것을 측정하는 세부 척도를 개발했다. 그리고 실제 채플 수강자들을 대상으로 설문을 실시하고 통계분석을 실행하였다.

이 같은 연구를 통해 밝혀진 내용들을 정리하면 다음의 세 가지로 말할 수 있다. 첫째는 채플 대상 세분화의 필요성과 비기독교인에 대한 배려의 중요성이다. 연구결과, 백석대학교 관광학부 채플은 의외로 자신을 기독교인으로 인정하는 비율이 전체 삼분의 일 정도로 낮게 나왔다. 이것은 이 채플의 경우, 상대적으로 훨씬 많은 수를 차지하는 비기독교인 학생들을 더욱 배려해서 채플을 기획하고 진행해야 함을 시사한다. 대학채플에 대한 연구나 실행에 있어서 대상을 기독교인, 비기독교인, 그리고 구도자 등으로 구분하여 이행할 경우 채플교육 대상에 대해 보다 구체적인 파악과 개선을 할 수 있다. 둘째는 채플교육품질 5요인 중에서 교육대상자별로 영향을 미치는 요인에 대한 파악이다. 교육만족도에 영향을 미치는 채플교육품질 요인들을 회귀분석으로 알아본 결과, 기독교인, 비기독교인, 구도자 모두에게 '채플의 프로그램'이 제일 중요한 영향을 미치는 요인으로 드러났다. 그다음 요인은 비기독교인과 구도자들에게는 환경과 학사운영 요인, 그리고 기독교인들에게는 직원 요인으로 나타났다. 셋째는 복음화 성과에 대해 교육만족도가 실제로 미치는 영향의 정도인데, 비기독교인, 기독교인 그리고 구도자에 대한 모든 분석 결과에서 교육만족도는 복음화 성과를 높이는 데에 매우 유의한 영향을 미치는 것으로 확인되었다.

이러한 실증적인 연구 결과들을 통하여 우리는 보다 효과적으로 채플교육품질을 높여서 교육 만족도와 복음화 성과를 개선을 기대할 수 있는 백석대학교 대학채플 교육전략을 세울 수 있게 된다. 즉, 구도자를 포함한 비기독교인들을 대상으로 하는 채플 전략은 상대적으로 훨씬 많은 숫자이며 전체 분위기를 형성할 수 있는 그들을 우선적으로 배려하여 그들에게 흥미와 의미를 주는 프로그램을 많이 구성하고 실행하는 것이다. 물론 이때, 모든 프로그램의 성격에서 간과할 수 없는 한 가지는 복음화이다. 아울러 음향, 영상, 조명, 운영시간, 그리고 장소 등의 환경요인을 지속적으로 개선하는 것이 필요하다. 그리고 이들에게 채플은 학점을 이수하는 하나의 방편으로서 의미가 있기 때문에, 학사운영의 공정성을 보다 확실하게 전달하여 인식시킬 필요가 있다. 반면에 기독교인을 대상으로 하는 채플전략은 프로그램 개선을 전제로, 이들에게는 직원 요인 즉, 채플 도우미들의 환대와 찬양팀의 잘 준비된 찬양 그리고 행정 직원들의 관심과 존중의 태도가 중요하므로 이런 요소들을 더욱 개선하는 것이 요구된다. 이와 같이 채플에 참여하는 교육대상을 세분화하고 각 대상별로 중요한 요소들을 고려하여 채플의 전략을 세우고 진행하게 되면 채플의 전반적인 교육만족도가 향상될 것이며, 아울러 복음화 성과도 함께 좋아질 것이라고 기대한다.

제4부

대학채플의 프로그램

대학채플에서의 프로그램, 왜 무엇인가?

대학채플의 프로그램이란 학부담임목사에 의한 채플의 메시지를 보충하는 모든 활동이나 그 활동을 포함한 채플을 말한다. 선교적 예배로서의 채플에는 반드시 하나님의 말씀 선포가 있어야 하지만, 채플 청중의 대다수가 비기독교인인 상황에서 한 사람의 메시지만으로는 소기의 목적을 달성하기 어렵다. 왜냐하면 오늘날의 청중인 대학생들은 전체적으로 종교에 대해 무관심하고 기독교에 대해서는 더욱 냉소적인 경우가 많기 때문이다. 그러므로 효과적인 대학채플을 위해서는 참여 학생의 전공과 흥미에 맞춘 다양하고 수준 높은 프로그램들이 적극 개발되고 적용될 필요가 있다.

우리는 대학채플 프로그램을 '전도과정'을 중심으로 그 전(前)과 후(後)를 나누어 전(前) 전도과정과 후(後) 전도과정으로 나눌 것이다. 전도과정은 성경과 기독교에 마음을 연 구도자를 중심으로 하는 프로그램으로 구성한다면, 전(前) 전도과정은 비기독교인 학생들도 부담없이 함께 할 수 있는 내용으로 채우고, 후(後) 전도과정은 복음을 믿은 학생들을 주 대상으로 하여 성숙한 그리스도인들의 삶과 관련된 내용으로 구성할 것이다. 물론 이러한 나눔은 프로그램을 구분하기 위하여 임의로 구성한 것이어서, 전(前) 전도과정의 프로그램도 기독교인이 진지하게 함께할 수도 있고, 후(後) 전도과정의 프로그램에 비기독교인 학생들이 얼마든지 관심을 가질 수도 있을 것이다.

종교교양교육인 대학채플의 프로그램

대학채플은 그 초기에는 설교 중심의 단순한 예배형식이었는데, 1970년대 들어서면서 현대문화를 예배에 수용하는 소위 '실험예배' 혹은 '열린예배'가 도입되었고[409], 현대문화에 익숙한 학생들의 홍미와 요구를 반영한 다양한 프로그램들이 기획 진행되었다. 열린예배 형식의 대학채플은 최소한의 예배형식을 갖추기는 하지만, 다양한 문화를 폭넓게 수용하는 자유롭고 다채로운 형식을 보여준다.[410] 이러한 다양한 형식의 대학채플 프로그램의 필요성은 채플참여 학생들의 요구조사에서도 분명하게 나타난다.

다음은 백석대학교 관광학부 채플 참여자를 대상으로 한 설문조사의 결과이다.

409) 강인한, "효과적인 캠퍼스 채플을 위한 전략모색", 「대학과 복음」 8(2003), 12.

410) 대학채플의 다양한 형태와 프로그램과 관련된 연구의 소개와 평가는 다음을 참조하라. 이동찬, "대학채플의 만족도와 복음화율을 높이는 세례식에 관한 연구", 「대학과 선교」 24(2013), 44-46; 오영걸, "기독교 대학에서의 종교교육에 관한 연구", 「대학과 복음」 1(1997), 79-83; 박용우, "기독교 채플을 통한 선교", 「대학과 선교」 1(2000), 67-68; 강인한, "효과적인 캠퍼스 채플을 위한 전략모색", 「대학과 복음」 8(2003), 16-19.

〈대학채플 설문 전체 참여자의 종교 비율, 총 777명〉

변수(종교)	응답자 수(%)	변수(종교)	응답자 수(%)
1. 기독교 2. 천주교	322(41.4%) 65(8.4%)	3. 불교 4. 무교	36(4.6%) 354(45.6%)

〈대학채플의 만족도와 그 내용에 대한 기술통계분석 결과〉

변수	측정 항목	평균값
1. 만족도	1. 설교 형식에 만족한다. 2. 설교 내용에 만족한다. 3. 광고시간 및 내용에 만족한다. 4. 이벤트 즉, 다양한 프로그램에 만족한다. 5. 전반적인 내용에 만족한다.	3.015 3.084 3.287 3.407 3.182
	1) 전혀 그렇지 않다. 2) 그렇지 않다. 3) 보통이다. 4) 그렇다. 5) 매우 그렇다.	
2. 프로그램 선호도	1. PPT 또는 PREZI로 하는 발표형식이 좋다. 2. 토크 쇼 형식의 진행이 좋다. 3. 전공 교수님이나 유명인사의 신앙 간증이 좋다. 4. 같은 학부 학생의 신앙 간증이 좋다. 5. 학생 참여의 이벤트형 헌신예배가 좋다. 6. 노래, 춤, 연극 등의 문화공연행사가 좋다.	3.377 3.223 2.513 2.395 3.126 4.177
	1) 전혀 그렇지 않다. 2) 그렇지 않다. 3) 보통이다. 4) 그렇다. 5) 매우 그렇다.	

(2012년 12월 4일 백석대학교 관광학부 채플설문)

위 설문조사의 결과를 보면, 채플 참여 학생들은 채플의 여러 가지 형식 중에서 이벤트 즉, 다양한 프로그램에 대한 만족도가 가장 높았으며, 그 프로그램 중에서도 노래와 춤, 연극 등 문화공연행사를 가장 선호하는 것으로 나타났다.

대학채플의 프로그램들을 주요 장르별로 정리하면 다음과 같다.

① 강연 - 설교, 유명인 강연, 신앙 간증

② 토크(대화)411) - 교수, 선배, 재학생 등과 다양한 주제로 대화

③ 공연 - 뮤지컬, 오페라412), 드라마, 사물놀이, 마당극, 찬양집회, 기악, 노래

④ 행사 - 퀴즈대회, 각종 기념행사(새내기 환영채플, 세족식, 스승의 날 기념 채플, 졸업생 환송채플 등)

⑤ 영화413) - 영화해설설교, 영화주제토의 등

⑥ 예술 - 미술, 음악, 문학 등이다.

이같이 개발된 채플 프로그램들은 각각이 독특한 의미와 재미를 주는 빛나는 구슬과 같다. 그러나 구슬은 꿰어야 보배이다. 그 프로그램들은 분명한 채플의 목적과 교육과정 안에서 다채롭게 꿰어질 때, 채플 참여 학생들이 다양한 종교지식과 더불어, 종교적 감동과 신앙적 결단을 경험할 수 있는 보배가 된다.

채플의 프로그램은 학원선교의 전략적 과정별로 적합하게 구성되고 진행되어야 한다. 학원선교의 전략은 전(前) 전도과정 - 전도과정 - 기독교적 삶의 과정과 같이 3단계로 나눌 수있다.

전(前) 전도과정이라 함은 직접적인 복음선포를 통한 전도를 위한 예비과정을 말한다. 이 과정의 주 대상자는 비기독교인 학생으로서 타 종교를 믿는 학생들이나 종교가 없는 학생들이다.

대학예배는 선교의 대상인 비기독교인 학생들을 염두에 둘 때, 이벤트 중심으로 예배를 기획하는 것이 효과적이다. 그러나 그 어떤 이벤트 채플라고 할지라도 대학채플은 예배의 기본적인 틀을

411) 정종훈. "연세대학교 대화채플의 현황과 앞으로의 과제", 「대학과 선교」 9(2005), 27-58.

412) 김남일, "기독교 대학 청년선교를 위한 오페라채플 연구", 「복음과 선교」 50(2020), 145-176.

413) 정종성, "문화적 소통이 절실히 요구되는 대학채플: 영화설교의 가능성", 「대학과 선교」 12(2007), 101-140.

유지하는 것이 필요한데, 이벤트 중심의 대학채플의 프로그램을 구상할 때 빠뜨리지 않아야 할 가장 기본적인 예배의 요소는 성경 말씀읽기, 기도, 축도 등이며, 어떠한 형식의 채플 프로그램이라 할 지라도 그 내용은 복음을 담고 있어야 한다. 대학채플은 공연이 아니라 '예배'이기 때문이다.

마당으로서의 대학채플

마당은 종교적 제의와 놀이, 그리고 각종 만남과 축제 등 공동체를 기반으로 한 다양한 문화가 형성되고 계승되던 장소이다. 가족들뿐만 아니라, 온 동네 사람들이 더불어 기쁨과 슬픔을 나누는 장소이다. 마당은 종교적 제의, 각종 축제, 다양한 놀이와 만남, 그리고 공동체 의식과 그것을 묶어주는 다양한 문화가 만들어지고 이어지는 장소였다. 보다 다채롭고 흥미로워서 학생들의 관심과 참여를 이끌어낼 수 있는 대학채플이 되려면 본서 2장에서 언급한 '마당으로서의 대학채플'의 개념이 있어야 한다.

14장

전(前) 전도과정 프로그램

1.
강연 프로그램

전(前) 전도과정은 타 종교를 믿는 학생들이나 종교가 없는 학생들을 배려하여 성경과 기독교에 긍정적인 이미지를 형성하도록 하는 과정이다. 그러므로 이 과정의 '강연'은 최대한 성경과 기독교의 전문용어를 생략하고 대학생의 관심사를 중심으로 일반적인 유익을 주는 정보나 지혜를 주는 방식으로 이루어져야 한다. 이 과정의 강연은 목사에 의한 설교나 유명인이나 청중인 학생들과 같은 전공의 선배 혹은 교수에 의한 특강의 형식이 일반적이다. 교수나 선배에 의한 신앙 간증을 할 때에도 최대한 비기독교인 학생을 배려해서 그 수준을 맞추어야 한다.

우선, 강연에 적합한 내용으로는 자기 계발과 관리에 관한 것이 있다. 그중에서도 대학생활에서의 목표관리, 시간 관리, 학점관리, 자신의 흥미와 적성 찾기 등이 있다. 선배나 교수 혹은 유명인들이 각각의 자기 계발과 관리의 노하우를 제시하고 자신의 성공담을 적절하게 신앙 간증과 더불어 전하는 것이 효과적이다.

두 번째로 적절한 것은 전 지구적인 이슈와 뉴스에 대한 강연이다. 이를테면 ESG를 들 수 있다. 환경-사회-지배구조의 문제는 전 지구촌의 문제이며, 세계 거의 모든 기업이 고심하면서 풀려고 하는 문제이다. 그 각각의 문제원인과 해결방안을 제시할 때 성경적인 해법을 제시해야 할 것이다.

세 번째로 들 수 있는 것은 친구 맺기(이성교제 포함)와 성 문제에 관한 것이다. 코로나 이후 활동의 반경이 자연스럽게 개인 중심으로 축소 되면서 오히려 사람을 만나고 관계를 맺는 것에 어려움을 겪는 학생들이 늘어나고 있다. 그렇기 때문에 이런 대인관계에 관한 강연은 의미도 있고 관심도 많을 수 있다.

2.
토크(대화) 프로그램[414)]

일명 대화식 채플이라고 불리는 토크쇼 형식의 채플은 실제 인물의 "Life Story"를 중심으로 이야기를 엮어가는 것이어서 신앙과 무관하게 학생들이 잘 집중할 수 있는 장르라고 할 수 있다. 토크 프로그램도 여러 가지 방식으로 진행할 수 있다. 일반적으로 사회자와 1인 혹은 여러 게스트가 특정 주제를 놓고 자유롭게 토론하는 형식으로 진행된다. 아니면, SBS의 관찰 예능 프로그램인 '미우새' '나혼자 산다' 등과 같이 특정 내용의 영상을 함께 보면서 사회자와 게스트들이 그 내용에 대한 이야기를 진행하는 방식도 학생들에게는 익숙한 스타일이므로 가능하다.

414) 연세대학교는 "대화 채플"을 선도적으로 실행했다. 이것은 교목실이 정한 주제에 맞추어 사회의 저명인사를 초청해서 토크쇼를 대학예배에 적용한 것이다. 정종훈, "연세대학교 대화 채플의 현황과 앞으로의 과제", 『대학과 선교』 제 9집, 27-58.

1) 선배와의 토크

목적

대학채플의 청중 학생들과 같은 전공으로 먼저 공부하고 사회에 진출한 선배를 초청하여 그의 대학생활과 취업준비, 그리고 취업성공 노하우를 전해 듣고 아울러 그의 신앙생활를 겸하여 들음으로써 간접선교가 이루어지도록 한다.

무대세팅과 준비

기본 준비물은 의자 2개와 무선 마이크(핀 마이크)가 필요하다. 그리고 게스트 선배를 소개할 수 있는 영상자료나 그 게스트가 준비한 자료(영상이나 물품)가 있어야 한다. 게스트가 마실 물과 게스트에게 줄 꽃다발이나 선물이 있으면 좋다. 이 경우에는 후배들 중에서 게스트에게 꽃다발을 전해줄 사람을 미리 정해 놓으며, 무대에 올라 올 때, 어느 쪽으로 와서 내려갈지에 대해서도 사전숙지를 하도록 한다.

진행

(1) 사회자가 오늘의 말씀을 읽고 기도는 게스트가 하도록 한다.
(2) 게스트가 간단히 자기의 학번과 전공 등을 소개를 한다. 게스트의 노래나 춤이 있으면 더 좋다.
(3) 게스트가 현재 하고 있는 일과 회사를 소개한다.
(4) 그 회사 취직의 과정과 노하우를 소개한다.
(5) 현재 일을 하면서 있었던 직업상의 에피소드를 소개한다.

(6) 청중 학생들로부터 질문을 받고 응답한다.
(7) 간략하게 게스트의 신앙을 말하도록 한다. 언제 믿었으며, 직장 생활을 하면서 신앙이 어떤 역할을 했는지에 대해 말하도록 한다.
(8) 학부담임목사의 광고와 축도로 채플을 마친다.
(9) 채플 후에 원하는 학생들과 기념촬영을 한다.
(10) 가능하면 게스트와 학생들이 함께 오찬을 하면서 교제한다.

기대효과

(1) 채플참여 학생들이 성공한 선배를 만나서 그의 학교생활과 취업준비와 실제 직업 현장의 소식을 들음으로써 실질적인 정보를 얻고 자신도 잘 할 수 있다는 도전정신을 가질 수 있다.
(2) 그러한 유익을 대학채플에서 얻을 수 있다는 점에서 대학채플에 대한 학생들의 신뢰와 선호도를 높일 수 있다.
(3) 성공한 선배와의 네트워크를 형성할 수 있고, 학교와 학과에 대한 자긍심을 형성할 수 있다.

2) 학생회장 후보 토크쇼

목적

학생회장은 전체 학부학생들의 대표이며 대학채플의 여러 가지 행사를 직간접적으로 지원해 줄 수 있는 중요한 인물이다. 학생회장 선거전을 대학채플에서 하게 할 때, 대학채플이 학생생활의 중요한 일부가 될 수 있다. 그리고 정견발표와 아울러 신앙의 고백을 하도록 함으로써 학생회장 후보와 참여 학생들이 우리 대학이 기독교 학교임을 인식하게 하고, 자신이 크리스천 학생대표로서 기여해야 할 존재임을 알게 한다.

무대세팅과 준비

토크 참여자는 후보자들과 그의 러닝메이트가 된다. 기본 준비물은 의자 00개(후보자 × 2명 + 1)와 무선 마이크(핀 마이크)가 필요하다. 그리고 후보 지원팀의 피켓과 응원 퍼포먼스가 분위기를 고조시킨다. 각 후보들의 정견을 담은 PPT자료와 영상자료가 필요하다.

진행

(1) 사회자가 오늘의 말씀을 읽고 기도는 후보들이 하도록 한다.
(2) 각 후보가 간단히 자기소개를 하도록 한다.
(3) 각 후보 지원팀이 응원구호와 응원 퍼포먼스를 하도록 한다.
(4) 각 후보별로 정견 발표를 하도록 한다.
(5) 후보별로 상대방 후보에게 질의응답 할 시간을 준다.
(6) 후보별로 자기 신앙을 소개하도록 한다.
(7) 학생회장이 되면 크리스천 학생대표로서 학생회를 어떻게 이끌며 선교활동에 어떻게 협조할 수 있는지를 말하게 한다.
(8) 학부담임목사가 학생회 선거일과 장소, 그리고 투표방법에 대해 홍보하며, 투표참여를 독려한다.
(9) 학부담임목사의 광고와 축도로 채플을 마친다.

기대효과

(1) 선거전을 대학채플의 현장에서 하게 함으로써 우선은 학생들의 차원에서 흥미와 관심을 집중시킬 수 있다.
(2) 후보 학생회장들에게 자신의 정견과 이미지를 쉽고 정확하게 학생들에게 인지시킬 기회를 제공할 수 있게 된다.
(3) 학생들의 학교생활의 중요한 부분을 차지하는 학생회장 선거를 유치함으로써 대학채플은 학생들의 중요한 삶의 자리를 형성할 수 있고 좋은 이미지를 구축할 수 있다.

3.
공연 프로그램

백석대 대학채플에서 행하는 대표적인 공연 프로그램은 교목실 소속 학생들로 구성된 문화사역단이 준비하고 실행하는 뮤지컬이나 드라마이다. 문화예술학부 학생들이 주축이 된 이 사역단은 이미 수년 동안 해왔던 노하우와 시스템을 갖추고 있고 그 수준은 거의 전문가에 가깝다. 대학생들의 학교생활과 신앙을 주요 주제로 하는 문화사역단의 공연은 그 자체로 하나의 브랜드가 되어있다. 문화공연행사는 뮤지컬 외에도 내외부의 개인 및 그룹에 의해서 드라마, 사물놀이, 마당극, 찬양집회, 기악/성악 콘서트 등 다양한 공연이 가능하다.

문화공연에 대해서 학생들이 좋은 반응을 보이는 현상은 대학채플의 프로그램 선호도 조사에서 이미 밝혀진 사실이지만, 대학채플에서 공연들이 이루어질 때마다 학생들의 뜨거운 호응을 거듭 확인할 수 있다. 2022-2학기 대학채플에서 문화예술학부 학생들이 공연한 '레미제라블'은 시간과 음향상의 장애가 있었고, 극의 흐름이나 배경에 대한 이해도가 낮았음에도 불구하고 높은 예술성과 완성도 때문에 참여 학생들의 극찬이 이어졌다.

그러므로 대학채플의 커리큘럼을 구성할 때 가능하면 많은 다채로운 문화공연을 포함할 필요가 있다. 단, 이때 유의할 점은 전체 대학채플의 주제와의 조화이다. 많은 경우에 문화공연은 대학채플의 주최 측에서 만들기 어렵기 때문에 외부에서 다른 목적과 다른 주제를 표현하기 위해 만들어진 기성 작품일 가능성이 높다. 그러므로 공연 그 자체로는 예술성과 완성도가 높다고 할지라도 대학채플의 전체 흐름 속에서 볼 때 아주 생뚱맞고 심지어 채플의 주제와 전혀 다른 어떤 것일 수 있다.

4. 행사(이벤트) 프로그램

대학채플에서 가능한 행사는 채플 참여 학생의 전공과 관심사에 따라서 다양하게 구상하고 진행할 수 있다. 이를테면 각종 기념행사(새내기 환영채플, 스승의 날 기념 채플, 성인의 날 채플, 졸업생 환송채플), 나이팅게일 선서식채플, 웡수여식채플, 디자인과제전채플, 디자인졸전채플 등이 있다.

1) 새내기 환영채플

목적

대학에 입학하여 모든 것이 낯선 새내기를 위해서 채플의 담당 목사만이 아니라, 전체 교수들과 학생회, 각 전공, 동아리 등의 선배들이 마음을 담은 축하를 하고, 학부를 소개하여 친근감을 주는 것이 새내기 환영채플의 목적이다.

무대세팅과 준비

기본 준비물은 새내기 숫자만큼의 흰색 장미꽃이다. 흰색 장미의 꽃말은 젊음, 순수, 새로운 시작을 의미한다. 새내기 개인당 한 송이가 바람직하지만, 비용이 문제가 된다면, 새내기 대표에게 줄 한 다발의 장미도 가능하다. 교수님들과 학생 대표들에게는 환영의 말과 축하 퍼포먼스, 그리고 각자의 소개말을 준비시킨다. 새내기 대표 중 한 사람에게 감사의 말을 준비시킨다.

진행

(1) 사회자가 오늘의 말씀을 읽고 기도는 학생대표가 하도록 한다.
(2) 사회자가 메시지를 전하고, 새내기 전체를 일어나도록 한다.
(3) 흰 장미 헌화 - 교수님과 학생대표들이 일어난 새내기들에게 흰 장미를 한 송이씩 나눠준다.
(4) 새내기들이 선 상태로 축가를 함께 부른다. 노래는 '당신은 사랑받기 위해 태어난 사람' 등 환영송이 적절
(5) 새내기 대표 중의 한 사람이 등단해서 준비한 감사의 편지를 읽는다.
(6) 학부장 교수님이 교수님들을 대표해서 환영의 말을 건넨다.
(7) 학생회, 각 전공, 동아리 등에서 준비한 환영사와 퍼포먼스, 그리고 간단한 자기들 소개를 하도록 한다.
(8) 학부담임목사의 광고와 축도로 채플을 마친다.
(9) 채플 후에 새내기들을 무대로 올라오게 하고 교수님들과 학생대표들이 함께 기념 촬영을 한다. 그 사진은 학부 톡으로

전달한다.

기대효과

(1) 새내기들이 낯선 학교 환경에 빨리 적응하고, 교수님들과 선배들에게 마음을 열어 우리 학교라는 의식을 가지게 한다.
(2) 교수님들과 선배 학생들이 새내기들에게 학부의 기본정보를 자연스러우면서도 정확하게 전달할 수 있다.
(3) 그러한 유익을 대학채플에서 얻을 수 있다는 점에서 대학채플에 대한 학생들의 신뢰와 선호도를 높일 수 있다.

2) 졸업생 환송채플

목적

4년간 자신의 비전을 위해 열심히 공부하고 사회로 진출하는 졸업생들을 축하하고 축복하기 위한 채플이다. 선배 졸업자와 후배 재학생들 간의 정을 이어주는 자리이다.

무대세팅과 준비

기본 준비물은 A4 크기의 색지이다. 4학년 숫자만큼의 하늘색 색지와 1~3학년 숫자만큼의 노랑색 색지를 준비한다. 그 색지는 학생들이 채플실로 들어설 때에 학년에 맞추어서 나눠준다.

진행

(1) 사회자가 오늘의 말씀을 읽고 기도는 학생대표가 하도록 한다.
(2) 사회자가 졸업의 의미를 되새기는 메시지를 전한다.
(3) 축복의 메시지 쓰기 - 졸업생은 남아서 더 공부할 후배들을 위한 덕담을 쓰고, 재학생들은 졸업생 선배들의 앞길을 축복하는 말을 색지에 쓴다.
(4) 축복문을 다 쓰고 난 다음에는 그 색지로 종이비행기를 접도록 한다.
(5) 졸업생 전체에게 접은 비행기를 가지고 등단하도록 한다.
(6) 졸업생들이 등단한 상태에서 졸업생 대표가 후배와 교수님들에게 드리는 글을 읽는다.
(7) 전체 졸업생들이 자리에 앉아 있는 후배들에게 하늘색 색종이 비행기를 날리고, 후배들은 그것을 줍는다.
(8) 졸업생들이 등단한 상태로 교수대표와 후배 대표가 졸업생을 위한 축복의 글을 읽는다.
(9) 후배들이 자리에서 일어나서 일제히 강단의 졸업생을 향하여 노란색 비행기를 날려 보낸다. 너무 먼 거리여서 강단에 닿지 못한 비행기는 앞자리에 앉은 학생이 다시 졸업생을 향해 날린다.
(10) 졸업생들은 3개 이상의 종이비행기를 받고 그 내용을 읽는다.
(11) 전체가 일어나서 '백석대학교 교가'를 부르고 축도로 마친다.

기대효과

(1) 졸업하는 선배와 남은 후배들 간의 끈끈한 정을 쌓도록 돕는다.

(2) 교수님들과 선배 학생들이 새내기들에게 학부의 기본정보를 자연스러우면서도 정확하게 전달할 수 있다.

(3) 그러한 유익을 대학채플에서 얻을 수 있다는 점에서 대학채플에 대한 학생들의 신뢰와 선호도를 높일 수 있다.

[첨부]

교수편지: 졸업생 디영이에게

디영아 졸업을 축하한다.

4년 전, 아니 6년 전 네가 우리 학교에 처음 왔을 때가 생각나는구나. 생각만 해도 끔찍했던 수능을 통과해서 이곳 백석에 처음 왔을 때 네 모습은 해맑은 1학년 새내기 그 자체였단다. 물론 이제는 늙어서 그런 모습 찾을 수 없지만.

디자인영상학부 하면 떠오르는 것은 여러 가지가 있겠지만, 뭐니 뭐니 해도 '과제'겠지? 학기마다 쏟아지는 과제를 해 내느라고 네 눈에는 다크써클이 질 줄 몰랐고, 그렇게 너는 늙어왔었지. 너를 지켜보면서 내 마음이 가장 아팠던 것은 그 바쁜 학교생활 중에서도 알바를 할 수밖에 없는 상황과 그로 인해 더욱 지친 너의 모습을 바라보는 것이었단다. 디영아, 힘들지 않니? 라고 내가 물었을 때, 너는 '할만해요' '다들 하는 건데요 뭘'이라고 대답했지.

4학년이 되어서 졸전을 준비할 때, 그 고단한 때에 불면증 때문에 잠 못 이루던 네 모습이 생각나는구나. '하나님, 우리 디영이가 오늘 밤은 잠이 잘 들게 해주세요. 지혜를 주셔서 졸작에 좋은 아이디어를 주세요'라고 기도했던 일도 생각나는구나.

그런데 막상 졸전의 네 작품을 보았을 때, 너와 나의 염려와는 달리, 너무나도 멋진 그 모습에 깜짝 놀랐지. 역시 그 숱한 불면의 밤과 고통의 노력이 헛되지 않았다는 것을 알 수 있었어. 그런데 이참에 한마디는 하고 가자. 그날 졸전을 축하하러 간 그날 말이야. 네 작품을 보고 축하하러 갔는데, 너는 나를 보고도 고개만 까딱하고 네 친구들과 다른 곳으로 가버렸지. 괘씸한 놈. 너 그러는 거 아니다.

졸업생 디영아, 앞(채플 스크린 화면)에 해바라기 보이지? 해바라기의 꽃말은 Pride, 자신의 존재가치에 대한 '자존감'이라고 해. 디영아, 너는 참 소중하고 의미 있는 사람이란다. 이것은 성경이 우리에게 하시는 말씀이고, 4년간 들었던 채플의 이야기란다.

그래, 너는 참 소중하고 의미 있는 사람이라서, 너의 길은 늘 열려 있단다. 너의 자리는 늘 준비되어 있어. 이제 졸업을 앞두고 여러 가지로 불안하고 염려도 될 거야. 그렇지만 디영아, 염려하지 말아라. 걱정하지 말아라. 들판의 이름 없는 꽃들도 돌보시는 하나님이, 하늘의 새들도 먹이시는 하나님이 너도 돌보시고 먹이신단다. 너에게 복 주신단다. 너는 세상에 없는 너만의 졸업 작품을 만들어 낸 진짜 디자이너야, 진짜 애니메이터야. 너는 이제 인정하렴. 너는 진정 소중하고 의미 있는 존재라고 말이야. 그리고 네가 이곳 백석에서 4년간 갈고 닦은 네 전공의 날개를 활짝 펴서 네 미래 비전을 향하여 힘껏 비상하렴. 내가 그리고 우리 교수님들과 후배들이 그것을 위해 기도할게.

3) 모정(母情)의 무대 - 어버이날 기념 채플

목적

어버이날을 맞아 대학채플에서 부모님께 대한 감사를 되새기는 것이 목적이다. 부모님께 순종에 대한 메시지를 전하고 학생들에게 감사의 문자를 보내도록 한다.

무대세팅과 준비

부모님께 보낼 샘플 문장을 몇 개 채플 화면에 띄우도록 준비한다. MBC에서 방송했던 군대 예능 프로그램이었던 '우정의 무대' 형식으로 진행한다. 사전에 한 학생의 부모님을 섭외하고 그 학생이 모르게 채플에 오시게 한다. 당일에 그 학생을 위한 편지를 준비해 오게 하고, 채플 시작 전에 채플 준비실에서 마이크를 지참한 채로 미리 대기하도록 한다.

진행

(1) 학부담임목사는 부모공경에 관한 성경말씀을 읽고 담당자가 기도로 채플을 시작한다.
(2) 부모공경에 대한 메시지 선포 후에, 부모님께 감사의 문자 보내기 시간을 가진다. 그때 참고할 문장을 화면에 띄워준다.
(3) "여기에 여러분들의 애정어린 문자를 받고 부모님 한 분이 오셨습니다. 과연 누구의 부모님이실까요? 어머님! 대답해 주세요. (네!) 먼 길 와 주셔서 감사합니다. 아드님에게 하고 싶은 말씀이 있으시다고요. (네!) 지금 말씀해 주세요"

(4) 어머니는 대기실에서 마이크로 음성으로만 준비한 편지를 읽도록 한다.
(5) 어머니의 편지 낭독이 끝나면, 학부담임목사는 다음과 같은 말로 학생들을 무대로 초청한다. "오늘, 아들이 보고 싶어서 멀리서 어머니가 찾아오셨습니다. 자, 우리 어머니의 목소리다. 틀림없다고 생각하시는 분은 지금 즉시 채플강단으로 올라와 주시기 바랍니다." 사전에 몇몇 학생들에게 부탁해서 올라오도록 준비시킨다.
(6) 강단에 올라온 학생들을 대상으로 한 사람씩 묻는다. "우리 어머니가 확실합니까? (네!) 왜 그렇게 생각하나요? 우리 어머니에 대해 자랑을 한마디 해 보세요."
(7) 어머니 소개 - 자 오늘 오신 어머니가 과연 누구의 어머니인지 확인할 때가 되었습니다. "어머니, 이제 나오셔서 아들의 손을 잡아주세요. 학우 여러분, 어머니가 나오실 때 내 어머니라고 생각하고 큰 박수로 맞이해 주시기 바랍니다."
(8) '어머니의 노래'를 함께 부르고 나서, 어머니의 덕담을 하실 기회를 드린다.
(9) 학부담임목사가 축도로 채플을 마치고 어머니와 기념 촬영을 함께한다.

기대효과

(1) 유쾌하고도 의미 있는 채플 한마당을 모두가 즐길 수 있다.
(2) 부모님께 학교와 채플의 환경을 소개하는 시간을 가진다.
(3) 학생들로 하여금 부모님에 대한 감사를 되새길 수 있는 시간을 준다.

4) 스승의 날 기념채플

목적

교수님에 대한 학생의 존경과 사랑을 채플을 통해 표현하는 시간을 가짐으로 스승과 제자 간의 정을 돈독하게 만든다.

무대세팅과 준비

교수님들이 모두 앉을 수 있는 자리를 마련한다. 이때 사정이 허락하면 학부 사무실의 선생님들도 함께 초대하면 좋다. 교수님들의 노래와 학생들의 퍼포먼스를 미리 준비한다. 축하 꽃다발은 필수이다.

진행

(1) 교수님 중 한 분이 성경을 읽고 학생대표가 스승의 날 기념채플을 위한 기도를 한다.
(2) 학부담임목사가 스승의 날의 의미에 대한 메시지를 전한다. 이때 스승과 제자 간의 '사랑의 표현'에 대해 강조한다.
(3) 그 사랑의 표현으로 먼저 교수님들이 학생을 위로하는 노래를 먼저 불러준다. 이를테면 지오디의 '촛불 하나' 등.
(4) 그다음은 학생들이 준비한 퍼포먼스로 그 사랑에 대한 응답을 표현하고 자기 전공 교수님들에게 준비한 꽃다발을 전해드린다. 학생회, 각 전공임원 등에게 노래나 댄스, 꽁트, 영상편지 등을 사전에 준비시킨다.
(5) 수님들은 자기 전공 학생들의 퍼포먼스가 끝나면 다가가서

한 번씩 안아주고 '사랑한다'고 말하게 한다.

(6) 전체가 일어나서 '스승의 은혜' 노래를 함께 부른다.

(7) 학부담임목사가 축도로 채플을 마치고 광고를 하는 동안 교수님들은 채플 밖으로 나가서 '프리헉 이벤트'를 준비한다. 프리헉은 교수님들이 학생을 안아주는 것이다. 사전에 채플실 밖 예루살렘 광장에 교수님들의 포지션을 정해준다.

(8) 프리헉은 전공 교수님들과 학생들 간에 하는 것을 기본으로 하고 천천히 사랑을 만끽할 수 있도록 한다.

기대효과

(1) 대학채플 안에서 서먹한 스승과 제자 간의 관계를 더 부드럽게 만들 수 있다. 채플의 이미지가 좋아진다.

(2) 엎드려 절받는 느낌이 들지라도 학생들에게 교수님에 대한 사랑을 표현하게 함으로써 교수님들의 노고를 치하하고 위로하는 시간을 가질 수 있다.

(3) 학생들 입장에서는 우선 재미있고 또 교수님에 대한 이미지를 개선하고 학교생활이 더 즐거워질 계기를 맞을 수 있다.

5.
영화 프로그램

영화로 진행하는 대학채플은 인지도가 높고 독특한 주제를 지니며, 스토리와 완성도가 높은 영화의 일부분을 학생들과 함께 보면서 특별한 주제를 성경과 연관시켜서 설명하는 것이다. 이것은 설교자가 독자적으로 진행할 수도 있고, 몇 명의 게스트를 등장시켜서 토크 형식으로 영화주제토의를 할 수도 있다.

영화 프로그램을 위한 좋은 책들이 많이 있지만, 대학채플의 현장에서 나온 영화설교집인 김덕만 교수의『영화로 내 길에 빛을 비추다』[415]의 일부를 소개한다. 이 책은 정체성, 위로, 함께 사는 삶, 더 나은 가치, 행복이라는 주제를 지닌 다섯 단원으로 구성되어 있다. 정체성이라는 주제 아래 김 교수는 모두 여섯 개의 영화를 소개하고 각 영화에서 정체성과 관련된 주제들을 뽑아낸다.

1) 너는 누구인가? 나의 정체성을 너로 인해 찾다 (김씨 표류기)
2) 두려움을 이기려면 (해리포터 아즈카반의 죄수)
3) 나를 날게 만드는 건 (아름다운 비행)
4) 무엇이 나를 나로 정의 내리는가 (토탈리콜)

415) 김덕만,『영화로 내 길에 빛을 비추다』(천안: 이룸크리에이션즈, 2021)

5) 저를 이해해 주는 사람을 만날 수 있을까요 (라이크 선데이, 라이크 레인)

6) 죽음을 통해 알게 되는, 내가 누구인가 (원티드)

행복이라는 주제 아래 김 교수는 다섯 개의 영화를 소개한다.

1) 집으로 돌아가자 (위대한 쇼맨)

2) 내 영혼의 안테나를 맞추다 (클릭)

3) 사람은 무엇으로 사는가 (과속스캔들)

4) 진짜 달콤함을 찾자 (찰리와 쵸코릿공장)

5) 마지막에 선택한 행복 (미스터 주부퀴즈왕)

6.
예술 프로그램 - 미술, 음악, 문학

대학채플의 수강 학생이 예술을 전공한 학생인 경우에는 그들의 전공에 맞는 분야로 채플을 구성할 수 있다. 이를테면 미술과 디자인을 전공하는 학생들에게는 '미술작품'을 가지고 하나씩 소개하면서 그것이 가지고 있는 주제와 성경의 주제를 연결하면서 설교를 할 수 있다. 음악과 문학도 마찬가지이다.

1)「이삭 줍는 여인들」

이 그림은 밀레가 그린 유명한 그림이어서 누구라도 한 번쯤은 보암직한 것이다. 물론 학생들에게도 친숙한 그림이다. 학부담임목사는 이 그림을 채플 강단 화면에 띄워놓고 그림에 대한 설명을 먼저 한다. 그리고 그 여운을 가지고 그림이 지니는 의미를 성경에 맞추어 풀어 나간다. 주제는 '나눔과 행복'이다.

그림 해설

이 그림은 장프랑수아 밀레가 1857년에 완성한 유화이며, 현재

프랑스 파리의 오르세 미술관에 소장되어 있다. 이 그림은 1857년 파리에서 가까운 '바르비종' 근처의 '샤이' 평야의 풍경을 담은 것으로, 수확이 끝난 밀 들판에서 이삭을 줍는 세 명의 여성을 묘사한다. 그녀들은 농장주가 불쌍히 여겨 추수하는 농부들이 땅바닥에 흘린 보리 이삭을 줍도록 허락한, 소위 보리 이삭을 줍는 여인들이다. 이 그림은 나눔과 더불어사는 삶에 대한 성경의 가르침을 시각적인 이미지로 강력하게 제시해 주고 있다.

성경적 적용과 메시지

> "너희 땅의 곡물을 벨 때에 너는 밭 모퉁이까지 다 거두지 말고 너의 떨어진 이삭도 줍지 말며 ○ 너의 포도원의 열매를 다 따지 말며 너의 포도원에 떨어진 열매도 줍지 말고 가난한 사람과 타국인을 위하여 버려 두라 나는 너희 하나님 여호와니라"
>
> (구약성경 레위기 19장 9-10절)

현대 사회는 첨단 자본주의의 폐단으로 무한경쟁과 빈익빈 부익부의 모습이 심화되어가고 있다. 이런 사회에서 사람들이 온기를 느끼고 삶의 희망을 지니게 하는 메시지가 바로 '나눔과 더불어 사는 삶'일 것이다. 그 주제를 가장 잘 표현한 것이 바로 구약성경 레위기의 이삭줍기와 관련된 하나님의 말씀이다. 그리고 밀레의 이삭 줍는 여인들이라는 이름의 그림은 그 주제로 그 성경말씀을 설명하기에 가장 적합한 도구라고 말할 수 있다.

이 세상에는 인간의 다양한 삶의 모습과 주제를 담은 엄청난 수의 그림과 디자인, 음악, 그리고 문학작품들이 존재한다. 그러한 작품마다 고유한 예술성을 지니고 있어서 보는 이들에게 감탄을 자아내고 집중하게 하는 능력을 지니고 있다. 그리고 그것들은 각각 독특한 의미와 메시지를 가지고 있는데 대학채플의 진행자는 채플참여 학생의 전공과 흥미에 맞추어 잘 매칭시킬 수 있다면, 학생들의 감성과 지성을 터치할 수 있는 좋은 메시지를 전할 수 있게 될 것이다.

2)「재벌집 막내아들」

이것은 JTBC가 2022년에 송중기를 주연으로 제작한 16부작 '환생 혹은 회귀'를 매개로 한 판타지 드라마이다. 환생 혹은 회귀물은 수년 전부터 장르 소설에서 인기를 끌었는데, 재벌집 막내아들을 통해 TV 드라마에서 대중의 주목과 흥미를 끌고 있다. 환생(還生)은 죽은 사람이 이 세상으로 다시 돌아온다는 사실을 말한다. 이것은 기독교의 복음과 '부활'을 설명할 수 있는 좋은 도구와 매체가 된다.

드라마 설명

이 드라마는 순양그룹이라는 재벌가에서 하인처럼 잡일을 하던 주인공 ' 윤현우'에 대한 이야기이다. 윤현우는 그룹 회장의 비자금 문제로 억울하게 죽임을 당한 후에, 순양그룹 창업주인 진양철의 막내손자 ' 진도준'으로 환생한다. 그리고 그는 전생의 기억과 정보를 이용해서 자신을 배반하고 죽음에 이르게 했던 순양그룹을 통째로 집어삼킴으로 복수를 한다.

이 드라마의 의미는 결국 '대리만족'이라고 할 수 있다. 현대 헬조선 청춘들이 절망적으로 표현하는 탄식은 '이생망'(이번 생은 망했다!)이다. 양극화가 날로 극심해지고, 출신성분이 곧 계급이 되는 사회. 부모가 가장 큰 스펙이요, 재능인 세상. 그 세상에 태어나는 순간, 요람에서 무덤까지의 운명이 결정 난다는 현실인식에서 터져 나오는 절규가 바로 '이생망'이다. 이 드라마는 그러한 젊은 세대들의 현실인식과 탄식을 반영하여, 그저 다음 생이라도 있어 고단한 인생을 구원해 주길 바라는 보통 청춘들의 바람을 '환생'이라는 틀을 사용하여 표현한 것이다.

성경적 적용과 메시지

> "보라 내가 너희에게 비밀을 말하노니 우리가 다 잠 잘 것이 아니요 마지막 나팔에 순식간에 홀연히 다 변화되리니 나팔 소리가 나매 죽은 자들이 썩지 아니할 것으로 다시 살아나고 우리도 변화되리라"
>
> (신약성경 고린도전서 15장 51-52절)

죽은 자들이 실제로 현세의 육체를 지닌 몸으로 되돌아온다는 신앙이 바로 '영혼들의 윤회 혹은 환생'에 관한 이론이다.416) 이 이론은 철학적으로는 BC 6C 철학자였던 플라톤으로부터 시작하고, 종교적으로는 힌두교나 불교와 같은 종교의 핵심 교리이다. 죽은 후에 인간의 영혼은 망각의 평원을 지나서 망각의 강물을 마시고서 그들이 이전에 누구였는지 또는 그들이 이전에 무엇을 했는지를 전혀 알지 못한 채 다음 생애의 실존으로 옮겨간다. 그러나 이러한 환생 즉 영혼이 다시 몸을 입고 되살아나는 것은 환생을 말하

416) N. T. 라이트, 『하나님의 아들의 부활』, 박문재 역(서울: 크리스챤 다이제스트, 2014), 144-148.

는 철학이나 종교의 입장에서 볼 때는 영혼이 다시 한번 일종의 '감옥'으로 들어가는 것을 의미한다. 영혼의 바람직한 궁극적인 목적은 이러한 환생 혹은 윤회를 완전히 벗어나는 것이다.

그러나 기독교의 부활은 죽었다가 다시 살아나신 메시아 예수님처럼, 죽은 영혼이 죽음을 뚫고 나와 새롭게 몸을 입은 삶으로 들어가는 것이다. 그러므로 기독교는 몸과 물질세계인 이 세상을 부인하지 않는다. 비록 죄로 인해 타락하고 왜곡되어서 가시와 엉겅퀴가 만연하여 살기 힘든 세상이라고 할지라도 이 세상과 이 세상에 속한 몸이 변화하여 온전케 되는 그날 곧 부활의 날이 온다는 것을 믿는 것이 바로 기독교 신앙이다.

15장

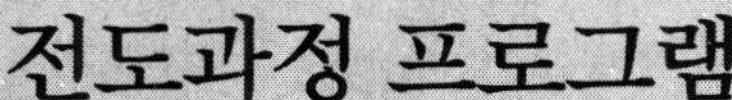

전도과정 프로그램

전도과정이라 함은 예수 그리스도의 복음에 대해서 직접적으로 소개하고 초대하는 과정을 말한다. 이것은 직접적인 전도를 위한 예비과정을 통해서 성경과 기독교에 대해 긍정적인 생각을 가지고 있는 학생들에게 성경의 내용을 통해서 예수 그리스도의 십자가 복음을 전하는 과정을 말한다. 이 과정의 주 대상자는 비기독교인 학생이지만 복음에 대해 마음이 열린 학생들이다. 이 과정에서는 복음선포가 핵심이 되고, 결신을 이끌어내는 것이 그 목표가 된다. 그 내용은 창조주 하나님과 타락한 인간, 그리고 예수 그리스도의 십자가 구원과 믿음을 통한 영접과 구원의 확신 과정이다. 복음설교와 초청, 세족식과 복음전도, 신앙 간증(설교자, 교수, 외부, 세례자 학생 등), 세례식을 통한 전도는 모두 대학채플에서 시행할 수 있는 전도과정 프로그램이라고 볼 수 있다.

1.
강연

1) 구원초청 설교

대학채플에서 강연형식으로 직접적인 전도를 하는 것은 복음설교와 구원초청이다. 특히 구원초청은 복음설교라는 기본적인 전제가 필요하다. 김홍진 교수는 대학채플에서 구원초청의 필요성을 역설한 후에 구원초청의 방법, 구원초청의 원리, 그리고 구원초청의 결과를 말한다.[417)]

먼저, 구원초청의 방법에는 직접 초청과 간접 초청이 있다. 직접 초청은 "믿기를 원하는 학생은 손을 드세요. 자리에서 일어나세요. 앞으로 나오세요."와 같이 청중들이 복음설교에 대해서 바로 응답할 수 있도록 하는 것이다. 이러한 직접 초청은 여러 가지 장점이 있다. 믿기로 한 학생에게 즉각적으로 시인할 수 있는 기회를 주는 것이며, 믿지 않는 다른 학생들에게도 믿음에 대한 시인이 낯선 어떤 것이 아니라 어떤 경우에는 저렇게도 할 수 있구나라고 생각하게 한다. 동시에 그 자리에 함께하는 기독교인들에게는 전도의 의식을 불어넣을 수 있다.

417) 김홍진, "대학채플에서 구원초청에 대한 성경적 배경과 실행"「대학과 복음」제5집 (2001), 21-25.

간접적인 초청은 채플시간이 아닌 다른 시간으로 초청하는 것이다. "이 말씀을 듣고 더 알고 싶은 사람은 채플이 끝나고 저에게 오세요"라는 초청이 그것이다. 직접 초청이 단도직입적인 요청이라서 자칫 청중들이 당황하고 분위기가 경색될 여지가 있지만, 이러한 초청은 비교적 부드럽고 자연스러운 분위기를 만들 수 있다. 간접 초청으로 생긴 만남은 개인적이므로 훨씬 더 친근한 만남이 될 수 있고, 이것은 새 신자 성경공부로 이어지고, 세례의 열매로 맺어질 가능성이 높다.

김홍진 교수에 의하면 구원초청의 원리가 몇 가지 있다. 먼저 구원초청은 성령에 의지하고 믿음으로 해야 한다. 하나님에 의하지 않는 구원역사는 없기에 겸손히 성령께 의지하되 담대한 믿음으로 초청하는 것이 가장 중요한 원리이다. 다음은 애매하지 않게 구체적으로 구원초청을 해야 한다. 예를 들면 다음과 같이 말한다. "이 시간 예수님을 믿고 죄 용서 받기 원하는 학생은 조용히 손을 들어주세요. 제가 기도하겠습니다." 그리고 구원초청은 신중하고 예의를 지키면서 자연스럽게 하는 것이어야 하되 부정적인 언어가 아니라, 긍정적인 언어를 사용하여서 초청한다.

2) 신앙 간증

신앙 간증은 학생들이 선망하는 전공 교수님이나 졸업생 선배들, 혹은 유명 연예인들이 어떻게 해서 본인이 예수님을 믿게 되었는지를 진솔하게 말함으로써 학생들에게 복음을 전하는 것이다. 이 경우에는 자칫 듣는 학생들에게 지루함을 일으킬 수 있으므로 사진이나 동영상 등 시청각 자료들을 함께 사용하거나, 강사가 청중 학생들에게 묻고 혹은 묻게 하고 그에 대해 답하는 형식으로 진행해도 좋다.

2.
토크(대화)

신앙 간증 토크

목적

학생들이 선망하는 전공 교수님이나 졸업생 선배들을 게스트로 모셔서 신앙 간증을 하되 혼자 말하지 않고 학부담임목사와 대화를 통해서 간증하도록 하여 학생들이 지루하지 않게 잘 집중하여 복음의 내용을 이해하여 나도 저렇게 믿고 싶다는 느낌을 일으키도록 한다.

무대세팅과 준비

기본 준비물은 높은 의자 2개와 무선 마이크 2개, 그리고 생수가 있으면 좋다. 채플 공간이 크고 뒷자리에 앉은 학생들은 거리가 멀기 때문에 높은 의자는 낮은 의자보다 대화자들을 돋보이게 한다. 가능하다면 강사에게 줄 작은 꽃다발이 준비되어 있으면 그것을 주면서 소개하도록 한다. 신앙 간증의 내용과 관련된 사진이나 영상이 있으면 준비한다.

진행

(1) 사회자가 게스트를 불러 소개한다. 이때 작은 꽃다발이 있으면 좋다.
(2) 사회자가 오늘의 말씀을 읽고 기도는 게스트가 하도록 한다.
(3) 간단하게 게스트의 본인 소개를 하도록 한다. 가급적 학교와 학생들의 삶과 관련 있는 이야기들을 하여 우선 라포를 형성하도록 한다.
(4) 질문의 종류와 순서는 사전에 준비하도록 하고, 질문은 학부담임목사가 하고, 게스트가 답하는 방식으로 한다.
(5) 게스트가 복음을 믿게 된 계기나 환경에 대해서 말하게 한다.
(6) 게스트가 어떻게 왜 예수님을 믿게 되었는지를 말하게 한다.
(7) 게스트가 믿고 나서 어떤 변화가 있었는지를 말하도록 한다.
(8) 학부담임목사의 광고와 축도로 채플을 마친다.
(9) 채플 후에 원하는 학생들을 무대로 올라오게 하고 게스트와 함께 기념사진을 찍고, 가능하면 함께 식사를 한다. 그 과정에서 믿지 않는 학생들을 전도한다.

기대효과

(1) 간증하는 게스트가 교수님이나 선배들 혹은 유명 연예인인 경우에 학생들이 훨씬 쉽게 마음을 열고 복음을 들을 수 있다.
(2) 일방적인 강연이 아니라 자연스러운 대화 방식이므로 학생들이 부담감을 덜고 내용에 집중할 수 있다.
(3) 대학채플에 대한 학생들의 부담을 덜고, 신뢰와 선호도를 높일 수 있다.

3.
행사 프로그램

직접적인 전도는 공연과 같은 일방향적 전달체계로는 적절하지 않고, 행사와 같이 참여에 의한 쌍방향적인 의사전달이 될 때 가능하다. 대학채플에서 복음을 직접 경험하게 하고 초청할 수 있는 행사는 세족식과 세례식, 그리고 전도 드라마와 전도성경 공부를 들 수 있다.

1) 세족식

세족식은 세례식과 아울러 백석대학교 대학채플의 주요한 상징이 된 행사이다. 고난주간에 예수께서 섬김의 모범을 보여주신 것을 본받아, 교수가 학생대표들의 발을 먼저 씻기고, 선배 학생들이 후배 학생들의 발을 씻기는 행사이다. 세족식의 행위들과 그 의미 선포는 예배 참여자들에게 일반적인 봉사와 섬김의 메시지를 전할 뿐 아니라 예수님의 십자가를 통한 사죄의 복음을 전할 수 있는 좋은 채플행사가 된다.

목적

세족식은 제자들의 발을 씻기신 예수님의 섬김과 봉사정신을 학생들에게 가르치는 목적이 있으며, 동시에 예수님의 십자가 섬김이 죄 용서를 위한 것이었으므로 직접적인 복음선포를 함으로서 구원초청을 하기 위함이다.

개요

이 세족식은 최대한 많은 학생들이 참여하고 그 의미를 되새기도록 한다. 학부의 전체 4개 전공과 채플도우미인 선교부에서 교수 1명, 학년별 학생 4명씩 선발하여 총 25명이 참여한다.

무대세팅과 준비

무대에는 의자 1미터 간격으로 5개, 물이 담긴 세숫대야는 각 의자 앞에 1개, 나머지 4개는 의자 뒤로 일렬로 배치 - 총 25개, 수건 25개는 의자 오른쪽에 위치, 장미꽃 25송이는 의자 왼쪽에 배치한다. 세족식 관련 음악("당신의 그 섬김이 하늘에서…")도 준비한다.

세족식을 돕는 스텝은 영사실 영상 담당 1인, 무대 진행 보조 2명, 영상 촬영 3명(전체 붙박이 촬영1, 근접 촬영2) 학생 대기자 4명이 필요하다.

진행

(1) 세족식 참여자 25명과 도우미들은 각자 위치에 대기한다.

4개 전공과 채플도우미인 선교부에서 교수 1인과 학년별 학생 1명씩 4명이 참여하는데, 먼저 4학년 학생들이 자리에 앉고 교수님들은 그 앞에 한쪽 무릎을 꿇고 앉는다. 나머지 학생들은 의자 뒤로 일렬로 서 있는다.

(2) 학생회장이 성경말씀을 읽는다.

"인자가 온 것은 섬김을 받으려 함이 아니라 도리어 섬기려 하고 자기 목숨을 많은 사람의 대속물로 주려 함이니라" (마가복음 10장 45절)

(3) 교수님 대표가 세족식을 위해 기도한다.

(4) 세족식의 배경과 의미를 알려주는 '드라마'를 학부담임목사와 선교부 학생대표가 각각 예수님과 베드로의 역할을 하면서 시행한다. (대본은 아래에 첨부)

(5) 세족식을 시행한다. 이때 세족식 관련 음악이 잔잔히 흐른다.

(6) 세족식은 교수님이 4학년을, 4학년이 3학년을 씻기는 순서로 진행한다.

(7) 교수님이 먼저 4학년을 씻기고 수건으로 닦아주면, 4학년은 비치된 장미꽃을 드리면서 감사하고 안아드린다. 그리고 교수님은 의자 뒤쪽에 줄을 서 있는 학생들의 맨 뒤쪽에 가서 선다.

(8) 3학년은 세숫대야를 바꾸고 의자에 앉고, 4학년은 의자 앞에 반 무릎을 꿇고 안고 발을 씻기기 시작한다. 한 팀당 소요 시간은 1분을 넘지 않도록 한다. 발을 씻는 동안 기도나 덕담 등이 가능하다.

(9) 발 씻기가 모두 끝나면 교수님들은 의자에 앉고 학생들은 그

뒤에 선다. 학부담임목사는 시간이 허용되는 범위에서 교수님과 학생들에게 세족식 참여의 소감을 물어본다.

(10) 학부담임목사는 섬김과 봉사라는 측면에서 세족식의 의미를 말하고 나서 예수님의 진정한 섬김인 죄 사함을 위한 예수님의 섬김을 말하고 구원초청을 한다. "오늘 세족식을 보고 그 의미를 들으면서 예수님에 대해 더 많이 알고 싶은 사람은 채플 후에 저를 찾아오시기 바랍니다."

(11) 학부담임목사는 축도로 세족식 채플을 마치고 참여자들은 기념 촬영을 한다.

기대효과

(1) 세족식은 예수님의 섬김을 몸으로 참여하여 배우는 것으로 성경적 리더십인 '서번트리더십' 교육을 할 수 있다.

(2) 모든 전공의 교수님과 학생대표들이 몸으로 부대끼며 행하는 섬김이기 때문에 친밀감 형성에 좋다.

(3) 먼저 발을 씻어주신 예수님의 십자가 복음을 자연스럽게 전하고 구원초청을 쉽게 할 수 있다.

[첨부]

세족식 드라마

1부 드라마

무대는 겟세마네 동산 원형극장. 최후의 만찬. 제자들은 예수님을 중심으로 둘러앉아 있다.

Open Ment

세족식은 높은 자가 낮은 자를 섬기는 예수님의 섬김마인드와 서번트 리더십을 배우는 예식입니다. 또한 섬김의 세족식은 우리 시대의 최대 이슈인 ESG의 기본 정신을 보여주는 모범이기도 합니다. E 환경에 대한 배려, S 사회적 약자를 위한 배려 G 조직의 갑질 근절을 위한 기본정신이 바로 예수님의 세족식입니다. 함께 참여하면서 마음으로 몸으로 그 섬김 리더십을 배우는 시간이면 좋겠습니다.

[최후의 만찬]

이 빵은 너희를 위하는 내 몸이란다. 이 잔은 너희를 위해 흘리는 내 피란다. 이것을 기념하여 나를 기억하고, 나를 본받으라.

얘들아, 오늘 밤이 지나면 나는 십자가의 길을 가야 한단다. 십자가의 길은 섬김의 길이다. 한 사람의 섬김으로 다른 사람이 살아나는 생명의 길이란다. 이제 그 생명의 길을 가면서 나는 지금 섬김의 본을 보여주려고 한다.

예수님(담임목사): 베드로야, (네!) 발 좀 씻자.

베드로(이민우): 네? 선생님이 제자의 발을 씻기는 경우가 어디 있나요? 제가 씻어 드릴게요.

예수님: 아니, 아니란다. 세상의 이치는 낮은 자가 높은 자를 섬기는 것이 맞지만, 성경의 이치는 아니란다. 큰 자가, 더 성숙한 자가 어린 자, 낮은 자를 섬기는 것이란다. 자 이제 오너라 선생인 내가 제자인 너희의 발을 씻어주마. 너희는 그 마음으로 보다 낮은 자들을 섬기렴.

2) 세례식 - 대학채플 프로그램의 꽃418)

상식적으로 대학채플의 프로그램 중에서 비기독교인 학생들이 가장 선호하는 것은 기독교와 복음의 내용을 직접적으로 표현하는 세례식보다는 노래와 춤 연극 등의 문화공연행사일 것이다. 그러나 SPSS 통계 프로그램 중 회귀분석을 통해 알려진바, 대학채플의 만족도에 제일 큰 영향을 준 대학채플의 이벤트의 정체는 아주 놀라운 것이었다. 대학채플의 만족도에 가장 큰 영향을 준 요인은 다른 어떤 이벤트도 아닌 잘 준비된 세례식이었던 것이다.419) 이것은

418) "신앙고백과 세례" You Tube 동영상 http://www.youtube.com/watch?v=OuguKkaCk7A 이 동영상에는 백석대 관광학부 세례식의 주요장면들이 세례자들의 신앙고백과 함께 편집되어 있다.

419) 이동찬, 최현정, "대학채플의 만족도와 복음화율을 높이는 세례식에 관한 연구 - 백석대학교 관광학부 대학채플을 중심으로"「대학과선교」제24집 (2013), 50-58.

학생들이 비록 세례식 자체를 선호하지는 않는다고 할지라도, 이 세례식을 통하여 기독교 신앙의 핵심 내용을 이해하는 중요한 계기로 느꼈음을 알 수가 있다.

목적

세례식은 예수를 구주로 믿은 학생들이 전체 대학채플 회중들 앞에서 개인의 신앙을 고백하고 세례를 받아서 흔들림 없는 믿음을 갖도록 돕는다. 그리고 믿음이 있는 학생들뿐만 아니라 없는 학생들에게도 '전도'와 '개인의 확신'이라는 면에서 깊은 도전을 주게 한다.

무대세팅과 준비

무대에는 세례자의 숫자만큼의 의자를 1미터 간격으로 놓아두고, 그 앞에 방석을 하나씩 놓아둔다. 세례자들에게 줄 송이꽃들과 그것을 담을 종이백을 준비한다. 세례기와 수건을 준비한다.

진행

세례식은 천사들이 새롭게 믿어 하나님의 자녀가 된 사람들을 보호하는 컨셉으로 진행한다.

(1) 세례식 이전에 채플도우미인 선교부는 채플실의 가운데 통로 뒤쪽에서 2열 종대로 불이 붙은 초를 들고 대기한다. 세례자들은 그 가운데 선다.

(2) 정각이 되면 학부담임목사가 "세례자 입장"이라고 외치면 헨델의 "할렐루야"송이 우렁차게 연주되는 가운데 세례자들과 그들을 호위하는 천사역을 맡은 선교부가 힘차게 행진하여 채플 강단으로 오른다. 세례자들은 준비된 의자에 앉고 선교부는 그들의 뒤쪽으로 타원형으로 촛불을 든 채로 서있는다. 그때부터 선교부는 세례식이 마칠 때까지 세례자를 위한 중보기도를 한다.

(3) 성경읽기와 기도는 학부담임목사가 직접 한다.

"무릇 그리스도 예수와 합하여 세례를 받은 우리는 그의 죽으심과 합하여 세례를 받은 줄을 알지 못하느냐. 그러므로 우리가 그의 죽으심과 합하여 세례를 받음으로 그와 함께 장사되었나니 이는 아버지의 영광으로 말미암아 그리스도를 죽은 자 가운데서 살리심과 같이 우리로 또한 새 생명 가운데서 행하게 하려 함이라"(로마서 6장 3-4)

(4) 학부담임목사의 세례식 메시지

"세례식은 기독교에서 가장 중요한 예식 중 하나입니다. 세례는 먼저 하나님의 사랑을 인정하고 자기의 죄를 고백하며, 예수 그리스도의 십자가를 믿음으로 죄 사함을 얻었음을 확신하는 예식입니다. 또한 세례는 죄 사함을 받은 사람이 하나님의 자녀가 되고 새 생명을 얻었음을 공적으로 확인하는 시간입니다. 이를 통해서 세례는 기독교 복음의 핵심을 증거하고, 기독교의 신앙을 사람들 앞에서 증거하는 선포입니다. 특별히 관광학부의 세례식은 예수님의 섬김을 본받아 참된 서비스인으로 살겠다는 서비스인 선서식이기도 합니다."

(5) 세례자들의 신앙고백 - 세례자는 전체 교수님들과 학부 학생들 앞에서 자기가 무엇을 믿고 왜 믿는지를 고백해야 한다.

"세례자 여러분! 여러분이 준비한 신앙고백이 나의 것이 아니고, 강요된 것이라고 생각되는 사람이나, 예수 그리스도의 복음이 부끄러운 사람은 지금이라도 주저 말고 강단을 내려가도 좋습니다. 그렇지 않고 여러분의 신앙고백이 여러분 자신의 것이라면, 하나님과 여기 있는 모든 증인들 앞에서 강하고 담대하게 선포하십시오."

(6) 세례문답

"여러분은 예수 그리스도를 구주로 믿음으로써 하나님의 자녀가 됨과 동시에 하나님 교회의 구성원이 되었습니다. 그 신앙을 전체 교수님고 학우들 앞에서 고백하였습니다. 여러분은 이제 매주일 교회에 출석하여 하나님께 예배하고 사람들과 교제를 나누며, 성경을 배우며, 사회에 봉사하고 복음을 전하는 삶을 살기로 서약합니까?"

(7) 세례식 거행

(8) 크리스천 선서

하나님의 음성: "내가 누구를 보내며 누가 우리를 위하여 갈꼬?"

세례자들: "내가 여기 있나이다. 나를 보내소서."

하나님의 음성: "내가 세상에 온 것은 섬김을 받으려 함이 아니라, 도리어 섬기려 하고 나의 목숨을 많은 사람을 위한 희생제물로 주려 함이었다. 이제 내가 누구를 보내어 세상을 섬기게 할꼬?"

세례자들: "내가 여기 있나이다. 나를 보내소서."

세례대표: 선서!(세례자들 따라서 한다) "사랑하는 하나님, 저희를 섬기시려고 오셔서 발 씻어주시고, 십자가에 못 박히신 주님의 섬김을 믿습니다. 그 섬김 덕분에 저희는 영원히 사랑받고 축복받는 하나님의 자녀가 되었습니다. 이제 저희도, 저희가 받은 주님의 섬김으로 세상과 교회를 섬기는 좋은 서

비스인이 되겠습니다."

세례자들: "주님의 섬김으로 세상과 교회를 섬기는 좋은 서비스인이 되겠습니다."

(9) 축하의 순서

교수님들과 학생대표들이 준비된 송이 꽃을 들고 무대에 올라서 세례자들에게 주고 축하를 한다. 준비된 생일 케이크를 자르고 찬양팀이 축하찬양을 부른다.

(10) 학부담임목사가 축도하고 세례식을 마친 다음에 기념 촬영을 함께한다.

기대효과

먼저 세례자 자신에게 본인이 무엇을 믿고 왜 믿는지를 이해하고 정립하게 하고, 공식적으로 고백하게 하여, 믿음의 확신을 더욱 굳게 만든다.

둘째로 기존의 기독교인 학생들에게 처음 믿는 학생이 본인의 믿음을 구체적으로 정리해서 공적으로 고백하는 것을 보게 하면서, 구원의 확신과 더불어 공개적으로 예수 그리스도에 대한 증인으로서의 삶으로 나서라는 도전을 준다.

셋째로 비기독교인들에게 기독교에 대해 긍정적으로 생각하게 되는 계기가 된다. 세례자들이 자기가 이해하고 정립한 신앙에 대해 공개적으로 고백할 때, 비기독교인들은 기독교 신앙이 낯설거나 이상한 것이 아니라, 주변에서 있을 수 있는 현상임을 느끼게 된다. 또한 비기독교인들은 세례자들의 믿음에 대한 소신과 용기에 대한 경탄과 부러움을 갖게 된다.

[첨부]

채플세례신청

저(　　　)은(는) 하나님 앞에서 죄인이지만, 저를 사랑하셔서 친히 제사장이신 예수님이 저의 죄를 위한 희생제물이 되셔서 십자가에 대신 죽으신 것을 믿습니다. 하나님께서 이런 믿음을 보시고 저의 죄를 용서하셨고, 저를 하나님의 사랑받고 축복받는 자녀로 삼아주셨습니다. 저는 이런 저의 믿음을 하나님과 세상의 모든 사람들 앞에서 담대히 고백하고, 영원히 하나님의 나라와 세상을 섬기는 신실한 크리스천이 되겠습니다. 저에게도 세례를 베풀어주시기를 희망합니다.

(서명:　　　　　　)

영적생존서약(교회출석)

저는 예수님을 믿어서 하나님의 자녀가 된 (　　　)입니다.

갓 태어난 어린아이가 엄마의 품에서 양육 받고 보호받아야 하듯이, 이제 하나님의 자녀로 태어난 저도 영적인 어머니인 교회의 양육과 보호를 받아야 한다는 사실에 동의합니다.

저는 (　　　)시의 (　　　)교회에 등록하고 교회의 구성원이 되어 잘 양육을 받고 성숙한 그리스도인이 되겠습니다. 그래서 다른 영혼에게 복음을 전하고 그들의 영적 생명을 살리고, 양육하는 일로 보답하겠습니다.

년　월　일 백석대학교 채플세례식에서

(서명:　　　　　)

[첨부]

이것은 드라마 형식으로 쓴 전도성경공부의 내용이다. '결신'을 목표로 창조-타락-구원-완성의 흐름에서 각각 어떻게 구도자에게 접근하고 설득하고 결신하게 하는지에 대한 내용을 담았다.

대학생 수민이의 회심 이야기

1장: '창조주 하나님 이야기'

해설: 수민은 새내기 대학생이다. 1학기를 온전히 온라인 수업으로 듣고 2학기가 되어서 처음 학교를 찾았다. 채플 광고 시간에 학부담임 목사님이 학교에 오면 꼭 찾아오라고 해서 지금 목사님 연구실로 가고 있다.

[영상: 수민이 백석대 정문을 바라보는 장면에서 시작, 목양관과 진리동과 교수회관을 지나 본부동으로 오르는 모습]

[목사님 연구실 앞]
[카메라 1: 연구실 앞, 수민이 엘리베이터에서 내려서 연구실로 오는 모습 촬영. 카메라 2: 연구실 안, 목사님을 먼저 찍고, 수민이 들어오는 모습을 찍는다.]
[입장 후, 카메라 위치, 카메라 1: 전경, 카메라 2: 발화자 근접촬영]

수민: 똑! 똑! 목사님, 안에 계세요?

목사님: 누구세요. 들어오세요.

수민: (문을 열고 들어간다) 목사님, 안녕하세요. 저는 1학년 새내기 수민이라고 해요. 학교에 오면 들려줄 이야기가 있다고 꼭 찾아오라고 하셔서 이렇게 왔습니다.

목사님: 오 수민 씨, 어서 와요. 이리 와서 앉으세요.

수민: 목사님, 저에게 꼭 들려줄 이야기라는 게 도대체 뭔가요?

목사님: 음, 그 이야기 말이군요. 그 이야기는 내가 들려주고 싶은 이야기지만, 동시에 수민 씨의 내면이 간절히 듣고 싶어 하는 이야기이기도 해요.

수민: 네? 저도 모르는데, 제가 간절히 듣고 싶어 하는 이야기요? 그게 뭔지 갑자기 궁금해지네요.

목사님: 네, 네 미션에 관한 이야기입니다. 수민 씨, 미션이 무슨 뜻인지 아시나요?

수민: 네, 사명, 임무라는 뜻 아닌가요?

목사님: 맞아요. 미션은 영어인데, 영어 Mission은 그 어원이 라틴어 missio 보내다라는 말에서 파생된 말이에요. 그래서 미션은 '어떤 목적을 위해 보냄 받은 일'이라는 의미에서 '사명'이라는 뜻을 지니게 된 것입니다.

수민: 아~ 그렇구나.

목사님: 그렇다면, 수민 씨의 미션은 무엇인가요?

수민: 네?

목사님: 수민 씨의 사명, 곧 수민 씨가 이 땅으로 보냄 받은 목적, 혹은 존재 이유가 무엇이냐구요?

수민: 헐, 잘 모르겠는데요. 아니 깊이 생각해보지 않았습니다.

목사님: 미션, 사명, 내가 존재하는 이유, 목적은 생각할수록 심각

해지고 결국은 멍해지는 질문입니다. 그런데 답은 의외로 멀리 있지 않아요. 미션의 뜻은 '보냄 받는 일'이라는 의미에서 '사명'이라고 했잖아요? 그렇다면 '누가' 보냈을까요? 우리가 이 땅에 온 것은 우리의 의지로 혹은 우연히 온 것이 아니라 누가 어떤 목적을 지니고 보냈다는 것이 미션에 숨은 비밀입니다. 누구일까요?

수민: 하나님?

목사님: 딩동댕. 맞았습니다. 하나님이 어떤 분인지 잘 알게 되면 우리의 미션도 분명해지는 것입니다.

수민: 하나님이 어떤 분이신데요?

목사님: 하나님은 우리 눈에 보이지 않는 분이시기 때문에 그가 안 계신다/무신론, 계시는진 안 계시는지 모른다/불가지론이라고 말들을 하지만 사실은 하나님이 계신다는 사실을 쉽게 알 수 있어요. 수민 씨, 사람이 죽으면 '돌아가셨다'고 표현을 하는데, 혹시 들어보았나요?

수민: 물론이죠. 저의 할아버지도 작년에 돌아가셨는데…

목사님: 네 모든 사람은 돌아가시는 존재이죠. 그런데 어디로 돌아가는지 알고 있나요?

수민: 헐, 그 말이 그 말인가요? 사람이 돌아가신다는 게?

목사님: 그럼요. 사람은 그냥 우연히 생겨서 우연히 사라지는 존재가 아니라, 어디로부터인가 왔다가 그곳으로 돌아가는 존재랍니다. 그래서 우리는 언어습관적으로도 그렇게 표현하고 있는 것이죠. 나도 돌아가야 하는 존재이고, 수민 씨도 돌아가야 합니다.

수민: 어디로 돌아가야 하는 것이죠?

목사님: 우리 생명이 비롯된 곳, 바로 창조주 하나님의 품으로 입

니다. 창세기 1장 1절을 한번 읽어 보실래요?

수민: "태초에 하나님이 하늘과 땅을 창조하셨습니다."

목사님: 하나님은 어떤 분이시죠?

수민: 하늘과 땅을 창조하신 분요.

목사님: 단지 하늘과 땅뿐만 아니라. 그 사이에 있는 모든 것, 그 너머에 있는 모든 것을 창조하신 분이 바로 하나님이세요. 심지어 나와 수민 씨도 창조하시고 생명을 주신 분이세요. 우리는 그분으로부터 왔고, 그분에게로 돌아가야만 하는 존재입니다. 창조주 하나님은 동시에 다른 정체를 지니고 계신 분이세요.

수민: 어떤 정체요?

목사님: 마태복음 6장 9절을 읽어주세요

수민: "그러므로 너희는 이렇게 기도하라 하늘에 계신 우리 아버지여 이름이 거룩히 여김을 받으시오며"

목사님: 어느 날 제자들이 예수님께 요청했어요. 예수님, 우리에게도 기도를 가르쳐 주세요. 창조주 하나님께 어떻게 기도하면 잘하는 것인가요?

수민: 그랬더니요?

목사님: 그랬더니, 예수님께서 가르쳐 주신 기도가 바로?

수민: 주기도문이군요.

목사님: 그래요. 주님이 가르쳐 주신 기도. 주기도문입니다. 그 기도문에서 예수님은 하나님을 누구로 부르라고 말씀하고 계셔요?

수민: 아버지?

목사님: 그래요. 아버지입니다. 하늘과 땅과 온 우주 만물을 창조하신 하나님의 정체는 우리를 영혼으로 낳으신 영혼의 아버

지입니다. 우리 인간은 그분 하나님께로부터 와서 그분께로 돌아가는 존재입니다. 그런데 창조주 하나님이 영혼의 아버지시라면, 인간은 어떤 존재일까요? 소중하고 의미 있는 존재일까요, 천하고 무의미한 존재일까요?

수민: 소중하고 의미 있는 존재입니다.

목사님: 네. 그래서 성경은 인간을 '천하보다 소중한 생명'이라고 말합니다. 그런데, 창조주 하나님을 아버지로 둔 인간이 그럼에도 불구하고 하나님께 돌아갈 수 있을까요? 없을까요?

수민: '그럼에도 불구하고'라고 하셨으니, 없을 것 같은데요.

목사님: 왜 그럴까요? 하나님이 영혼의 아버지이신데, 그 자녀가 아버지에게 못 돌아간다면 이유가 뭘까요?

수민: 글쎄요?

목사님: 이것이 바로 다음 주에 우리가 다룰 주제입니다. 수고했어요.

수민: 네 목사님, 감사합니다.

2장: '죄인인 인간 이야기'

해설: 수민이 목사님을 만난 지 일주일이 지났다. 그리고 다시 목사님 연구실의 문을 두드렸다.

수민: (똑, 똑) 목사님 계세요?

목사님: 네 들어오세요.

수민: 안녕하셨어요, 저 지난주에 왔던 수민이예요.

목사님: 아, 수민 씨 어서 오세요. 이리와 앉으세요.

(커피를 한 잔 따라서 준다)

수민: 감사합니다.

목사님: 지난주에 우리가 나눈 하나님의 이야기를 기억하시겠어요? 하나님은 어떤 분이셨죠? 수민: 하나님은 창조주와 인간 영혼의 아버지가 되신다고 했어요.

목사님: 아주 기억력이 뛰어나시군요.

수민: 제가 그런 얘기를 좀 듣는 편입니다. 히히

목사님: 헐. 그런데, 하나님이 인간영혼의 아버지시라면 인간은 그의 자녀가 되고, 마침내 그 하나님께로 돌아가야 하는 것인데, 왜 인간은 그 하나님께로 돌아가지 못할까요?

수민: 글쎄요? 인간이 뭔가 잘못을 했기 때문인가요?

목사님: 네 그 잘못을 성경은 '죄'라고 말합니다. 죄가 무엇인지 교재를 통해서 알아볼까요? 이 부분을 한번 읽어 주실래요?

수민: "성경이 말하는 죄는 하나님을 의지하지 않고 행동하는 것. 하나님이 우리에게 말씀하신 것을 믿지 않고 우리 멋대로 하는 것입니다."

목사님: 하나님은 온 세상과 우리의 창조주이십니다. 우리가 돌

아가야 할 우리 영혼의 아버지이십니다. 그런데 그 하나님을 의지하지 않고 무시하는 것이 우리 마음속 깊이 자리하고 있는데 그것이 바로 '죄'인 것입니다. 수민 씨 죄가 사람의 마음속에 있다는 사실에 대해 어떻게 생각하세요?

수민: 글쎄요. 저는 죄라는 것이 어떤 잘못이라고 생각했는데, 잘못이 사람의 마음속에 있다뇨?

목사님: 죄는 잘못이라는 것이 틀린 말은 아닙니다. 이를테면 거짓말, 미움, 시기, 도둑질 등등이 바로 죄라고 말할 수 있죠.

수민: 네.

목사님: 죄는 잘못이기도 하고, 동시에 그런 잘못을 하게하는 어떤 잘못된 본성을 말하기도 합니다. 인간이 죄인이라고 할 때, 인간은 잘못을 행하는 존재라는 뜻이 있고, 동시에 인간의 속에 그 잘못을 범하도록 하는 어떤 본성이 있다는 것인데, 그 본성이 바로 죄 혹은 죄의 본성이라는 의미에서 죄성이라고 합니다. 성경은 모든 인간이 죄성을 지닌 죄인이라고 말합니다.

수민: 어떻게 그럴 수가 있죠? 사람 중에는 죄인도 있지만, 선인 즉 착한 사람도 많잖아요?

목사님: 글쎄요? 과연 그럴까요? 예수님의 이야기를 한번 들어볼까요? 우리 교재를 한번 읽어 주실래요? 마가복음 7장 20-23절 말씀입니다.

수민: 예수님이 사람들에게 말씀하셨습니다. "사람에게서 나오는 것, 그것이 사람을 더럽힌다. 나쁜 생각은 사람의 마음에서 나오는데, 곧 음행과 도둑질과 살인과 간음과 탐욕과 악의와 사기와 방탕과 악한 시선과 모독과 교만과 어리석음이다. 이런 악한 것이 모두 속에서 나와서 사람을 더럽힌다."

목사님: 예수님의 말씀에 의하면 죄가 사람의 속에서 나온다고 했어요, 밖에서 사람 속으로 들어간다고 했어요?

수민: '사람에게서 나오는 것'이라고 했으니, 사람 속에서 나온다고 하셨네요. 그런데 어떻게 사람의 속에 죄가 들어 있을 수 있나요?

목사님: 증명해 볼까요?

수민: 그게 증명가능한 것인가요?

목사님: 물론이죠. 죄는 감기와 비슷해요. 자. 수민 씨, 감기 들어봤죠? (네) 감기는 어떻게 생겼죠? 볼 수 있나요? 그것은 세모 모양입니까 네모 모양입니까? 그것은 빨간색입니까? 까만색입니까?

수민: 모르죠.

목사님: 감기가 내 몸에 들어왔어요. 그런데 그걸 몰라요? 감기는 소리가 있나요?

수민: 네.

목사님: 무슨 소리?

수민: 콜록 콜록.

목사님: 그것은 기침소리죠. 기침=감기라고 할 수 있나요? 감기는 냄새가 있나요, 촉감은요? 맛은요?

수민: 없어요.

목사님: 네. 우리 인간은 어떤 대상 혹은 존재가 있다/없다. 혹은 그 존재가 어떠하다라고 말할 때, 5감을 이용해서 판단합니다. 시각, 청각, 후각, 미각, 촉각이 바로 그것입니다. 우리가 하는 모든 과학적인 활동도 오감을 이용합니다. 특히 시각적 감각을 많이 이용하지요. 자 그런데 인간의 오감을 통해서 판단할 수 없는 존재가 있습니다. 뭐죠? 감기입니다. 감

기는 보이지도, 들리지도, 맛도, 냄새도, 촉감도 없는 대상입니다. 그것이 우리 안에 들어와 있을 때도 그렇습니다. 그렇다고 해서 만일 '이 세상에서 감기는 존재하지 않습니다. 왜냐하면 우리의 오감으로 인식할 수 없기 때문입니다.' 라고 말하는 순간 우리는 '바보'가 됩니다. 왜? 감기는 있으니까. 그럼 우리 속에 감기가 있다는 사실을 어떻게 증명할 수 있나요?

수민: 그건 간단하죠. 감기의 증상 아닌가요?

목사님: 어떤 증상?

수민: 기침, 몸살, 두통, 코막힘, 재채기, 오한 등이죠.

목사님: 잘 아시네요. 그런 감기의 증상 그 자체는 감기가 아니지만, 감기나 나타내는 표현이기 때문에 그 증상이 있으면 우리는 감기들었다고 인정하는 것입니다. 감기의 존재증명은 직접증명이 아니라 증상을 통한 간접증명을 하는 것입니다. 마찬가지로 죄에 대한 증명도 같습니다. 우리 속에 있는 죄는 그 자체로는 보이지도 들리지도 맛도, 냄새도, 촉각도 없습니다. 그렇기 때문에 죄는 없습니다, 라고 보통 말들 하지만 그렇지 않습니다. 감기가 들게 되면 감기의 증상이 나타나듯이, 죄가 들어 있으면 죄의 증상이 나타납니다. 예수님의 말씀이 바로 그 내용을 알려줍니다. 사람의 속에서 뭐가 나온다고요?

수민: 악한 생각요.

목사님: 네, 사람의 마음속에서 미움이, 시기가, 질투 등 여러 가지 잘못된 생각이 나타나는데, 그것이 바로 죄의 증상들이라고 말할 수 있습니다. 수민 씨에게는 그런 증상들이 없나요?

수민: 물론 있지요.

목사님: 그렇다면, 수민 씨의 마음 속 깊은 곳에 죄 혹은 죄의 본성인 죄성이 있다는 것입니다. 인정?

수민: 인정!

목사님: 마음에 죄의 본성, 죄성이 있어서 죄의 증상들을 보이는 사람을 죄인이라고 하는데, 수민 씨도 그러고 보면 죄인 맞네요?

수민: 네.

목사님: 그렇다면, 아기도 죄인일까요?

수민: 아기는 아닐 것 같아요.

목사님: 글쎄. 과연 그럴까요? 아기가 착하고 예쁜 천사의 상징인데, 그 천사에게 동생이 생기면 보통 악마로 돌변한다고 합니다. 그 동생을 꼬집고, 때리고 심지어는 발로 밟기도 합니다. 왜 그럴까요?

수민: 미워서 그렇죠, 뭐.

목사님: 빙고! 미움이고, 시기와 질투입니다. 그런데 그런 미움과 시기를 누가 가르쳐 주었을까요? "네 동생이 미우면 가서 부모님 모르게 꼬집어. 발로 밟아도 돼"라고 누가 알려 주었을까요? 아무도 없어요. 아무도 그렇게 말하지 않아도, 아무도 그것을 보여주지 않아도 아기는 미움을 표현합니다. 시기와 질투를 폭력으로 드러냅니다. 그것은 바로 죄의 증상입니다. 그렇다면 아기의 마음에도 죄가 있다/없다? (있다) 아기도 죄인이다/아니다? 그래서 성경은 이렇게 말하고 있습니다. "의인은 없나니 하나도 없으며, 모두가 죄인이다." 천사 같은 아기도 알고 보니 죄인인데, 수민 씨도 죄인인가요 아닌가요? (죄인이에요) 그렇다면 모든 인간은 하나님의 피조물

이고, 하나님의 자녀이지만 결코 하나님께로 그냥은 돌아갈 수 없는 이유도 이해할 수 있겠군요. (네) 왜죠?

수민: 글쎄요, 왜죠? 하나님은 사랑이 많으시니까 그냥 받아주면 안될까요?

목사님: 아까 죄란 무엇이라고 했죠? 죄는 하나님을 인정하지 않고 무시하는 어떤 본성이라고 했죠. 그렇다면 분명해지네요. 하나님을 무시하는 본성을 지닌 죄인이 하나님께로 갈 수는 없는 것이죠. 문제는 하나님께 있는 것이 아니라, 죄인인 인간에게 있는 것입니다. 모든 인간이 죄인이라고 말하는 성경은 동시에 '죄의 삯은 사망이며, 한번 죽는 것은 사람에게 정하신 것이요, 그 후에는 죄의 심판이 있다고 말합니다. 죽은 후에 영혼의 아버지인 하나님께로 돌아갈 것인지, 아닌지를 판단하는 심판 말입니다. 수민 씨는 어떨 것 같아요? 만일에 오늘 밤 죽는다면 하나님께로 돌아갈 것 같아요, 아닐 것 같아요?

수민: 못 돌아갈 것 같아요. 어쩌죠?

3장: '죄 사함 이야기'

해설: 수민과 목사님이 연구실에서 그림을 보고 있다.

[1515년 마티아스 그뤼네발트의 이젠하임 제단화 '십자가']

목사님: 수민 씨, 그림 좋아하세요?

수민: 네.

목사님: 그럼, 오늘 공부는 이 그림과 관련되어 있는데, 그림 공부 좀 할까요? 모든 그림은 아는 만큼 보이는 거래요. (좋아요) 이 그림은 1515년경에 마티아스 그뤼네발트라는 사람이 이젠하임이라는 곳에 있는 수도원의 제단화로 그린 것입니다. 수민 씨, 이 그림에서 뭐가 보이나요?

수민: 음. 십자가에 못 박힌 예수님이 보여요.

목사님: 그리고 또?

수민: 그리고 십자가 주위로 네 사람과 양 한 마리가 있네요.

목사님: 오른쪽에 예수님을 손가락으로 가리키고 있는 사람은 세례요한이라는 사람이고, 오른쪽에 흰옷 입은 사람은 예수님의 어머니 마리아, 마리아를 부축하고 있는 사람은 예수님의 사랑하는 제자 요한, 십자가 아래서 기도하는 여성은 막달라 마리아입니다.

수민: 그렇군요.

목사님: 그런데 이 그림의 핵심은 십자가의 예수님인데, 그 십자가에서 따로 보이는 것은 없나요?

수민: 글쎄요. IURI? IURI가 뭐에요?

목사님: IURI가 아니고 INRI, '예수 나사렛사람, 유대의 왕'이라는 뜻을 지닌 라틴어의 약자예요.

수민: 예수님이 왕이신가요?

목사님: 음, 왕이시죠, 아니 그 이상이시죠. 예수님은 구원자, 혹은 구세주라고 불리시는데, 그분의 십자가는 인간의 죄를 용서하는 죄 사함의 제사와 관련되어 있습니다.

수민: 어떻게요?

목사님: 수민 씨, 어떤 사람이 잘못을 했다면 벌 받아야 할 사람은 누구죠?

수민: 잘못을 한 그 사람이죠.

목사님: 그런데 말이야. 그 잘못이 너무 커서 자기 '목숨'으로 벌을 받아야 할 경우에는 어떻게 하지?

수민: 그럼, 자기가 죽어야죠.

목사님: 물론, 그래야지. 창조주 하나님을 무시하는 인간의 죄가 바로 그런 큰 죄란다. 하나님을 무시하는 죄는 너무 커서 '죄의 삯은 사망'이라고 성경은 말하고 있지. 그런데 죄를 지은 사람이 자기 죄 때문에 죽어버리는 것을 하나님은 보실 수가 없었어요. 왜냐하면 하나님은 창조주이시기도 하지만, 인간 영혼의 아버지이시기도 하거든. 그래서 하나님은 모든 인간에게 죄 용서의 방법을 보여주셨습니다.

수민: 어떻게요?

목사님: Sacrifice 바로 '희생'을 통한 용서입니다. 누군가의 대신 희생을 통해서 용서를 받는 것이지요.

수민: 무슨 말인지 잘 모르겠어요.

목사님: 이 그림을 볼까요? 죄 용서의 제사가 드려졌던 성막이라는 곳인데, 관련된 성경말씀을 읽어볼까요?

수민: 레위기 4장 27절. 만약 한 사람이 죄를 지었다가 28 자기가 죄를 지은 사실을 깨달았으면, 그는 흠 없는 암염소/양을 가져와야 한다. 그것이 그의 속죄 제물이다. 29 그 암염소/양의 머리에 손을 얹은 다음에 번제물을 잡는 곳에서 염소/양을 잡아라. 30 제사장은 그 피 가운데서 얼마를 받아라. 그리고 그 피를 손가락으로 찍은 다음에 번제단 뿔에 바르고, 나머지는 제단 아래에 쏟아라. 31 그렇게 해서 제사장이 그 사람의 죄를 씻는 예식을 행하면 그는 용서받을 것이다.

목사님: 수민 씨가 읽은 말씀이 죄 용서를 위한 속죄, 죄 용서의 제사 내용입니다. 그 제사에서 가장 중요한 것이 세 가지가 있는데, 성막, 희생제물, 제사장입니다. 이것에 유의하면서 자, 다시 그림을 잘 보세요. 성막 문 앞에 짐승을 끌고 오는 사람이 보이죠? 이 사람이 바로 죄인입니다. 수민 씨랑 닮았죠? 이 사람의 죄가 무엇인지는 잘 모르지만, 분명한 것은 우리처럼 이 사람은 자기가 하나님 앞에서 죄를 지은 죄인이라는 고백이 있는 사람입니다. 이 사람의 죄가 어떻게 용서되는 지를 그 과정을 자세히 살펴볼까요? 죄 용서를 위한 속죄의 제사는 크게 세 단계로 이루어집니다. 먼저, 자기가 죄인임을 깨달은 죄인이 어디로 오나요? (성막) 네 죄 용서의 제사는 아무 곳에서가 아니라 하나님이 정하신 특별한 곳, 성막/성전에서 이루어집니다. 둘째 단계는 제물입니다. 죄 용서는 반드시 희생제물이 필요합니다. 그 제물은 보통 '어린양'입니다. 그 제물은 성막 뜰 오른쪽에서 잡는데, 죄인이 그 짐승의 머리에 손을 얹고 잡아요. 그것은 '전가'라고 하는데, 책임전가라는 말 들어보았죠? 책임을 자기가 지지 않고 다른 사람에게 떠넘기는 것을 '전가'라고 하는데, 바로 그 말

입니다. 자기의 죄를 희생제물에게 넘겨주는 것을 상징적으로 보여주는 행동이 바로 짐승의 머리에 손을 얹는 '전가'입니다. 그리고는 그 짐승을 잡습니다. 마지막으로 세 번째 단계는 제사장의 역할입니다. 제사장은 하나님과 죄인 사이를 화해시켜주는 역할을 맡은 사람입니다. 뭐를 통해서? 제사를 통해서. 제사장이 그 짐승의 피를 제단에 바르고 제물을 불사르고 나서 죄인을 향해서 '당신의 죄가 용서되었습니다' 라고 선언하면 속죄의 제사가 끝납니다. 수민 씨, 죄 용서를 위한 제사의 3단계와 핵심 내용을 이해하셨나요?

수민: 네, 1) 성막, 2) 제물, 3) 제사장 아닌가요?

목사님: 네 맞았습니다. 이 세 가지를 잘 이해하면 예수님의 십자가가 새롭게 보입니다. 첫 번째로 성막은 죄 용서를 위한 희생 제사의 장소였습니다. 십자가 그림에서 성막이 보입니까?

수민: 안 보이는데요.

목사님: 요한복음 2장 21절을 읽어볼까요?

수민: "예수님은 성전된 자기 육체를 가리켜 말씀하셨습니다"

목사님: 예수님의 육체가 뭐라고요?

수민: 성전!

목사님: 성막/성전은 죄 용서의 희생 제사가 드려지는 곳인데, 십자가에 달리신 예수님의 바로 그 성전의 역할을 했다는 것입니다. 달리, 십자가 자체가 죄 용서의 장소 역할을 한다고 생각할 수도 있어요. 이제 십자가 그림에서 성막/성전이 보입니까? (네), 십자가와 그 위에 달리신 예수님이 성막/성전이었습니다. 둘째로, 십자가 그림에서 제물이 보입니까? (아뇨) 요한복음 1장 29절을 읽어보세요.

수민: "요한이 예수께서 자기에게 나아오심을 보고 이르되, 보라, 세상 죄를 지고 가는 하나님의 어린양이로다.

목사님: 누가 어린양이라구요? (예수님). 그렇다면 십자가 그림에서 희생제물인 어린양이 보입니까? (네) 누구죠? (예수님입니다) 마지막, 희생 제사에는 제사장의 역할이 중요한데, 제사장은 무엇을 하는 사람이었죠?

수민: 제사장은 화해시키는 사람입니다. 희생 제사를 통해서 하나님과 사람 사이에서.

목사님: 십자가 그림에서 제사장이 보입니까? (아뇨) 히브리서 5장 10절을 읽어보세요.

수민: "예수님은 하나님께 멜기세덱의 반차를 따르는 대제사장이라 칭함을 받으셨습니다."

목사님: 멜기세덱은 첫 번째 제사장의 이름입니다. 예수님은 누구시라고요? (대제사장) 예, 제사장은 하나님과 사람을 화해시키는 역할을 하는 사람입니다. 그런데 예수님은 하나님의 아들이시면서 동시에 사람으로 태어나신 분이기에 하나님과 사람을 누구보다 더 잘 알고 화해시킬 수 있는 진짜 제사장입니다. 그렇다면, 십자가 그림에서 제사장이 보입니까? (네) 누구죠? (예수님입니다.) 그림은 아는 만큼 보인다고 하죠. 십자가는 기독교의 상징이며, 기독교 복음의 내용을 품고 있습니다. 십자가에 못 박혀 죽으신 예수님은 바로 죄 용서를 위한 희생의 제사를 하나님께 드린 분이십니다. 성막이며, 희생제물이며, 동시에 제사장이신 예수님이 십자가에서 죽으셨습니다. 누구를 위하여? 죄인을 위하여, 죄인인 나를 위하여. 그래서 나는 어떻게 되었나요? 히브리서 9장 11절을 읽어주세요.

수민: "예수 그리스도께서 대제사장으로 오셔서, 자기의 피로 영원한 속죄의 제사를 드리셔서 우리의 죄를 용서하셨습니다."

목사님: 수민 씨, 요한복음 3장 16절을 읽어주세요.

수민: "하나님이 세상을 이처럼 사랑하사, 독생자를 주셨으니, 이는 저를 믿는 자마다 멸망치 않고 영생을 얻게 하려하심이라."

목사님: 우리 영혼의 아버지인 하나님께서 수민 씨를 사랑하셔서 수민 씨의 죄를 대신해서 그 아들 예수님을 희생제물로 내어주셨다는 것이 수민 씨를 위한 성경의 이야기입니다. 좋아요, 안 좋아요? (좋아요) 하나님은 수민 씨를 사랑하셔요. 수민씨 의 죄를 대신해서 죽으신 예수님도 수민 씨를 사랑하세요. 그 사랑을 인정하고 받아들일 수 있나요? 네 인정하고 받아들이는 것이 바로 믿음입니다. 요한복음 1장 12절에서는 영접하는 자 곧 그 이름을 믿는 자에게는 하나님의 자녀가 되는 권세를 주셨다고 합니다. 하나님과 예수님의 사랑을 인정하고 믿는 수민 씨는 이제 하나님의 자녀가 되었습니다. 기분이 어때요?

수민: 네. 좀 이상해요. 그런데 참 좋아요.

목사님: 네. 하나님이 우리를 사랑하신다는 소식, 예수님이 우리 죄를 위해 대신 죽으셔서 우리가 죄 용서를 받고 하나님의 자녀가 되었다는 소식은 기쁜 소식, 좋은 소식입니다. 영어로 Good News, 한국어로 복음입니다. 복음을 믿고 하나님의 자녀가 된 나는 어떤 사람이죠?

수민: 저는 소중하고 의미 있는 사람입니다. 저는 정말 대단한 사람입니다.

목사님: 네 수민 씨는 하나님의 자녀로서 하나님 나라에서 영원히 빛나는 별과 같은 존재입니다. 영원히 사랑받고 축복받는 존재입니다. 축하합니다.

수민: 감사합니다.

목사님: 이제 하나님의 자녀로서 공식적으로 인정받고 축복받는 예식으로 초대할 수 있겠네요.

수민: 세례식 말이지요.

목사님: 네 다음 주에는 세례식 준비와 실제 세례식을 하도록 하겠습니다. 기도하면서 준비해 오세요.

수민: 네, 기대가 됩니다. 감사합니다. 목사님.

4장: '신앙과 미션 이야기'

해설: 수민과 목사님이 연구실에서 세례식 준비를 하고 있다.

목사님: 이제 우리의 신앙여행도 마지막이네. 그동안 공부한 것을 정리해 볼까요?

수민: 네, 좋아요.

목사님: 먼저, 하나님은 어떤 분이셨지요?

수민: 하나님은 온 세상을 창조하신 창조주세요.

목사님: 또?

수민: 하나님은 인간영혼의 아버지가 되세요.

목사님: 그래서 인간은 어떤 존재이지요.

수민: 인간은 소중하고 의미 있는 존재입니다. 그리고 하나님께 반드시 돌아가야 하는 존재입니다.

목사님: 그런데, 실제로는 하나님께 돌아갈 수 있다/없다.

수민: 없다!

목사님: 왜 그렇죠?

수민: 모든 인간이 죄인이기 때문입니다. 인간은 태어나면서부터 죄의 본성을 타고났습니다.

목사님: 그것을 어떻게 알 수 있지요?

수민: 우리 속에서 특별한 상황이 되면 드러나는 죄의 증상들, 즉 시기와 질투, 미움과 탐심 등을 보면 알 수 있습니다. 아무도 그것을 가르쳐 주지 않아도 우리는 본능적으로 알고, 표현합니다. 심지어 우리가 어린 아기였을 때부터 그랬습니다. 우리 인간은 죄인 맞습니다.

목사님: 인간이 그 죄를 벗어나려면 어떻게 해야 하지요?

수민: 예수님과 그 십자가를 믿어야 해요.

목사님: 수치와 고통의 상징인 십자가를 왜 믿어야 하나요?

수민: 그 십자가는 성전과 제사장이신 예수님이 자신을 제물로 희생하신 영원한 죄 용서의 제사이기 때문입니다.

목사님: 십자가를 믿는다는 것은 무슨 뜻입니까?

수민: 십자가를 믿는 것은 먼저 자신이 죄인임을 인정하는 것이고, 나를 사랑하신 예수님이 내 대신 십자가에서 죗값을 치르셨음을 인정하고 받아들이는 것을 말합니다.

목사님: 그 십자가를 믿으면 어떻게 됩니까?

수민: 십자가를 믿으면 죄 용서를 받고, 하나님의 영원히 사랑받고 축복받는 자녀가 됩니다.

목사님: 그 십자가를 믿습니까?

수민: 네.

목사님: 그렇다면 수민 씨는 그 믿음을 내 앞에서뿐만 아니라, 모든 사람 앞에서도 고백할 수 있습니까?

수민: 네.

목사님: 좋아요. 하나님과 모든 세상 사람들 앞에서 예수님과 그 십자가에 대한 믿음을 고백하고 하나님의 자녀가 되었음을 선언하는 예식이 바로 '세례식'입니다. 이제 수민 씨는 세례를 받을 수 있습니다.

수민: 네. 좋아요.

목사님: 그렇다면, 수민 씨가 어떻게 해서 신앙을 가지게 되었고, 무엇을 믿는지에 대해서 정리해서 신앙고백문을 만들어 보세요. 그리고 세례식 때 그 고백문으로 자기 신앙을 고백하시기 바랍니다. 세례식 때 볼게요.

수민: 네. 잘 준비하겠습니다.

해설: 세례식 날이 되었다. 세례식은 야외 베데스다 광장에서 이루어졌다.

목사님: 이제 2021년 백석대학교 세례식을 시작하겠습니다. 세례는 죄인인 인간이 하나님의 사랑과 예수님의 십자가를 믿어 그 죄를 용서받고 하나님의 자녀가 되고, 하나님 교회의 한 구성원이 되었음을 공식적으로 인정받는 예식입니다. 모든 사람은 자신이 죄인임을 깨닫고 예수님의 십자가가 하나님 사랑의 표시이며 죄 용서의 제사임을 믿으면 그 죄를 용서받고 하나님의 자녀가 되고 영원한 생명을 받습니다. 일반 교회에서는 세례문답을 하지만 대학채플에서는 세례받는 이가 직접 내가 왜, 무엇을 믿는지에 대해 신앙고백의 형식으로 문답의 내용을 대신하겠습니다. 오늘의 세례자 수민 씨 나와서 자기의 신앙을 하나님과 둘러선 증인들 앞에서 고백해 주세요.

수민: 저는 영상애니메이션 전공 1학년 수민입니다. 저는 초등학교 때 교회를 다닌 적이 있습니다. 하나님을 믿는 마음보다 친구들과 놀기 위해 교회에 갔습니다. 그렇게 교회에 다니면서 하나님과 예수님이 과연 어떤 분이신가라는 궁금점이 생겼는데, 어찌하다 보니 그 해답을 얻지 못한 채로 교회를 그만두게 되었습니다. 그렇게 중, 고등학생이 되었고 성인이 다 되도록 주위에 교회 다니는 사람이 없어서 기독교와 저는 아무런 상관이 없이 지금까지 지내왔습니다. 더구나 가끔씩 뉴스에서 목사님들의 범죄와 교회에서의 코로나 전

파 같은 이야기들을 들으면서 기독교에 대한 안 좋은 마음이 생기기 시작했었습니다. 그러다가 학교수업 중 인존탐을 듣게 되었는데, 수업과제로 사명선언문을 적으면서 마음이 편안해짐을 느꼈고, 신앙은 좋은 거구나라고 생각을 했습니다. 짧은 삶이라도 사는 것이 바쁘고 힘들어서, 삶에서 여유라든지, 행복이라는 것도 거의 느끼지 못하고 있었는데, 기독교적인 강의를 듣고 사명선언문을 작성하다 보니 그동안의 답답함이 많이 가시는 기분이 들었습니다. 그렇게 신앙에 대한 관심이 생겨서 정식으로 성경공부를 신청했습니다. 하나님은 만물의 창조주이시며 제 영혼의 아버지이십니다. 누가 뭐라고 해도 하나님은 저를 지켜주시는 분이시며, 저는 그분 앞에 부끄럽지 않은 삶을 살 것입니다. 예수님은 하나님의 존재를 믿지 않던 저의 죄를 그분의 피와 목숨을 제물로 바쳐서 용서해 주신 분이십니다. 성경공부를 하면서 저는 제가 어렸을 때 가졌던 의문들을 풀 수 있었습니다. 의문들이 풀리고 신앙 이야기를 들으니 지루했던 채플강의도 열심히 듣게 되었습니다. 가장 큰 변화는 제가 저 자신을 인정하고 조금씩 아껴주게 된 것입니다. 학생 때부터 언제나 저 자신을 구박하고 채찍질하며 살아왔는데, 이제 저의 조그만 목표는 저를 사랑하고 행복하게 하는 것입니다. 이제는 예전보다 삶의 여유가 많이 생겼고 우울한 생각도 거의 들지 않습니다. 성적은 옛날보다 떨어지긴 했지만, 그래도 앞으로도 행복에 초점을 맞추어 하나님과 대화를 나누는 삶을 살 것입니다. 저, 수민은 이제부터 영원까지 하나님의 사랑받는 자녀입니다.

목사님: 이제 남은 서약을 하겠습니다. 수민 씨는 영원히 사랑받

고 축복받는 하나님의 자녀로서 이제부터 교회의 구성원이 되고 자신의 사명을 따라 하나님 나라와 지구촌에 기여하는 삶을 살기로 서약하십니까?

수민: 아멘.

목사님: 이제 세례식을 거행하겠습니다. '예수 그리스도를 주로 고백하는 수민에게 내가 성부와 성자와 성령의 이름으로 세례를 주노라' 아멘!

세례 선언을 하겠습니다. 이수민은 하나님과 예수님의 십자가를 믿어 하나님의 자녀이며 하나님 교회의 구성원이 되었음을 성부와 성자와 성령의 이름으로 선포합니다. 아멘.

마지막으로 하나님 자녀가 된 수민 씨의 사명선언문으로 세례식을 모두 마치겠습니다.

수민: 저는 하나님의 사랑받고 축복받는 사람, 그리고 소중하고 의미 있는 사람 수민입니다. 저의 사명은 기독교적인 섬김 마인드와 창의성을 지닌 애니메이터가 되어서 하나님의 나라와 지구촌을 위해 기여하는 것입니다. 이것을 위해 저는 매일 기도하고 성경을 읽겠습니다. 그리고 애니메이션 공부를 쉬지 않겠습니다. 저는 지금부터 달라질 것입니다.

목사님: 축복기도로 모든 순서를 마치겠습니다. 이제는 우리 주 예수님의 은혜와 하나님의 사랑과 성령님의 지혜주심과 인도하심이 예수를 주로 믿는 이수민과 모든 학우들, 백석학원에서 공부하는 모든 학우들과 그 미래 위에 지금부터 영원히 함께 계실지어다. 아멘.

16장

후(後) 전도과정 프로그램

후(後) 전도과정이라 함은 예수 그리스도의 십자가 복음을 믿어서 그리스도인이 된 사람들을 대상으로 남은 삶을 어떻게 살 것인지에 대해 가르치는 과정을 말한다. 이 과정의 주 대상자는 기독교인 학생이지만 비기독교인 학생들에게도 의미 있는 내용이 될 수 있다. 왜냐하면 그들이 '하나님을 사랑할뿐만 아니라, 이웃도 사랑하는' 기독교인의 삶을 채플의 메시지와 프로그램에서 직접 혹은 간접으로 체험하게 되면, 진지한 기독교인의 삶을 이해하고, 동시에 성경과 기독교에 대한 호감도가 올라갈 것이다.

1.
강연

1) 개혁주의생명신학 강연

대학채플에서 후(後) 전도과정의 프로그램에서 가장 적절한 강연은 개혁주의생명신학에 대한 것이다. 이것은 백석공동체의 신학이기에 백석학원과 기독교에 대해서 가장 잘 설명할 수 있는 이론적 배경이 되기 때문이다.

> "개혁주의생명신학은 성경과 개혁신앙으로 영적 생명을 살리는 신앙운동일 뿐만 아니라, 삶의 모든 영역에서 예수 그리스도의 주권을 실현하는 운동이다. 그리고 개혁주의생명신학은 자신과 교회와 세상을 변화시키는 역동적인 실천을 위해서 나눔운동, 기도운동, 그리고 성령운동을 한다."

신앙운동의 차원에서 개혁주의생명신학은 기독교 신앙의 보편성과 포괄성을 보여주어야 한다. 그것은 대학채플에서 기독교 신앙에 대한 강연은 '오직 영적구원'이나 '오직 저세상'을 넘어서 있다는 것을 강조할 필요가 있다는 것이다. 보다 적극적인 차원에서 '삶의 모든 영역에서 예수 그리스도의 주권을 실현하는 운동'임을 강조해야 한다. 삶의 모든 영역이란 정의롭고 바람직한 인성과 윤리적으로 모범적인 삶도 포함하지만, 정의롭지 못하고 바람직하지 못한 이 지구촌의 삶의 모습도 직시하고 그 원인과 기독교적인 해결책도 제시해야 할 것이다.

기독교적인 해결책은 나눔운동, 기도운동, 성령운동에서 나와야 한다. 그 경우에 피상적인 말로만 그쳐서는 안되고 구체적으로 교회와 기독교의 이름으로 실천할 수 있는 대안과 행동이 뒷받침되어야 할 것이다.

개혁주의생명신학은 백석공동체의 모든 신학과 삶을 포괄하고 있으므로 그것을 강연할 때는 보다 세부적인 주제로 나누어서 진행해야 한다.

2.
토크(대화)

후(後) 전도과정의 프로그램에서 토크 프로그램은 다양하게 구상하고 시행할 수 있다. 즉, 위의 개혁주의생명신학과 관련된 여러 가지 강연을 개인이 하지 않고 사회자와 게스트 둘이서 혹은 게스트를 여러 명 불러서 토크형식으로 진행할 수도 있을 것이다. 아니면, SBS의 '미우새'처럼 관찰 예능 프로그램 형식으로 '이단관련 영상'을 함께 보고 그 내용에 대해 토론하는 방식으로 해도 좋다.

1) 이단대책 토크쇼

목적

이단(異端)이란 끝(端)이 다르다(異)는 뜻을 지닌다. 즉 시작은 비슷하지만 끝이 달라서 결코 같은 무리라고 말할 수 없는 단체를 말한다. 기독교는 사도신경과 주기도문, 그리고 신앙고백문 등을 중심으로 기독교와 기독교가 아닌 것을 구분하는 기준을 가지고 있다. 기독교 이단의 문제는 교회의 설립 당시부터 지금까지 계속되어온 문제이다. 특히나 현대 한국 기독교의 이단문제는 사회 윤리적인 문제가 함께 있어서 학생들에게 무엇이 기독교이고 어떤 것이 아닌지에 대해 분명히 알려줄 필요가 있다. 이러한 이유 때문에 백석대학교 교목실에서는 이단경계주간을 설정하고 교육을 실시하고 있다.

무대세팅과 준비

기본 준비물은 의자 2개와 무선 마이크(핀 마이크)가 필요하다. 그리고 게스트 선배를 소개할 수 있는 영상자료나 그 게스트가 준비한 자료(영상이나 물품)가 있어야 한다. 게스트가 마실 물과 게스트에게 줄 꽃다발이나 선물이 있으면 좋다.

게스트를 섭외할 때, 물론 이단 관련 전문가는 필수적이고, 가능하다면 이단으로 인한 피해를 직접 경험한 사람이 있다면 함께 초청하는 것이 효과적이다. 예전에 백석대학교 대학채플에서 실제로 그런 사례가 있었다. 그때 게스트는 실제로 딸이 이단으로 넘어간 한 목사와 이단 전문가 두 사람이었다. 먼저 딸이 이단이 되어 집을 나간 목사의 개인 이야기로 이단 문제의 심각성을 제시하고, 이단 전문가와 학부담임목사의 대화 형식으로 이단에 대한 자세한 소개와 방지법을 알려준다.

진행

(1) 사회자가 오늘의 말씀을 읽고 기도는 게스트가 하도록 한다.
(2) 게스트들이 간단히 자기소개를 한다. 이때 화면에 이미지나 글자를 띄워서 이해를 도울 수 있으면 더 좋다.

(3) 이단에게 피해를 본 사람이 그 상황을 먼저 설명한다.
(4) 이단의 의미, 종류, 대처방법 등의 내용을 중심으로 학부담임 목사와 이단전문가가 대화 형식으로 풀어나간다.
(5) 기본적인 내용이 대화를 통해서 마무리된 후에, 청중인 학생들과 질의응답의 시간을 가지면 좋다. 이 경우에 대부분 학생들이 주저하는 경향이 있으므로 사전에 몇몇 학생들에게 질문을 준비시키고, 질문이 없는 경우에 그 학생들이 참여하게 한다.
(6) 학부담임목사의 광고와 축도로 채플을 마친다.
(7) 채플 후에 원하는 학생들과 기념 촬영을 한다.

기대효과

(1) 학생들이 이단에 대한 경각심을 가지게 되고, 그 대응책을 알게 된다. 단, 종교 일반 혹은 기독교에 대해 비호감을 가지고 있는 학생들에게 '이단경계'만을 강조할 경우에는 오히려 반감을 일으킬 우려가 있으므로 어떤 이단이 왜 문제가 되는지를 사실에 입각해서 잘 설명할 필요가 있다.
(2) 대학채플에서 이단에 대한 주제를 다루고 경계주간을 가짐으로 실제 학교로 들어와 있는 이단들에게 그 활동을 줄이고 경계할 수 있는 분위기를 형성할 수 있다.

3.
행사 프로그램

1) 사랑의 나눔운동

목적

이것은 개혁주의생명신학의 '나눔운동'을 대학채플의 차원에서 실습하기 위한 것이다. 이 행사는 대학채플의 전체에 걸쳐서 이루어지는 대형 채플 프로젝트이다. 그 내용은 부활절 혹은 성탄절을 기해 불우이웃에게 사랑의 나눔운동을 펼치는 것이다.

준비

(1) 사전준비

사전준비에는 나눔에 대한 성경적 교육의 기간과 모금의 기간과 같이 두 가지 준비과정이 필요하다. 나눔교육의 중심에는 예수님의 말씀이 있다. "내가 온 것은 섬김을 받으려 함이 아니요 섬기려 함이요, 자기 목숨을 많은 사람을 위하여 대속물로 내어 주려 함이라"(신약성경 마가복음 10장 45절) 나눔교육의 단계는 먼저 나눔이 필요한 우리 주변 사회의 현실에 대해 교육한다. 둘째는 나눔을 통해 우리 자신이 상대적으로 더 부유해지고 행복해진다는 사실을 가르친다. 셋째는 십자가의 정신인 나눔이야말로 우리가 기독교 대학인 백석대학교에서 4년간 배우고 익혀서, 졸업 후 사회에서 그것을 우리의 인성 역량으로 인정받을 수 있는 것임을 알게 한다.

모금은 여러 차례 채플에서 나눔교육이 충분히 이루어진 다음에 실시한다. 모금의 방법은 직접 모금과 간접 모금으로 나눌 수 있다. 간접 모금은 바자회를 통한 모금이다. 모금과 나눔운동의 시행은 학부 내에 있는 학생들의 기성조직을 활용하여 진행할 수 있다. 학생회, 전공임원, 동아리, 채플 선교부 등이 대표적인 학생 조직이다. 학부담임목사를 중심으로 학생조직 대표들과 함께 나눔운동본부를 구성한다. 바자회 품목을 희망 학생조직들이 상의 후 나누고, 채플 전후 시간 혹은 채플의 일부 시간을 활용하여 학생들이 가지고 있는 책이나 팬시용품, 생활용품을 기부받거나 헐값에 매입하고 필요한 학생들에게 되파는 형식의 바자회를 한 주 혹은 두 주에 걸쳐서 진행한다. 그 과정에서 모금함을 비치해서 직접 모금을 병행하도록 한다.

나눔운동 진행

(1) 모금 활동 후에 학부담임목사가 나눔운동본부를 소집하여 모금결산을 하고, 일정한 금액으로 나누어 도울 불우이웃의 수와 봉사의 방법을 결정한다. 도울 불우이웃은 학교 주변의 독거노인, 보육원이나 장애인시설 등으로 하고 행정복지센터의 자문을 받는다. 나눔의 내용은 가급적 현금지급은 지양하고, 물품과 노력봉사가 겸해진 나눔을 우선한다. 이를테면, 연탄이 필요한 노인 세대에 학생들이 연탄을 사서 직접 배달하는

것, 그림이 가능한 학부인 경우에 마을에 희망 벽화 그리기, 고아원이나 장애인시설 꾸미기 등이다.

(2) 모금이 끝난 다음 채플시간에 나눔 봉사단 발대식을 가진다. 발대식 채플은 모금 결과를 발표하고 몇 그룹이 몇 곳을 방문하여 어떤 봉사활동을 펼칠지를 발표한다. 채플 메시지의 내용은 선한 일을 위한 파송에 초점을 맞춘다.

(3) 보고대회 채플 - 나눔 봉사가 끝난 다음 주 채플은 복고대회 채플로 진행한다. 준비한 사진과 영상을 통하여 팀별로 어떤 활동을 어떻게 했는지 전체가 시청하고, 참여자 중 일부의 소감을 듣는 시간을 가진다. 학부담임목사는 그 모든 일을 치하하고 축복기도로 나눔채플을 모두 마친다.

(4) 참여 학생들에게 본인이 참여한 전체 나눔운동의 시작과 과정, 그리고 본인의 소감 등을 글과 사진으로 파일을 만들도록 하고, 가능하면 개인의 활동이 담긴 동영상을 잘 편집하도록 한다. 그것은 각자에게 자기를 소개하는 중요한 포트폴리오가 되도록 한다. 이러한 파일 혹은 포트폴리오로 채플에서 경진대회를 열 수도 있다.

(5) 언론을 통한 홍보 - 나눔행사는 지역 언론들에게 충분히 관심을 줄 수 있는 사건이기 때문에, 언론을 통한 홍보를 사전계획한 후에 나눔운동과 함께 진행한다. 이것은 학교를 홍보하는 것이기도 하지만, 수고한 학생들을 외부로부터 격려하고 다음에도 계속할 수 있는 추진력을 마련하는 중요한 내용이다.

기대효과

(1) 사랑의 나눔운동은 대학채플과 학부담임목사를 중심으로 이루어지는 대단위 개혁주의생명신학의 실천운동이다. 이것은 전체 학부 학생들과 교수들이 협력해서 이루는 대단위 봉사활동이다.
(2) 이 운동은 마땅히 해야 하는 일에 대한 교육 차원에서 하는 것이긴 하지만, 학생들은 그 과정에서 충분히 재미있고, 의미와 보람을 느낄 수 있는 봉사활동으로 남을 수 있다.
(3) 대학채플과 학부담임목사는 모두가 공감하고 유의미하게 생각하는 나눔운동을 주도면밀하게 주관하여, 학생들을 돕고 성과를 내도록 이끌기 때문에 기독교인은 물론이고 비기독교인 학생들의 참여도 유발할 수도 있고, 그렇지 않다고 하더라도 그들에게 기독교와 채플에 대한 좋은 인상을 심어줄 수 있다.
(4) 이 운동은 기독교 대학의 글로벌 리더 백석대학교에 대한 대내외의 선한 이미지 제고에도 효과가 있을 것이다.

2) 성경골든벨

목적

성경골든벨은 퀴즈의 형식으로 학생들에게 성경의 내용을 효과적으로 교육하고, 다양한 형식으로 대학채플에 대한 호감도를 높이려는 목적이 있다.

무대세팅과 준비

성경골든벨은 예전처럼 참가자들이 화이트보드를 개별적으로 지참하고 거기에 답을 직접 기록하는 방식이 있고, 퀴즈나 게임 기반의 학습 플랫폼인 '카훗' 등을 이용하는 방식이 있다. 학생들의 최근 성향을 고려하면 후자가 더 효과적일 수 있지만, 상황에 따라 담당자가 결정할 수 있을 것이다. 참여자의 수는 무대의 넓이에 준한다. 이전 채플에서는 50명이 참여한 적이 있었다. 학생들의 참여를 독려하기 위해서는 학부장 교수님과 상의해서 공식 장학금을 주거나 다양하고 가치 있는 상품들을 사전에 알릴 필요가 있다.

진행

(1) 카훗을 사용할 경우에는 문제를 사전에 입력하여 세팅하고, 예전처럼 아날로그 방식으로 할 경우에는 난이도를 상중하별로 나누어 문제를 충분히 준비하고, 낭독할 사람을 미리 정한다. 기본 문제는 낭독할 뿐만 아니라 채플화면에도 띄워서 문제 인지도를 높여준다. 성경퀴즈의 범위는 사전에 알리되, 가능하면 기간을 많이 줄수록 좋다.

(2) 사회자가 오늘의 말씀을 읽고 기도는 정해진 사람이 하도록 한다.

(3) 참여 학생들은 채플 무대에 표시된 자기 자리에 앉는다. 문제를 맞춘 학생들은 그 자리에 있고, 실패한 학생들은 무대 뒷자리로 물러난다.

(4) 적절한 시간에 '패자부활전' 형식으로 실패한 학생들에게도 재기할 기회를 준다.

(5) 한두 번 정도 '청중석 문제'도 진행할 수 있다. 이때는 물론 적절한 상품이 있어야 한다.
(6) 시상은 학부장 교수님이 하면 좋다.
(7) 학부담임목사가 축도로 채플을 마치고, 참여자와 사진 촬영을 한다.

기대효과

(1) 참여 학생들이 성경퀴즈의 형식으로 성경내용을 배울 수 있다.
(2) 그것을 보는 학생들도 간접적으로 성경의 내용을 알게 된다.
(3) 이것은 오락의 성격이 있기에 대학채플에 대한 학생들의 흥미와 관심을 높일 수 있다.

성경퀴즈대회 출제문제 샘플

- 사도행전 C형(下) 문제 -

1. 예수 믿는 사람을 잡으려고 다메섹으로 가던 중 길에서 예수님을 만나고 변화된 사람의 이름은? (9:1, 사울)

2. 누가복음은 누가 썼을까요? (누가)

3. 예수님에게 세례를 준 사람은? (세례요한)

4. 선한 사마리아인의 이야기(10장)에서 누가 강도 만난 사람의 이웃인가요? (선한 사마리아인 혹은 자비를 베푼 사람)

5. 누가복음 16장에 죽어서 지옥에 간 부자와 반대로 아브라함의 품에 안기 사람의 직업과 그 이름은 무엇인가요? (16:23 거지 나사로)

6. 잃은 아들의 비유에서 돌아온 아들이 아버지께 용서를 빌었을 때, 그 아들에게 아버지가 하신 말씀은? (4번)

1) 다시는 그러지 마라. 2) 그래, 젊었을 때는 그럴 수도 있지

3) 꼴도 보기 싫다. 4) 침묵

7. 사도행전 1장에서 예수님이 부활하신 후 사람들에게 가르치신 내용은? (1:3 하나님 나라의 일)

8. 예수님의 제자 빌립이 전도한 내용이 사도행전 8장에 나타난다. 그 내용은 하나님의 나라와 ( )에 관한 것이다. 무엇일까요? (8:12, 예수 그리스도의 이름)

9. 사도 바울은 가는 곳마다 예수는 그리스도라는 것과 (이것)을 가르쳤다. 이것은? (19:8, 하나님 나라)

10. 바울은 당시 유명한 어떤 사람의 문하에서 구약성경의 법을 공부했다. 누구인가? (22:3, 가말리엘)

B형(中) 문제

1. 누가복음을 기록한 목적은 무엇일까요? (1:1-2)

   (우리 중(저자의 공동체 가운데)에 이루어진 사실에 대해 그대로 내력을 저술하려고. 즉, 예수 그리스도의 복음에 대해 기록하려고)

2. 예수님이 "씨를 뿌리는 자의 비유"로 말씀하신 것 중에 "씨"는 무엇을 말하나? (하나님의 말씀, 8:11)

3. 주기도문, 즉 예수님이 가르쳐 주신 기도문(11장)에서 "죄 용서"를 빌기 전에 해야 할 일은 무엇인가요? (우리에게 죄지은 사람을 먼저 용서하는 것, 4절)

4. 누가복음 17장에서 예수님은 하나님의 나라가 어디에 있다고 말씀하셨는가? (17:21 "너희(우리) 안에")

5. 누가복음 18장에서 예수님이 하나님의 나라는 이런 자의 것이라고 한 이는? (18:16, 어린아이들)

6. 십자가에서 예수님이 다른 사람을 위해 하신 기도의 내용은? (23:34, 용서, 아버지 저들을 사하여 주옵소서 자기들이 하는 것을 알지 못함이니이다.)

7. 사도들이 날마다 어디서든지 가르치고 전도한 내용은 무엇인가? (행5:42, 예수는 그리스도)

8. 사도행전 15장에는 최초의 교회 회의인 예루살렘 회의가 열린다. 주제는 무엇인가? (이방인의 구원)

9. 사도행전 20장 후반에서 바울이 말한 자기의 사명은 무엇이었나? (20:24, 하나님의 은혜의 복음을 증언하는 일)

10. 바울이 2년 동안 로마에서 가르친 내용 두 가지는? (23, 31절, 하나님 나라와 예수 그리스도)

A형(上) 문제

1. 누가복음의 저자는 누가입니다. 사도행전의 저자는 누구일까요? (누가)
2. 사도행전 1장 8절에서 그리스도인들이 증인이 되어야 할 곳은 어디에서 어디까지인가? 네 장소의 이름을 쓰시오. (예루살렘과 온 유대와 사마리아와 땅끝까지)
3. 사도행전 2장에서 성령의 선물을 받으려면 어떻게 해야 하는가? 세 가지! (2:38 회개하고 예수님의 이름으로 세례를 받고 죄 사함을 받아야 한다)
4. 사도행전 4장에 보면, 아나니아와 삽비라가 땅을 팔아 얼마를 감추고 나머지를 사도들에게 가져오면서 전부인 것처럼 거짓말을 했다. 그들이 감춘 돈은 얼마인가? (얼마, 아나니아라 하는 사람이 그의 아내 삽비라와 더불어 소유를 팔아 그 값에서 얼마를 감추매…행 5:1-2a)
5. 스데반이 설교를 마치고 나자 하늘이 열리면서 두 가지를 보았다. 무엇과 무엇인가? (행 7: 55 하나님의 영광과 예수께서 하나님 우편에 서 계신 것)
6. 바울과 바나바를 선교사로 파송한 교회의 이름은? (안디옥 교회, 행 13:1-3)
7. 사도행전 15장 최초의 교회 회의에서 이방인의 구원에 대한 바리새파 출신들의 주장은 무엇이었나? 두 가지를 쓰세요. (이방인들이 할례를 받고, 모세의 율법을 지켜야 한다. 15:5)
8. 바울과 실라가 빌립보 감옥에 갇혀 있을 때 갑자기 지진이 나서 감옥문이 열렸다. 그때 감옥의 간수가 두려워서 "내가 어떻게 해야 구원을 얻을까요?"라고 물었을 때, 바울이 한 말은? (16:31. 주 예수를 믿으라. 그리하면 너와 네 집이 구원을 받으리라)
9. 바울의 동역자 중 부부인 사람들의 이름은? (브리스길라와 아굴라, 행 18:26)
10. 바울이 에베소의 회당에서 석 달 동안 가르친 내용은? (하나님의 나라, 행 19:8)

3) 기독교 변증 드라마

기독교적 변증은 다양한 모습과 방법으로 표현될 수 있지만, 구체적인 문제 제기와 논리적인 반박이라는 면에서 법정 드라마 형식이 적절하다고 할 수 있다. 여기서 소개하는 드라마는 채플 세례식의 오픈 드라마로 공연되었던 것이다.420) 현대 무신론 혹은 반신론자들의 기독교 비판에 대해서 기독교인들의 반론이라는 맥락으로 드라마를 구성했는데, 기독교인의 반론을 새롭게 복음을 믿고 세례를 받는 학생들이 담당하도록 했다.

목적

현대에 기독교를 비판하는 주요 내용을 소개하고 기독교 신앙을 가진 사람은 그것에 대해 어떤 해답을 가지고 있는지를 드라마 형식을 통해 효과적으로 교육한다.

무대세팅과 준비

무대는 무신론자 혹은 반신론자 진영과 세례받는 기독교인 진영으로 나누어 의자를 배치하고 각 진영 앞에 스탠드 마이크를 설치한다. 무대 스크린에는 발언하는 사람의 이름과 내용과 관련된 이미지나 영상을 보여준다.

먼저 무신론 혹은 반기독교인(Anti-Christan)이 기독교를 주로 비판하는 내용을 네 가지 주제로 요약했다. '하나님의 존재', '인간의 죄

420) 2020-1학기 디자인영상 학부 채플 세례식

성', '구세주 예수 그리스도', '인간의 주체성'이 그것이다.421) 그리고 그 비판에 대한 세례자들 자신의 '이야기'로 하는 변론을 정리하도록 했다. 전도성경공부 후 회심한 학생들은 반드시 그들이 왜 무엇을 믿는지를 정리해서 적도록 했는데, 그것이 바로 신앙고백문이다. 그리고 그 내용은 위의 네 가지 주제에 대한 개인의 견해를 자유롭게 적도록 한 것이다. 그 신앙고백문의 내용들을 토대로 학부담임목사가 변증 드라마 대본 초안을 작성했다. 이제 믿은 지 얼마 되지 않아서 영적으로 어린 학우들의 증언을 통하여 '나를 만나주신 인격적인 하나님,' '그 하나님 앞에서 부끄러운 죄인인 나,' '그런 나를 구원하시기 위해 십자가를 지신 예수 그리스도'에 대한 경험적 변증을 하도록 한 것이다.422) 네 가지 주제 중에서 특히 마지막인 기독교인의 비주체적인 삶에 대한 비판은 대학생 기독교인을 향한 가장 날카롭고도 혹독한 비판이라고 할 수 있다. 그 주장에 의하면 기독교인들은 이 땅이 아니라 저 하늘만 쳐다보고 살기 때문에 자기 삶에 주체적이지 못하고, 끊임없이 의지하려고만 하는 소극적인 존재들이라는 것이다. 그에 대한 반박으로 세례자들 중 한 명의 사명선언문이 제시되었다.423) 그것은 기독교 신앙을 가

421) 네 가지 반기독교적인 입장의 내용은 프리드리히 니체와 버틀란트 러셀의 저작에서 인용되었다. 프리드리히 니체/나경인 옮김, 『안티크리스트』(서울: 이너북, 2014); 프리드리히 니체/정동호 옮김, 『차라투스트라는 이렇게 말했다』(서울: 책세상, 2011); 버틀란트 러셀/송은경 옮김, 『나는 왜 기독교인이 아닌가』(서울: ㈜사회평론, 2018).

422) "주의 대적으로 말미암아 어린아이들과 젖먹이들의 입으로 권능을 세우심이여 이는 원수들과 보복자들을 잠잠하게 하려 하심이라." [시 8:2] 처음으로 복음을 알고 받아들인, 영적으로 어린아이와 같은 세례자들의 성경에 대한 이해와 경험으로 악의적인 반기독교적 비판에 맞서도록 하는 것은 일견 무모한 듯하지만, 실제로는 가장 유력하고 효율적인 기독교 변증의 모습을 보여주는 것 같다.

423) ○○○의 사명선언문

"저 ○○○는 참으로 소중하고 의미 있는 사람입니다. 왜냐하면 저는 영원히 사랑받고 축복받는 하나님의 자녀이기 때문입니다. 저의 사명은 졸업 후 '최고의 가구 디자이너'가 되어서 하나님의 나라와 지구촌에 기여하는 것입니다. 그것을 위해 저는 매일 성경을 읽고 기도하겠습니다. … 중략 … 저는 지금부터 달라지겠습니다."(세례자4의 사명선언문)

진 학생들은 무력하게 누군가에게 늘 기대는 것이 아니라, 하나님의 사랑받는 자신에 대한 더욱 높은 자존감을 가지고, 보다 적극적으로 자신의 달란트(흥미와 적성)를 기반으로 사명과 비전을 설정하고 그것의 성취를 위해 매진할 수 있음을 표현한 것이다.424) 이 법정 드라마는 백석대학교 디자인영상학부 1학기 채플세례식 1부 인트로 드라마로 공연되었다.

진행

(1) 학부담임목사는 관련 성경 본문을 읽고 기도로 시작한다.
(2) 전체 흐름을 설명하고 세례식 오프닝 드라마로 진행되는 변증 드라마의 내용도 간략하게 설명한다.
(3) 드라마가 끝나면 세례식을 이어서 시작한다.

얻은 효과

(1) 법정 드라마 형식의 기독교 변증은 기독교를 향한 사회적 비판이 어떤 것인지를 뚜렷하게 부각시켜 주었다.
(2) 세례식 인트로 드라마였고 새롭게 믿어서 세례받는 학우들이 자신들이 믿는 믿음의 내용으로 반박하는 형식이어서 더욱 집중과 전달이 잘 되었다.
(3) 새롭게 복음을 믿게 된 학생들의 자기 고백적인 변증 덕분에 간접 선교가 이루어졌다.

424) 이 신앙고백문은 세례자 교육의 내용이지만, 그 내용을 토대로 시행하는 선교부 후속 프로그램이 SMC(Self management of Christian, 기독교인의 자기경영)이다. 이것에 대해서는 다음 글을 참조하라. 이동찬, “대학선교를 위한 직업비전 중심의 기독교적 셀프리더십”, 「선교와 신학」 46 (2018), 41-69.

기독교변증 법정 드라마

사회자: 사랑합니다. 여러분, 우리는 지금 2020년 1학기 백석대학교 디자인영상학부의 채플세례식을 하려고 합니다. 세례식은 '복음'을 듣고 응답한 사람들의 이야기와 관련된 예식입니다. 복음은 '참 행복에 관한 소리'입니다. 세상에는 행복에 대한 수많은 소리들이 있고, 서로 경쟁적으로 자기 소리가 진짜라고 말합니다. 그중에서도 무신론은 기독교 신앙이 틀렸다고, 필요없다고 주장하는 소리입니다. 그 소리에 대해서 단호하게 No!라고 외치며 자기들이 경험한 새로운 이야기를 하고 싶어 하는 학우들의 이야기를 들어보면서 채플세례식을 거행하겠습니다. 이것은 대본이 있는 드라마이고 연출된 이벤트이지만, 오늘 세례자들의 고백과 증언은 그들 자신의 것입니다. 오늘 이 세례식 인트로 드라마는 세례받는 이들에게는 하나님과 세상 앞에서의 믿음의 증언이며, 그것을 지켜보는 여러분 증인들에게는 복음을 이해하는 중요한 계기가 될 것입니다. 이 시대의 법정 드라마 시작합니다. 참여자들 등장해 주세요.

[등장] 세례자들과 무신론자들(러셀과 니체) 입장[425]
우리는 모두 네 가지 주제를 가지고 논쟁을 벌이겠습니다. 먼저

425) 기본 주제와 각 인물들의 사진을 PPT로 띄워 줌. 자리배열은 타원형. 포디움 2개, 마이크 3, 핀마이크1

하나님의 존재에 관한 것입니다. 러셀 씨 시작해 주시겠습니까?

[1. 하나님의 존재] - PPT

버틀란트 러셀: 나는 수학자이면서 철학자입니다. 나는『나는 왜 기독교인이 아닌가?』라는 책을 썼습니다. 내가 기독교인이 아닌 첫 번째 이유는 하나님의 존재를 믿을 수 없기 때문입니다. 우리는 과학의 시대에 살고 있습니다. 그런데 하나님의 존재는 과학적으로 그리고 이론적으로 증명할 수 없습니다.

세례자 1 저는 영상애니메이션 전공 3학년 ○○○입니다. 러셀의 견해에 대한 저의 입장은 No! 그렇지 않다 입니다. 과학은 인간의 감각기관을 통하여 사물과 현상을 인식하고, 그것에 대해 가설을 세우고 관찰이나 실험을 통해 이론을 세우는 과정입니다. 과학의 대상은 인간의 감각기관이 인식할 수 있는 어떤 것입니다. 그런데 인간의 감각기관을 통해 인식할 수 없어도, 즉 눈에 보이지 않고, 손에 만져지지 않아도, 분명히 존재하는 것들은 얼마든지 있습니다. 사랑이 그렇고 정의가 그렇고 믿음이 그렇습니다. 그리고 하나님이 그렇습니다. 나는 하나님이 계신 것과 그 하나님이 나를 사랑하신다는 것을 확실히 알고 믿습니다.

세례자 2 저는 시각디자인 전공 1학년 ○○○입니다. 복음을 듣기 전에 저는 신의 존재에 대해서 알지 못했고, 신이 있더라도 저와는 상관이 없는 존재로 생각했습니다. 그러나 성경공부를 하면서 그 신이 성경에서 말하는 하나님이심을 알게 되었습니다. 그리고 그 하나님이 저에 대해 잘 알고 계시고 저에게 관심이 있으시다는 것을 깨닫고 놀랐습니다. 그리고 창조주 하나님을 알아가면서 동시에 저 자신이 어떤 존재인지 알게 되었습니다. 저는 하나님이 관심을 갖고 사랑하시는 존재이며, 참으로 귀하고 소중한 존재라는 것입니다.

[2. 두 번째 주제는 인간의 죄성에 관한 것입니다.]

프리드리히 니체: 나는 현대 포스트모더니즘의 아버지라고 불리는 철학자입니다. 인간이 부패한 죄인이라는 이야기는 말도 안 됩니다. 인간은 자기 운명을 뛰어넘을 수 있는 위버멘쉬, 초인입니다. 오히려 기독교라는 종교야 말로 부패하고 썩었습니다. 기독교가 사실은 역사와 사회의 기생충이기 때문입니다. 그 기독교는 주변의 모든 것을 썩게 합니다. 기독교가 진실이 아닐 뿐만 아니라 사회와 역사발전을 위해 해로운 것들이라고 생각합니다. 그래서 나는 기독교를 믿지 않습니다.

세례자 3 저는 산업디자인 전공 2학년 ○○○입니다. 저는 인간이 죄인이라는 사실에 대해 잘 알지도 못했고, 사실 관심도 없었습니다. 그러나 지금은 확실하게 인정합니다. 저도 죄를 짓는 죄인입니다. 그런데 신기하게도 제가 죄인임을 인정했을 때, 하나님을 찾게 되고 하나님의 복음이 귀에 들리기 시작했습니다.

세례자 4 저는 시각디자인 전공 1학년 ○○○입니다. 저도 백석대학교에 오기 전에는 종교에 대해 관심이 별로 없었고, 모든 인간이 죄인이라는 사실에 대해 동의할 수 없었습니다. 그런데 지금은 내 속에도 죄성이 있다는 것을 솔직히 인정합니다. 그 죄성은 창조주 하나님을 애써 부인하고 내 마음대로 살려고 악한 본성입니다. 그런데 신기한 것은 내 속에 죄의 본성이 있고 나도 어쩔 수 없이 죄인임을 인정할 때, 오히려 하나님이 새롭게 느껴졌다는 사실입니다. 하나님은 내가 죄인임에도 불구하고 나를 있는 모습 그대로 사랑하시는 분이십니다.

세례자 5 저는 산업디자인 전공 2학년 ○○○입니다. 저는 기독교가 사회의 기생충이라는 니체 씨의 주장에 대해 동의할 수 없습니다. 물론 저는 기독교에 대해 잘 알지는 못합니다. 가끔씩 기독교인들이나 목사님들의 비리가 뉴스에서 보도되는 경우도 보았습니다. 그러나 제가 아는 기독교는 일제 강점기로부터 지금까지 우리 민족과 더불어 동고동락해 왔고, 교육과 의료, 그리고 복지라는 면에서 선한 영향력을 끼쳐온 우리 민족의 좋은 친구입니다. 제가 다니는 학교도 기독교 대학의 글로벌 리더라는 이름을 지닌 학교입니다. 저는 우리 학교가 좋습니다. 그리고 우리 학교가 가르치는 성경과 기독교가 좋습니다.

[3. 예수 그리스도의 십자가]

버틀란트 러셀: 내가 기독교인이 아닌 두 번째 이유는 예수 그리스도를 믿을 수 없기 때문입니다. 예수 그리스도는 단지 도덕적으로 높은 수준의 사람인 것은 인정하지만, 그것뿐입니다. 그는 인간이었을 뿐입니다. 그래서 나는 예수 그리스도를 믿지 않습니다.

세례자 6 저는 시각디자인전공 2학년 ○○○입니다. 저는 예수님이 역사적인 인물이었는지 아닌지도 잘 몰랐던 사람입니다.

그런데 생각해 보니 예수님의 생일을 기준으로 기원전과 기원후를 나눈다면 당연히 예수님은 실존 인물이었습니다. 그리고 적어도 저에게는 예수님의 말씀과 십자가는 의미 있는 어떤 것이었습니다. 예수님은 나를 사랑하시는 분이었고, 예수님의 십자가는 내 죄를 용서하는 영원한 제사였다는 사실을 지금은 인정하고 믿습니다.

세례자 7 저는 인테리어디자인 전공 1학년 ○○○입니다. 종교에 관심이 없던 저로서는 종교를 믿는다는 것은 어려운 일이었습니다. 누군가를 진심으로 믿는다는 것이 있을 수 없는 일이라고 생각했지만 이제 저는 말할 수 있습니다. "나는 예수님을 믿습니다." 믿는다는 것은 '인정하고 받아들인다'는 뜻을 지닌다고 배웠습니다. 저는 성경을 배우면서 예수님이 하나님의 아들이심과 사람의 아들로 태어나심을 인정합니다. 그 예수님이 제 죄를 위해 대신 죽으셔서 제 죄가 용서되었다는 사실을 받아들입니다.

[4. 행복을 위한 인간의 주체적인 삶]

프리드리히 니체: 저는 이런 책을 썼습니다. 『차라투스트라는 이렇게 말했다』 뭐라고? 신은 죽었다. 신은 이 땅에 사는 인간이 계속 저 하늘만 쳐다보고 살라고 합니다. 신은 인간에게 동정을 가르치고 끊임없이 누군가에게 의지하도록 합니다. 그렇게 해서는 행복할 수가 없습니다. 이제 이 세상의 중심은 바로 나입니다. 인간은 신의 속박에서 벗어나 위버멘쉬 곧 초인이 되어야 비로소 진정한 자유와 행복을 찾을 수 있습니다.

세례자 8 저는 산업디자인 전공 3학년 ○○○입니다. 저는 하나님을 믿고 나서 더욱 저 자신이 누구인지, 어떤 존재인지 알게 되었습니다. 저는 창조주 하나님이 사랑하시고 귀하게 여기시는 하나님의 자녀입니다. 그래서 저는 저의 사명을 새롭게 정리할 수 있었고 더 의미 있게 살게 되었습니다.
저의 사명선언문을 소개합니다. - 한수는 사명선언문을 정리해 주세요.

세례자 9 저는 영상애니메이션 전공 3학년 ○○○입니다. 저 역시 사랑받고 영원히 축복받는 하나님의 자녀입니다. 저의 사명선언문은 다음과 같습니다.

4) 그리스도인의 자기경영 프로젝트 SMC(Self Management of Christian)

전도 방법 중에서 가장 자연스럽고 효과적인 방법은 '삶을 통한 전도'일 것이다. 대학생의 전공과 학교에서의 대부분의 활동은 졸업 후 직업과 관련이 있고 또한 있어야 한다. 4년의 대학생활이 끝나고 나면 자기 전공과 연관된 적절한 취업으로 이어져야 마땅한데, 현실은 그렇지 못하다. 많은 경우 졸업 후에 무엇을 할 것인지 구체적으로 생각하고 준비하는 대학생이 의외로 많지 못하다. 이 같은 대학생의 현실은 삶을 통한 전도의 방향을 지시해 준다. 복음을 믿고 하나님의 자녀가 된 그리스도인 대학생은 하나님이 주신 자신만의 달란트(흥미와 적성)을 찾고 그것과 자기 전공을 기반으로 졸업 후에 무슨 일을 할 것인지(비전)를 정하고 거기에 맞게 자기의 대학생활을 경영해 나가는 것이다. 이것을 '그리스도인의 자기경영'이라고 말한다. 이러한 기독교인 학생의 소신과 방향 있는 삶이 비기독교인 학생들에게 실제적인 도전을 주고 또한 그들을 도울 수 있는 것이다. 우리는 '그리스도인의 자기경영 채플'이라는 이름으로 자기 경영을 위한 파일이나 PPT 형식의 포트폴리오 경연대회를 채플 중심으로 열고, 채플 시간에 수상한 사람들의 발표와 교수님들의 평가를 통해서 전체 학생들에게 어떻게 직업비전을 찾고, 준비할 수 있는 지에 대해서 도움을 줄 수 있을 것이다. 여기서는 그리스도인의 자기경영(SMC)의 과정을 최종적으로 담은 PPT나 바인더 경연대회를 채플의 프로그램으로 삼아 소개한다. SMC의 이론과 방법론은 이어서 소개한다.

목적

그리스도인의 자기경영(SMC) 프로그램은 기독교인 학생들로 하여금 하나님이 주신 달란트를 기반으로 졸업 후 자신에게 맞는 직업비전을 찾고 준비하도록 돕는 것이다. 그러한 과정을 통해서 주변의 비기독교인 학생들에게 선한 영향력을 끼쳐 기독교에 호감을 가지도록 하는 것이 목적이다.

무대세팅과 준비

사전에 SMC PPT 예선전에서 PPT의 형식과 내용에 대한 심사를 거쳐서 3명의 후보자를 뽑아서 본선 개념의 채플에서 각자 발표하고 수상하는 형식으로 진행한다. 준비물은 발표자들의 PPT를 준비하고, 상품과 꽃다발 등을 준비한다. 발표자들은 무대에 준비된 의자에 앉아 대기한다. 심사자인 교수님들은 채점표를 가지고 청중석에 앉아서 대기한다. 채점내용은 PPT 형식과 구성, 내용의 적합성과 논리성, 청중의 반응, 그리고 발표자의 태도 등으로 한다.

진행

(1) 사회자가 오늘의 말씀을 읽고 기도는 정해진 사람이 하도록 한다.
(2) 발표자들이 순서대로 발표하고 채점자들은 그 과정에서 채점한다.
(3) 발표가 끝나면 심사위원장이 전체 평가를 하고 우승자를 발

표한다.

(4) 학부담임목사가 비전에 대한 메시지를 간략히 전하고 축도로 마친다. 그 후에 참여자들과 교수님들의 기념 촬영을 한다.

기대효과

(1) 학생들에게 구체적인 '직업비전' 중심의 짜임새 있는 대학생활에 대한 교육을 채플을 중심으로 할 수 있다.

(2) 참여하는 학생들에게 다수의 청중들 앞에서 발표하는 경험을 얻게 한다.

(3) 대학채플이 학생들에게 도움을 주는 어떤 현장임을 인식시킨다.

[첨부]

직업비전 중심의 '기독교인의 자기경영(SMC)' 프로젝트[426)]

1. 기독교인의 자기경영의 주요 개념들과 정의

1) 직업비전

직업비전이란 직업에 대한 비전이다. 비전이란 말은 "어원적으로 '보는 행위'이다. 그리고 눈으로 보고 추구하는 정신적인 어떤 이미지라고 말할 수 있다."[427)] 즉 직업비전이란 특정 직업을 가지고 일하게 될 조직과 그 환경을 고려하는 말이다. 직업비전을 중심으로 하는 기독교인의 자기경영은 기독교적 셀프리더십을 발휘하도록 돕는 것인데, 기독교적 셀프리더십은 개인적 차원에서의 자기관리와 준비를 넘어 조직 혹은 공동체 차원에서의 준비를 포함하는 개념이다. 그러므로 직업비전이란 대학생들이 졸업 후에 본인이 희망하는 직업을 가지고 어떤 조직에서 어떤 모습으로 일하고 싶은지를 그려보고 추구하는 구체적인 어떤 이미지라고 말할

426) 이동찬, "대학선교를 위한 직업비전 중심의 기독교적 셀프리더십" 「선교와 신학」 제46집 (2018), 53-65.

427) "Vision", Victoria Neufeldt, *Webster's New World Dictionary* (New York: Webster's New World, 1988), 1492.

수 있다.[428]

2) 직업선택이론

직업선택이론은 대학생들이 자기에게 알맞은 직업을 찾는 원리를 제공해준다.[429] 수많은 이론들이 있지만, 그중에서도 가장 포괄적이면서도 단순명료한 이론으로 파슨스의 직업선택이론을 들 수 있다. 파슨스는 직업지도 운동의 선구자로서 사람들의 능력과 흥미에 맞는 직업을 선택할 수 있도록 교육과 사회제도를 개혁할 것을 제안하였으며, 그 방법을 제시하였다.[430] Parsons가 제시한 직업선택의 방법은 3단계이다. 자기탐색(분석), 직업탐색, 그리고 과학적이고 합리적인 매칭이 그것들이다.[431] 이것은 자신의 흥미와 적성을 객관적으로 충분히 정리하고, 직업자체와 희망하는 직업 공동체에 대한 현실적인 정보를 정리해서, 그 결과들을 합리적으로 매칭하여 개인에게 맞는 직업비전을 결정하도록 하는 것이다.

3) 셀프리더십

셀프리더십은 자기관리 리더십, 개인리더십으로도 불리며, 자신

428) 그런 차원에서 기독교적 셀프리더십 과정에서는 졸업 후 비전에 대해 말할 때, 어떤 '직업'을 말하지 않고 '어떤 직업으로 어떤 조직(회사)의 어떤 부서에서 일하는 특정 모습'으로 정의한다.

429) 직업선택과 관련된 이론에는 파슨스의 특성요인이론을 비롯하여 보딘의 정신역동적이론, 아들러의 개인주의이론, 로저스의 내담자중심이론, 크라이티스의 포괄적 상담이론, 교류분석, 형태주의, 직업능력사정 등 여러 가지가 있다.

430) 김봉환, "특성요인이론의 한국 구직자에 대한 적용", 「상담학연구」 13(2012), 2273.

431) F. Parsons, *Choosing a vocation,* Reprinted in 1989 (Memphis: General Books LLC, 2012), 2. Parsons는 '매칭(matching)'이라는 말 대신에 '숙고(reasoning)'라는 말을 사용하고 있지만, 후대에 Parsons의 이론을 따르는 사람들이 Parsons의 전체 이론을 더 잘 반영하는 표현으로 '숙고'대신에 '과학적이고 합리적인 매칭'을 주로 사용하고 있다.

의 정체성과 목적을 스스로 설정하고 성취해가는 스스로에 대한 영향력이라고 할 수 있다.[432] 그러나 최근의 셀프리더십에 대한 논의는 슈퍼리더십의 핵심 내용으로서 새로운 정보화 사회의 조직 혹은 공동체 리더십으로 말해지고 있다. 끊임없이 변화하는 불확실한 4차 산업혁명의 시대에는 특정 리더가 모든 것을 알고 지휘할 수 없기 때문에, 가능한 모든 조직의 구성원들이 리더십의 개념을 알고 조직의 미션과 비전을 향해 스스로 움직이고, 또한 조직원 상호 간에 영향력을 행사하는 것이 조직의 성과를 보다 효과적으로 달성할 수 있기 때문이다. 이러한 시대적인 요청 때문에 조직의 모든 구성원들을 리더로 육성해야 할 필요가 생겨났다. 그 필요를 채우는 것이 바로 조직을 지향하는 셀프리더십이다.[433]

기독교적 셀프리더십이란 자기관리 리더십과 슈퍼리더십의 셀프리더십의 개념을 통합한 개념이다. 즉, 그것은 대학생으로 하여금 성경에 기초해서 자신의 정체성과 목적을 스스로 설정하고, 하나님이 주신 자신의 달란트를 기초로 자신의 직업비전을 선정하고 준비하여, 졸업 후 그 직업을 통해 기업과 사회, 나아가 하나님 나라에 기여하는 행복한 삶을 살도록 스스로에 대한 영향력을 기르도록 하는 것이다.

432) 자기관리를 중심으로 하는 셀프리더십은 대부분의 대학생리더십들의 기본 내용이다. 박소연, "대학 교양기초 교육으로서의 리더십 교육 가능성 탐색", 109.

433) C. 맨쯔와 H. P. 심스, 김남현 역, 『슈퍼 리더십』(서울: 경문사 2002). 슈퍼 리더십이란 셀프리더십을 기반으로 조직의 구성원들이 조직의 미션과 비전을 향해 스스로 자신들의 일을 리드해 가서 성과를 내도록 하는 리더십이다.

2. 자기탐색

올바른 직업선택을 위해서는 먼저 나에 대해서 충분히 알고, 그것을 통해서 나에게 맞는 직업을 알아야 한다. 여기서 중요한 것은 나의 정체성에 대한 이해와 나의 달란트 즉 흥미와 적성에 대한 이해이다.

1) 정체성과 미션에 대한 이해

셀프리더십의 자기탐색에서 가장 중요한 이해는 정체성에 대한 이해이다.[434] 기본 정체성에 대한 표현은 적극적이고도 긍정적인 자기이해이다. 즉, "나는 소중하고 의미 있는 존재이다. 그러므로 나는 반드시 성공하고 행복할 것이다. 왜냐하면 나에게는 신념과 열정과 비전이 있기 때문이다." 이 구호는 기독교적 셀프리더십 훈련을 시작하면서 함께 외치는 내용이다. 여기서 비전은 바로 직업비전이며, 그 비전을 가능케 하는 원리로서의 '신념' 곧 믿음을 강조한다. 그것은 긍정적인 자신에 대한 믿음뿐만 아니라, 그것을 가능케 하시는 하나님에 대한 믿음을 포함하고 있다.

2) 달란트 탐색 - 흥미와 적성

달란트는 하나님이 각자에게 주신 Talent 즉, 재능이다. 직업선택의 차원에서 말하면 그 달란트는 구체적으로 각 개인이 타고난 흥미와 적성이라고 할 수 있다. 즉, 하나님이 나에게 주신 내 고유

434) 정체성과 미션에 대한 이해는 가치관을 전제로 하는 것이므로 성경에 대한 이야기로 들어가기 쉽다.

한 흥미(좋아하는 것)와 적성(잘하는 것)을 파악하고, 그것을 기반으로 가장 적절한 직업을 선정하는 것이 필요하다.[435]

이때 자기탐색 차원의 흥미와 적성은 객관적이고 과학적이어야 한다.[436] 을 파악하고 정리하기 위해서, 고용노동부에서 운영하는 워크넷[437]에서 제공하는 직업심리검사들을 이용한다. 개인의 흥미 유형을 파악을 위해서는 직업선호도검사(L형)를, 적성파악을 위해서는 직업적성검사를 한다.[438] 각 검사는 흥미와 적성의 객관적인 정도를 알려 줄뿐만 아니라, 그것들에 맞는 최적합 직업군도 제시해준다. 그래서 학생들은 본인의 전공을 기반으로 흥미와 적성, 그리고 각 검사를 기반으로 제공하는 적합 직업군 등을 고려하여 자신에게 맞는 직업을 일차적으로 선택할 수 있다.

435) 개인의 흥미와 적성에 맞게 직업을 선택하는 것은 직업을 찾는 단계에서도 필요하지만, 그 직업을 얻고 계속 유지하는 데도 꼭 필요하다. 왜냐하면 많은 직장인들이 힘들게 얻은 직장을 그만두는 가장 큰 이유가 바로 그 '흥미와 적성'이 맞지 않기 때문이다. "1년 만에 사직서 쓰는 신입사원들" 프리미엄조선.

436) Parsons는 자기탐색의 과정에서 개인의 능력, 열정, 흥미, 자원과 아울러, 한계까지도 파악하기 위한 과학적인 연구가 필요하다고 역설한다. F. Parsons, *Choosing a vocation*, 1-2. Parsons의 직업선택이론을 이은 중요한 직업발달이론의 한 그룹이 바로 미네소타 대학의 특성-요인이론 학파이다. 그들은 Parsons의 주장을 따라서 다양한 적성검사와 인성검사의 도구들을 개발하였다.

437) http://www.work.go.kr/seekWantedMain.do

438) 개인의 흥미와 적성을 파악하기 위한 심리검사들은 많다. HOLLAND적성탐색검사, STRONG직업흥미검사, U & I 학습진로종합검사, E-DISC, BEST진로적성검사 등. 그러나 워크넷의 검사는 인터넷이 연결된 컴퓨터를 통해 누구나 아무 때나 장소에서 무료로 할 수 있다는 장점이 있다.

3. 직업탐색과 직업비전의 결정

1) 직업탐색

흥미와 적성을 통해 1차로 직업이 결정되면 그 직업이 실제로 본인에게 맞는지의 여부를 알기 위해 보다 구체적인 탐색이 필요하다. 선정한 직업의 내용과 그 직업의 전망에 대해 알아보려면 기본적으로 워크넷에서 직업정보 검색란에 연결되어 있는 한국직업사전, 한국직업정보시스템, 한국직업전망 등을 이용할 수 있다. 한국직업사전에서는 직무[439]와 관련하여 직무개요, 수행직무, 부가직업정보를 얻을 수 있다. 한국직업정보시스템에서는 특정 직무와 관련해서 그것의 하는 일, 교육/자격/훈련, 임금/직업 유망성/전망, 그 일을 하기 위한 특정한 능력/지식/환경, 그리고 그 일을 하는 데 적절한 성격/흥미/가치관 등에 대해 알 수 있다. 한국직업전망에서는 직무와 관련해서 그 하는 일, 근무환경, 교육/훈련/자격, 적성 및 흥미, 종사현황, 직업전망, 관련정보처 등을 알 수 있다.

2) 직업 공동체(회사) 탐색

직업 공동체 탐색은 학생들이 본인이 선택한 직업을 가지고 일하고 싶어 하는 특정 회사를 정하게 하고 그 회사에 대한 일반적인 자료탐색, 회사방문, 회사 내 직무 인터뷰 등을 하게 하는 것이다. 회사에 대한 일반적 탐색은 회사 홈페이지나 온라인 자료 등을 통해서 객관적으로 그 회사에 대한 일반자료를 정리하는 것이다. 그

439) 직무(職務)란 말은 직책이나 직업상에서 책임을 지고 담당하여 맡은 사무를 말한다[네이버 국어사전].

자료는 회사명, 설립 연도, CEO, 주소, 연락처, 회사미션과 비전, 인재상, 주요 제품/핵심 상품/서비스, 기업특징 등이다. 그리고 본인이 희망하는 직무와 관련해서 규모(종업원수/매출/순이익), 입사희망부문 정보, 희망근무지역, 예상 연봉, 장점, 단점, 특징, 기타 정보를 알아볼 수 있을 것이다. 그리고 제일 중요한 채용정보와 관련해서는 그 회사의 인재상, 채용 시기와 인원, 채용과정, 제출서류, 관련 자격증 등 입사 지원 시 고려사항 등이다.[440)]

3) 직무 인터뷰

회사 내 직무 인터뷰는 가장 적극적인 직업탐색의 방법으로써, 희망하는 그 회사에서 그 직업을 가지고 일하는 사람을 만나서 해당 직무와 준비사항 등을 물어서 확인하는 것이다. 이러한 직업탐색을 통해서 구체적인 직업의 비전 즉, 특정 직업을 가지고 어떤 환경에서 어떤 모습으로 일하는지에 대한 구체적인 그림을 그려볼 수 있고 또 그것에 맞는 적절한 직업준비를 할 수 있게 된다.

4) 매칭과 직업비전 결정

과학적이고 합리적인 매칭은 자기탐색과 직업탐색의 객관적인 자료들을 가지고 최종적인 직업에 대한 의사결정을 내리는 것이다. 자기탐색의 결과로 본인이 정말 하고 싶고(흥미), 잘 할 수 있는(적성) 일에 대한 결과와 직업탐색의 객관적인 결과를 가지고 그 직

440) 이때 학생들이 고학년이라면, 회사의 여러 자료들을 통해서 SWOT분석을 시도해서, 그 회사에 제안할 내용이나 아이디어, 회사가 당면한 문제에 대한 해결책과 건설적 대안을 마련하도록 하며, 가능하면 학생 자신이 준비한 직무와 관련된 특기를 통해서 회사의 문제 혹은 위기에 대해 기여할 부분을 정리하고 제시하도록 지도할 수 있다.

업이 정말 본인이 원했던 그 일이 맞는지, 그래서 본인이 행복할 수 있는 직업인지를 결정한다. 매칭은 본인의 흥미와 적성의 차원에서 적합한 직업을 찾는 과정과 아울러 직업의 현장에서 요구하는 직무수준을 학생의 그것을 평가해보는 과정이 반드시 필요하다. 그래서 본인이 꼭 맞는 자신의 직업이라고 확신하더라도 그 시점에서 혹은 준비의 과정을 염두에 두더라도 그 수준을 맞추지 못할 직업이라면 포기하고 차선을 찾도록 하는 교육도 반드시 필요한 것이다.

직업비전을 최종적으로 결정하는 이 매칭의 과정에는 본인의 가치관이 절대적으로 작용한다. 본인의 자기정체성과 신념, 그리고 미션이 최종 자신의 직업을 선택하는 데 중요한 요소로 작용하는 것이다. 이 과정은 가치와 본질에 대해 말하는 것이기 때문에 복음으로 이끌 수 있는 과정 중 가장 중요하다고 말할 수 있다.

4. 직업비전을 위한 대학생활 로드맵

취업을 위해서 과거에는 화려한 스펙이 중요하였다. 그러나 이제는 직무중심의 전문화 시대이다. 실제 하려고 하는 직무능력이 우선이다. 그러므로 직업비전의 직무에 최대한 집중하고 차별화하여야 한다. 직업비전을 위해 반드시 필요한 스펙리스트를 만든다.[441] 우선적으로 직업비전으로 취업을 희망하는 기업에서 요청하는 기본적인 스펙들이 있어야 한다. 그리고 같은 직업비전을 가지고 준비한 많은 사람들과 경쟁을 하여 비교우위에 이르려면, 직

441) 특정 직업을 준비하기 위한 구체적인 직무에 대한 이해와 준비는 고용노동부가 운영하는 NCS싸이트의 'NCS 및 학습모듈 검색'을 이용할 수 있다. https://www.ncs.go.kr

업비전과 관련하여 다른 사람보다 특별히 더 잘 하여 기업에 기여할 수 있는 어떤 차별화 전략이 필요하다. 그것이 바로 나만의 차별화 포인트이며 스펙 리스트에 반드시 들어가야 한다.

이상의 스펙 리스트가 만들어지면 그것을 중심으로 대학생활 로드맵을 작성하도록 한다. 그 로드맵은 어떻게 그 스펙들을 달성할 것인지에 대한 방법과 언제 그렇게 할 것인지에 대한 구체적인 시간관리가 필요하다. 이때 중요한 것은 실천 가능성과 구체성이다. 마지막으로 사회 기여를 포함하는 사명선언문을 작성하면 기독교적 셀프리더십의 과정이 마무리된다.

5. 기독교인의 자기경영(SMC) 프로그램의 내용과 그 특징

기독교적 셀프리더십의 이론을 적용한 대학생 리더십 훈련이 바로 SMC(Self Management of Christian, 기독교인의 자기경영)이다. SMC프로그램의 기본 커리큘럼은 다음과 같다.

주	교육내용	과제
1	SMC OT	직업선호도 검사(L형) 해오기
2	자기탐색 (흥미와 적성 기반)	직업적성검사 해오기
3	직업탐색 (NCS, Worknet 이용)	직업탐방 및 직업인터뷰
4	매칭, 로드맵 작성, 사명선언서	포트폴리오 만들기
5	SLP PPT 및 포트폴리오	포트폴리오 발표 및 전시회 준비

위의 커리큘럼을 통해 매주 학생들과 함께 공동작업을 하며 최

종 만들게 되는 SMC PPT 또는 포트폴리오 구성 목차는 다음과 같다.

I. 졸업 후 나의 직업비전
II. 나의 자기탐색(흥미와 적성)과 그것을 기반으로 한 1차적 직업선정
  1. 주관적 이해
  2. 객관적 이해(흥미: 직업선호도검사 L형, 적성: 직업적성검사)
III. 나의 직업탐색
  1. 나의 직업 :
  1) 하는 일(직무개요) 2) 교육/자격/훈련/적성/흥미/직업전망
  2. 나의 직업공동체(회사) 탐색
  1) 회사분석 2) 회사탐방 3) 직업인 인터뷰
IV. 직업비전 성취를 위한 로드맵
  1. 현장이 요구하는 스펙과 내가 준비된 스펙
  2. 직업비전을 위한 차별할 나의 스펙
  3. 준비해야할 스펙들과 전략(OAT)
V. 나의 사명 선언문

기독교인의 자기경영(SMC)은 대학생들이 생애 첫 직업에 대한 선택과 준비뿐만 아니라, 두 번째 혹은 여러 번째 직업선택과 준비를 하는 데 도움을 주는 원리를 가르친다. 직업비전 중심의 기독교적 셀프리더십의 직업선택원리는 자기탐색과 직업탐색. 그리고 매칭과 로드맵 작성과 실제 준비이다. 이러한 직업선택과 준비의 원리는 인생의 다른 시기, 전혀 다른 환경에서도 각자에게 맞는 또 다른 직업을 찾고 준비해야 하는 상황에서도 동일하게 적용될 수 있을 것이다.

6. 직업비전 중심의 기독교인의 자기경영의 선교적 사용

기독교인의 자기경영은 여러 가지 면에서 선교적이라고 말할 수 있다. 우선 직업비전을 중심으로 하는 기독교인의 자기경영 프로그램 자체가 선교의 중요한 도구이다. 이 프로그램은 기독교적 마인드와 용어들로 구성이 되어있다. 이 리더십 과정을 공부하면서 학생들은 성경적 가치를 통해 자신에 대한 긍정적 이해와 함께 더욱 객관적인 정리를 할 수 있다. 무엇보다도 실제 학생들의 당면한 현안인 직업과 관련해서 자기에게 맞는 직업을 선택하고 체계적으로 정리하는 중에 학생들은 확신과 안정감을 가질 수 있으며 이러한 모습 속에서 보다 긍정적이고 적극적으로 복음을 받아들일 여지가 생긴다고 말할 수 있다.

둘째로 이 프로그램은 기독교인 교수가 선교적 의도로 가르친다는 차원에서 선교적이다. 교수는 그 내용에 있어서 수월성을 지닌 기독교적인 리더십 내용을 가지고 학생의 더 나은 삶을 위한 열정으로 가르칠 때, 전도의 문을 열 수 있게 되는 것이다.

셋째로 이 프로그램은 기독교인 학생들의 교육과 모범을 통해서 선교적일 수 있다. 기독교인 학생들이 이 리더십 프로그램을 통해서 신앙적으로 더욱 정체성과 사명을 정립하고, 자신의 직업비전을 정립하여 학교생활에서 더욱 자기 주도적인 모습을 보인다면 그 자체로 생활을 통한 전도가 이루어지는 것이다.

물론 진정한 의미의 전도는 심령을 찔러 쪼개어 생명을 주시는 하나님의 말씀과 직면하도록 하는 데서 이루어진다. SMC를 배우면서 성경과 기독교에 마음이 열린 학생들을 별도로 전도성경공부의 자리로 초대해서 복음을 진지하게 증거해야 할 것이다.

7. 비전 중심의 기독교인의 자기경영 프로그램의 적용

기독교인의 자기경영의 내용은 대학에서 다양한 모습으로 적용하고 활용할 수 있다. 그것은 기독교인 대학생 대상의 리더 양성과 일반 학생 대상의 리더십 교육, 그리고 기독교 교양과 리더십 교과목의 내용에 적용해 볼 수 있다. 그 실례들을 소개하면 아래와 같다.

1) 기독교인 대학생 대상 리더훈련 - SMC(Self Management of Christian)

백석대학교에는 12개 학부마다 채플을 돕는 선교부가 조직되어 있다. 선교부 학생들을 채플을 진행하는 목사와 함께 학부 학생들에게 복음을 전하는 역할을 하고 있다. 필자는 7년간 관광학부 채플을 담당하면서 선교부 학생들과 채플을 중심으로 다양한 방식의 선교활동을 시도해왔다. 그리고 내린 결론은 채플과 더불어 성숙한 기독교인들의 생활을 통한 대학생 전도만이 가장 효과적인 대학생 전도의 방법이라는 사실이다. 기독교인 대학생들이 자기주도적인 대학생활, 특히 분명한 신념과 직업비전을 가지고 절제되고 방향성 있는 삶의 모습을 보여줄 때, 비기독교인 학생들이 기독교인에 대한 호감과 더불어 기독교 복음에 대해 관심을 가지게 된다는 것이다. 필자는 선교부 학생들에게 기독교적 셀프리더십 프로그램의 원형인 SMC(기독교인의 자기경영)과정을 함께하면서, 그 내용을 바인더로 만들어 학부 학생들을 대상으로 하는 선교 카페에서 커피와 함께 바인더 전시회를 하고, 설명회를 함께하였다. 동시에 학기마다 선교부 학생들을 채플에 세워서 SMC 과정에서 정리한 자기비전과 계획들을 발표하도록 했다.[442] 이것은 두 가지 효과가 있었다. 먼저 선교부의 입장에서 공식적으로 관광학부 선교부가 채플도우미이면서 동시에 비전동아리임을 천명하면서 기독교인 학생들이 보다 적극성을 띠면서 셀프리더의 모습을 보여주기 시작했다는 것이다. 일반학생들 입장에서는 선교부 학생들이 자기 주도적인 모습으로 졸업 후 비전에 대해 진지하게 전시하고, 말하고 실천하는 모습에 좋은 영향을 받게 된 것이다. 이것은 일반 학생을 대상으로 하는 셀프리더십 과정의 개설로 이어지게 되었다.

2) 일반 학생 대상의 셀프리더십 - SLP(Self Leadership Presentation)

백석대학교 관광학부 선교부 학생들의 지속적이고도 적극적인 셀프리더십 훈련과 소개로 인해서 기독교적 셀프리더십 프로그램은 비기독교인 학생들에게도 주어지게 되었다. SLP가 바로 그것이다. SLP(Self Leadership Presentation)는 기독교적 셀프리더십 SMC를 비기독교인 학생 대상으로 적용한 것이다. 이것은 SMC에서 직접적인 성경적 표현을 줄이고, '발표'에 더 강조점을 둔 프로그램이다. SLP도 SMC처럼 성경과 기독교 세계관에 기반하여 미션과 비전을 정하고, 파슨스의 직업상담이론에 입각하여 자기 탐색, 직업탐색, 과학적이고 합리적 매칭과 체계적인 직무준비, 그리고 그 자료를 PPP 혹은 포트폴리오로 묶어 발표회나 전시 설명회를 하는 프로그램이다. 발표회는 SLP 모임을 가졌던 강의실에서 학생들 모임으로 가지며, 전시회는 학생들이 많이 지나다니는 강의동 로비

442) "백석대 SLP 홍제섭" 참조. 이 동영상의 주인공은 선교부 학생으로 SMC를 함께하고 그것을 수업 시간에 소개하는 영상이다. 마지막 미션선언문에 그리스도에 대한 신앙과 선교적 포부가 돋보인다.

등에서 SLP 포트폴리오 바인더를 전시하고, 작성한 학생들이 관심을 가지는 학생들에게 자신의 포트폴리오를 설명하는 방식으로 이루어졌다.443)

3) 기독교적 대학생리더십 과목에서의 적용

기독교 셀프리더십은 리더십 과목에서도 적용되었다. 백석대학교에서 2018-1학기에 신설된 기독교적 셀프리더십은 2학점 과목으로 15주에 걸쳐 총 30시간의 교육훈련 과정이다. 이 과정은 비교과 과정인 SMC나 SLP보다 더 충분한 시간을 가지고 이론과 실제 준비와 발표훈련 등을 할 수 있는 좋은 과정이다. 리더십 강의 내용은 총 3부로 구성되어 있다. 1부 리더십 이론에서는 4차 산업혁명시대와 대학생의 현실, 리더십 이론과 대학생리더십, 리더십과 윤리 - 배려의 윤리, 공동체리더십의 경제생활 등을 다룬다. 2부 셀프 리더십에서는 나의 미션과 비전 - 자존감의 기초, 나의 달란트 - 자기 탐색: 흥미와 적성, 직무 공동체 탐색과 매칭, 직무준비를 위한 목표와 시간 관리를 다룬다. 마지막 3부 공동체리더십에서는 5G 시대의 공동체리더십 - 슈퍼/섬김 리더십, 공동체리더십의 팀빌딩, 공동체리더십의 임파워먼트, 공동체리더십의 팔로워십, 셀프 프레젠테이션 - 자기소개, 면접 등을 다룬다. 이 과정 중에서 학생들은 수업 시간에 각 주제를 가지고 워크숍을 했던 내용을 정리해서 각자의 SLP를 PPT 형식으로 제출하고 발표한다.444)

443) SLP는 그 효과성을 인정받아 백석대학교 관광학부의 특성화 프로그램의 하나로 채택되었다. SLP는 2016년 1학기에 처음 시작되었고, 총 4회에 걸쳐 약 300명의 수료자를 낸 실천적 대학생리더십 프로그램이다. 학생회 임원, 전공임원, 각 동아리 임원들이 주요 대상이었다. 수료자 중 비기독교인 비율은 약 60%였다. SLP의 내용과 발표에 대해서는 다음 동영상을 참조하라. "백석대 SLP 김대희", "백석대 SLP 권혜지", "백석대 SLP 조범희", 유튜브 동영상.

444) "백석대 SLP 김신유" 이 동영상의 내용은 2018년 1학기 1학년을 대상으로 처음 개설된 리더십

기독교인의 자기경영이란 대학생으로 하여금 성경에 기초해서 자신의 정체성과 목적을 스스로 설정하고, 하나님이 주신 자신의 달란트를 기초로 자신의 직업비전을 선정하고 준비하여, 졸업 후 그 직업을 통해 기업과 사회, 나아가 하나님 나라에 기여하는 행복한 삶을 살도록 스스로에 대한 영향력을 기르도록 하는 것이다. 이것은 대학생들에게 자기의 소중한 가치를 성경과 기독교 세계관에서 발견하고 인생의 미션과 비전을 정립하고, 훈련된 셀프리더십을 토대로 자신을 비롯하여 다양한 조직과 공동체에서 영향력을 발휘하고 성과를 가져오게 하는 것이다. 기독교인의 자기경영은 우선적으로 기독교인 학생들에게 성경적인 차원에서 선교적 정체성을 일깨우고 자신의 달란트와 직무 공동체의 현장 이해에 기반한 직업비전을 선정하여 체계적으로 자기를 세워가는 셀프 리더로 훈련받도록 하는 프로그램이다. 기독교인의 자기경영은 동시에 비기독교인 학생들에게도 거부반응이 없이 자연스럽게 받아들여지고, 선교적 성과로 이어질 수 있는 선교 프로그램으로 사용될 수 있다. 이 리더십이 모든 학생들의 공통 관심사인 졸업 후의 '직업비전'을 준비하는 구체적이고 체계적인 프로그램이기 때문이다.

여러 가지 이유에서 어려워지고 있는 대학선교의 현실에서, 대학생들의 육적인 필요를 채워주면서 동시에 영적인 필요를 채워주는 신앙 선조들의 선교방식은 지금도 여전히 유효하다. 기독교인의 자기경영 프로그램은 부족하지만 현대 대학생들의 영육 간의 필요를 채우는 여러 선교 도구들 중의 하나가 될 수 있을 것이다.

과목에서 셀프리더십 차원에서 정리한 SLP 내용을 수강 학생이 수업 시간에 발표한 것이다.

17장
나가는 말 - 대학채플의 미래

대학채플은 젊은 대학생들에게 영혼을 살리는 복음과 성경적 삶을 가르치는 통전적인 생명살리기이다. 대학채플을 통한 온전한 생명살리기는 대학생의 삶 전반에 걸쳐서 그리스도의 자유와 사랑을 보여줄 때, 영혼을 살리는 복음이 싹을 내고 열매를 맺을 수 있다. 생존을 위한 경쟁으로 고단하고 지친 대학생의 삶에 그리스도의 위로가 필요하다. “수고하고 무거운 짐진 자들아 다 내게로 오라. 내가 너희를 쉬게 하리라(마 11:28)” 대학생의 삶을 둘러싼 사회적 불평등과 부정의, 그리고 온갖 갑질들에 대해서 그들과 같이 ‘아니다’라고 외치며, 그럼에도 불구하고 하나님의 말씀을 따라 정직하고 배려는 삶을 살자고 말해야 한다. “오직 정의를 물 같이, 공의를 마르지 않는 강 같이 흐르게 할지어다(아모스 5:24)” 오염과 남용으로 신음하는 피조물의 고통에 대해서 함께 신음하고, 하나님이 맡기신 창조질서를 보존하는 사명을 말하고 살아내야 할 것이다. 이렇게 대학생을 둘러싼 삶 전반에서 대학채플이 그들의 고뇌와 아픔을 공감하고, 성경적 대안을 내놓고 그렇게 살아내려고 헌신할 때, 굳게 닫힌 그들 마음의 빗장이 열리게 될 것이다. 그리고 마침내 영혼을 살리는 복음이 그 속에 들어가 생명의 꽃을 피울 것이다.

하나님은 세상에 대학이 없어서 기독교 대학을 세우신 것이 아니다. 기독교 대학의 중심인 대학채플을 중심으로 젊은 영혼들을 하나님께로 돌아오게 하기 위해서이다. 하나님의 구령의 열정이 꺼지지 않는 이상 대학채플은 성경적 삶을 가르치고 복음을 전하고 세례를 주는 구령의 사역을 멈추지 말아야 할 것이다.

참고문헌

강만수·박상규. "대학교육기관의 교육서비스품질이 학생만족, 신뢰, 몰입과 학생충성도에 미치는 영향."「고객만족경영연구」 13집 (2011), 129-149.

강영선. "채플과 기독교 과목의 현황과 과제."「신학연구」 33집 (1991), 36-56.

강영선. "대학채플의 방향 정립을 위한 연구."「한신논문집」 3집 (1986), 353-389.

강용현. "학원복음화를 위한 크리스천 리더십 프로그램의 도입."「대학과 선교」 29(2015), 333-371.

강인한. "효과적인 캠퍼스 채플을 위한 전략모색."「대학과 복음」 8집 (2003), 1-24.

고용수. "생명 공동체를 지향하는 교육목회."「장신논단」 27집. (2006): 441-472.

곽삼근. 『청소년 리더십 교육 프로그램 개발 기초 연구』 서울: 이화 여자대학교 리더십 개발원, 2006.

구완서. "학생들의 자의식 및 채플에 대한 연구."「대학과 복음」 12 (2006), 9-39.

구완서. "대학선교와 인간이해",「대학과 선교」 13 (2007), 154-181.

국립국어원편. 『표준국어사전』. "채플" https://url.kr/1leyca. 2022년 10월 16일 접속.

국민일보 2022.04.27. "교회를 신뢰하나요? 32% → 21 → 18%…추락하는 교회". https://url.kr/riu3dk. 2022년 8월 14일 접속. 그린리프. 강주현 역. 『서번트 리더십 원전』 서울: 참솔, 2001. 김광률 외. "기독교 대학 복음화의 신학과 전략."「대학과 선교」 13집 (2007), 105-131.

김광수, 신명숙, 이숙영, 임은미, 한동승. 『대학생과 리더십』 서울: 학지사, 2003.
김기평. "기업에서의 성공적인 CRM 정착에 대한 연구". Journal of Industrial Distribution & Business 2-1 (2011), 5-15.
김난도 외. 『트렌드 코리아 2018』 서울: 미래의 창, 2017.
김남일. "기독교 대학 청년선교를 위한 오페라채플 연구." 「복음과 선교」 50 (2020), 145-176.
김도훈. 『생태신학과 생태영성』. 서울: 장로회신학대학교출판부, 2009.
김대인. 「기독교 대학에서의 효과적인 복음화 전략」. 박사학위논문, Fuller Theological Seminary, 2012.
김문영. "한국 기독교 대학채플에 대한 비평적 연구." 계명대학교 박사학위논문, 2011.
김미영. "대학생 리더십 프로그램 개발연구." 「대한공업교육학회지」 35 (2010), 239-256.
김선일. "전도적 관점에서의 회심이해." 「신학과 실천」 제52집 (2016), 653-679.
김선일. "개혁주의생명신학과 선교적 공동체". 「생명과 말씀」 28권 (2020): 49-82.
김성수. "기독교 신앙과 학문생활." 「학생생활연구」 9집 (1994), 3-12. 김세광. "예배본질의 탐구." 「신학과 실천」 28집 (2011), 24-49.
김소연. "인성교육적 관점에서 본 한국기독교 대학채플에 관한 연구: 채플이 인성개발에 끼친 영향분석." 호서대학교 박사학위논문, 2007.
김소연. "신앙과 학문의 통합교육에 관한 고찰 - '리더쉽 훈련'과목을 중심으로." 「학문과 기독교 세계관」 4집 (2011), 5-30.
김승욱 외. 『유비쿼터스 컴퓨팅 시대의 고객관계관리(CRM)』 서울: 형설출판사, 2004.
김양현. "기독교 대학 학생채플에 관한 고찰." 「대학과 복음」 2집 (1998), 5-38.
김영완. "채플의 패러다임 변화를 통한 선교의 극대화 방안." 「대학과 선교」 제16집 (2009), 111-140.
김영종. "기독교 대학에서의 학교부적응 및 중도탈락에 대한 질적연구." 「대학과 선교」 제30집 (2016), 263-295.
김영한. "새 천년을 향한 대학문화와 학원선교". 「대학과 선교」 2집 (2000): 62-98.
김은혜. "문명 전환운동을 위한 기독교의 생명이해와 여성 신학적 대안." 「장신논단」 23호 (2005): 267-292.

김은혜. "비대면 문화에 대한 신학적 성찰: 디지털 문화에 대한 이해와 관계적 목회의 가능성."「선교와 신학」 제52집 (2020), 237-269.

김은홍. "변혁적 리더십 능력과 리더십 기술의 관계."「창의력개발연구」 9(2006), 115-124.

김재욱. "CRM 마케팅에 의한 고객개척, 확보, 유지 및 강화전략".「마케팅 (Marketing)」 38집. (2004), 23-29.

김재욱. "2 CRM 마케팅에 의한 고개개척, 확보, 유지 및 강화전략".「마케팅 (Marketing)」 37집 (2003), 21-28.

김종렬.『하나님 나라와 생명살림』. 서울: 한국장로교출판사, 2005.

김종효. "이화여대 125년 만의 채플 거부운동."『중앙일보』(2011. 04. 05.)

김진섭. "구약성경이 말하는 개혁주의생명신학."「생명과말씀」 제1권 (2010), 119-88.

김진화 외.『4-H 청소년 리더십 개발』. 농촌진흥청, 한국 4-H본부, 2002.

김태철. "개혁주의생명신학 7대 실천운동 활성화 방안연구".「생명과말씀」 9권 (2014), 99-141.

김홍진. "기독교 대학채플에서 변증적 설교의 가능성 모색."「대학과 선교」 6집 (2004), 39-64.

김홍진. "교회와 연계 프로그램을 통한 기독교 대학에서의 전도 전략의 한 모델 연구."「대학과 복음」 제4집 (2000), 170-196.

김홍렬. "의료서비스품질의 중요도와 성취도 비교연구 - 대전광역시를 중심으로."「관광연구저널」 26 (2012), 116-129.

노현수. "기독교 대학채플의 새로운 모델연구: 멀티미디어를 활용한 채플의 모색."「안산1대학논문집」 19집 (2001), 211-226.

노희원. "구약성서의 중심으로서의 생명사상."「신학논총」 4집. (1998), 181-201.

대한예수교장로회총회.『대한예수교장로회 헌법』. 서울: 한국장로교출판사, 1998.

드 블로이스, 라이니어. "의미 영역에 근거한 새로운 성서 히브리어 사전의 편찬."「성경원문 연구」 제8호 (2001), 236-54.

로버트 A. 해리스/최용준 옮김.『신앙과 학문의 통합: 세계관적 접근』 서울: 예영커뮤니케이션, 2013.

로베르타 골린코프, 캐시 허시 파섹, 김선아 역. 『4차 산업혁명 시대 미래형 인재를 만드는 최고의 교육』 서울: 예문아카이브, 2018.

리차드 도킨스. The Selfish Gene. 홍영남·이상임 역. 『이기적 유전자』 서울: 을유문화사, 1993.

리차드 도킨스. The God Delusion. 이한음역. 『만들어진 신』 파주: 박영사, 2007.

맨쯔 C.와 H. P. 심스. 김남현 역. 『슈퍼 리더십』 서울: 경문사, 2002.

박소연. "대학 교양기초 교육으로서의 리더십 교육 가능성 탐색." 「교양교육연구」 6 (2012), 105-126.

박양식. "기독교 문화와 대학선교, 대두하는 문화 속의 대학선교". 「대학과 선교」 9호 (2005), 11-26.

박용우. "기독교 채플을 통한 선교." 「대학과 선교」 1집 (2000), 49-73.

박정세. "학원선교 진작에 대한 장기적 대안 고찰 - '전공별 신앙지도교수 모임을 중심으로". 「대학과 선교」 10호 (2006), 60-71.

박재순. "생명살리기에 대한 신학적 고찰." 「기독교사상」 482호 (1999), 108-124.

박진경. "학문과 신앙의 통합 - 새로운 기독교 학문공동체 설립을 위한 연구." 「교육교회」 160집 (1989), 1123-1133.

박진규. "미디어학(media studies)에서 신앙과 학문의 통합 - 한 개인의 연구여정 사례를 중심으로." 「기독교학문연구회」 17집 (2012), 181-209.

박희현. 대학생을 위한 리더십 계발 프로그램의 효과. 「人間發達硏究」 18집 (2011), 1-20.

반신환. "기독교 대학의 교내 신앙 프로그램 평가: 한남대학을 중심으로." 「기독교문화연구」 8집 (2003), 217-242.

버틀란트 러셀. Why I am not a Christian. 송은경역. 『나는 왜 기독교인이 아닌가』 서울: 사회평론, 1999.

백낙준. 『한국개신교사』 서울: 연세대학교 출판부, 1991.

백석대학교 교목실. 『2010학년도 담임목사 사역지침』 (미간행)

버틀란트 러셀/송은경 옮김. 『나는 왜 기독교인이 아닌가』 서울: ㈜사회평론, 2018.

빌 비숍 저. 김승욱역. 『관계우선의 법칙』 서울: 경영정신, 2001.

서병우. "대학교육 서비스품질과 만족도 측정을 위한 탐색적 연구." 「취업진로

연구」 2집 (2012), 45-65.

설립30주년기념준비위원회 및 백석신학연구소. 『백석학원 신앙선언문』 서울: 기독교연합 신문사, 2006.

성태제. 『SPSS/AMOS를 이용한 알기 쉬운 통계 분석』 서울: 학지사, 2008.

손성수. "대학에서의 복음 전도의 실제." 「대학과 선교」 제1집 (2000), 110-139.

숀 코비. 한국리더십센터 번역팀. 『성공하는 대학생의 7가지 습관』 서울: 한국리더십센터출판사, 2015.

스텐리 브라운 외. 『세계 최고 기업들의 CRM전략』 서울: 21세기 북스, 2002.

안셀름 스트라우스 외/신경림 옮김. 『질적연구, 근거이론의 단계』 서울: 현문사, 2001.

안치범. "대학 세례식을 통해서 본 학원복음화." 「신학과 실천」 57집 (2017), 33-55.

오사랑·정대경, "국가 인권 위원회의 대학채플 결정문에 대한 비판적 고찰 및 대안적 제안". 「대학과선교」 제51집 (2022), 105-40.

오영걸. "기독교 대학에서의 종교교육에 관한 연구." 「대학과 복음」 1집 (1997), 63-92.

유기연. 『기독교의 이해』 서울: 대가 출판사, 2010.

오헌석, 유상옥. "미래인재의 조건." 김동일(편). 『미래교육의 디자인』 서울: 학지사, 2015.

유명복. "미국 기독교 대학의 신앙과 학문의 통합." 「진리논단」 12 (2006), 63-76.

유명복. "기독교 대학의 교양교육과정 개발을 위한 제언." 「기독교 교육정보」 22집 (2009), 81-104.

유성준. "기독교 대학채플 활성화 방안에 관한 연구." 「대학과 선교」 13집 (2007), 133-151.

유성준. "참된 교회 모델을 통한 대학 소그룹 선교 연구." 「대학과 선교」 20집 (2011), 95-126.

이광호. "기독교 세계관에 관한 비판적 이해." 「진리와 학문의 세계」 21집 (2010), 117-138.

이광희. "한국기독교 대학채플 현황 및 개선방안 연구." 「사회과학연구」 5집 (2001), 411-422.

이계준. 『기독교 대학과 학원선교』 서울: 전망사, 1997.

이긍희 외. 『통계학의 개념 및 제문제』 서울: KNOU Press, 2011. 이동수. "개혁주의생명신학 실천을 위한 사범학부 세례 사례연구". 「생명과 말씀」 제16권 (2016), 135-157.

이동찬. "수용자중심(CRM) 대학예배의 선교전략." 「진리논단」 21집 (2013), 205-225.

이동찬·최현정. "대학채플의 만족도와 복음화율을 높이는 세례식에 관한 연구." 「대학과 선교」 24집 (2013), 43-69.

이동찬, 최현정. "채플교육품질(Chaple-EdQual) 측정을 위한 척도개발과 그 성과에 관한 연구." 「대학과 선교」 24집 (2014), 109-142.

이동찬. "어휘 의미론적으로 본 구약성경의 '생명' 개념." 「생명과 말씀」 9권 (2014), 35-66.

이동찬·최현정. "대학채플의 교육만족도 향상을 위한 중요도-성취도 분석(IPA): 백석대학교 관광학부 채플을 대상으로." 「선교와 신학」 39 (2016), 241-266.

이동찬. "신앙과 학문의 통합을 통한 대학채플 목회의 한 모델 연구." 「대학과 선교」 33 (2017), 91-120.

이동찬. "대학선교를 위한 직업비전 중심의 기독교적 셀프리더십." 「선교와 신학」 46집 (2018), 41-69.

이동찬. "언택트 시대에서의 대학복음전도의 한 모델에 관한 연구." 「선교와 신학」 53집 (2021), 180-183.

이동찬. "국가인권위원회의 권고에 의한 대학채플의 위기와 대응전략." 「대학과 선교」 50집 (2021), 37-67.

이동찬. "백석대학교의 선교적 브랜드인 '학부담임목사제도'에 대한 평가와 전망." 「생명과 말씀」 29권 (2021), 224-257.

이동찬. "개혁주의생명신학과 대학채플의 위기타파." 「생명과 말씀」 34권 (2022), 9-43.

이동찬. 『영적생명을 살리는 대학채플』 서울: 에세이퍼블리싱, 2017.

이삼열 편. 『생명의 신학과 윤리』 서울: 도서출판 열린문화, 1997.

이선복. "일본어를 이용한 대학채플의 개설 가능성과 도입성과 - 부산 D대학의 사례와 설문조사 반응을 중심으로." 「일본문화연구」 21집 (2007), 149-165.

이승현. "기독교 대학에서의 채플운영에 관한 연구." 「선린논문집」 27집,289-

308.
이은실. “기독교 대학 정체성을 위한 교수개발의 방향.”「기독교교육정보」 35집 (2012), 33-67.
이은철. “개혁주의생명신학을 기반으로 한 교육과정 구성을 위한 핵심역량모형 개발연구.”「생명과말씀」 30권 (2021), 44-95.
이장형. “대중문화의 특징과 대학채플.”「대학과 복음」 8 (2003), 129-147. 이정기외. “학생 신앙발전 추이 조사 분석 방법개발.” 백석대학교 정책과제 2008-교정002.
이정관. “기독교 신앙교육을 위한 교육과정으로서의 대학채플.”「신학과 실천」 28집 (2011), 733-756.
이정배. “통합학문의 주제로서 ‘생명’과 생명신학연구.”「신학사상」 125집 (2004), 175-212.
이정철. “‘인성교육으로서의 채플’에 대한 기독교 종교교육적 성찰”.「대학과선교」 51집 (2022), 35-65.
장동민. 『광장과 골방: 코로나19시대의 공공신학』 서울: 새물결플러스, 2021.
장동민, 『포스트크리스텐덤시대의 한국기독교』 서울: 새물결플러스, 2019.
장종현. 『백석학원의 설립정신』 서울: 기독교연합신문사, 2019.
장종현. 『개혁주의생명신학 선언문』 서울: 기독교연합신문사, 2019.
장종현. 『개혁주의생명신학 7대 실천운동』 서울: 기독교연합신문사, 2019.
장종현, 『교회를 살리는 신학』 서울: 기독교연합신문사, 2021.
장훈태. “개혁주의생명신학 관점에서 현대 선교 모색”.「생명과 말씀」 26집 (2020), 99-135.
전광식. “신앙과 학문의 통합 - 인문과학적 논의를 중심으로.”「통합연구」 8집 (1995), 9-37.
정두섭. “기독교 대학의 종교교육과 복음전도.”「대학과 복음」 제1집 (1977), 93-119.
정인호·이은진. “대학 교육역량강화를 위한 교육성과요인의 인과관계에 관한 연구 - MBNQA의 평가기준을 중심으로.”「경영교육연구」 27집 (2012), 207-239.
정종성. “문화적 소통이 절실히 요구되는 대학채플: 영화설교의 가능성.”「대학과 선교」 12집 (2007), 101-140.
정종훈. “기독교 대학의 현실적 위기와 대책 찾기.”「대학과 선교」 26집 (2014),

73-108.

정종훈. “연세대학교 대화채플의 현황과 앞으로의 과제.”「대학과 선교」9집 (2005), 27-58.

정종훈. “연세대학교 신촌캠퍼스 학생채플의 현황과 개선방안의 모색.”「대학과 선교」4집 (2002), 59-99.

정종훈. “기독교 대학을 활성화하기 위한 교목의 역할”.「대학과 선교」6호 (2004), 105-144.

정태희. “셀프 리더십 교육이 대학생의 셀프 리더십과 자존감 증진에 미치는 효과.”「한국교육」32(2004), 223-248.

정형근. “사립학교의 종교교육의 자유.”「한양법학」31집 (2010), 189-213.

조용석. “개혁주의생명신학 신학회복운동에 대한 소고”,「생명과말씀」제24권 (2019): 121-148.

조용훈. “기독교 생명신학의 이론적 기초에 대한 연구.”「신학사상」119집 (2002): 202-225.

조용훈. “대학선교의 역사와 미래적 과제에 대한 한 연구”,「선교와 신학」13집 (2004), 226-246.

조용훈. “신앙과 학문의 관계에 대한 한 연구.”「통합연구」17집 (2004), 11-37.

조용훈 외. “기독교 대학 학원복음화 전략을 위한 한 연구.”「대학과 선교」28집 (2015), 7-40.

조용훈·최영근. “기독교 대학 학원복음화 전략을 위한 연구.”「대학과 선교」28 (2015), 7-40.

조재국 외. “기독교적 리더십 배양을 위한 현황분석에 관한 연구.”「대학과 선교」18(2010), 109-150.

조철현. “기독교 대학에서의 리더십 역량 개발을 위한 교육과정 연구.”「기독교 교육논총」37집 (2014), 261-293.

존 코터. 신태균역.『변화의 리더십』서울: 21세기북스, 2003.

종교학사전 편찬위원회 편. “채플.”『종교학대사전』서울: 한국사전연구사, 1998.

주철안·이용탁.“교육역량강화를 위한 교육성과기준 요인 간 인과관계연구 - MBNQA를 중심으로.”「인적자원관리연구」18집 (2011) 191-211.

천사무엘. “기독교 대학채플에 대한 국가인권위원회의 결정 고찰”.「대학과선교」제51집 (2022), 9-33.

최동규. “코로나19 사태로 인한 뉴노멀 시대의 목회.” 「선교와 신학」 52집 (2020), 171-200.

최 연. “대학생을 위한 리더양성 프로그램: 자기변혁적 리더십 모델과 훈련 프로그램 개발사례” 「인적 자원개발연구」 12 (2009), 102-122.

최영근. “학원복음화 위기 극복을 위한 기독교 대학선교의 신학과 효율적 방안: 한남대학교 사례를 중심으로.” 「대학과 선교」 26집 (2014), 37-71.

최용준. “학문과 신앙, 그 관계성에 관한 고찰.” 「행복한 부자연구」 4 (2015), 57-83.

최정일. “한국장로교회 예배예식서 분석에 따른 세례예식의 원리와 구조.” 「생명과 말씀」 제18권 (2017), 269-323.

최정환, 이유재. 『죽은 CRM 살아있는 CRM』. 서울: ㈜한언, 2003.

크리스토퍼 외. 송용섭 황병일 역. 『관계마케팅』 서울: 법문사, 1996.

프리드리히 니체/나경인 옮김. 『안티크리스트』 서울: 이너북, 2014.

프리드리히 니체/정동호 옮김. 『짜라투스트라는 이렇게 말했다』 서울: 책세상, 2011.

피터 와그너. 『기독교 선교전략』 서울: 생명의 말씀사, 1971.

하라리 유발 N. Sapiens. 조현욱 역. 『사피엔스』 서울: 김영사, 2015.

한국갤럽. ‘한국인의 종교 1984~2021 (1) 종교현황’. https://url.kr/4w7suc. 2022년 10월 14일 접속.

한국갤럽. ‘한국인의 종교 1984-2021 (2) 종교에 대한 인식’. https://url.kr/oiln47. 2022년 10월 14일 접속.

한국마케팅연구원. 『CRM 새 마케팅』 서울: (사)한국마케팅연구원, 2002.

한국기독교학생회(IVF). 『One to One』 서울: 한국기독학생회출판부, 1995.

한국일. “생명선교.” 「장신논단」 27호 (2006), 335-367.

한미라. “기로에 선 기독교 대학의 채플; 문제점과 개선방향.” 「기독교교육정보」 17집 (2007), 69-111.

한미라. “기독교 대학 의 예배에 대한 창의적 접근 - 채플 교육과정의 개발 및 평가.” 「기독교 교육정보」 23 (2009), 69-108.

허광재. “담임목사제도.” 『2001 백석학원 교수연수회』 천안: 백석학술원, 2001. 미간행자료.

허도화. “멀티미디어 시대의 학생채플: 영상매체의 효과적인 활용” 「대학과 복음」 8집 (2003), 149-170.

허도화. “신앙과 학문의 통합을 위한 복음적 인성교육: 기독교 대학의 인성교육을 위한 새로운 패러다임.” 「신학사상」 17집 (2016), 235-266.

홍기영. “전도와 교회성장에 관한 주요 문헌연구.” 「생명과 말씀」제12권 (2015), 172-200.

Abdullah, Firdaus. “HEdPERF versus SERVPERF: The quest for ideal measuring instrument of service quality in higher education sector.” Quality Assurance in Education 13(2005), 305-328.

Abdullah, Firdaus. “The development of HEdPERF: a new measuring instrument of service quality for the higher education sector.” International Journal of Consumer Studies 30 (2006), 569-581.

Alves, Helena & M. Raposo. “Conceptual Model of Student Satisfaction in Higher Education.” Total Quality Management and BUSINESS EXCELLENCE 18(2007), 571-588.

Badley, K. R. “Clarifying ‘faith-learning integration’: Essentially contested concepts and the concept- conception distinction”, Journal of Education and Christian Belief 13 (2009), 7-17.

Bailey, Karl G. D. “Faith-Learning Integration, Critical Thinking Skills, and Student Development in Christian Education.” Journal of Research on Christian Education 21 (2012) : 153-173.

Botterweck, G. Johannes and Helmer Ringgren ed. Theological Dictionary of Old Testament, translated by David E. Green. Grand Rapids: Eerdmans Publishing Company, 1980.

Brensinger, Terry L. “hy”x’”, New International Dictionary of Old Testament Theology & Exegesis vol. 2. Grand Rapids: Zondervan Publishing House, 1997. 108-13.

Cohen, A., Granot, L., & Yishai, Y. “The relationship between personal, role, and organizational variables and promotion to managerial positions in the Israeli Educational System.” Personal Review. 36(2007), 6-22.

Cotterell, Peter and Max Turner, Linguistics & Biblical Interpretation. Downers Grove: Inter Varsty Press, 1989.

Davies, J. G. ed. The New Westminster Dictionary of Liturgy and Worship. Philadelphia: The Westminster Press, 1986.

Ensby, Michael & Mahmoodi, Farzad."Using the Baldrige Award criteria in college classrooms."Quality Progress 30(1997), 85-91.

Fabry, H. J. "leb." Theological Dictionary of Old Testament. vol. VII. translated by David E. Green. Grand Rapids: Eerdmans Publishing Company, 1980: 399-437.

Farnsworth, K. E. "The conduct of integration." Journal of Psychology and Theology 10 (1982), 308-319.

Glanzer, Perry L. "Why We Should Discard "the Integration of Faith and Learning": Rearticulating the Mission of the Christian Scholar", Journal of Education & Christian Belief 12 (2008), 41-51.

Hair, J. F Jr., Black, W. C., Babin, B. J., Anderson, R. E., & Tatham, R. L. Multivariate data analysis. 6th Edition. New Jersey: Pearson International Edition, Inc., 2006.

Hill, F. M. "Managing Service Quality in Higher Education: the Role of the Student as Primary Consumer." Quality Assurance in Education 3(1995), 10-21.

Nida, Eugene A. "Implications of Contemporary Linguistics and Biblical Scholarship." Journal of Biblical Literature 48: 73-89.

Koehler, Ludwig and Walter Baumgartner. The Hebrew and Aramic Lexicon of the Old Testament. translated by M. E. J. Richardson. vol. 2. Leiden: Brill, 2001.

Langer, Richard. "The Discourse of Faith and Learning." JECB 16 (1012), 159-177.

Lassar, Walfried M; Lassar, Sharon S; Rauseo, Nancy A, "Developing a CRM Strategy in your Firm", Journal of Accountancy; Aug 2008; 68-73.

Law, Dennis C.S. "Initial assessment of two questionnaires for measuring service quality in the Hong Kong post-secondary education context." Quality Assurance in Education 21(2013), 231-246.

Louw, Johannes P. and Eugene A. Nida ed. Greek-English Lexicon of the New Testament based on Semantic Domains. Vol. 1. 2nded. New York: United Bible Societies, 1989.

Parasuraman, A.,V.A. Zeithaml, and L.L. Berry. "SERVQUAL: A Multiple Item

Scale for Measuring Consumer Perception of Service Quality." Journal of Retailing 64(1988), 12-40.

Park, Simon SinWoong, "Integration of Reason and Faith in Higher Education", 「복음과 교육」 9 (2011), 143-166.

Parsons, F. Choosing a vocation, Reprinted in 1989. Memphis: General Books LLC, 2012.

Seebass, H. "vp,n", Theological Dictionary of Old Testament. vol. IX. translated by David E. Green. Grand Rapids: Eerdmans Publishing Company, 1980: 497-519.

VanGemeren, Willem A. ed. "Index of Semantic Field." New International Dictionary of Old Testament Theology & Exegesis vol. 5. Grand Rapids: Zondervan Publishing House, 1997.

Vgai, E.W.T. "Customer relationship management research (1992-2002): An academic literature review and classification, Marketing Intelligence & Planning: 2005; 23, 6/7; p. 582-605.

Vokurka, Robert J. "Using the Baldrige Criteria for personal quality improvement." Industrial Management & Data System 101(2001), 363-369.

von Rad, Gerhard. "Life in the OT" in "zwh." Gerhard Kittel ed. Theological Dictionary of the New Testament. vol. II. Grand Rapids: Eerdmans Publishing Company, 1964.